KB203019

시어머니와
며느리가

함께하는 말씀 365

마음에 와닿은 매일의 말씀을 통해
감사와 사랑이 넘치는 축복의 통로!

시어머니와
며느리가

함께하는 말씀 365

임 은 혜 · 김 경 중 共同著

엎드림
UP DREAM

프롤로그(시어머니)

결혼한 지 42년, 칠순을 맞이한 지금까지 함께 하시고 인도하신 하나님께 감사드립니다. 그리고 무엇 하나 제대로 하지 못하는 부족한 저에게 두고 보기에도 아까운 며느리와 함께 성경통독을 할 수 있게 지도해 주신 한나 미니스트리에게도 감사를 드립니다.

저의 부모님은 일사 후퇴 때 피난민들을 인솔하여 월남하셨습니다. 그때 타고 온 어선으로 수산업을 시작하시면서 일 년에 몇 번씩 굿을 하시고 출항을 하는 등 미신을 믿는 불신자 가정이었습니다. 결혼 후 시어머니와 함께 교회를 다녔지만 별 감동도 없었습니다. 그저 선물 해 주신 성경책을 들고 일주일에 한 번씩 시부모님댁에 들러 함께 교회에 가고 또 시아버님께서 좋아하시는 계란말이 하나를 만들어 점심 한 끼를 함께 하는 일들이 전부였습니다. 첫아이가 태어나고 열병으로 고생하며 설사를 하는데 병원과 한의원까지 그렇게 다니면서도 기도하면 낫는다는 말을 믿지 않았습니다. 아무리 여기저기 쫓아다녀도 차도가 없자 다급하여 쇼파 위에서 무릎을 꿇고 기도를 했던 그 날 저녁 설사가 멎고 열이 내리는 체험을 하게 되었고 그런 기적적인 일을 반복적으로 체험하게 되었습니다. 그리고 남편의 취업으로 인천에서 대전으로 오는 과정 안에서도 생생한 꿈으로 인도하시는 살아계신 하나님을 만나게 되었습니다.

대전으로 이사 온 후 시어머니께서 형님과 기도원에 함께 가자고 하셔서 처음으로 따라 갔습니다. 너무나 열정적으로 기도를 하고 찬양을 하는데 제 마음속에는 예수님께서 이 자리에 계신다면 칭찬을 하실까? 아니면 꾸중을 하실까? 라는 마음이 들었습니다. 집회가 다 끝나고 차를 타려는 순간 그렇게 열심히 기도하던 교인들이 버스의 자리 다툼을 하는 것을 보았습니다. 제 마음에 좋은 기억은 없었지만, 기도원에 가서 했던 기도가 응답 되는 것을 경험하면서 시공간을 초월하여 나의 마음을 아시고 내 형편과 사정을 아시는 주님을 느낄 수 있었습니다. 내 마음과 장소와 상관없이 나의 모든 것을 아시는 하나님과의 교제가 시작되었던 것 같습니다.

저는 5남매 막내였는데 큰언니와는 20년의 차이가 났습니다. 언니는 제가 3살 정도에 시집을 갔는데 부유하게 살았습니다. 맏딸이라 친정 부모에게는 더할 나위 없는 효녀였습니다. 형부는 말할 것도 없이 제가 존경하는 귀한 분이셨습니다. 문제는 수산업을 하시던 아버지에게 언니가 재정적으로 많은 손해를 입게 되자 딸이지만 아버지를 원망하는 것을 오랫동안 보며 자랐습니다.

세월이 흘러 첫째 아들이 이유 없이 엄마를 원망하며 집안의 큰 근심거리가 되는 것을 보며 우리에게 모든 것을 허락하신 하나님을 원망하듯이 육신적으로 아무리 잘하여도 마음으로 입술로 부모를 원망하는 것이 큰 죄라는 것을 깨닫게 되었습니다. 선한 마음으로 조카의 자립을 위하여 서점을 시작하였지만 순탄하지 못하였고 주님의 사랑으로 한다고 했지만 사랑은 그렇게 말같이 쉬운 것이 아님을 그때 절실하게 깨닫게 되었습니다. 나무도 무성하지 못하고 열매도 없는 서점이었지만 조카 때문에 시작하게 된 물댄동산 서점을 통하여 하나님이 선물로 주신, 나에게는 그 어떤 열매보다 소중한 며느리를 만나게 되었습니다. 아무도 알아주지 않았던 나의 아린 속마음을 2016년부터 일요일 빼고 하루도 빠짐없이 말씀통독을 시작하게 되었습니다. 불신자였던 며느리와 함께 교회도, 말씀도 함께 하면서 서로의 위로자가 되고 영적, 육적으로 함께 할 수 있도록 인도하신 하나님께 감사드립니다.

이 책을 통하여 하나님과의 관계뿐 아니라 부모님과의 관계가 회복되어 복의 근원이 되며 축복의 통로로 쓰임받는 우리와 자손들이 되기를 소원합니다. 또한 하늘의 뜻이 이 땅 위에 이루어지는 일에 아름답게 쓰임 받는 모두가 되기를 소망합니다.

(며느리)

"어머니의 백성이 나의 백성이 되고 어머니의 하나님이 나의 하나님이 되시리니" 룻의 고백이 바로 나의 고백이 되었습니다. 그리고 묵상을 지금까지 이어올 수 있었던 것도 시어머니께서 함께 해 주셨기에 가능했습니다. 이런 귀한 시간을 허락하신 하나님께 한없는 감사를 드립니다.

남편을 만나면서 신앙생활을 시작했고 올해 결혼한 지 10년이 되었습니다. 그 시간들을 돌아보면 우리의 만남에는 하나님의 인도하심이 있었고, 그런 만남 중에 자연스럽게 하나님을 만날 수 있었습니다. '물댄동산'이라는 기독교 서점을 다니시던 집사님을 통해 남편과 만나게 되었고 결혼을 약속한 연애시절에 시부모님을 따라 교회에 가서 예배를 드리게 되었습니다. 그리고 주일마다 예배자리로 나가게 되었습니다. 그 시간들은 하나님을 알아가고 그분께 한걸음씩 나아가는 믿음의 걸음으로 이어지게 되었던 것입니다. 남편과 결혼을 하게 되었고 주일이면 늘 시부모님과 함께 예배드리는 가족이 되었습니다. 또 성도들과 교제하는 시간들을 통해 '하나님을 섬기는 삶'이란 무엇인가에 대해 알아가게 되었습니다. 하나님을 사모하는 마음으로 섬김의 마음을 갖게 되었고 저의 믿음은 조금씩 성장해 가고 있었습니다. 그런 가운데 하나님께서 저의 가정에 두 명의 귀한 생명을 주셔서 아이들을 키우느라 육아 휴직을 해야만 했습니다. 휴직 중에 하나님의 말씀이라는 성경에 대해서 알고 싶었고 배우고 싶은 마음이 들었습니다. 그때 시어머니를 통해 지금까지 보지 못하고 느끼지 못했던 신앙의 모습을 보게 되었습니다. 그것은 사람들과 매일 만나지는 못해도 각자가 묵상한 성경말씀을 휴대폰을 통해 나누시고 기도제목을 서로 나누며 교제하시는 시어머니의 모습을 보게 되었던 것입니다. 세상 사람들의 삶과 달라 보이는 그 모습에 나도 그렇게 '성경공부를 해보고 싶다'는 마음이 들어 시어머니께 '저도 해보고 싶어요'라고 말씀을 드렸습니다. 시어머니께서는 그런 나에게 '그럴래?'하시면서 그 결심을 기쁘게 받아주셨습니다. 하나님을 찾는 백성을 보시는 하나님의 표정이 그렇지 않았을까? 시어머니의 그 환한 미소가 아직도 생생합니다. 그리고 시어머니와 함께 팔 년 정도 성경 묵상으로 나눔과 기도가 이어지고 있습니다. 첨엔 솔직히 시어머니와 함께 글을 공유한다는 것이 부담스러운 생각이 들었지만 성경읽기를 시작하니 부담이 아닌 담대함을 주셨습니다. 그래서 나에게 주시는 말씀에 몰입할 수 있었고 나눔과 기도에도 자유 할 수 있었습니다. 그리고 시어머니의 묵상을 보고 들으며 더 많은 하나님의 뜻을 알게 되어 저에게는 참 많은 도전이 되었습니다. 첫 성경통독은 나에게 감동의 눈물과 성령의 충만함이었습니다. 성경 안에서 나를 사랑하시는 하나님, 나의 모든 것을 아시는 하나님, 나의 죄를 깨닫게 하시는 하나님을 만나며 얼마나 감사했는지 모릅니다. "첫 사랑을 회복하라"시는 그 말씀 속 첫사랑이 저를 얼마나 성장시키시며 얼마나 감동의 시간으로 이끌어 주셨는지...,

주일마다 시어머니와 세상사는 이야기를 나누며, 하나님의 뜻을 나누는 그 시간이 참으로 좋았고 기다려지는 시간들이었습니다. 후회와 두려움이 가득한 마음으로 살아왔던 나에게 말씀의 한 절 한 절이 시련과 문제 앞에서 담대해 질 수 있는 예방주사가 되어 주었고 더 담대한 나로 설 수 있도록 만들어 주셨습니다. 때로는 목사님 설교보다 더 마음에 와 닿는 시어머니와의 대화는 나의 삶을 더 풍요롭게 만들어 주는 지혜가 되어 감사했습니다. 그리고 '누군가 널 위해 기도 하네'라는 찬양처럼 항상 우리를 위해 기도하시는 시어머니께 감사했습니다. 어느 주일 찻집에서 시어머니와 이야기를 나누던 중 "왜 사람들이 혼수로 이불을 받는지 알겠다"시며 "그 이불 덮을 때마다 너를 위해 기도한다"라고 하시는 시어머니의 말씀에 감사해서 울컥 눈물이 나기도 했습니다. 그렇게 시어머니와의 생활 간증을 통해 하나님의 뜻과 삶의 방향을 성찰할 수 있었고 성경 룻기를 읽으면서 진심으로 시어머니를 생각하게 되었습니다. "어머니의 백성이 나의 백성이 되고 어머니의 하나님이 나의 하나님이 되시리니" 룻의 고백이 바로 나의 고백이 되었습니다. 그리고 묵상을 지금까지 이어올 수 있었던 것도 어머니께서 함께 해 주셨기에 가능 했습니다. 이런 귀한 시간을 허락하신 하나님께 한없는 감사를 드립니다.

묵상을 통해 얻은 것은. 연약한 마음의 내가 담대한 심령의 사람이 되어가고 있다는 것과 광야와 같은 시련 가운데서도 낙심하지 않고 하나님의 선하신 뜻을 생각한다는 것, 참으로 나의 마음가짐을 변화시키시는 하나님의 은혜를 경험하게 된 것입니다. 말씀대로 다 살아내지 못하는 삶으로 묵상집을 출판한다는 것이 부끄럽기도 했지만 하나님

의 인도하심으로 시어머니와 함께 한 귀한 시간을 남길 수 있어서 감사
하며 이 책이 축복의 통로로 귀하게 쓰임받길 기도합니다.

　마지막으로 나의 신앙의 원동력이 되는 사랑하는 우리 가족들, 사랑
과 말씀으로 이끌어 주시는 시부모님, 항상 믿고 지지해주시는 친정
부모님, 진심으로 축복해 주는 아가씨와 고모부, 조카 만복이, 고맙고
든든한 동생, 세상 그 무엇보다 귀하고 사랑스러운 아들 준엽이, 준휘
에게 감사와 사랑의 마음을 전합니다.　그리고 올해 결혼 10년차가 된
나의 남편, "여보, 우리 서로 돕는 자가 되어 지금처럼 아끼고 사랑하면서
살아요. 항상 고맙고 사랑합니다."

　모든 영광을 하나님께 올려드립니다!

책을 내면서!

네 아버지와 어머니를 공경하라 이것은 약속이 있는 첫 계명이니 이로써 네가 잘되고 땅에서 장수하리라(엡6:2-3)

　　주님이 주시는 하늘의 신령한 복과 땅의 기름진 복을 받고 사는 우리들이 주안에서 참 평안과 행복한 삶을 누리기를 바라며 살아가고 있습니다. 신앙 안에서는 신령한 예배와 모든 기도와 헌금과 봉사를 하면서도 "네 아버지와 어머니를 공경하라"는 말씀은 소홀히 넘어가는 것 같습니다. 이로 인해 우리가 받아야 할 복을 받지 못하고 사는 것은 아닌지 묵상해 봅니다.

　　주님께서 우리에게 주신 계명은 "하나님을 경외하고 네 이웃을 사랑하라" 온 율법의 마침이라 하셨습니다. 그런데 세상에서 가장 가까운 이웃인 육신의 부모를 미워하며 원망하고 살아왔던 아버지나 어머니도 자신이 부모님에게 행하며 살아왔던 것은, 아예 잊어버리고 '순종하라, 공경하라'며 자녀들을 노엽게 하는 잘못을 범하는 어리석음을 봅니다. 하나님이 약속하신 말씀대로가 아닌 우리의 소견대로 살면서도 자기 눈에 깊이 박힌 들보는 보지 못하고 상대방의 티만 보면서 들보 때문에 보이지 않는 눈으로 티를 뽑으려고 고부간에, 자녀 간에 상처를 주고 문제 속에서 살아가는 경우가 많은 것을 봅니다. 이런 문제를 안고 있다면 주님 앞에 심각하게 자신을 돌아볼 수 있어야겠습니다. 잘못된 모든 행실을 회개하여 용서함을 받고 모든 관계가 회복되기를 소원합니다.

　　누구든지 "하나님을 사랑하노라" 하고 그 형제를 미워하면 이는 거짓말하는 자니 보는바 그 형제를 사랑하지 아니하는 자는 보지 못하는 하나님을 사랑할 수가 없다고 합니다. 하물며 우리와 자손들이 부모와 조부모와 유전인자로 얼굴도 성품도 닮고 발가락 모양까지도 닮아 숨길 수 없는 생명을 이어주신 신비로움을 눈으로 보면서도 하나님께서 주신 첫 계명을 지키지 않는 우를 범하여 구하여도 받지 못하고 살아가고 있는 것은 아닌지 생각해 봅니다.

어느 때나 하나님을 본 사람은 없지만, 우리가 서로 사랑하면 하나님이 우리 안에 거하시고 그의 사랑이 우리 안에서 온전히 이루어진다고 합니다. 천사의 말도 예언하는 능력도 산을 옮길만한 믿음도 나에게 있는 모든 것으로 구제하고 내 몸을 불사르게 내주는 믿음이 있다 할지라도 사랑이 없으면 울리는 꽹과리 같고 아무 유익이 없다고 합니다.

사랑은 우리 육신의 노력으로 할 수 없음을 날마다 고백하며 말씀을 깨닫고 순종하는 마음이 있어야겠습니다. 고린도전서 13장을 통해 우리에게 말씀하십니다. 참된 사랑은 서로 오래 참고, 온유하며, 서로에게 무례히 행하지 않고, 성내지 않고, 진리 안에서 모든 것을 참으며, 바라며, 견디는 것이라고요.

창조의 섭리대로, 남편을 돕는 배필로 칭찬받는 시어머니와 며느리가 되고 하나님 자녀들이 되어 믿음의 가문을 만들어가고, 세워갈 수 있기를 간절히 소원해 봅니다.

책을 내면서 우리 고부간에도 갈등이라고 생각하면 갈등이 될 수 있는 소소한 문제들도 있었지만 매일 묵상하는 말씀이 우리를 이끌어 가고 있다는 것을, 늘 실감하고 경험합니다. 이러기 때문에 우리의 묵상의 깊이가 더 깊어지고 하나님 앞으로 더 친밀하게 인도해 주고 있습니다.

매일 말씀과 함께하는 묵상, 꾸준히 인내함으로 경험해 본다면 그 어떤 문제라도 이겨낼 수 있으리라 믿으며 다음 세대들에게 믿음의 가문을 유산으로 남길 수 있는 우리와 독자 여러분들이 되기를 소원해봅니다.

Contents

묵상의 순서는 저자의 묵상내용 발췌로 인해 성경순서와는 무관함을 알립니다.

"

창1:27
하나님이 자기 형상
곧 하나님의 형상대로
사람을 창조하시되
남자와 여자를 창조하시고

창1:28
하나님이 그들에게 복을 주시며
하나님이 그들에게 이르시되
생육하고 번성하여 땅에 충만하라,
땅을 정복하라,
바다의 물고기와 하늘의 새와
땅에 움직이는 모든 생물을
다스리라 하시니라

"

PART 1

어머니를 따라

1일~65일

1

●● 마음에 와닿은 말씀(시어머니)

창1:11-12 하나님이 이르시되 땅은 풀과 씨 맺는 채소와 각기 종류대로 씨 가진 열매 맺는 나무를 내라 하시니 그대로 되어 땅이 풀과 각기 종류대로 씨 맺는 채소와 각기 종류대로 씨 가진 열매 맺는 나무를 내니 하나님이 보시기에 좋았더라

창세기 이후 지금까지 땅은 씨 맺는 채소와 각 종류대로 열매들을 우리에게 변함없이 제공해 주었습니다. 보시기에 좋았더라 하심같이 성실하게 지켜가고 있습니다. 우리가 오늘날까지 먹고, 입고 살아가는 모든 순간마다 하나님의 사랑을 느끼며, 감사하며 살아갈 수밖에 없는 존재임을 묵상해 봅니다.

기도 살아가는 모든 순간이 하나님의 사랑 안에 사는 것을 잊지 않고 감사하며 살아가기를 예수님 이름으로 기도합니다.

●● 마음에 와닿은 말씀(며느리)

창1:27 하나님이 자기 형상 곧 하나님의 형상대로 사람을 창조하시되 남자와 여자를 창조하시고

하나님의 형상대로 사람을 만드시고 복을 주시니 우리의 존재 자체가 하나님의 사랑임을 고백합니다. 또한 서로 돕는 자를 세우사 "뼈 중의 뼈요, 살 중의 살이라" 하는 배필을 만드시니 서로 하나 되어 하나님의 사랑을 행하며 살아가길 소망합니다. 서로 사랑하고 합심하여 보시기에 좋았던 세상을 창조하신 하나님의 뜻대로 가정과 사회가 하나님의 기쁨이 되고 영광이 되길 소원합니다.

기도 사람이 서로 하나 되어 하나님께서 창조하신, 보시기에 좋았던 세상의 모습을 지키며 살아가길 소망합니다. 하나님의 지으심을 따라 사랑으로 서로 돕는 자가 되어 우리 부부가, 우리 가정이, 우리 사회가 하나님 뜻대로 행하며 나아가길 기도합니다.

●● 마음에 와닿은 말씀(시어머니)

2

창7:2-3 너는 모든 정결한 짐승은 암수 일곱씩, 부정한 것은 암수 둘씩을 네게로 데려오며 공중의 새도 암수 일곱씩을 데려와 그 씨를 온 지면에 유전하게 하라

정결한 짐승은 암수 일곱씩 부정한 것은 암수 둘씩을 데려오고 너와 함께한 모든 혈육 있는 생물, 새와 가축과 땅에 기는 것, 모든 것을 다 이끌어 땅에서 생육하고 번성하리라 하셨습니다. 정결한 것은 일곱씩 부정한 것은 둘을 허락하신 것을 보면 세상에는 정결한 것과 부정한 것을 함께 하게 하시고 부정한 것들을 통하여 정결함을 우리에게 보게 하시고 깨닫게 하시기 위함은 아닌지 생각해 봅니다.

기도 부정한 것을 바라보는 눈이 열려서 정결한 삶으로 주님께 영광 돌리며 살기를 기도합니다.

●● 마음에 와닿은 말씀(며느리)

창9:23 셈과 야벳이 옷을 가져다가 자기들의 어깨에 메고 뒷걸음쳐 들어가서 그들의 아버지의 하체를 덮었으며 그들이 얼굴을 돌이키고 그들의 아버지의 하체를 보지 아니하였더라

의인이요 완전한 자로 하나님과 동행하는 노아였지만 연약한 인간으로서 술에 취해 방탕한 모습을 보입니다. 이때 아버지의 치부를 드러내지 아니한 셈과 야벳은 축복의 길을 걷게 됩니다. 타인의 허물을 드러내고 비난하기보다는 사랑으로 덮어주고 보듬어 주는 성숙함이 필요한 듯합니다.

기도 하나님 앞에 완벽하지 않은 모습으로 살아가고 있으나 부족함을 깨닫게 하시고 채워주심에 감사하며 나 또한 부족하기에 남의 허물을 비난하기보다는 사랑으로 감싸 안으며 그 부족함으로 인해 늘 기도하는 삶이 되게 인도해 주시길 기도합니다.

●● 마음에 와닿은 말씀(시어머니)

창18:21 내가 이제 내려가서 그 모든 행한 것이 과연 내게 들린 부르짖음과 같은지 그렇지 않은지 내가 보고 알려 하노라

소돔과 고모라의 죄에 대해 심판하실 때 내게 들린 부르짖음과 같은지 그렇지 않은지 내가 보고 알려 하노라고 말씀하십니다. 열 명의 의인만 있어도 멸하지 아니하시겠다고 말씀하지만, 그 열 명도 없어서 소돔과 고모라는 심판을 받았던 것을 봅니다.

그런 가운데에서도 아브라함의 기도하는 소원을 들으시고 롯의 가족을 구원하시는 것을 보면서 지금도 의인 열 명을 찾으시며, 죄악 된 모든 길에서 돌이켜 돌아오기를 기다리는 안타까운 아버지의 마음이 깨달아지기를 소원합니다.

기도 알지 못하고 깨닫지 못하여 불순종하며 살아가고 있는 모든 것들을 성령의 빛 안에서 분별하고 깨달아 주님 말씀에 온전히 순종할 수 있기를 기도합니다.

●● 마음에 와닿은 말씀(며느리)

창19:29 하나님이 그 지역의 성을 멸하실 때 곧 롯이 거주하는 성을 엎으실 때에 하나님이 아브라함을 생각하사 롯을 그 엎으시는 중에서 내보내셨더라

소돔을 택하여 떠난 아브라함의 조카 롯, 아브라함은 롯의 위기의 상황을 외면하지 아니하며 죄악이 가득한 소돔의 멸망으로부터 그를 구하고자 하나님께 반문하며 끝까지 붙잡고 의인 열 명으로 악인을 용서하시길 간절히 기도합니다.

결국 아브라함의 간절한 기도가 롯을 살리게 되니 지극한 사랑과 중보, 그리고 그것을 외면하지 아니하시고 응답하시는 하나님의 은혜를 봅니다.

기도 나를 살리시는 하나님, 나의 기도를 외면하지 아니하시고 다른 이를 살리시는 하나님 감사합니다. 나의 마음에 사랑의 마음을 늘 품게 하소서. 또한 간절한 기도가 응답 되어 가족과 이웃이 함께 하나님의 복을 누리며 살아가길 기도합니다.

●● 마음에 와닿은 말씀(시어머니)

4

창22:18 또 네 씨로 말미암아 천하 만민이 복을 받으리니 이는 네가 나의 말을 준행하였음이니라 하셨다 하니라

아브라함, 순종의 삶으로 천하 만민이 복을 받는다고 말씀하시며, 이는 네가 나의 말을 준행하였음이라 하셨습니다. 말씀을 준행하지도 순종하지도 않으면서 복만 받기를 원하는 어리석은 자가 되지 않기를 원합니다.

날마다 성경을 묵상하며 성령 충만함으로 우리를 통하여 일하시기 원하시는 주님께 쓰임 받기를 원합니다. 많은 사람을 주님 앞으로 인도하여 만민이 복을 받는 축복의 통로가 되기를 소원합니다.

기도 마음은 원이지만 육신이 연약하여 순종하지 못함을 성령의 도우심으로 순종하여 복의 근원이 되고 축복의 통로가 되는 우리와 자손들이 되기를 기도합니다.

●● 마음에 와닿은 말씀(며느리)

창 22:3 아브라함이 아침에 일찍이 일어나 나귀에 안장을 지우고 두 종과 그의 아들 이삭을 데리고 번제에 쓸 나무를 쪼개어 가지고 떠나 하나님이 자기에게 일러 주신 곳으로 가더니

아브라함의 가장 귀한 아들을 번제로 드리라 하신 여호와 하나님의 말씀을 들었을 때 이루 말할 수 없는 슬픔을 느꼈을 아브라함이지만, 그럼에도 불구하고 아침 일찍 일어나 장작까지 미리 챙겨 아들을 데리고 번제의 자리로 나아갑니다.

계산하고 고민할 것 없이 말씀에 순종하는 아브라함에게 하나님께서 여호와 이레의 복을 주시니 그와 같은 믿음으로 하나님을 섬기며 살아가길 소망합니다.

기도 우리의 삶은 여호와 이레입니다. 우리의 물질과 우리의 갈 길을 준비하시는 하나님께 모든 것을 온전히 맡기며 믿음으로 온전히 순종하며 나아가는 믿음의 자녀 삼아주시길 기도합니다.

●●○ 마음에 와닿은 말씀(시어머니)

5

창28:16 야곱이 잠이 깨어 이르되 여호와께서 과연 여기 계시거늘 내가 알지 못하였도다

하란으로 향하여 가던 중, 해가 진지라 벧엘에서 돌을 가져다가 베개로 삼고 누워 잘 때, 야곱에게 말씀하십니다. 어디로 가든지 너를 지키고, 함께 하며 허락한 모든 일이 다 이루기까지 함께 하신다고 말씀하십니다. 주님은 성전에만 계신 것이 아니라 우리가 어렵고 힘들 때 시공간을 떠나서 우리가 있는 그 자리에서 함께하시고, 인도하시고, 지켜주심을 믿습니다. 야곱이 잠이 깨어 돌베개하고 자는 그 순간에도 그 자리에 계신 것을 알지 못하였다고 합니다. 우리도 삶 속에서 늘 염려하고, 걱정하며 살고 있지는 않았는지 성령께서 깨닫게 해주셔서 주님이 야곱과 함께하심 같이 우리와 늘 함께하심을 확신하며 살아가기를 소망합니다.

기도 어려움이 있을 때 나보다 나를 더 잘 아시는 주님께서 인도하시고 지켜주시기를 기도합니다.

●●○ 마음에 와닿은 말씀(며느리)

창 31:5 그들에게 이르되 내가 그대들의 아버지의 안색을 본즉 내게 대하여 전과 같지 아니하도다 그러할지라도 내 아버지의 하나님은 나와 함께 계셨느니라

형 에서를 피해 외삼촌 라반에게로 간 야곱은 긴 세월 동안 고난과 수고 속에서 늘 하나님이 함께하시고 그의 편이 되어 주심을 경험합니다. 외삼촌 라반이 야곱의 품삯을 열 번이나 바꾸어도 튼튼한 양만 야곱의 것이 되었음을 보며 절대적으로 불리한 세상의 조건, 상황 속에서도 하나님이 함께하시는 자에게 주어지는 복의 증거를 바라봅니다.

기도 어려운 상황, 불리한 조건에서도 그것만 탓할 것이 아니라 우리의 자리에서 최선을 다하며 살아가길 원합니다. 또한, 우리와 함께하시는 하나님의 인도하심이 우리를 복의 길로 나아가게 하시길 기도합니다.

●● 마음에 와닿은 말씀(시어머니)   6

창 35:29 이삭이 나이가 많고 늙어 기운이 다하매 죽어 자기 열조에게로 돌아가니 그의
아들 에서와 야곱이 그를 장사하였더라

형 에서의 장자권을 팥죽 한 그릇에 빼앗고 어머니 리브가의 계책으로
장자의 축복권을 가로채는 야곱을 봅니다. 이 일로 부모를 떠나 힘들게
살았던 야곱이지만 하나님께서 함께하시고 지켜주심도 봅니다. 또한 야
곱에게 주신 약속의 말씀들이 모두 성취되고 형 에서와의 관계도 회복되
어 아버지 이삭이 죽을 때에 형 에서와 함께 아버지 장사를 치르게 되는
은혜도 봅니다. 오랜 세월 동안 좋지 않았던 모든 감정도 주님께서 함께
하시고 도와주시면 회복시켜주실 것을 믿습니다.

기도 사람의 생각으로 할 수 없는 불가능할 것 같은 모든 일도 주님께서 도우시
고 함께 하시면 원수도 사랑하게 될 줄 믿고 기도합니다.

●● 마음에 와닿은 말씀(며느리)

창33:3 자기는 그들 앞에서 나아가되 몸을 일곱 번 땅에 굽히며 그의 형 에서에게 가까이 가니

축복권을 두고 분노한 형을 피해 도망갔던 야곱이 이제 다시 형을 만나러
나아가는 부분을 묵상합니다. 자신과 가족을 해칠까 두려운 마음이 앞선
야곱은 예물과 함께 자기 종과 가족을 앞세우며 나아갑니다. 하지만 얍복
강 가에서 하나님과 겨루어 이긴 이스라엘로서, 두려움을 이기고 이제 맨
앞으로 나아가 형 에서에게 용서를 구하며 하나님의 얼굴을 본 것같이 형
을 대면하고 형제의 화해가 이루어집니다. 하나님의 도우심으로 문제를
해결하고 화합하게 되는 모습을 보면서 오늘 나에게도 다가오는 문제를
외면하지 아니하며 용서를 구할 일에 진심으로 나아가길 소망합니다.

기도 서로 사랑하고 서로 용서하며 화평한 삶을 살 수 있도록 이끌어 주시길 원
합니다. 하나님께서 우리의 문제를 맡기길 원합니다. 야곱과 에서의 화해처럼 오늘
우리 삶에서도 용서와 화해의 자리로 나아갈 수 있는 용기를 주시길 기도합니다.

●●● 마음에 와닿은 말씀(시어머니)

창41:32 바로께서 꿈을 두 번 겹쳐 꾸신 것은 하나님이 이 일을 정하셨음이라 하나님이 속히 행하시리니

하나님께서는 요셉을 하나님의 때에 맞게 감옥에서 총리까지 오르게 하시는 섭리를 보게 하시고 바로의 꿈을 통해 요셉이 꾸었던 꿈까지 성취시켜 주십니다.

우리가 바라는 대로 곧바로 이루어지고 성취되는 것이 아니라 하나님의 때를 기다리게 하신다는 것을 보게 하십니다. 주님께서 함께하심을 믿고 순종과 인내로 오늘 우리에게 일어나는 모든 일에 감사하며 살아가기를 소원합니다

기도 주님, 저는 주님의 계획을 알지 못하여 내 생각대로 말하며 행할 때가 있습니다. 주님의 예비하심과 인도하심을 믿고 어떠한 환경에서도 순종할 수 있도록 성령께서 도와주시기를 기도합니다.

●●● 마음에 와닿은 말씀(며느리)

창39:2 여호와께서 요셉과 함께하시므로 그가 형통한 자가 되어 그의 주인 애굽 사람의 집에 있으니

형제들에게 버림받고 애굽으로 팔려 갔을 때도, 억울하게 옥살이할 때도, 세상의 눈으로 보면 비참한 자의 모습이지만 그러한 상황 속에서도 오직 하나님과 함께함이 형통한 자의 길임을 깨닫게 하십니다. 또한 요셉과 함께한 보디발과 간수장에게도 복을 주시니 형통한 자로서 축복의 통로로 쓰임 받음도 하나님의 은혜임을 고백합니다.

기도 은혜가 되는 말씀을 통해 나의 삶을 풍성하게 하시는 하나님을 찬양합니다. 잘 먹고 잘사는 것이 형통한 것이 아니라 어떠한 상황에서든지 하나님을 놓지 아니하며 하나님과 동행하는 것이 형통한 삶이라는 것을 깨닫게 하시니 감사합니다. 저에게도 요셉과 같은 복의 통로로 살아가게 인도해 주시길 기도합니다.

●● 마음에 와닿은 말씀(시어머니) 8

창49:28 이들은 이스라엘의 열두 지파라 이와 같이 그들의 아버지가 그들에게 말하고 그들에게 축복하였으니 곧 그들 각 사람의 분량대로 축복하였더라

야곱의 몸에서 태어난 열두 명의 아들, 이스라엘의 열두 지파에게 마지막 유언을 합니다. 장자인 르우벤에게 너는 내 장자요 능력이요 내 기력의 시작이며 위풍과 권능이 탁월하지만 네 아버지의 침상을 더럽혔기 때문에 탁월하게 되지 못한다고 합니다. 요셉에게는 위로 하늘의 복과 아래의 깊은 샘의 복과 젖먹이는 복과 태의 복을, 전능자로 말미암아 도와주시고 복을 주신다고 유언합니다. 열두 아들이 그동안 살아온 행위대로, 각각 그 분량대로 축복하는 것을 보며 우리의 살아가는 모든 삶이 주님 보시기에 복을 받을 만한 삶이 되기를 소원합니다.

기도 날마다 말씀에 순종하며 살았던 요셉처럼 하늘의 복과 땅의 복을 받을 수 있는 우리와 자손들이 되기를 기도합니다.

●● 마음에 와닿은 말씀(며느리)

창45:5 당신들이 나를 이 곳에 팔았다고 해서 근심하지 마소서 한탄하지 마소서 하나님이 생명을 구원하시려고 나를 당신들보다 먼저 보내셨나이다

사람에게 받은 상처를 잊지 않고 원망과 미움을 품고 살아갈 때가 있습니다. 하나님의 사랑을 입으로만 고백하며 진심으로 행하지 못할 때가 많습니다. 요셉은 자신을 해하려고 했던 형제들이 너무나 원망스러웠겠지만, 사람의 섭리로 잘잘못을 따지지 않았습니다. 하나님의 섭리로 모든 일을 아우르며 형제들이 자신을 해하려 했던 일을 가문과 생명을 구원하시려는 하나님의 선하신 계획이라 고백합니다. 하나님의 섭리로 모든 것을 바라보았기에 진정한 용서가 가능한 것 같습니다.

기도 하나님의 섭리를 늘 생각하며 마음에 미움과 원망보다 화해와 용서의 마음을 품고 살아가게 하시길 기도합니다.

● 마음에 와닿은 말씀(시어머니)

욥1:7 여호와께서 사탄에게 이르시되 네가 어디서 왔느냐 사탄이 여호와께 대답하여 이르되 땅을 두루 돌아 여기저기 다녀왔나이다

세상에서 살 때 주님께서 우리와 함께하시지만, 사탄도 땅을 두루 돌아 여기저기 다니며 우리를 미혹하여 범죄 하게 합니다. 이를 깨닫지 못하고 시험에 빠지며 원망하며 입술로, 마음으로 죄를 지을 때가 많이 있습니다.

사탄이 작정하고 모든 것을 빼앗고 앗아 갈 때도, 사람이 하나님께 변론하기 좋아할지라도, 천 마디에 한마디도 대답할 수 없다며 이 모든 일에 입술로 범죄 하지 않았다고 합니다.

욥처럼 그러한 시련이 우리에게 닥쳐올지라도 성령의 도우심으로 이길 수 있도록 항상 믿음 안에서 살아가기를 소망합니다.

기도 우리의 연약함을 아시는 주님, 내 안에 주님의 성령으로 충만하여 사탄의 유혹에 빠지지 않게 날마다 깨어서 기도하며 범죄 하지 않도록 도와주시기를 기도합니다.

●● 마음에 와닿은 말씀(며느리)

욥6:14-15 낙심한 자가 비록 전능자를 경외하기를 저버릴지라도 그의 친구로부터 동정을 받느니라 내 형제들은 개울과 같이 변덕스럽고 그들은 개울의 물살 같이 지나가누나

역지사지라는 말이 무색할 정도로 그 상황을 겪어보지 않으면 절대로 그 사람의 마음을 온전히 알 수 없음을 살아가면서 느낄 때가 많이 있습니다. 그렇기에 고난과 고통에 빠진 친구와 이웃의 처지와 마음을 헤아리지 못하고 자기 생각과 기준으로 판단하며, 정죄하며, 가르치는 교만을 멀리하고 경계해야 함을 깨닫게 합니다.

기도 고난과 고통 속에 있는 자에게 목마름을 채워주는 시내가 되고 진정한 위로를 줄 수 있는 귀한 삶을 살게 하소서. 아픔을 위로하고 사랑으로 함께하며 선한 길로 나아감을 돕는 자 되게 하시길 기도합니다.

●● 마음에 와닿은 말씀(시어머니)

10

욥13:5 너희가 참으로 잠잠하면 그것이 너희의 지혜일 것이니라

세상과 사회와 가정들이 혼탁해지며 어려운 일들이 많아지는 이유는, 역사를 주관하시고 사회와 가정을 주관하시는 하나님께서 함께 하신다는 믿음은 온데간데없어지고 서로를 비난하며 각자의 생각대로 말하며 자기와 생각이 다르다고 하여 서로에게 비난하며 정죄하는 것을 봅니다.

주님의 오묘함을 어찌 능히 측량하며 전능자를 어찌 능히 알기에 함부로 정죄하며 심판하는 범죄를 저지르는지 모르겠습니다.

너희가 잠잠하면 그것이 너희의 지혜일 것이라는 말씀을 마음에 새겨서 함부로 판단하며 정죄하는 죄를 짓지 않기를 소망합니다.

기도 자칭 선지자라는 사람들의 말장난에 현혹되어 남을 정죄하거나 판단하는 범죄에 가담하여 죄를 짓는 어리석은 자가 되지 않도록 성령님께서 도와주시기를 기도합니다.

●● 마음에 와닿은 말씀(며느리)

욥16:19 지금 나의 증인이 하늘에 계시고 나의 중보자가 높은 데 계시니라

욥에게 닥친 그 고통이 마치 하나님이 자신을 부서뜨리며 사정없이 공격하는 것처럼 느껴졌으니 삶이 절망뿐이었으나 그 순간에도 나의 증인이 되시고 나의 중보자가 되시는 예수님을 소망하며 하나님을 향하여 나아갑니다. 절망뿐인 고통 안에서 포기하고 낙심하기보다 그 순간 하나님을 간절히 소망하며 믿음으로 나아가는 자 되게 하십니다.

기도 우리의 증인, 중보자 되시는 예수님을 항상 찾으며, 의지하며, 순종하여 고통으로 절망하지 아니하며 그 가운데 소망을 찾아가는 귀한 삶을 누리는 자가 되게 하시길 기도합니다.

욥31:6 하나님께서 나를 공평한 저울에 달아보시고 그가 나의 온전함을 아시기를 바라노라

참을 수 없는 고난 가운데 있는 욥의 고백은 누구를 원망하거나 비난하는 것이 아니라 자신의 소망은 금에다 두지 않으며 재물의 풍부함이나 나를 미워하는 자의 멸망을 기뻐하지 않으며 모든 일에 내 입으로 범죄하지 않았다고 자기의 삶을 고백합니다.
하나님의 존재를 알므로 그런 악한 일을 할 수 없다고 말하며 자신을 공평한 저울에 달아보시고 온전함을 아시기를 바라는 욥처럼 자신 있게 자기의 삶을 고백 할 수 있는 우리와 자손들이 되기를 원하십니다.

기도 주를 경외함이 지혜요 악을 떠남이 명철이라 하시는 말씀대로 성령과 늘 동행하여 악을 멀리하여 입으로 마음으로 선한 행실로 주님의 기쁨이 되는 우리와 자손들이 되기를 기도합니다.

●● 마음에 와닿은 말씀(며느리)

욥28:23.28 하나님이 그 길을 아시며 있는 곳을 아시나니 .., 또 사람에게 말씀하셨도다 보라 주를 경외함이 지혜요 악을 떠남이 명철이니라

사람의 지식과 능력이 발휘된 세상에서 허무한 지혜를 좇아가지 않게 되기를 원합니다.
하나님만 아시는, 하나님을 만나야 얻게 되는 거룩한 지혜를 사모해 봅니다. 주를 경외하는 지혜, 악을 떠나는 명철을 마음에 품고 하나님께 온전히 나아가길 소망합니다.

기도 연약하고 어리석은 죄 많은 인간이기에 절망하고 방황할 때가 있습니다. 하나님만이 그 길을 아시며, 있는 곳을 아시나니 어렵고 힘들 때 오직 하나님만 의지하며 지혜와 명철을 얻게 하시길 기도합니다.

●● 마음에 와닿은 말씀(시어머니)   12

욥38:41 까마귀 새끼가 하나님을 향하여 부르짖으며 먹을 것이 없어서 허우적거릴 때에 그것을 위하여 먹이를 마련하는 이가 누구냐

세상 만물의 이치를 말하며 네가 할 수 있는 것 모든 것을 말해보라고 말씀하십니다. 모든 것이 다 내 힘으로, 노력으로 되는 것 같지만 누가 땅에 비를 내릴 수 있으며 바닷물의 경계를 넘지 못하도록 하시며 이 땅에 존재하는 사자의 먹이를 먹이며 호랑이의 식욕을 사람이 채워줄 수 있냐 하시며 세상에 존재하는 모든 것들도, 전능하신 하나님께서 돌보고 입히신다고 말씀하십니다.
우리가 확실히 알 수 있는 것은 우리를 끝까지 사랑하시고 돌봐 주신다는 것입니다. 우리의 삶이 주님께 영광을 돌리며 모든 자들이 주님을 믿고 구원받아 하늘의 뜻이 땅에서 이루어지는 데 쓰임 받기를 소망합니다.

기도 자신의 노력으로 모든 것이 성취되며 이루어진 것같이 교만에 빠지지 않도록 인도하시기를 기도합니다.

●● 마음에 와닿은 말씀(며느리)

욥42:5 내가 주께 대하여 귀로 듣기만 하였사오나 이제는 눈으로 주를 뵈옵나이다

바닥까지 내쳐진 극심한 고통 가운데도 욥은 끝까지 포악을 멀리하며 정결함을 지켜나가며 하나님의 뜻을 이해하기보다 믿음으로 순종하며 단련을 통해 정금 같은 자로 거듭나게 하심에 진정으로 회개하며 귀로만 듣던 하나님을 진정 눈으로 보는 하나님을 만나는 은혜를 누리게 됩니다.

기도 고난뿐인 삶 속에서도 진정한 하나님을 만나는 은혜가 있기에 하나님의 지극하신 사랑을 찬양합니다.
삶의 매 순간 하나님이 살아계심을 경험하며 하나님이시기에 행복한 삶임을 고백하는 하나님의 자랑이자 기쁨이 되길 기도합니다.

출2:24-25 하나님이 그들의 고통 소리를 들으시고 하나님이 아브라함과 이삭과 야곱에게 세운 그의 언약을 기억하사 하나님이 이스라엘 자손을 돌보셨고 하나님이 그들을 기억하셨더라

아브라함과 야곱에게 세운 언약을 기억하시고 한 사람, 모세를 예비하십니다. 모세를 통하여 출애굽을 성취하시는 하나님의 섭리를 보면서 역사를 주관하시고 세상의 생사화복은 사람들의 노력이 아니라 전능하신 하나님께서 우리의 모든 것을 아시고, 때가 되면 반드시 이루어 주심을 봅니다.

기도 내일 하루도 무슨 일이 일어날지 모르는 피조물인 우리는 먼 미래를 걱정하며 근심하며 살고 있습니다. 하루하루 주님을 믿고 주안에서 말씀에 순종하여 참 평안을 누리며 살기를 기도합니다.

●● 마음에 와닿은 말씀(며느리)

출2:3 더 숨길 수 없게 되매 그를 위하여 갈대 상자를 가져다가 역청과 나무 진을 칠하고 아기를 거기 담아 나일 강 가 갈대 사이에 두고

아들을 살리기 위해 갈대 상자가 물에 젖지 않도록 역청과 나무진을 칠하는 것이 어미가 할 수 있는 최선의 방법이었습니다. 갈대 상자에 담긴 아들을 물 위에 띄워 보낼 때 이제 그의 삶을 하나님께 맡기며 간절히 기도합니다.
결국 하나님의 인도하심으로 모세가 되어 이스라엘 구원의 역사가 됩니다.

기도 갈대 상자에 역청과 나무진을 칠할 때 간절한 그 마음을 읽으며 부모로서, 나에게 주어진 모든 역할과 사명에 최선의 노력을 다해야 함을 깨닫습니다.
또 모든 것을 하나님 앞에 맡기며 간절히 기도하여 생명을 살리고 영혼을 구원하는 귀한 삶을 살게 하시길 기도합니다.

●● 마음에 와닿은 말씀(시어머니)   **14**

출13:22 낮에는 구름 기둥, 밤에는 불 기둥이 백성 앞에서 떠나지 아니하니라

430년 만에 애굽 땅에서 이스라엘 자손을 인도하시는 하나님의 섭리를 보게 됩니다.

바로의 마음을 완악하게 하여 열 가지의 재앙을 내렸던 이유가 애굽에서 행한 재앙들을 통하여 전능하신 하나님 아버지의 말씀 하신 언약과 권능을 온 천하에 전파되게 하시기 위함이라는 것을 보게 됩니다.

내 백성을 구별하여 많은 표징으로 네 아들과 네 자손의 귀에 전하여 살아계셔서 우리에게 구름 기둥과 불기둥으로 보호하시며 함께 하신다는 것을 체험하게 하시는 하나님의 사랑을 날마다 간증하며 살아가기를 소망합니다.

기도 지금도 구름 기둥 불기둥으로 지켜주시고 우리 자손들의 귀에와 우리에게 베풀어 주신 많은 은혜를 간증하며 그 사랑을 증거 하며 살기를 기도합니다.

●● 마음에 와닿은 말씀(며느리)

출14:14 여호와께서 너희를 위하여 싸우시리니 너희는 가만히 있을지니라

아브라함, 이삭, 야곱의 하나님께서 이스라엘을 약속의 땅으로 인도하시고자 한 모든 과정에서 여호와 하나님의 계획하심대로 이루어지는 역사를 바라봅니다.

우리를 이끄시고 우리를 위해 싸우시는 하나님을 온전히 의지하며 두려움 없이 담대하게 믿음으로 나아가길 소망합니다.

기도 여러 가지 문제 앞에서 어려움을 겪을 때도 우리를 위하여 싸우시는 하나님이 함께하시니 상황에 불평하고 원망하기보다 잠잠히 하나님만 바라보며 순종하게 하시길 기도합니다.

●● 마음에 와닿은 말씀(시어머니) 15

출20:7 너는 네 하나님 여호와의 이름을 망령되게 부르지 말라 여호와는 그의 이름을 망령되게 부르는 자를 죄 없다 하지 아니하리라

여호와의 명령인지 사람의 생각인지 분별하지 못하고 사람의 생각을 여호와의 명령이라 부르는 경우가 많이 있습니다. 이로 인해 세상에서 주님의 이름이 멸시당하며 배척당하는 경우들을 많이 봅니다.
공의와 진리가 없는 경우에도 주님의 이름만 부르면 모든 것이 만사형통일 것같이 말하는 사람들 때문에, 세상에서 비난받는 일이 없어야겠고, 주님의 이름을 망령되게 불러서 죄짓는 일이 없도록 분별하여 주님의 영광만을 드러내는 삶이 되기를 조명해 봅니다.

기도 주님의 이름을 자신들의 사욕으로 망령되게 부르지 않도록 성령께서 도와주시기를 기도합니다.

●● 마음에 와닿은 말씀(며느리)

출20:20 모세가 백성에게 이르되 두려워하지 말라 하나님이 임하심은 너희를 시험하고 너희로 경외하여 범죄하지 않게 하려 하심이니라

하나님의 능력과 역사를 증거 하는 표징을 보며 느끼며 죄값으로 두려워하는 우리를 벌하시기보다 그로 인하여 더욱 하나님을 온전히 알게 하시는 기회를 통해 경외하는 마음과 범죄 하지 아니하는 마음을 주심에 감사하며 찬양합니다.
하나님이 주시는 말씀과 계명을 경외함으로 마땅히 지키며 살아가게 하시길 소망합니다.

기도 하나님을 온전히 경외하는 자로 살아가기 위해 늘 말씀과 기도로 나아가게 하시길 기도합니다.

●● 마음에 와닿은 말씀(시어머니)　　**16**

출31:17 이는 나와 이스라엘 자손 사이에 영원한 표징이며 나 여호와가 엿새 동안에 천지를 창조하고 일곱째 날에 일을 마치고 쉬었음이니라 하라

여호와가 엿새 동안에 천지 만물을 창조하시고, 자신의 형상을 닮은 인간을 만드신 후 일곱째 날에 쉬셨기 때문에 우리도 엿새 동안 열심히 일하고 일곱째 날에는 모든 것을 허락하신 하나님께 예배하며 가족들과 참평안과 쉼을 누리게 하셨습니다. 그러나 모든 사람에게 허락하신 안식을 위하여 타인의 안식을 빼앗는 것 같아 일요일에는 음식점도 물건도 사지 않고 조심했는데 지금은 그런 의식조차 하지 못하고 살아가고 있는 것 같습니다.

내 안식만 중요한 것이 아니라 타인의 안식을 방해하는 일이 없도록 성령께서 분별의 영으로 인도하시기를 소망합니다.

무엇이 말씀대로 순종하는 것인지 알지 못하여 세상 방식대로 살고 있음을 고백합니다.

기도 성령님, 빛 안에서 주님의 뜻을 분별하기를 기도합니다.

●● 마음에 와닿은 말씀(며느리)

출31:3 하나님의 영을 그에게 충만하게 하여 지혜와 총명과 지식과 여러 가지 재주로

성막을 짓는 기능공들은 하나님께서 명령하신 대로, 말씀하신 대로 그 모든 것들을 만들지니 성령 충만으로 주시는 지혜와 총명과 지식과 재주를 통해 그 모든 것을 가능케 하시는 하나님을 바라봅니다. 나의 능력이 아닌 하나님이 주시는 능력으로 하나님의 계획하심을 이루는 거룩한 자로 살아가게 하시길 소망합니다.

기도 내 삶 속에 늘 성령 충만으로 주시는 모든 것에 감사하며 말씀대로 행하며 온전히 순종하며 살아가길 기도합니다.

●● 마음에 와닿은 말씀(시어머니) 17

출34:7 인자를 천대까지 베풀며 악과 과실과 죄를 용서하리라 그러나 벌을 면제하지는 아니하고 아버지의 악행을 자손 삼사 대까지 보응하리라

아담과 하와의 불순종으로 이어지는 성경 속 인물들을 보며 그 모습들은 우리와 다를 바 없는 것 같습니다. 모든 악과 과실과 죄를 하루가 천년 같고 천년이 하루같이, 시간과 공간을 초월하시는 주님께 우리의 죄를 자백하고 날마다 깨어 불순종하는 일이 없도록 성령께서 함께하시기를 소망합니다.

기도 천 대까지 인자를 베푸시는 주님께 우리의 모든 삶을 맡기고 성령과 말씀이 우리를 인도하시기를 기도합니다.

●● 마음에 와닿은 말씀(며느리)

출39:43 모세가 그 마친 모든 것을 본즉 여호와께서 명령하신 대로 되었으므로 모세가 그들에게 축복하였더라
출40:16 모세가 그같이 행하되 곧 여호와께서 자기에게 명령하신 대로 다 행하였더라

교만하지 않으며 자신의 부족함을 고백했던 모세이기에 자신과 같이 연약한 인간으로 살아가는 완악한 이스라엘 백성들을 끝까지 품으며 인내하며, 진노하기보다 그들의 죄 사함을 위해 자기 이름을 생명책에서 지워 버려 주시길 기도하는 리더의 모습을 보여 줍니다.

기도 모세를 보며 하나님을 통해 진정한 리더로 거듭나는 은혜를 보게 됩니다. 저 또한 연약한 인간이지만 이런 나를 찾아오셔서 나의 부족함을 채워주시는 하나님을 찬양하며, 온전히 의지하며 명령대로 순종하는 삶으로 귀하게 쓰임 받는 내가 되기를 기도합니다. 부족함이 많기에 하나님을 찾게 하시는 은혜 주심에 감사 드립니다.

●● 마음에 와닿은 말씀(시어머니)

18

레5:4 만일 누구든지 입술로 맹세하여 악한 일이든지 선한 일이든지 하리라고 함부로 말하면 그 사람이 함부로 말하여 맹세한 것이 무엇이든지 그가 깨닫지 못하다가 그것을 깨닫게 되었을 때에는 그 중 하나에 그에게 허물이 있을 것이니

내일 일도 알 수 없는 일들을 너무나 쉽게 말하며 맹세하며 걱정하며 살 때가 많습니다. 깨닫지 못하여 하는 모든 일을 깨닫고 하루하루 말씀을 보고 듣고 순종하여 우리가 주님의 편에 서서 주님의 뜻이 무엇인지를 분별할 수 있는 지혜 주시기를 소원해 봅니다.

기도 주님께서 하실 일을 내가 한다고 내가 할 일 주님께 다 맡기고 함부로 맹세하는 일이 없도록 성령께서 인도하시기를 기도합니다.

●● 마음에 와닿은 말씀(며느리)

레4:35 그 모든 기름을 화목제 어린 양의 기름을 떼낸 것 같이 떼내어 제단 위 여호와의 화제물 위에서 불사를지니 이같이 제사장이 그가 범한 죄에 대하여 그를 위하여 속죄한즉 그가 사함을 받으리라

무리를 이끄는 지도자도, 하나님의 일을 섬기는 제사장도 완벽한 사람은 없으니 우리는 연약한 인간이기에 부지중에 하나님의 계명을 잊고 살아가며 허물을 스스로 깨닫지 못하며 살아갈 때가 있음을 고백합니다.
속죄제를 행함처럼 매일 주시는 하나님의 말씀을 통해 성령이 함께하사 늘 깨어 있어 부지중에 범죄함이 없게 하시길, 또 범한 죄를 온전히 깨닫고 회개하게 하시길 기도합니다.

기도 하나님의 말씀을 통해 나의 삶을 감찰하여 범죄 하지 아니하며 나의 죄를 고백하고 회개하여 진정한 죄 사함의 은혜를 누리는 속죄의 삶으로 인도하시길 기도합니다.

●● 마음에 와닿은 말씀(시어머니) **19**

레11:45 나는 너희의 하나님이 되려고 너희를 애굽 땅에서 인도하여 낸 여호와라 내가 거룩하니 너희도 거룩할지어다

우리의 하나님이 우리를 구원하시려고 십자가의 피로 우리에게 영원한 생명을 허락하셨습니다. 아버지께서 내가 거룩하니 너희도 거룩 하라 말씀하십니다. 속죄제, 소제, 번제로 죄 사함을 받는 율법의 행위를 세세히 기록하여 지키게 하였으나 율법을 지킨다고 하면서도 형식적이고, 외식하는 회칠한 무덤 같은 신앙생활이라고 하시는 예수님의 말씀처럼 우리의 신앙이 욕망의 대상으로만 살아온 것 같아 회개합니다. 주님의 거룩함을 닮아가기를 소망합니다.

기도 세상 사람들과 다른 것이 하나도 없이 교회에 나가 믿는다고 말하면 되는 줄 알았습니다. 성령의 능력으로 세상과 구별되는 거룩한 삶을 살아가는 주님의 자녀가 되게 인도해 주소서.

●● 마음에 와닿은 말씀(며느리)

레10:19 아론이 모세에게 이르되 오늘 그들이 그 속죄제와 번제를 여호와께 드렸어도 이런 일이 내게 임하였거늘 오늘 내가 속죄제물을 먹었더라면 여호와께서 어찌 좋게 여기셨으리요

거룩한 것과 속된 것, 부정하고 정한 것을 구별해야 하는 거룩한 제사장의 사명을 다하지 못한 나답과 아비후의 죽음 앞에 잠잠히 그 슬픔을 삭혀야 했던 아론을 봅니다. 그들이 율법을 어기는 행동을 했으나 진정으로 하나님을 생각하는 아론의 마음을 느낀 모세는 이를 좋게 여기니 이를 통해 율법보다 사람의 마음을 보시는 하나님을 바라봅니다. 나 또한 하나님께서 좋게 여기시는 마음을 갖고 말씀대로 행하는 자 되길 소망합니다.

기도 하나님을 경외하는 마음 없이 율법대로 살기보다 진정한 믿음과 하나님을 온전히 경외하는 마음이 가득하게 하시길 소망합니다. 하나님을 향한 나의 마음을 기쁘게 여기실 줄 믿사오며, 하나님의 기쁨이 되는 삶을 살아가게 하시길 기도합니다.

●● 마음에 와닿은 말씀(시어머니)

20

레26:3-4 너희가 내 규례와 계명을 준행하면 내가 너희에게 철따라 비를 주리니 땅은 그 산물을 내고 밭의 나무는 열매를 맺으리라

천년이 하루 같고 하루가 천년 같다는 하나님의 시간은 구약시대나 현세에 살아가고 있는 지금이나 주신 규례와 계명을 준행하면 철 따라 비를 주시고 땅은 그 산물을 내고 밭의 나무는 열매를 맺는 복을 주시지만, 순종하지 않으면 산물도 땅의 나무의 열매도 맺지 못하며 너희의 땅이 황무 해지며 성읍이 황폐되리라 말씀하시고 있습니다.

"천지는 없어지겠으나 내 말은 없어지지 아니하리라"고 하신 주님의 말씀을 날마다 묵상하고 성령님의 도우심으로 순종하여 복의 근원이 되며 복의 통로로 쓰임 받기를 소망합니다.

기도 주님 주신 말씀에 순종하는 복된 우리와 자손들이 되기를 기도합니다.

●● 마음에 와닿은 말씀(며느리)

레19:3 너희 각 사람은 부모를 경외하고 나의 안식일을 지키라 나는 너희의 하나님 여호와이니라

하나님을 닮아 거룩한 삶을 살아가기 위한 첫째로 부모를 경외하라 하십니다. 우리의 뿌리이신 부모를 공경하며 감사하며 살아갈 때 하나님의 은혜가 가득할 줄 믿습니다. 부모를 경외하고 하나님을 경외하며 거룩한 신앙의 길로 나아가길 소망합니다.

기도 하나님을 섬기듯 부모를 섬기며 그 섬김을 바탕으로 형제를 섬기고 이웃을 섬기는 삶을 통해 하나님의 사랑을 실천하게 하소서.

사랑을 실천하며 우리의 모든 관계 속에서 너희는 거룩 하라 명하신 하나님의 뜻대로 순종하며 살아가게 하시길 기도합니다.

●● 마음에 와닿은 말씀(시어머니) **21**

민6:27 그들은 이같이 내 이름으로 이스라엘 자손에게 축복할지니 내가 그들에게 복을 주리라

우리에게 복을 주시고 그 복을 우리가 받기 위해 지켜야 할 모든 계명과 규례를 세심하게 율법으로 만들어 기록하여 주셨습니다. 이 모든 것이 택함받은 우리를 지켜주시고 주 안에서 참 평안과 기쁨을 누리며 살기를 원하시는 하나님의 사랑이었습니다. 주님을 경외하며 말씀에 순종하여 율법의 완성인 주님의 사랑을 품고 행하며 살기를 소망합니다.

기도 사랑이 없으면 그 어떤 율법도 울리는 꽹과리에 불과한 것이라 하셨습니다. 소리만 요란하게 믿는 것이 아니라 주님을 경외하며 주님의 사랑으로 충만한 삶이 이루어지기를 기도합니다.

●● 마음에 와닿은 말씀(며느리)

민6:24-26 여호와는 네게 복을 주시고 너를 지키시기를 원하며 여호와는 그의 얼굴을 네게 비추사 은혜 베푸시기를 원하며 여호와는 그 얼굴을 네게로 향하여 드사 평강 주시기를 원하노라 할지니라 하라

제사장인 아론과 그의 아들들이 이스라엘 민족을 위해 축복한 것처럼 우리 가정 안에서 부모가 자녀에게 하나님의 약속과 축복을 전하며 간절하게 기도하게 하는 말씀을 주셔서 감사 드립니다. 귀한 말씀이 대대로 이루어져 하나님의 역사하심의 증거가 되게 하시길 바라며 거룩한 제사장과 같이 우리도 거룩한 자로서 하나님의 복을 전하는 거룩한 삶을 살게 하시길 소망합니다.

기도 하나님의 사랑이 담긴 제사장의 복을 통해 다시금 자녀와 손자들을 위해 축복하시는 부모님의 사랑과 하나님의 약속을 깨닫게 하심에 감사 드립니다.
이 귀한 약속이 대대로 전해지는 귀한 가정되게 하시길, 정결한 자로 복음을 전하는 자 되게 하시길 기도합니다.

민11:23 여호와께서 모세에게 이르시되 여호와의 손이 짧으냐 네가 이제 내 말이 네게 응하는 여부를 보리라

밤에는 불기둥으로 낮에는 구름기둥으로 보호하시며 인도하시는 것을 직접 체험한 이스라엘 백성들처럼 자신의 욕망대로 이루어지지 못하였을 때 원망하며 불평하며 비난하는 모습이 현재 우리들의 모습인 것 같습니다. 우리 삶의 여정 속에서도 주님의 섭리와 때가 되면 이루어지는 일들도 믿지 못하고 불평과 원망으로 살아가고 있는 것은 아닌지, 말씀 안에서 순종하며 분별하여 주님의 평강을 누리며 살아가기를 소망합니다.

기도 사람이 자기의 길을 계획한다고 할지라도 그 걸음은 주님께서 인도하심을 믿습니다. 주 안에서 주의 섭리를 믿고 순종하는 복 있는 우리와 자손들이 되기를 기도합니다.

●● 마음에 와닿은 말씀(며느리)

민11:4 그들 중에 섞여 사는 다른 인종들이 탐욕을 품으매 이스라엘 자손도 다시 울며 이르되 누가 우리에게 고기를 주어 먹게 하랴

약속한 땅으로 인도하사 택함을 받은 민족으로서 홍해를 가르시는 하나님, 일용할 양식을 주시는 하나님, 축복하시는 하나님을 경험하고도 다른 인종들의 탐욕에 휩쓸리어 동조하며 똑같이 불평을 쏟아내는 이스라엘 민족을 보며 그리스도인으로서 믿지 않는 자들의 욕심과 세상의 기준에 때때로 흔들리며 나의 삶에 대해 감사보다 불평을 늘어놓는 나의 모습을 회개합니다.

기도 타인과의 대화 내용을 보면 자신의 처지에 대한 불평, 남에 대한 불평을 쏟아낼 때가 많이 있습니다. 그때마다 하나님께서 주신 은혜를 생각하게 하시어 타인의 생각에 동조하지 아니하며 나의 상황, 나의 주변 사람들에게 늘 감사하는 마음으로 살아가게 하시길 기도합니다.

●● 마음에 와닿은 말씀(시어머니) 23

민14:8 여호와께서 우리를 기뻐하시면 우리를 그 땅으로 인도하여 들이시고 그 땅을 우리에게 주시리라 이는 과연 젖과 꿀이 흐르는 땅이니라

똑같은 사물을 보고도 긍정적으로 보는 사람이 있고 부정적으로 보는 사람이 있습니다.

하나님의 전능하심을 체험한 백성들이지만 금방 잊어버리고, 불순종하는 것을 봅니다. 너희 말이 내 귀에 들린 대로 행하여 주시겠다는 말씀으로 여호와께서 기뻐하시면 젖과 꿀이 흐르는 땅으로 인도하시지만, 그들이 우리보다 강하다고 하며 전능하신 하나님을 믿지 못하여 약속하신 땅으로 들어가지 못하는 것을 봅니다.

하나님께서 우리의 삶을 보시고 기뻐하시면 우리의 능력이 아니라 하나님의 능력으로 세상을 이기는 승리의 삶을 살 수 있습니다.

기도 항상 깨어 있어 주님의 편이 되어 주님께서 함께하시는 복된 인생이 되는 우리와 자손들이 되기를 기도합니다.

●● 마음에 와닿은 말씀(며느리)

민15:39 이 술은 너희가 보고 여호와의 모든 계명을 기억하여 준행하고 너희를 방종하게 하는 자신의 마음과 눈의 욕심을 따라 음행하지 않게 하기 위함이라

나의 마음과 눈이 오직 하나님만을 향하길 원합니다.

눈에 보이는 유혹에 빠지지 아니하며 나의 마음이 헛된 것에 흔들리지 아니하도록 옷단 귀에 달았던 술을 매일 보며 하나님의 계명을 기억하고, 행함과 같이 매일 주시는 말씀을 통해 나의 마음과 눈을 온전히 하나님께 향하게 하시길 소망합니다.

기도 나의 눈이 나는 여호와 너희 하나님이라 말씀하시며 끝까지 붙잡아 주시는 하나님을 향할 때 말씀을 바로 듣고 행할 줄 믿습니다.
말씀을 통해 나의 마음과 눈이 늘 깨어 있게 하시길 기도합니다.

●● 마음에 와닿은 말씀(시어머니)

24

민23:8 하나님이 저주하지 않으신 자를 내가 어찌 저주하며 여호와께서 꾸짖지 않으신 자를 내가 어찌 꾸짖으랴

세상이 아무리 험하고 위험한 상황이 된다고 할지라도 주님께서 함께하신다면 누구인들 우리를 저주하며 꾸짖지 못할 것이라 말씀하십니다.
세상의 환경이 두려워 염려하는 것이 아니라 분별하지 못하여 주님의 편이 되지 못하고 오히려 불순종하여 주님을 대적하는 편에 속하지 않도록 성령의 빛 안에서 행하는 자녀들이 되기를 소망합니다.

기도 사람의 말과 주님의 말씀을 성령 충만함으로 잘 분별하고, 행하여 오직 하늘의 뜻이 이 땅에서 이루어지는 데 쓰임 받는 복된 우리와 자손들이 되기를 기도합니다.

●● 마음에 와닿은 말씀(며느리)

민27:16-17 여호와, 모든 육체의 생명의 하나님이시여 원하건대 한 사람을 이 회중 위에 세워서 그로 그들 앞에 출입하며 그들을 인도하여 출입하게 하사 여호와의 회중이 목자 없는 양과 같이 되지 않게 하옵소서

수많은 고난과 백성들의 불평 속에도 끝까지 자신의 사명을 다한 모세입니다. 므리바 물 사건으로 약속의 땅에 가지 못하게 되었을 때도 하나님의 뜻에 온전히 순종하며 남겨질 백성을 생각하며 그들을 위한 지도자를 간구하며 기도합니다.
하나님께 온전히 순종하며 끝까지 진정으로 자신의 사명을 다하려는 모세의 삶을 통해 진정한 사랑과 순종을 깨닫습니다.

기도 나에게 좋은 일, 이로운 일에만 순종하는 것이 아니라 주님께서 주신 모든 뜻에 겸허히 순종하길 소망합니다. 하나님께서 우리를 사랑하시는 것과 같이 사람을 사랑하는 마음으로 우리의 형제, 이웃을 위해 기도하게 하소서.

●●○ 마음에 와닿은 말씀(시어머니)

25

민32:13 여호와께서 이스라엘에게 진노하사 그들에게 사십 년 동안 광야에 방황하게 하셨으므로 여호와의 목전에 악을 행한 그 세대가 마침내는 다 끊어졌느니라

애굽에서 430년간 삶의 습관들로 40년 동안 광야에서 방황하며 원망하던 부정적인 그 세대는 끊어졌습니다. 하나님 언약의 말씀을 믿고 나아가던 갈렙과 여호수아와 광야에서 40년간 이적과 기적을 체험하고 훈련받은 다음 세대는 약속하신 가나안 땅에 정착하게 되는 것을 봅니다.

하나님께서 택한 언약의 백성들인 우리가 살아계신 하나님이 늘 함께하심을 체험케 하셔서 하늘의 뜻이 이 땅 위에서 우리를 통해 이루어지기를 원합니다. 지금도 우리를 영원한 구원에 이르게 하시기 위하여 광야의 길에서 원망하며 불평하는 삶이 아니라 약속의 말씀을 온전히 믿고 순종하여 천국의 소망을 누리며 살기를 소망합니다.

기도 약속의 말씀들을 믿고 순종하는 복된 우리와 자손들이 되기를 기도합니다.

●●○ 마음에 와닿은 말씀(며느리)

민28:3 또 그들에게 이르라 너희가 여호와께 드릴 화제는 이러하니 일 년 되고 흠 없는 숫양을 매일 두 마리씩 상번제로 드리되

어리석고 나약한 인간임을 고백합니다. 그렇기에 나의 하루에 나의 일생에 하나님이 늘 함께하시어 동행하시길 원합니다. 우리의 시작과 끝, 하나님과의 온전한 만남 깊은 교제를 허락하시어 주님의 뜻대로 사는 삶을 사모하며 나아가게 하시길 기도합니다.

기도 바쁘고 정신없는 하루 속에서도 날마다 하나님과 깊은 교제를 통해 주님의 향기를 품고 사는 자가 되게 하소서. 매일 우리에게 주시는 말씀을 귀하게 여기고 말씀을 통해 온전한 하나님을 만나는 복을 주시길 기도합니다.

●● 마음에 와닿은 말씀(시어머니)

26

신3:25-26 구하옵나니 나를 건너가게 하사 요단 저쪽에 있는 아름다운 땅, 아름다운 산과 레바논을 보게 하옵소서 하되 여호와께서 너희 때문에 내게 진노하사 내 말을 듣지 아니하시고 내게 이르시기를 그만해도 족하니 이 일로 다시 내게 말하지 말라

눈앞에 보이는 아름다운 땅, 아름다운 산을 보며 나도 건너가게 해달라고 말하지만 그만해도 족하니 다시 내게 말하지 말라 말씀하십니다. 여호수아를 모세 대신 지도자로 세워 백성들을 거느리고 건너서 그들의 기업으로 얻게 하셨다고 말씀하십니다. 40년간의 광야에서 백성들의 원망과 불평과 비난을 들으면서도 전능하신 하나님과의 교통 속에서 그분의 뜻을 충분히 알기에 자신의 사명을 끝까지, 온전히 다하는 모세를 봅니다.

자신의 소망이 이루어지지 않는다고 할지라도 후손들이 하나님을 경외하며 그 모든 말씀을 지켜 행하여 그 자손들이 영원히 복 받기를 원하는 모세의 마음을 닮기를 소망합니다.

기도 심는 자가 있으면 거두는 자가 있듯이 좋은 씨를 많이 뿌리고, 가꾸어서 우리의 후손들이 좋은 열매를 풍성하게 거두어 주님의 기쁨이 되기를 기도합니다.

●● 마음에 와닿은 말씀(며느리)

신4:9 오직 너는 스스로 삼가며 네 마음을 힘써 지키라 그리하여 네가 눈으로 본 그 일을 잊어버리지 말라 네가 생존하는 날 동안에 그 일들이 네 마음에서 떠나지 않도록 조심하라 너는 그 일들을 네 아들들과 네 손자들에게 알게 하라

참 하나님을 알게 하시려는 우리의 삶 가운데 함께 하시는 하나님의 역사하심을 간과하지 아니하며 그 뜻을 마음에 깊이 새기고 힘써 지켜나가길 소망합니다.

기도 하나님의 은혜가 넘치는 어머니의 간증이 나의 간증이 되고 우리 자녀들의 간증이 되어 늘 하나님을 경외하며 하나님의 복을 누리는 귀한 가정되게 하소서.
하나님의 은혜를 잊지 아니하며 늘 감사하는 마음을 지키며 말씀 대로 행하는 삶을 통해 우리의 자녀들에게 믿음의 본이 되게 하시어 복된 가정 이루게 하시길 기도합니다.

●● 마음에 와닿은 말씀(시어머니)

신8:2 네 하나님 여호와께서 이 사십 년 동안에 네게 광야 길을 걷게 하신 것을 기억하라 이는 너를 낮추시며 너를 시험하사 네 마음이 어떠한지 그 명령을 지키는지 지키지 않는지 알려 하심이라

사십 년의 광야 길을 걷게 하신 것은, 너를 낮추시며 너를 시험하사 네 마음이 어떠한지 그 명령을 지키는지 지키지 않는지 알려고 준비하신 고난이었습니다.
고난을 통하여 우리 삶의 모든 것을 인도하시는 주님을 체험하게 하시며 주님의 마음을 알게 하시고 우리를 향한 사랑이었음을 깨닫게 하십니다.
고난을 통해 오히려 복이 되는 일들을 보며 무슨 일을 만나든지 주님을 믿고 감사하며 기뻐하며 기도하며 살기를 소망합니다.

기도 나보다 나를 더 잘 아시는 주님의 계획하심을 믿고 말씀대로 순종하는 복된 우리와 자손들이 되기를 기도합니다.

●● 마음에 와닿은 말씀(며느리)

신8:2 네 하나님 여호와께서 이 사십 년 동안에 네게 광야 길을 걷게 하신 것을 기억하라 이는 너를 낮추시며 너를 시험하사 네 마음이 어떠한지 그 명령을 지키는지 지키지 않는지 알려 하심이라

광야의 길도 하나님의 계획하심이 있으니 광야의 고난 속에 휩쓸릴지라도 진정으로 하나님을 찾으며 온전히 의지하는 은혜를 누리게 하소서.
광야의 삶 가운데 서로를 원망하며 상처 주기보다 나의 내면을 살피며 하나님께 순종하며 나아가길 소망합니다.

기도 어렵고 힘든 광야의 삶 속에서 오직 나만 아는 이기적인 생각을 버리고 우리를 인도하시는 하나님께 더욱 집중하게 하시길 기도합니다.

●● 마음에 와닿은 말씀(시어머니)

28

신17:19 평생에 자기 옆에 두고 읽어 그의 하나님 여호와 경외하기를 배우며 이 율법의 모든 말과 이 규례를 지켜 행할 것이라

평생에 성경을 옆에 두고 읽고 보고 묵상하여 주님의 뜻을 깨닫고 주님을 경외하며 말씀대로 순종하여 좌로나 우로나 치우치지 않고 주님의 기쁨이 되며 복의 근원이 되어 축복의 통로로 쓰임 받기를 소망합니다.

기도 말씀이 없으면 주님의 뜻이 아니라 내 뜻대로 살 수밖에 없습니다. 성령의 충만함으로 말씀대로 순종하며 사는 우리와 자손들이 되기를 기도합니다.

●● 마음에 와닿은 말씀(며느리)

신15:10 너는 반드시 그에게 줄 것이요, 줄 때에는 아끼는 마음을 품지 말 것이니라 이로 말미암아 네 하나님 여호와께서 네가 하는 모든 일과 네 손이 닿는 모든 일에 네게 복을 주시리라

가난한 형제와 이웃을 생각하는 마음, 바라는 것 없이 아낌없이 나누는 마음을 품으며 진실로 행하는 것이 우리의 축복임을 깨닫습니다. 타인을 위해 사는 사람들의 이야기가 나에게 뜨거운 감동으로 돌아오니 그들과 같이 나의 삶이 주님의 뜻을 행하는 복된 삶이 되길 소망합니다.
더불어 사는 삶이 복된 삶일 줄 믿습니다.

기도 형제와 이웃을 온전히 사랑할 때 하나님께서 말씀하는 아낌없는 나눔이 행해질 줄 믿습니다. 진정으로 사랑을 나누는 자로 세워주시길 기도드립니다.

●● 마음에 와닿은 말씀(시어머니)

29

신28:63 여호와께서 너희에게 선을 행하시고 너희를 번성하게 하시기를 기뻐하시던 것 같이 이제는 여호와께서 너희를 망하게 하시며 멸하시기를 기뻐하시리니 너희가 들어가 차지할 땅에서 뽑힐 것이요

말씀하신 대로 순종하면, 들어가도 나가도 복을 받으며 네 창고와 네 손으로 하는 모든 일에 우리에게 주시는 땅에서 복을 주시며 번성케 하신다고 약속하십니다.
반대로 주신 말씀을 행하지 않으면 망하게 하시며 멸하시기를 기뻐하시며 들어가서 차지할 땅에서도 뽑힐 것이라 말씀하셨습니다.
성령의 충만함으로 순종의 삶을 살아 번성하게 하시며 주님의 기쁨이 되는 우리와 자손들이 되기를 소망합니다.

기도 천지는 없어져도 말씀은 일점일획도 변함없이 영원히 이루어진다는 말씀대로 순종하여 야곱의 기업으로 세워지는 우리와 자손들이 되기를 기도합니다.

●● 마음에 와닿은 말씀(며느리)

신26:17 네가 오늘 여호와를 네 하나님으로 인정하고 또 그 도를 행하고 그의 규례와 명령과 법도를 지키며 그의 소리를 들으리라 확언하였고

마음을 다하고 뜻을 다하여 순종할 때 하나님을 인정하고 고백하는 삶이 될 줄 믿습니다. 늘 하나님의 말씀을 청종하고 순종하여 그의 보배로운 백성이 되길 소망합니다.
여호와 하나님의 성민으로서 하나님의 영광이 가득한 삶이 되게 하소서.

기도 하나님의 말씀을 사모하고 집중하는 마음으로 하나님의 뜻에 온전히 순종하게 하시어 하나님을 증거 하는 보배로운 백성으로 삼아주시길 기도합니다.

●● 마음에 와닿은 말씀(시어머니)

신30:14 오직 그 말씀이 네게 매우 가까워서 네 입에 있으며 네 마음에 있은즉 네가 이를 행할 수 있느니라

주님께서 우리와 함께하시며 우리에게 주신 말씀은 어려운 것도 먼 곳에 있는 것도 아니고 네 입에, 네 마음에 있기에 네가 이를 행할 수 있다고 합니다. 할 수 없는 까닭은 깨닫는 마음과 보는 눈, 듣는 귀를 주지 않으실 때 우리는 보고도 듣고도 깨닫지 못하여 행할 수가 없음을 고백합니다. 날마다 성령께서 깨닫게 해주시고 보게 하시고 듣게 하셔서 우리 앞에 가시며 우리와 함께하시는 주님과 날마다 동행하는 복된 우리와 자손들이 되기를 소원합니다.
우리와 함께하시는 주님을 믿지 못하고, 알지 못하면 염려하고 두려워하며 우리의 소견대로 살수 밖에 없음을 고백합니다.

기도 성령의 충만함으로 살아계시고 우리와 함께하심을 보고 듣고 깨달아 순종하는 우리와 자손들이 되기를 기도합니다.

●● 마음에 와닿은 말씀(며느리)

신33:29 이스라엘이여 너는 행복한 사람이로다 여호와의 구원을 너 같이 얻은 백성이 누구냐 그는 너를 돕는 방패시요 네 영광의 칼이시로다 네 대적이 네게 복종하리니 네가 그들의 높은 곳을 밟으리로다

부와 명예가 아닌 하나님이 나와 함께 하심이 나의 행복의 근원임을 깨닫게 하시는 하루하루를 주심에 감사합니다. 그 어떤 상황 속에서도 우리를 지켜주시는 방패가 되고, 우리를 승리케 하시는 하나님이 우리와 동행하시니 행복의 길로 나아 갈 줄 믿습니다.

기도 우리와 동행하시는 하나님, 우리를 구원하시는 하나님께서 함께하심이 나의 행복이라 고백하며 마음과 뜻을 다하여 순종하게 하시길 기도합니다.

●● 마음에 와닿은 말씀(시어머니)

31

수7:13 너는 일어나서 백성을 거룩하게 하여 이르기를 너희는 내일을 위하여 스스로 거룩하게 하라 이스라엘의 하나님 여호와의 말씀에 이스라엘아 너희 가운데에 온전히 바친 물건이 있나니 너희가 그 온전히 바친 물건을 너희 가운데에서 제하기까지는 네 원수들 앞에 능히 맞서지 못하리라

하나님의 말씀을 어긴 아간의 범죄로 인한 결과를 보며 백성을 거룩하게 하여 하나님께서 도우시고 함께 하실 때만 승리의 삶을 살아갈 수 있음을 고백합니다. 성령의 도우심으로 교회와 모든 성도와 모든 가정이 주님의 말씀에 순종하여 주님의 도우심으로 승리의 삶을 살아가기를 소망합니다.

기도 탐욕으로 가득 찼던 아간의 마음을 버리고 주님 주신 거룩한 마음을 품고 주님과 동행하여 무슨 일을 만나든지 승리하는 복된 삶으로 주님께 영광 돌리며 살기를 기도합니다.

●● 마음에 와닿은 말씀(며느리)

수6:10 여호수아가 백성에게 명령하여 이르되 너희는 외치지 말며 너희 음성을 들리게 하지 말며 너희 입에서 아무 말도 내지 말라 그리하다가 내가 너희에게 명령하여 외치라 하는 날에 외칠지니라 하고

여리고 성을 정복하기 위해서 성 주위를 돌면서 입에서 아무 말로 내지 아니하며 침묵하고 오직 하나님의 말씀에 순종하는 것이었으니 일곱째 날 외침과 함께 견고한 성이 무너지는 놀라운 은혜를 경험하게 됩니다. 세상의 상식으로 불평과 원망을 쏟아내는 연약한 자이기에 침묵하고 인내하게 하심을 통해 하나님의 온전한 뜻을 깨닫게 하시고 순종하게 하시어 승리하는 삶을 살아가는 은혜를 누리게 하시길 소망합니다.

기도 불순종의 말을 버리는 침묵을 통해 하나님의 거룩한 뜻을 깨닫게 하소서. 불평과 원망을 버리고 온전히 인내하며 순종하는 믿음의 길로 나아가게 하시길 기도합니다.

●● 마음에 와닿은 말씀(시어머니) 32

수14:9 그 날에 모세가 맹세하여 이르되 네가 내 하나님 여호와께 충성하였은즉 네 발로 밟는 땅은 영원히 너와 네 자손의 기업이 되리라 하였나이다

성읍이 크고 견고할지라도 하나님께서 약속하셨고 하나님께서 함께하신다면 이 산지를 내게 달라고 말하며 그들을 쫓아내겠다는 갈렙의 말에 네가 하나님께 충성하였기에 네 발로 밟는 땅은 너와 네 자손의 기업이 되리라고 약속하였다고 말합니다.
충성하지도 순종하지도 못하면서 우리는 이 산지를 내게 주소서 하는 우를 범하지 않도록 갈렙 같이 충성하며 순종하여 당당히 이 산지를 내게 달라고 말할 수 있기를 소원합니다.

기도 심지도 않고 뿌리지도 않고 내 욕심대로 구하는 어리석음을 깨닫고 분별하여 갈렙 같이 자신 있게 달라고 구할 수 있는 충성된 자가 되기를 기도합니다.

●● 마음에 와닿은 말씀(며느리)

수14:11 모세가 나를 보내던 날과 같이 오늘도 내가 여전히 강건하니 내 힘이 그 때나 지금이나 같아서 싸움에나 출입에 감당할 수 있으니

가나안 땅을 정탐할 때 마음에 성실한 대로 하나님 여호와를 온전히 좇았던 사십 세의 갈렙은 끝까지 하나님께 순종하는 삶을 통해 변하지 않는 강건함을 누리며 하나님을 믿고 앞으로 나아갑니다.
나이가 들고 세월이 지나도 하나님을 온전히 신뢰하는 변치 않은 믿음과 담대한 마음으로 살게 하시는 은혜를 보게 됩니다.

기도 끝까지 하나님을 온전히 신뢰하는 믿음으로 세월이 지나감에 따라 더 단단한 마음 밭을 다지게 하시어 담대하게 나아가는 강건한 삶의 축복을 주시길 소망합니다.

수23:14 보라 나는 오늘 온 세상이 가는 길로 가려니와 너희의 하나님 여호와께서 너희에게 대하여 말씀하신 모든 선한 말씀이 하나도 틀리지 아니하고 다 너희에게 응하여 그 중에 하나도 어김이 없음을 너희 모든 사람은 마음과 뜻으로 아는 바라

그 누구도 피할 수 없는, 온 세상 사람들이 가는 길로 가면서 그동안 살면서 겪었던 모든 일을 회상하며 우리에게 하신 선한 말씀들이 하나도 틀리지 아니하고 어김이 없음을 여호수아는 고백하고 있습니다.
여호수아의 말처럼 밤에는 불기둥으로 낮에는 구름 기둥으로 우리의 모든 삶을 주장하시고 인도하신 주님의 은혜를 공감하며 감사 드립니다. 세상에 살면서 주님과 함께 동행하며 겪었던 모든 체험을 증거하며 우리 모두가 주님의 말씀대로 순종하여 복의 근원, 복의 통로로 쓰임 받아 하늘의 뜻이 땅 위에서 이루어지기를 소망합니다.

기도 지금까지 살아오면서 어느 것 하나 주님의 은혜가 아닌 것이 없음을 고백합니다. 어려운 일이나 힘든 일이나 좋은 일도 다 모든 것이 우리를 위한 계획이었음을 지나고 나면 알게 되었습니다. 온 세상이 가는 길로 우리가 갈 때 여호수아의 고백이 우리의 고백이 될 수 있기를 기도합니다.

●● 마음에 와닿은 말씀(며느리)

수24:22 여호수아가 백성에게 이르되 너희가 여호와를 택하고 그를 섬기리라 하였으니 스스로 증인이 되었느니라 하니 그들이 이르되 우리가 증인이 되었나이다 하더라

거룩하신 하나님, 질투하시는 하나님을 택하고 섬기겠노라 고백하며 나 스스로가 증인이 되길 소망합니다. 오직 진실을 이야기하는 증인의 역할을 다하듯 우리의 모든 것을 아시는 하나님 앞에 전심으로 하나님을 섬기는 진실한 자가 되게 하소서.

기도 하나님을 향한 뜨거운 고백이 위증이 되지 아니하도록 늘 하나님의 말씀을 들으며 믿으며 행하는 삶을 살게 하소서. 스스로 진실한 믿음의 증인이 되어 참믿음을 고백하는 자가 되게 하시길 기도합니다.

●● 마음에 와닿은 말씀(시어머니)

34

삿7:7 여호와께서 기드온에게 이르시되 내가 이 물을 핥아 먹은 삼백 명으로 너희를 구원하며 미디안을 네 손에 넘겨 주리니 남은 백성은 각각 자기의 처소로 돌아갈 것이니라 하시니

미디안 사람들을 넘겨주었을 때 백성들이 너무 많아 자신들의 힘으로 구원하였다고 하며 하나님의 은혜를 알지 못할까 하여 오직 순종하는 백성들 삼백 명만으로 미디안에서 이스라엘 백성을 구원하시는 것을 봅니다. 하나님께서 우리를 도우실 때도 사람의 숫자나 무기의 많고 적음을 떠나 당신의 백성들을 구원하시고 도우시는 분임을 봅니다.

기드온을 통해 승리하게 하는 것을 보며 지금도 역사하시는 주님께 모든 것을 의탁하며 승리하기를 소망합니다

기도 지금도 변함없이 역사하시는 주님, 불의가 성행하는 이 시대에도 언제나 진실과 정의가 실천되게 인도하여 주소서. 주님의 도우심으로 나라와 교회와 성도들과 온 가정들이 주님의 말씀에 순종하여 승리할 수 있도록 기도합니다.

●● 마음에 와닿은 말씀(며느리)

삿6:15 그러나 기드온이 그에게 대답하되 오 주여 내가 무엇으로 이스라엘을 구원하리이까 보소서 나의 집은 므낫세 중에 극히 약하고 나는 내 아버지 집에서 가장 작은 자니이다 하니

하나님의 부르심에, 하나님이 함께하심에 불가능이 없음을 깨닫지 못하고 자신이 할 수 없는 이유부터 찾았으니 결국 기드온은 용감한 지도자로 세워주신 하나님의 크신 능력을 보게 됩니다.

기도 나의 소명에 이런저런 핑계를 대며 합리화했던 나의 모습을 회개합니다. 주님의 당당한 용사로서 나를 통해 이루실 하나님의 크고 놀라운 능력으로 선을 행하는 자가 되게 하시길 기도합니다.

●● 마음에 와닿은 말씀(시어머니)

삿9:16 이제 너희가 아비멜렉을 세워 왕으로 삼았으니 너희가 행한 것이 과연 진실하고 의로우냐 이것이 여룹바알과 그의 집을 선대함이냐 이것이 그의 손이 행한 대로 그에게 보답함이냐

형제 칠십 명을 죽이고 은 칠십 개로 방탕하고 경박한 사람들을 사서 자신을 따르게 한 시작부터가 진실하지도 의롭지도 못한 아비멜렉을 왕으로 세운 세겜 사람들의 잘못된 선택을 봅니다. 하나님이 삼 년 만에 악한 영을 보내 아비멜렉을 도와 형제를 죽이게 합니다.

또한 아비멜렉과 세겜 사람들에게 대가를 치르게 하셨다고 합니다.

지도자를 선출할 때 우리의 잘못된 선택으로 흥할 수도 망할 수도 있음을 봅니다. 시작부터가 정의롭고 진실한 지도자를 선택하여 하나님께서 도우시는 나라가 되기를 소망합니다

기도 지도자를 잘 선택할 수 있도록 성령께서 도와주시고 인도하시기를 기도합니다

●● 마음에 와닿은 말씀(며느리)

삿16:20 들릴라가 이르되 삼손이여 블레셋 사람이 당신에게 들이닥쳤느니라 하니 삼손이 잠을 깨며 이르기를 내가 전과 같이 나가서 몸을 떨치리라 하였으나 여호와께서 이미 자기를 떠나신 줄을 깨닫지 못하였더라

나실인으로서 하나님이 주신 능력을 지키지 못하고, 여인의 말에 마음이 번뇌하고 죽을 지경에 이르러도 하나님을 의지하지 아니하고 세상의 유혹에 빠진 삼손은 하나님의 영이 떠나고 세상의 종으로 살아갑니다.

세상과 어울려 주신 능력을 나의 능력인 양 착각하는 교만과 처한 상황에서 하나님을 찾지 아니하는 교만으로 하나님이 나를 떠나신 줄 깨닫지도 못하는 어리석은 자가 되지 않게 하시길 소망합니다.

기도 하나님의 능력이 나와 함께 하심에 감사하며 그 능력이 선한 영향력을 발휘할 수 있도록 세상의 유혹에 흔들리지 아니하는 믿음으로 귀하게 쓰임 받길 기도합니다.

●● 마음에 와닿은 말씀(시어머니) 36

롯2:12 여호와께서 네가 행한 일에 보답하시기를 원하며 이스라엘의 하나님 여호와께서 그의 날개 아래에 보호를 받으러 온 네게 온전한 상 주시기를 원하노라 하는지라

남편이 죽은 후로 시어머니에게 행한 모든 것과 고국을 떠나 아무도 알지 못하는 곳까지 오게 된 룻의 효심을 보시고 하나님께서 네가 행하는 일에 보답하시며 상주기를 원한다고 말씀하십니다. 또한 젊은 자를 따르지 않고 어머니의 말씀대로 순종하여 보아스에게 들어간 일로 네가 베푼 인애가 처음보다 나중이 더하다고 말합니다. 우리 삶의 모든 일을 보시고 중심에 선한 마음과 선한 일을 행할 때 온전히 상주시기를 기뻐하시는 주님, 그 약속의 말씀을 온전히 믿고 순종하기를 소망합니다

기도 최악의 상태에서 최고의 삶으로 영광을 받은 룻의 모습을 본받아 살기를 원합니다. 주님의 보호아래 우리와 자손들이 주님께 영광 돌리는 복의 통로로 쓰임 받기를 기도합니다.

●● 마음에 와닿은 말씀(며느리)

롯2:4 마침 보아스가 베들레헴에서부터 와서 베는 자들에게 이르되 여호와께서 너희와 함께 하시기를 원하노라 하니 그들이 대답하되 여호와께서 당신에게 복 주시기를 원하나이다 하니라
2:12 여호와께서 네가 행한 일에 보답하시기를 원하며 이스라엘의 하나님 여호와께서 그의 날개 아래에 보호를 받으러 온 네게 온전한 상 주시기를 원하노라 하는지라

유력한 자로서 이기적이고 교만한 삶이 아닌 다른 이를 늘 축복하며 타인의 선행을 선대 하며 진심으로 위로와 응원의 마음을 담아 축복하는 보아스, 또한 자신의 손해보다 하나님의 율법을 실천하여 기업을 무를 자로서 행함을 실천한 보아스는 하나님의 뜻에 합당한 자로서 큰 축복을 받습니다.

기도 하나님의 뜻에 따라 진심으로 다른 이를 위한 축복과 응원이 보아스와 같이 자신에게 돌아올 줄 믿습니다. 코로나로 인해 자신과 가족만 생각하는 삶이 아니라 이로 인해 고통받는 사람들을 위해 진정으로 기도하는 삶이 되길 기도합니다.

●● 마음에 와닿은 말씀(시어머니)

37

삼상1:15 한나가 대답하여 이르되 내 주여 그렇지 아니하니이다 나는 마음이 슬픈 여자라 포도주나 독주를 마신 것이 아니요 여호와 앞에 내 심정을 통한 것뿐이오니

제사장 엘리 아들들의 불순종으로 두 아들과 한 시에 죽음을 맞이하는 것과 비록 사람의 눈으로 보이는 그저 입술만 움직이며 음성조차 들리지 않게 자신의 심정을 하나님께 고한 한나의 기도가 대조되고 있습니다.
그녀의 기도에 응답받으며 아들 사무엘을 얻었고 사무엘을 서원한 대로 하나님 앞에 드리는 한나의 모습을 봅니다.
하나님께서는 그 모습을 보시고 세 아들과 두 딸을 낳게 해 주셨습니다.
사무엘은 하나님 앞 성전에서 자라게 하셨습니다.

기도 말씀대로 순종하며 우리의 심정이 날마다 주님과 통하는 복된 삶이 되기를 소망합니다. 우리 삶의 모든 곳에서 우리의 심정을 다 아시는 주님께 말하며 고백하며 살기를 기도합니다.

●● 마음에 와닿은 말씀(며느리)

삼상2:29 너희는 어찌하여 내가 내 처소에서 명령한 내 제물과 예물을 밟으며 네 아들들을 나보다 더 중히 여겨 내 백성 이스라엘이 드리는 가장 좋은 것으로 너희들을 살지게 하느냐

하나님을 섬기는 제사장으로서 자신의 소명을 다했지만, 그의 자녀들은 하나님 앞에 범죄 하는 자로 엘리의 집은 파멸의 길을 가게 됩니다.
하나님 앞에 범죄 하는 아들들을 강하게 꾸짖지 아니하며 그들의 회개와 회복을 위해 간절히 기도하지 아니한 엘리에게 자식은 우상과도 같은 존재였으니 자녀를 교육하는 일에 있어서 하나님의 뜻보다는 인간적인 염려만 가득하지 않았나 생각해 봅니다.

기도 자식을 사랑하지 아니하는 부모는 없습니다. 그 사랑을 올바르게 전할 수 있는 지혜를 주시길 간절히 소망합니다. 하나님의 뜻이 없는 내 생각대로 내 감정대로 이루어지는 훈육이 아닌 하나님의 뜻대로 우리 자녀들을 위해 쉬지 않고 기도하며 하나님의 말씀대로 우리의 자녀들을 인도하게 하시길 기도합니다.

●● 마음에 와닿은 말씀(시어머니) # 38

삼상15:22 사무엘이 이르되 여호와께서 번제와 다른 제사를 그의 목소리를 청종하는 것을 좋아하심 같이 좋아하시겠나이까 순종이 제사보다 낫고 듣는 것이 숫양의 기름보다 나으니

죄인 아말렉 사람을 다 없어지기까지 진멸하라고 하셨는데 사울은 자신의 소견대로 백성을 두려워하여 그들의 말대로 가장 좋은 것으로 제사를 하려고 양과 소를 끌어왔다고 합니다.

우리의 중심을 보시는 하나님께서는 먼저 그의 말씀에 순종하는 것이 그 어떤 번제와 제사보다 그 말씀을 듣고 행하는 것이 숫양의 기름보다 낫다고 말씀하십니다. 지금도 우리의 소견대로 사람들에게 좋게 보이려고 번제와 제사와 숫양의 기름으로 주님 앞에 나가 주님의 소원이 아닌 나의 소원을 이루기 위하여 행하지 않기를 소망합니다.

기도 가장 좋은 것으로 하나님께 드리며 그 어떤 것보다 온전한 순종으로 살아가길 원합니다. 성령의 인도 하심으로 날마다 깨어 있어 주님의 말씀에 순종하기를 기도합니다.

●● 마음에 와닿은 말씀(며느리)

삼상15:24 사울이 사무엘에게 이르되 내가 범죄하였나이다 내가 여호와의 명령과 당신의 말씀을 어긴 것은 내가 백성을 두려워하여 그들의 말을 청종하였음이니이다

제사보다 순종이 낫고 듣는 것이 숫양의 기름보다 낫다 하시는 여호와 하나님을 기쁘게 하는 삶이 되길 소망합니다.

세상 사람들의 말과 행동에 흔들리며 그들을 좇아 하나님의 말씀과 멀어짐에도 스스로 합리화하며 죄를 범하지 않게 하소서. 오직 하나님만을 경외하며 하나님의 말씀을 청종하며 살아가게 하소서.

기도 헛된 세상 속에서 탐욕을 버리고 흔들리지 아니하는 믿음으로 하나님의 말씀을 청종하며 온전히 순종하는 삶이 되게 하시길 기도합니다.

⬤⬤ 마음에 와닿은 말씀(시어머니)

시34:8 너희는 여호와의 선하심을 맛보아 알지어다 그에게 피하는 자는 복이 있도다

다윗을 죽이려고 결심한 사울에게서 요나단의 깊은 사랑으로 인하여 피할 수 있게 됩니다. 그리고 그는 가드왕 아기스를 찾는 과정 중에서 미친 체해야 했고 대문짝에 그적 거리며 침을 수염에 흘리는 치욕의 순간에서도 다윗은 그 누구도 원망하지 않았습니다.

오히려 주의 힘을 노래하며 주는 나의 요새이며 나의 환난 날에 피난처가 되리라 말하며 살아계시고 나를 도우시는 주님의 선하심을 맛보아야 한다고 고백합니다. 그런 다윗을 보며 지금도 우리의 모든 형편과 어려움을 겪는 이 순간도 주님은 다 아시고 길을 여시고 가장 좋은 것으로 주시는 주님이심을 믿으며, 감사하며 주님께 영광 돌리기를 소망합니다.

기도 걱정하거나 염려한다고 이뤄짐이 아니라 주님 앞에 충심으로 통회 하며 우리의 사정을 간구할 때 도우시고 이루시는 주님을 날마다 간증하며 살기를 기도합니다.

⬤⬤ 마음에 와닿은 말씀(며느리)

삼상20:42 요나단이 다윗에게 이르되 평안히 가라 우리 두 사람이 여호와의 이름으로 맹세하여 이르기를 여호와께서 영원히 나와 너 사이에 계시고 내 자손과 네 자손 사이에 계시리라 하였느니라 하니 다윗은 일어나 떠나고 요나단은 성읍으로 들어가니라

요나단과 다윗의 진정한 우정은 진정한 사랑에서부터 출발합니다.
다윗을 자기 생명같이 사랑하는 마음으로 대하며, 진심으로 다윗을 위해 평안을 기도하던 요나단의 진정한 사랑이 있었기에 여호와의 인도하심으로 참된 우정이 완성되었음을 봅니다.

기도 자기 생명처럼 친구를 사랑하는 마음이 가득할 때 진정한 우정이 회복되고 그로 인하여 하나님의 사랑을 행하는 축복을 누릴 줄 믿습니다. 내 안에 사랑이 가득하여 사람을 살리는 진정한 우정을 나누는 삶을 살게 하시길 기도합니다.

40

삼상26:24 오늘 왕의 생명을 내가 중히 여긴 것 같이 내 생명을 여호와께서 중히 여기셔서 모든 환난에서 나를 구하여 내시기를 바라나이다 하니라

몇 번의 기회를 통해 사울을 죽일 수 있었고 또 어려움에서 벗어날 수 있었지만, 다윗은 결코 하나님의 말씀을 어기지 않기 위하여 자신의 손으로 사울을 해하지 않았습니다. 왕의 생명을 귀히 여긴 것 같이 자기 생명도 하나님께서 중히 여기며 환난에서 구하여 주실 것을 믿었습니다.
다윗의 위대함은 주님의 말씀을 온전히 믿고 행하는 것입니다.
그 모든 상황을 선으로 갚아주시며 환난에서 구하며 복으로 갚아 주실 것을 믿는 다윗의 순종을 본받는 우리와 자손들이 되기를 소원합니다.

기도 용서는 하지 않으면서 용서받기를 구하며, 대접하지 않으면서 대접받기를 구하며, 사랑하지 않으면서 사랑받기를 구하는 어리석음을 버리고 주님의 말씀대로 용서하며 대접하며 사랑하여 우리의 삶이 주님 보시기에 복된 인생들이 되기를 기도합니다.

● ● 마음에 와닿은 말씀(며느리)

삼상26:23 여호와께서 사람에게 그의 공의와 신실을 따라 갚으시리니 이는 여호와께서 오늘 왕을 내 손에 넘기셨으되 나는 손을 들어 여호와의 기름 부음을 받은 자 치기를 원하지 아니하였음이니이다

모든 것을 아시는 하나님이시기에 화를 화로 갚기보단 모든 것을 하나님께 맡기고 나아가는 다윗의 믿음을 봅니다. 우리의 생명을 중히 여기시어 모든 환난에서 우리를 구하실 하나님을 온전히 믿을 수 있기를 소망해 봅니다. 그리고 미움과 원망이 가득한 마음으로 살아가기보다 하나님의 뜻에 맡기며 담담하게 나아가게 하시길 소망합니다.

기도 공의와 신실에 따라 갚으시는 하나님께 모든 것을 의지하며 스스로 해하는 자가 되지 아니하길, 주님의 인도하심으로 호의를 베푸는 자가 되게 하시길 기도합니다.

●● 마음에 와닿은 말씀(시어머니)

41

삼하12:12 너는 은밀히 행하였으나 나는 온 이스라엘 앞에서 백주에 이 일을 행하리라 하셨나이다 하니

모든 환난 가운데서도 하나님 말씀대로 순종하여 하나님 마음에 합한 자로 인정받았던 다윗도 순간의 잘못된 선택으로 은밀하게 죄를 범하게 됩니다. 이로 인해 아들을 잃으며, 남매간에 강간으로, 형제간에 살인을 저지르며 또한 사랑하는 아들 압살롬의 반역과 배신으로 여호와의 원수에게 크게 비방거리가 되게 하는 수모를 겪는 것을 봅니다. 한순간의 잘못된 선택으로 고난 겪는 것을 보며 지금도 공평하신 하나님께서 은밀하게 행한 우리의 모든 것을 보고 알고 계신다는 사실을 기억할 수 있기를 원합니다. 그리고 주님 앞에 고백하고 회개하여 용서함을 받기를 소원합니다.

기도 내 일생에 모든 순간을 내 마음속 중심까지 다 보시고 아시는 주님 앞에 성령님 도와주셔서 성령의 빛 안에서 살아 범죄 하지 않도록 지켜주시고 인도하시기를 기도합니다.

●● 마음에 와닿은 말씀(며느리)

삼하12:7 나단이 다윗에게 이르되 당신이 그 사람이라 이스라엘의 하나님 여호와께서 이와 같이 이르시기를 내가 너를 이스라엘 왕으로 기름 붓기 위하여 너를 사울의 손에서 구원하고

은밀하게 자신의 죄를 숨기고자 했던 다윗은 당신이 그 사람이라 하시는 하나님의 말씀 앞에 자신의 죄와 허물을 깨닫고 진정으로 자신의 죄를 고백하고 회개하며 하나님 앞에 나아갑니다.
상하고 통회 하는 마음을 멸시하지 아니하시는 하나님 앞에 자신의 죄를 진정으로 회개하는 자로 나아가게 하소서.

기도 하나님의 말씀 앞에 겉 사람과 속사람이 같은 자로서 온전히 순종하며 행하는 자가 되길 소망합니다. 우리의 은밀한 모든 것을 아시는 하나님을 경외하며 늘 악을 경계하고 멀리하는 정직한 영으로 살아가게 하시길 기도합니다.

●● 마음에 와닿은 말씀(시어머니)

삼하16:12 혹시 여호와께서 나의 원통함을 감찰하시리니 오늘 그 저주 때문에 여호와께서 선으로 내게 갚아 주시리라 하고

시므이의 다윗을 향한 저주로 다윗은 "내 몸에서 난 아들도 내 생명을 해하려 하는데 그 저주한 말도 하나님께서 그에게 명령한 것이니 그대로 저주하게 버려두라"고 합니다. 다윗의 모든 중심에는 복도 화도 모두가 하나님께서 주장하고 계시니 나의 원통함도 보시고 감찰하셔서 그 저주 때문에 오히려 악을 선으로 갚아 주실 것이라는 믿음으로 고백하는 것을 보며 사람을 상대하여 성내며 원망하며 싸우는 것을 피하고 주님께서 언제나 선한 것으로 갚아 주실 것을 믿고 감사하며 순종하며 살기를 소원합니다.

기도 생사화복을 주장하시는 주님께 우리의 모든 것을 맡기고 하루하루 말씀에 순종하며 살아가는 복된 인생이 되기를 기도합니다

●● 마음에 와닿은 말씀(며느리)

삼하16:10 왕이 이르되 스루야의 아들들아 내가 너희와 무슨 상관이 있느냐 그가 저주하는 것은 여호와께서 그에게 다윗을 저주하라 하심이니 네가 어찌 그리하였느냐 할 자가 누구겠느냐 하고

아들의 반란으로 인해 예루살렘에서 도망가는 처참한 상황 속에서 시므이의 저주를 들었을 때 다윗의 원통함은 이루 말할 수 없는 지경이었으나 그 저주 또한 자신에게 전하는 하나님의 음성이라 여기며 아무 대응 없이 묵묵히 참으며 다윗은 그 모든 저주를 감내하는 모습을 보여 줍니다. 오직 나의 원통함을 아시는 하나님께서 선으로 갚아 주실 줄 온전히 믿고 순종하는 마음이 있기에 악을 악으로 갚지 아니하며 훗날 이스라엘로 돌아올 때 자기 잘못을 아뢰는 시므이를 용서하는 긍휼을 베푸니 이 모든 것이 하나님의 은혜임을 믿습니다.

기도 말씀으로 깨닫고 행하는 삶을 통해 하나님 앞에 정직한 자로 나아가 우리의 원통함마저 선으로 갚아주시는 은혜를 누릴 수 있는 합당한 자로 살아가게 하시길 기도합니다.

●● 마음에 와닿은 말씀(시어머니)

잠언17:15 악인을 의롭다 하고 의인을 악하다 하는 이 두 사람은 다 여호와께 미움을 받느니라

세상에 살면서 자신의 소견대로 악인을, 의롭다고 하며, 의인을, 악하다고 판단하며 살 때가 많은 것 같습니다. 사람의 행위가 자신의 시각으로 볼 때는 깨끗하게 보이지만 하나님께서 볼 때는 악할 때가 있을 때 분별하지 못하고 자신의 악한 것을 의롭다고 하며 의인을 악하다고 하는 이것을 하나님께서는 미워하신다고 하십니다.
항상 깨어 있어 분별하여 하나님께서 기뻐하시는 편에 서기를 소망합니다.

기도 가정도 교회도 사회도 나라도 언제나 두 편으로 나누어져 자신들의 판단이 '맞다'고 서로 비방하며 서로 옳다고 주장하는 일로 싸우며 주님의 영광을 가리는 일들을 하고 있습니다. 성령의 충만함으로 악과 선을 분별하여 하늘의 뜻이 땅에서 이루어지기를 기도합니다.

●● 마음에 와닿은 말씀(며느리)

잠언16:9 사람이 마음으로 자기의 길을 계획할지라도 그의 걸음을 인도하시는 이는 여호와시니라

나의 나 된 것은 하나님의 뜻이며 하나님의 은혜임을 고백합니다.
나의 능력으로 해내었다고 교만하지 아니하며 나의 계획대로 되지 않는다고 하여 낙심하지 아니할지니 모든 것은 하나님의 인도하심으로 가능할 줄 믿습니다. 우리를 선한 길로 인도하실 하나님을 찬양하며 나의 계획은 온전히 하나님께 맡기고 순종하고 기도하며 살아가게 하소서.

기도 하나님의 인도하심으로 살아가는 은혜에 늘 감사하며 나에게 일어나는 모든 일이 하나님의 뜻임을 깨닫고 순종하며 나아가는 자로 살아가게 하시길 기도합니다.

●● 마음에 와닿은 말씀(시어머니)

44

시48:14 이 하나님은 영원히 우리 하나님이시니 그가 우리를 죽을 때까지 인도하시리로다

죽은 자의 하나님이 아닌 산자의 하나님께서 우리의 생전에 우리를 죽을 때까지 인도하신다고 합니다. 세상 만물 모두가 하나님의 것이기에 제사와 예물을 기뻐하지 아니하시며 오직 우리에게 원하시는 것은 생전에 주의 뜻을 행하며 주의 법을 항상 우리의 마음 판에 새기고 감사로 제사 드리는 것입니다.

주님을 영화롭게 하며 행위를 옳게 하는 자에게 하나님의 구원을 이루게 하신다고 다윗은 고백합니다. 성령의 인도 하심으로 진정 주님의 뜻을 따라 분별하여 혼탁한 세상에서 세상과 사람의 편이 아닌 주님의 편에서서 살기를 소망합니다.

기도 사람의 뜻과 주님의 뜻을 성령의 도우심으로 분별하여 주님의 기쁨이 되는 삶이 되기를 기도합니다.

●● 마음에 와닿은 말씀(며느리)

시42:5 내 영혼아 네가 어찌하여 낙심하며 어찌하여 내 속에서 불안해 하는가 너는 하나님께 소망을 두라 그가 나타나 도우심으로 말미암아 내가 여전히 찬송하리로다

세상 속에 놓인 나의 문제를 나의 능력으로 해결하고자 하며 낙심하고 불안해하는 우리를 외면하지 아니하시며 우리를 도우사 삶의 소망이 하나님께 있음을 깨닫게 하시니 감사합니다.

나의 소망이 하나님께 있으니 두려울 것 없이 담대하게 나아가는 힘을 주시길 소망합니다.

기도 나의 영혼이 하나님만을 바라보며 하나님을 나의 소망으로 삼아 내 앞에 놓인 문제로 낙심하고 불안해하지 아니하며 묵묵히, 담대하게 받아들이며 나를 도우시는 주님의 선한 뜻을 깨닫고 따르게 하시길 기도합니다.

시90:12 우리에게 우리 날 계수함을 가르치사 지혜로운 마음을 얻게 하소서

주의 목전에서는 천년이 어제 같으며 밤의 한순간같이 지나갑니다.
가는 우리 인생이 결국은 아무것도 가져가지 못하고, 티끌로 돌아가는 것
도 깨닫지 못하고, 세상에서 사는 한순간을 헛된 욕심과 미움과 원망으로
허덕이다가 가게 됩니다.
우리는 말씀으로 지혜로운 마음을 얻으며 티끌로 돌아가기 전에 이 땅에
서도 천국을 누리며 살기를 소원합니다.

기도 아버지의 마음을 모르고 깨닫지 못하면 내 뜻대로, 세상 뜻대로 살 수밖에
없음을 고백합니다. 성령의 충만함으로 내 뜻이 아니라 주님의 뜻이 이루어지는 데
쓰임 받는 복된 인생이 되기를 기도합니다.

●● 마음에 와닿은 말씀(며느리)

*시100:4 감사함으로 그의 문에 들어가며 찬송함으로 그의 궁정에 들어가서 그에게 감사
하며 그의 이름을 송축할지어다*

모든 일에 주님의 뜻이 함께하시니 늘 감사하는 마음으로 하나님을 찬양
하며 살아가길 소망합니다. 나를 변화시키셔서 긍정으로, 담대함으로, 사
랑으로 세상을 보게 하시는 하나님의 은혜에 늘 감사하며 선하고 인자하
신 하나님을 전하는 자 되게 하소서.

기도 늘 감사하며 겸손한 자로 하나님의 이름을 높이며 찬양하는 삶을 살아가는
은혜를 누리게 하소서.

●● 마음에 와닿은 말씀(시어머니)

46

시139:2 주께서 내가 앉고 일어섬을 아시고 멀리서도 나의 생각을 밝히 아시오며

내가 앉고 일어섬과 내가 행하는 육신의 모든 행위는 물론이거니와 내 마음속에 있는 생각까지도 다 알고 계시며 내 혀의 말까지도 알지 못하는 것이 하나도 없으신 아버지께 간구합니다.

아버지의 인도 하심을 깨닫지 못해서 사람의 생각으로 모든 것을 주관하지 못하도록 하시고 오직 주님께서 주관하시고 인도하셔서 우리와 자손들이 하늘의 뜻을 이 땅 위에서 이루는데 아름답게 쓰임 받을 수 있게 되기를 소원합니다.

기도 나는 알지 못하나 모든 것을 아시는 주님께서 예비하심과 인도하심을 믿습니다. 예비하시고 인도하심에 따라 순종하여 주님의 기쁨이 되는 우리와 자손들이 되기를 기도합니다.

●● 마음에 와닿은 말씀(며느리)

시146:5 야곱의 하나님을 자기의 도움으로 삼으며 여호와 자기 하나님에게 자기의 소망을 두는 자는 복이 있도다

세상의 수많은 문제와 유혹 앞에 놓일 때마다 여호와 하나님께 모든 것을 간구하고 의지하게 하소서. 덧없는 인생과 방백들에게 의지하지 아니하며 나를 온전히 도우시는 하나님을 찬양하며 나아가게 하소서.

기도 세상과 사람에 흔들리지 아니하며 나의 소망을 하나님께 두고 그를 의지하며 살아가는 복된 인생이 되게 하시길 기도합니다.

●● 마음에 와닿은 말씀(시어머니)

왕상21:25 예로부터 아합과 같이 그 자신을 팔아 여호와 앞에서 악을 행한 자가 없음은 그를 그의 아내 이세벨이 충동하였음이라

아합과 같이 하나님 앞에서 악을 행하는 그 모든 행위가 그의 아내 이세벨이 남편의 마음을 충동하여 이루어진 일이라 말합니다. 하와로부터 아내들의 충동으로 가정도 사회도 나라도 죄를 짓는 것은 남자들이 짓게 되지만 결국 자세히 들여다보면 아내들의 욕심으로 충동질하는 것, 부모를 거역하며 형제들과의 불화와 부정이 저질러지는 것을 봅니다.
깨닫지 못하여 행하는 모든 일 때문에 재앙을 당하는 것들을 피할 수 있게 말씀으로 무장하여 깨어 행하기를 소망합니다.

기도 주님, 날마다 깨어 있지 않으면 자신이 범죄 하면서도 지혜로운 것같이 착각하며 살 때가 있습니다. 날마다 말씀이 거울이 되어 빛 안에서 행하며 사는 우리와 자손들이 되기를 기도합니다.

●● 마음에 와닿은 말씀(며느리)

왕상19:8 이에 일어나 먹고 마시고 그 음식물의 힘을 의지하여 사십 주 사십 야를 가서 하나님의 산 호렙에 이르니라

갈멜산의 대결에서 하나님만이 우리의 참신임을 알게 해준 승리를 거둔 엘리야는 이세벨의 협박 앞에 하나님의 인도하심과 보호하심을 망각하며 자신 앞에 놓인 형편을 자기 생각대로 해석하며 도망치고 무기력한 태도로 자신의 삶을 포기하는 모습을 봅니다. 이런 엘리야를 끝까지 지켜주신 하나님, 우리가 낙심할 때도 늘 힘을 주시는 하나님이 함께 하시기에, 주시는 힘을 의지하여 내 앞에 놓인 문제를 담대하게 이기고 나아가게 하시길 소망합니다.

기도 하나님을 믿는다고 하며 내 앞에 놓인 일의 형편을 하나님께서 주시는 능력이 아닌 나의 능력에 의지하여 낙심하고 포기하려 할 때 나를 어루만져 주시며 힘을 주시는 하나님을 늘 생각하며 주님의 능력으로 승리하게 하시길 기도합니다.

●● 마음에 와닿은 말씀(시어머니)

48

왕하5:11 나아만이 노하여 물러가며 이르되 내 생각에는 그가 내게로 나와 서서 그의 하나님 여호와의 이름을 부르고 그의 손을 그 부위 위에 흔들어 나병을 고칠까 하였도다

나아만은 자신이 기대하는 바가 아닌 엘리사의 엉뚱한 말에 노하는 것을 보며 엘리사 시대에나 지금 현시대에나 살아계시고 시공간을 초월하여 역사하시는 주님을 알지 못하고, 어느 장소나 어느 능력 있는 사람이 고쳐주는 것 같이 능력이 나타난다는 장소를 찾으며 사람을 찾아다니는 것과 별반 다른 것이 없는 것 같습니다. 믿음은 바라는 것들의 실상으로 장소나 사람이 아니라 전능하신 주님 약속의 말씀을 믿을 때 반드시 이루어지는 일들을 체험하며 간증하게 될 것입니다.

기도 시공간을 초월하여 우리의 소원과 소망을 응답하시는 주님께 감사를 드립니다. 말씀에 순종하는 우리와 자손들이 되어 영과 육이 강건하여 주님께 영광 돌리며 사는 복된 인생들이 되기를 기도합니다.

●● 마음에 와닿은 말씀(며느리)

왕하5:14 나아만이 이에 내려가서 하나님의 사람의 말대로 요단 강에 일곱 번 몸을 잠그니 그의 살이 어린 아이의 살 같이 회복되어 깨끗하게 되었더라

아람왕의 군대 장관으로서의 명예를 가진 나아만은 그를 대접하지 아니하는 엘리사의 태도와 그의 생각과는 다른 치료 방법에 분노하며 떠나려 하였으나 결국 자신의 모든 것을 내려놓고 요단강에서 일곱 번 몸을 씻고 병 고침을 받는 은혜를 통해 오직 여호와만을 섬길 것을 고백합니다. 의심하는 마음으로 시작했으나 요단강에서의 일곱 번 씻음으로 병 고침의 은혜를 누리게 됩니다. 일곱 번의 씻음에 순종할 때 하나님의 은혜를 경험하는 것과 같이 인내와 믿음으로 온전히 주님 앞에 나아가길 소망합니다.

기도 단번에 응답받는 기도를 사모하기보다 나의 모든 것을 내려놓고 여섯 번의 씻는 과정 안에서 연단하게 하시고 새사람으로 거듭나게 하시어 일곱 번째 씻음으로 응답받는 귀한 자가 되어 진실로 하나님께 영광 돌리는 삶을 살게 하시길 기도합니다.

호6:6 나는 인애를 원하고 제사를 원하지 아니하며 번제보다 하나님을 아는 것을 원하노라

아버지의 마음을 알지 못하고 자신들의 소견대로 사는 이스라엘 백성들처럼 우리도 서로 사랑하지 못하여 부모와 형제와 이웃과 불화하며 온갖 불의한 재물과 횡재를 원하면서도 모양은 거룩한 믿음의 모양새로 살아가고 있음을 고백하며 회개합니다. 하나님을 알지 못하고 세상의 방식대로 살면서도 입으로는 주여, 주여 하며 말씀대로 순종하는 척하며 사는 우리를 불쌍히 여기시고 날마다 말씀 안에서 깨닫게 하시고 성령의 빛 안에서 자신을 성찰하여 아버지의 마음에 합한 자로 살기를 소원합니다.

기도 아버지의 마음을 알고 아버지의 뜻대로 살아가는 복된 우리와 자손들이 되기를 기도합니다.

⬤⬤ 마음에 와닿은 말씀(며느리)

호7:14 성심으로 나를 부르지 아니하였으며 오직 침상에서 슬피 부르짖으며 곡식과 새 포도주로 말미암아 모이며 나를 거역하는도다

애굽과 앗수르를 의지하며 어리석은 비둘기와 같이 하나님을 떠나 세상적인 것에만 소망을 두는 헛된 삶으로 하나님을 거역하는 죄를 멀리하게 하시길 소망합니다. 세상을 좇는 자는 욕심이 욕심을 낳아 만족함을 모를지니 늘 갈급하고 허망할 줄 믿습니다. 하나님을 의지하며 하나님께 소망을 두는 자에게는 감사와 평안이 가득할지니 이를 잊지 아니하며 성심으로 주를 찾는 복을 누리게 되길 소원합니다.

기도 세상이 아닌 하나님께 나의 마음을 향하여 하나님의 은혜로 충만한 삶을 누리게 하소서. 인애를 원하시며 하나님을 아는 것을 원하시는 하나님의 뜻대로 살아 세상의 것으로 채워지지 않는 나의 마음을 하나님의 말씀과 사랑으로 가득 채워 넉넉한 마음의 부자로 세워주시길 기도합니다.
오직 하나님을 아는 것을 감사하며 만족하며 살아가는 자 되게 하소서.

●●● 마음에 와닿은 말씀(시어머니)

50

욘4:10 여호와께서 이르시되 네가 수고도 아니하였고 재배도 아니하였고 하룻밤에 났다가 하룻밤에 말라 버린 이 박넝쿨을 아꼈거든

박 넝쿨 앞에서 요나의 표정을 읽어 봅니다. 원수 같은 나라에 선포하고 그들이 죄를 자복하면 용서하실 하나님을 너무 잘 아는 요나이기에 하루만에 대충 외치고 만 것입니다.

자신의 허물과 잘못에 대해서는 너무 관대하며 자신의 손해 보는 일에 대하여는 참지 못하고, 상대방의 허물과 잘못은 용서하지 못하고 비난을 퍼부을 때가 많은 것 같습니다.

기도 좌우를 분별하지 못하고 주님을 알지 못하는 세상 사람들에게 살아계시고 우리의 인생을 주관하시는 주님의 사랑으로 사람을 살리며 세우는 데 쓰임 받는 우리와 자손들이 되기를 기도합니다.

●●● 마음에 와닿은 말씀(며느리)

욘4:10-11 여호와께서 이르시되 네가 수고도 아니하였고 재배도 아니하였고 하룻밤에 났다가 하룻밤에 말라 버린 이 박넝쿨을 아꼈거든 하물며 이 큰 성읍 니느웨에는 좌우를 분변하지 못하는 자가 십이만여 명이요 가축도 많이 있나니 내가 어찌 아끼지 아니하겠느냐 하시니라

이방 민족인 니느웨의 회개를 진정으로 기뻐하지 않는 요나입니다.

하나님께서 요나를 위하여 박넝쿨을 예비해 주십니다. 자신에게 유익을 주는 박 넝쿨을 아끼지만 니느웨 사람들을 위한 진정한 사명을 깨닫지 못하는 요나의 모습을 통해 진정으로 생명을 사랑하고 좌우를 분별하지 못하는 어리석은 자를 사랑하시는 하나님의 진정한 뜻을 깨닫게 하십니다.

기도 나에게 유익을 주며 나를 기쁘게 하는 박넝쿨에만 집착하지 않게 하소서. 회개의 고백을 통해 진정으로 회복하게 하시는 하나님의 은혜를 누릴 수 있음을 깨닫게 하시고 내가 사랑하는 자만을 위한 기도가 아닌 모든 이들을 위한 기도를 통해 진정한 복음을 전하는 자가 되게 하시길 기도합니다.

●● 마음에 와닿은 말씀(시어머니) **51**

사29:13 주께서 이르시되 이 백성이 입으로는 나를 가까이 하며 입술로는 나를 공경하나 그들의 마음은 내게서 멀리 떠났나니 그들이 나를 경외함은 사람의 계명으로 가르침을 받았을 뿐이라

천만인의 크리스찬이 세상의 빛으로 주님과 동행하며 마음으로 함께 하였다면, 세상이 지금같이 공의와 정의가 사라지고 무엇이 선인지 악인지도 모르는 세상이 되지 않았을 것입니다.

서로 분열하며 부모와 자식이 형제와 자매가 불화하는 일들, 입술로는 공경하는 것 같으나 마음은 멀리 떠났고 사람의 계명으로 가르침을 받았을 뿐이라는 말씀이 마음에 와닿는 것 같습니다. 주님을 경외하며 이웃을 사랑하는 것이 온 율법의 완성이라는 말씀에 따라 아는 것부터라도 순종하며 살기를 소망합니다.

기도 주님 아는 것과 할 수 있는 것부터 행할 수 있도록 주님의 사랑으로 이웃을 사랑할 수 있도록 도와주소서.

●● 마음에 와닿은 말씀(며느리)

사26:3 주께서 심지가 견고한 자를 평강하고 평강하도록 지키시리니 이는 그가 주를 신뢰함이니이다

한결같은 마음으로 주를 찾으며 오직 하나님만을 신뢰하는 자에게 평강의 축복이 가득할지니 내 삶의 중심이 하나님의 뜻으로 채워지게 하시길 소망합니다.

기도 하나님께 온전히 의지할 때 평강 주실 줄 믿습니다.
세상의 문제 앞에 흔들리지 아니하며 견고한 심지를 갖게 하시어 주님을 증거 하는 삶을 살아가게 하시길 기도합니다.

●● 마음에 와닿은 말씀(시어머니)

52

미3:11 그들의 우두머리들은 뇌물을 위하여 재판하며 그들의 제사장은 삯을 위하여 교훈하며 그들의 선지자는 돈을 위하여 점을 치면서도 여호와를 의뢰하여 이르기를 여호와께서 우리 중에 계시지 아니하냐 재앙이 우리에게 임하지 아니하리라 하는도다

주님께서 우리에게 구하시는 것은 천 천의 숫양이나 만만의 강물 같은 기름을 원하시는 것이 아니라 정의를 행하며 주님을 사랑하며 겸손하게 주님과 동행하며 행하는 것이라 거듭 말씀하셨습니다. 지금의 현실 세상에서 일어나고 있는 일들이 시공간을 초월하고 반복되고 있습니다. 주님께서 역사하시지만 들어도 보아도 깨닫지 못하고 분별하지 못하고 여전히 사람의 말에 현혹되어 공의와 정의가 무너질 때 주님 약속의 말씀을 믿고 회개하며 돌이킬 때 우리를 불쌍히 여기시고 우리를 회복시켜 주시기를 소망합니다.

기도 주님 우리의 눈과 귀를 보게 하시고 듣게 하시고 깨닫게 도와주셔서 주님 말씀에 순종하게 하소서. 우리나라를 지켜주시고 공의와 정의가 있는 나라로 회복시켜주시기를 기도합니다.

●● 마음에 와닿은 말씀(며느리)

미6:8 사람아 주께서 선한 것이 무엇임을 네게 보이셨나니 여호와께서 네게 구하시는 것은 오직 정의를 행하며 인자를 사랑하며 겸손하게 네 하나님과 함께 행하는 것이 아니냐

나름대로 정성을 다하여 하나님을 섬긴다며 준비한 예물을 귀히 바치는 것이 하나님을 기쁘게 해드리는 일이라는 착각 속에 살아가며 응답 없는 삶 가운데 낙심하는 죄를 범하지 않게 되기를 소원해 봅니다.
진정으로 하나님께서 원하시는 바를 깨달아 하나님의 의를 행하며 한결같은 사랑을 행하며 겸손한 마음으로 모든 일에 하나님이 행하시는 것처럼 그분을 닮아 갈 수 있기를 소원합니다. 살아가는 삶을 통해 기뻐 받으시는 선을 행하는 자가 되게 하시길 소망합니다.

기도 말씀을 통해 진정으로 하나님께서 바라시는 것이 무엇인지 온전히 알 수 있는 정결한 눈과 귀, 마음을 주셔서 주님의 인도하심으로 살아가게 하시길 기도합니다.

욜1:3 너희는 이 일을 너희 자녀에게 말하고 너희 자녀는 자기 자녀에게 말하고 그 자녀는 후세에 말할 것이니라

주님의 말씀을 듣고 보고 체험하고도 육신이 약하여 불순종하게 됩니다. 그럴지라도 마음을 찢고 회개하고 돌아오기만 하면 은혜로우신 주님께서 뜻을 돌이키시고 용서하시고 인도하시며 우리의 모든 소원을 들어주시고 함께 하심을 믿습니다. 우리에게 허락하신 약속의 말씀들이 이루어지는 모든 간증들을 자녀들에게 말하며 그 자녀들은 자기 자녀에게 말하며 후세들에게 전하여 살아계시고 우리의 모든 삶의 주관자이신 주님을 증거 하며 사는 우리와 자손들이 되기를 소망합니다.

기도 눈에 보이지 않고 손에 잡히는 것이 없는 것 같지만 때가 되면 좋은 열매들이 주렁주렁 열리는 것처럼 약속의 말씀을 믿고 순종하면 주님의 기쁨이 되며 주님께 영광 돌리는 우리와 자손의 삶이 되기를 기도합니다.

●● 마음에 와닿은 말씀(며느리)

합2:3 이 묵시는 정한 때가 있나니 그 종말이 속히 이르겠고 결코 거짓되지 아니하리라 비록 더딜지라도 기다리라 지체되지 않고 반드시 응하리라

하나님께 기도하고 간구해도 세상 속에서 여전히 악인이 승리하는 것처럼 보이고 나의 문제는 그대로, 현실은 여전히 달라지지 않는 것처럼 느껴지는 삶 가운데도 더딜지라도 믿는 자에게 반드시 은혜 주시는 하나님을 의지하며 살아가길 소망합니다. 달려가면서도 읽을 수 있는 명백한 말씀의 판을 나의 마음에 새기어 인내하는 믿음으로 결국에 승리하는 의의 자녀 삼아주소서.

기도 더딜지라도 반드시 이루실 하나님을 경외하며 끝까지 믿음으로 나아가 승리하는 자로 살아가게 하소서. 기도로 간구한다고 당장 현실은 달라지지 않으나 말씀을 통해 나의 마음을 정결하게 하시고 단단하게 하시는 은혜를 주시길, 주님의 응답을 잠잠히 기다리게 하시길 기도합니다.

●●○ 마음에 와닿은 말씀(시어머니)

54

렘23:17 항상 그들이 나를 멸시하는 자에게 이르기를 너희가 평안하리라 여호와의 말씀이니라 하며 또 자기 마음이 완악한 대로 행하는 모든 사람에게 이르기를 재앙이 너희에게 임하지 아니하리라 하였느니라

23년 동안 예레미야에게 주신 주님의 말씀을 꾸준히 말하였으나 순종하지 아니했다고 말합니다. 주님께 범죄 함으로 70년간 바벨론의 포로가 되어 고난의 세월을 보낸 후에 회복하여 주신다는 예언을 예레미야에게 주십니다. 현세에서도 비정상인 것 같은 일들이 교회에서부터 사회 곳곳에서 일어나는 일들을 봅니다. 나 또한 부정한 일들을 계획하며, 소원하며 살고 있었는지를 성찰하며 나의 속사람이 주 앞에서 정직하게 고백하며 변화되기를 소원합니다.

기도 주님이 주신 말씀과 사람에게서 난 말을 분별하지 못하고 달콤한 말과 축복의 말씀만을 취하며 믿고 살아온 것은 아닌지 모든 것을 주님 앞에 고백합니다. 성령의 빛 안에서 주님의 말씀을 분별하여 순종하며 살기를 기도합니다.

●●○ 마음에 와닿은 말씀(며느리)

렘24:7 내가 여호와인 줄 아는 마음을 그들에게 주어서 그들이 전심으로 내게 돌아오게 하리니 그들은 내 백성이 되겠고 나는 그들의 하나님이 되리라

하나님의 심판을 받아 포로로 끌려간 유다 민족에게 하나님께서는 여호와를 아는 마음을 부어주셔서 다시 자녀 삼아주시고 그들의 하나님이 되어 극히 좋은 무화과의 삶을 약속하십니다. 우리가 선택하는 하나님이 아니라 하나님이 우리를 선택하셔서 은혜 주시고 복 주신다는 사실을 기억하면서 하나님을 찬양합니다. 하나님을 알게 하시고 경외하는 마음을 주셔서 전심으로 하나님을 향하여 나아가는 아름다운 열매 맺는 삶을 살아가게 하소서.

기도 죄 중에 있는 나약한 나에게 찾아오셔서 나의 하나님이 되어 주신 여호와를 찬양합니다. 나의 삶에 항상 개입하시어 주님의 인도하심으로 은혜의 길, 축복의 길로 나아가게 하시길 기도합니다.

왕하25:9-10 여호와의 성전과 왕궁을 불사르고 예루살렘의 모든 집을 귀인의 집까지 불살랐으며 시위대장에게 속한 갈대아 온 군대가 예루살렘 주위의 성벽을 헐었으며

하나님은 그가 구하지 않은 모든 세상의 복을 주셨고 솔로몬은 그 많은 복을 누렸지만, 말씀대로 순종하지 못한 죄로 결국은 성전이 불타며 성벽까지 헐리며 온 백성들이 바벨론으로 끌려가서 수모를 겪는 것을 봅니다. 우리의 속사람이 변하여 주님의 온전한 뜻이 무엇인지 깨닫고 순종하며 사는 우리와 자손들이 되기를 소원합니다.

기도 자신도 모르게 주님의 뜻이 아니라 내 뜻대로 사는 것을 내 눈과 귀가 열려 보게 하시고 듣게 하셔서 날마다 빛 안에서 깨닫고 주님 보시기에 좋았더라, 말씀대로 순종할 수 있도록 성령께서 도와주시기를 기도합니다.

●● 마음에 와닿은 말씀(며느리)

렘42:20 너희가 나를 너희 하나님 여호와께 보내며 이르기를 우리를 위하여 우리 하나님 여호와께 기도하고 우리 하나님 여호와께서 말씀하신 대로 우리에게 전하라 우리가 그대로 행하리라 하여 너희 마음을 속였느니라

마음속 두려움이 눈을 가리고 귀를 닫게 하여 말씀이 내 안에 살지 못하고 내가 생각하는 대로 행함을 보며 두려움의 근원이 무엇인지 생각해봅니다. 바벨론 왕에 의해 예루살렘이 함락되었으나 남은 자로서 감사하며 자신의 죄를 회개하는 마음 없이 사람들의 선동에 이끌려 다니는 믿음 없는 자의 삶을 봅니다. 그 가운데 하나님을 알지 못하는 가장 큰 두려움이 가득하였으니 주어진 현실에 감사하는 마음과 은혜 충만함으로 하나님의 말씀에 진심으로 순종하는 삶이 되게 하시길 소망합니다.

기도 입으로, 머리로 하는 순종이 아닌 늘 감사를 말하며 뜨거운 마음으로 온전히 순종하는 자 되게 하시길 기도합니다.

●● 마음에 와닿은 말씀(시어머니)

56

대상29:29-30 다윗 왕의 행적은 처음부터 끝까지 선견자 사무엘의 글과 선지자 나단의 글과 선견자 갓의 글에 다 기록되고 또 그의 왕 된 일과 그의 권세와 그와 이스라엘과 온 세상 모든 나라의 지난 날의 역사가 다 기록되어 있느니라

BC 1000년 전, 다윗의 행적과 왕이 된 일과 잘했던 일 실수한 일부터 이스라엘의 모든 역사가 기록되었습니다. 다윗의 일생에 있었던 하나님과의 동행함과 인도하심과 다윗이 세상 살면서 얼마나 주님 마음에 합한 자로 순종했는지를 기록하였고, 다윗의 모든 마음을 감찰하시고 아시는 만물의 주인이시며 생사화복을 주관하시는 주님께서 도우시고 부와 귀를 허락하셨다고 합니다.

우리의 삶의 행적도 주님의 생명책에 기록 되어질 것입니다. 우리의 어리석고 무지하여 지은 모든 죄는 회개하고 자백하여 주님의 보혈로 깨끗이 지워지고 주님 마음에 합하여진 일들만이 기록되어 지기를 소망합니다.

기도 세상에서는 기록되지 못하지만, 주님의 생명책에 아름답게 기록되어 지는 우리와 자손들이 되기를 기도합니다.

●● 마음에 와닿은 말씀(며느리)

대상28:9 내 아들 솔로몬아 너는 네 아버지의 하나님을 알고 온전한 마음과 기쁜 뜻으로 섬길지어다 여호와께서는 모든 마음을 감찰하사 모든 의도를 아시나니 네가 만일 그를 찾으면 만날 것이요 만일 네가 그를 버리면 그가 너를 영원히 버리시리라

하나님의 뜻을 행하며 살아왔던 다윗은 마지막으로 하나님의 성전을 위하여 힘을 다하여 준비하고 그 성전을 건축해 나가야 할 아들에게 그가 지켜나가야 할 삶의 원칙을 말합니다. 하나님의 뜻과 말씀대로 사는 지혜를 대대로 전하는 귀한 삶이 되길 소망합니다.

기도 나의 하나님이 우리 자녀들의 하나님이 되게 하시길, 늘 하나님을 증거 하는 삶을 통해 단단한 믿음의 뿌리가 세워지는 가정이 되길, 간절히 기도합니다.

●● 마음에 와닿은 말씀(시어머니)

대하7:13-14 혹 내가 하늘을 닫고 비를 내리지 아니하거나 혹 메뚜기들에게 토산을 먹게 하거나 혹 전염병이 내 백성 가운데에 유행하게 할 때에 내 이름으로 일컫는 내 백성이 그들의 악한 길에서 떠나 스스로 낮추고 기도하여 내 얼굴을 찾으면 내가 하늘에서 듣고 그들의 죄를 사하고 그들의 땅을 고칠지라

곳곳에 십자가의 불빛은 많이 있지만, 세상의 빛이 되지 못하고 크리스찬이라는 위정자들 또한 교회의 사역자들까지도 뉴스에 나오는 현실을 보며 내 이름으로 일컫는 내 백성 이 악한 길에서 떠나 스스로 낮추고 기도하면 죄를 사하시고 지금의 땅을 고쳐 주신다고 합니다.
서로가 남의 탓과 남의 허물만 보고 공격하며 비난하는 어리석음을 버리고 모두가 서로 우리 자신의 죄를 회개하고 자백하여 주님 앞으로 돌아가 용서받기를 소망합니다. 내 이름으로 일컫는 백성들이 악한 길에서 떠나 기도하면 죄를 사하시고 고쳐 주신다고 하셨습니다.

기도 성령의 도우심으로 모든 악한 길에서 떠나 주님께서 이 땅을 고쳐주시고 회복시켜주시기를 기도합니다.

●● 마음에 와닿은 말씀(며느리)

대하5:10 궤 안에는 두 돌판 외에 아무것도 없으니 이것은 이스라엘 자손이 애굽에서 나온 후 여호와께서 그들과 언약을 세우실 때에 모세가 호렙에서 그 안에 넣은 것이더라

성전 건축을 마치고 제일 먼저 언약궤를 성전으로 옮깁니다.
궤 안에는 여호와의 말씀, 명령이 담긴 두 돌판 외에는 아무것도 없으니, 성전은 하나님의 말씀이 있는 곳, 하나님과 우리의 언약이 있는 곳, 하나님의 눈과 마음이 항상 있는 곳입니다.
우리 또한 마음에 하나님의 말씀을 품고 살아갈 때 우리 자신이 거룩한 성전이 될 줄 믿습니다. 솔로몬이 여호와를 위하여 온 정성과 마음을 다하여 성전을 건축하였듯이 나 또한 매일 스스로 감찰하고 연단 되는 말씀을 마음에 온전히 품고 하나님의 영광을 드러내는 삶을 살게 하시길 소망합니다.

기도 하나님의 말씀을 품고 살아가는 우리의 마음이 거룩한 성전이 되길 원합니다. 그리고 말씀 대로 행하는 삶을 통해 하나님의 영광이 가득한 복을 누리게 하시길 기도합니다.

●● 마음에 와닿은 말씀(시어머니)

겔5:7 그러므로 나 주 여호와가 말하노라 너희 요란함이 너희를 둘러싸고 있는 이방인들보다 더하여 내 율례를 행하지 아니하며 내 규례를 지키지 아니하고 너희를 둘러 있는 이방인들의 규례대로도 행하지 아니하였느니라

공의와 정의는 사라지고 온갖 부정과 불의 가운데서 부동산 투기가 전국으로 확산하고 기독교인들인 우리도 전직 대통령과 국회의장, 여당 대표, 많은 국회의원과 백성들도, 장로, 안수 집사들인 것을 보며 에스겔이 말한 모든 계시와 예언이 지금 이 시대에 일어나고 있는 것은 아닌지, 두렵습니다.
이방인의 규례, 세상의 법도 행하지 못하고 사는 이 시대에 주는 에스겔의 경고를 마음속 깊이 새겨듣고 주님 앞에 온전히 엎드려 회개하고 자백하며 용서받기를 오늘 성탄절을 맞이하여 새롭게 변화되기를 소망합니다.

기도 입술로 날마다 말씀대로 순종한다고 고백하지만 내 마음속 깊은 곳에서는 항상 세상 욕심대로 살고 있음을 고백합니다.
성령의 도우심으로 성령의 빛 안에서 분별하여 주님의 영광을 돌리며 사는 우리와 자손들이 되기를 기도합니다.

●● 마음에 와닿은 말씀(며느리)

겔3:27 그러나 내가 너와 말할 때에 네 입을 열리니 너는 그들에게 이르기를 주 여호와의 말씀이 이러하시다 하라 들을 자는 들을 것이요 듣기 싫은 자는 듣지 아니하리니 그들은 반역하는 족속임이니라

우리에게 주시는 말씀을 두고도 깨닫지 못하고 교만한 삶을 사는 어리석음을 범하지 않길 간절히 소망합니다. 주님을 향하여 나의 마음과 귀가 늘 깨어 있어 말씀 앞에 온전히 깨닫고 회개하여 다시 살게 하시는 은혜를 누리며 살아가길 소망합니다.

기도 말씀을 온전히 깨달을 수 있는 정결한 마음을 주소서. 회개하고 돌아와 주님을 기쁘게 하는 자가 되게 하시길 기도합니다. 아멘!!

●● 마음에 와닿은 말씀(시어머니)

겔22:27-28 그 가운데에 그 고관들은 음식물을 삼키는 이리 같아서 불의한 이익을 얻으려고 피를 흘려 영혼을 멸하거늘 그 선지자들이 그들을 위하여 회를 칠하고 스스로 허탄한 이상을 보며 거짓 복술을 행하며 여호와가 말하지 아니하였어도 주 여호와께서 이같이 말씀하셨느니라 하였으며

빈익빈 부익부 가난한 사람이 도저히 집을 살 수 없을 정도로 부자들은 그저 가지고 있는 돈으로 강남 아파트 하나만 사두어도 부를 이루는 현세에 위정자들은 불의한 이익을 얻으려고 피를 흘리고 그 불의를 덮으려고 거짓과 모략으로 어지럽히는 세상입니다.
선지자들은 그런 부를 이루는 것을 기도하여 받는 축복이라 허탄한 말을 하며 약속하신 말씀에 불순종하고 범죄 하여 우리가 살아가고 있는 땅을 황폐하게 하신다고 합니다.

기도 주님께서 기뻐하시는 삶이 아니라 내 기쁨과 내 소욕대로 살았음을 고백합니다. 주님 용서하시고 성령의 충만함으로, 주님 마음에 합한 자로 살아가는 우리와 자손들이 되기를 기도합니다.

●● 마음에 와닿은 말씀(며느리)

겔18:23 주 여호와의 말씀이니라 내가 어찌 악인이 죽는 것을 조금인들 기뻐하랴 그가 돌이켜 그 길에서 떠나 사는 것을 어찌 기뻐하지 아니하겠느냐 32 주 여호와의 말씀이니라 죽을 자가 죽는 것도 내가 기뻐하지 아니하노니 너희는 스스로 돌이키고 살지니라

오직 주 여호와는 오늘도 우리가 악을 버리고 의를 행하길 바라시며 스스로 돌이키고 돌아오는 자를 전심으로 기쁘게 맞아주시며 그 범죄한 것을 하나도 기억하지 않으신다고 말씀하십니다.

기도 하나님의 지극하신 사랑하심에 감사하고, 감사합니다. 정결한 마음과 영으로 악을 멀리하고 말씀 따라 스스로 돌이키고 주님의 기쁨이 되는 자로 살게 하시길 기도합니다.

●● 마음에 와닿은 말씀(시어머니)

60

단2:21-22 그는 때와 계절을 바꾸시며 왕들을 폐하시고 왕들을 세우시며 지혜자에게 지혜를 주시고 총명한 자에게 지식을 주시는도다 그는 깊고 은밀한 일을 나타내시고 어두운 데에 있는 것을 아시며 또 빛이 그와 함께 있도다

노예로 끌려갔음에도 불구하고 다리오 왕의 시대부터 고레스왕의 시대까지 형통하게 왕의 신임을 얻고 지도자의 삶을 살며 왕들을 폐하고 다시 세우신 것도, 은밀한 일과 어두운 데에 일어나는 모든 것을 아시는 하나님께 다 맡기고 자신에게 준 사명에 최선을 다하는 다니엘을 봅니다. 하나님은 하나님의 계획대로 이루심을 봅니다.
피 값으로 세우신 교회와 세상과 나라와 가정과 백성들을 정결하게 하신 후에 회복시키시고 하늘의 뜻이 땅 위에서 이루어지게 하실 그날이 빨리 오기를 소망합니다.

기도 오늘은 2021 새해 첫날입니다. 우리를 불쌍히 여기시고 성령의 빛 안에서 깨닫고 이 어려운 시기들이 우리 모두 성찰의 시간이 되어 주님의 기쁨이 되는 자녀들로 회복되기를 기도합니다.

●● 마음에 와닿은 말씀(며느리)

단1:8-9 다니엘은 뜻을 정하여 왕의 음식과 그가 마시는 포도주로 자기를 더럽히지 아니하리라 하고 자기를 더럽히지 아니하도록 환관장에게 구하니 하나님이 다니엘로 하여금 환관장에게 은혜와 긍휼을 얻게 하신지라

두렵고 어려운 상황이 닥쳐와도 세상에 순응하지 않고 하나님을 향한 뜻을 정하고 행하며 나아가는 굳건한 다니엘의 믿음에 그를 돕는 자를 더하여 주시는 것들을 봅니다. 오늘 우리도 우리를 도우시는 하나님을 바라보며 하나님을 향한 뜻을 정하고 지키는 자 되길 소망합니다.

기도 하나님을 향한 뜻을 정하고 행하는 믿음의 삶을 살아갈 때, 풀무 불, 사자굴 속에서도 지켜주실 하나님을 찬양합니다. 믿음으로 행하는 자로 살아가길 원하며, 하나님의 인도하심으로 주님을 증거 하는 삶이 되게 하시길 기도합니다.

●● 마음에 와닿은 말씀(시어머니)

단9:18 나의 하나님이여 귀를 기울여 들으시며 눈을 떠서 우리의 황폐한 상황과 주의 이름으로 일컫는 성을 보옵소서 우리가 주 앞에 간구하옵는 것은 우리의 공의를 의지하여 하는 것이 아니요 주의 큰 긍휼을 의지하여 함이니이다

다니엘에게 꿈을 해석하고, 환상을 보고 마지막 때에 이루어질 모든 일을 기록하며 간구하는 말씀을 보며 우리도 이 땅의 황폐한 상황과 주님의 피 값으로 세우신 교회들을 보고 주님의 크신 긍휼을 의지해 봅니다.
우리의 순종하지 못한 죄악을 모두 자백하고 회개하여 우리에게 주신 땅과 교회와 나라와 가정과 자녀들에게 정결함을 주시기 원합니다. 주님의 말씀을 깨달아 순종하여 하늘의 뜻이 이 땅 위에 이루어지기를 소원합니다.

기도 주님의 사랑과 긍휼로 용서하여 주시고 성령 충만함으로 깨닫게 도와주시길 소원합니다. 황폐한 이 세상의 모든 더러운 것과 거짓들을 제거하여 주셔서 이 땅에 하나님의 공의가 세워지기를 소원하며 기도합니다.

●● 마음에 와닿은 말씀(며느리)

단12:10 많은 사람이 연단을 받아 스스로 정결하게 하며 희게 할 것이나 악한 사람은 악을 행하리니 악한 자는 아무것도 깨닫지 못하되 오직 지혜 있는 자는 깨달으리라

환란과 고난의 날에 하나님의 말씀을 듣고도 여전히 자신과 세상을 의지하며 깨닫지 못하는 악인이 아니라 지혜 있는 자로서 말씀을 깨닫고 스스로 정결하게 하며 연단하고 인내하는 삶을 살아 복이 있는 자로 살아가게 하시길 소망합니다.

기도 혼란스럽고 어려운 삶 가운데 연단을 통해 고난을 유익으로 바꾸시는 하나님을 찬양하며 감사하는 마음으로 인내하며 살아가게 하소서.
나를 변화시키시는 지혜의 마음을 주시어 결국 나의 문제도 해결해 주실 주님을 온전히 믿으며 나아가길 기도합니다. 아멘!!

●● 마음에 와닿은 말씀(시어머니) **62**

슥3:4 여호와께서 자기 앞에 선 자들에게 명령하사 그 더러운 옷을 벗기라 하시고 또 여호수아에게 이르시되 내가 네 죄악을 제거하여 버렸으니 네게 아름다운 옷을 입히리라 하시기로

더러운 옷을 벗기라 하시고 내가 네 죄악을 제거하고 아름다운 옷을 입히리라는 말씀을 하시며 이 모든 일은 힘으로나 능력으로 되지 아니하고 오직 나의 영으로 깨끗하게 하신다고 합니다.
온 세상이 전염병인 코로나로 어려울 때 우리의 죄를 자백하고 우리 자신들의 행위를 살피지 아니하고 서로의 잘못만을 탓하며, 비난하며, 분열하는 우리의 형편이 이 환난을 빨리 종식될 수 있을지 걱정이 됩니다.

기도 우리 힘으로나 능력으로 아무것도 할 수 없음을 고백합니다.
성령의 능력으로 우리의 눈과 귀, 마음이 주님의 마음을 보게 하시고 깨닫게 도와주셔서 새롭게 변화되어 공의와 진리가 살아 역사하는 나라와 백성들이 되기를 기도합니다.

●● 마음에 와닿은 말씀(며느리)

학1:6-7 너희가 많이 뿌릴지라도 수확이 적으며 먹을지라도 배부르지 못하며 마실지라도 흡족하지 못하며 입어도 따뜻하지 못하며 일꾼이 삯을 받아도 그것을 구멍 뚫어진 전대에 넣음이 되느니라 만군의 여호와가 말하노니 너희는 자기의 행위를 살필지니라

하나님께서 공급하지 아니하시면 우리가 아무리 애를 쓴다 해도 충족되지 않는 삶을 바라봅니다. 한없이 선하시고 인자하신 하나님께서 우리에게 복 주시길 원하시나 주님을 잊고 불순종하는 죄악으로 인해 열매 맺지 못하며 우리의 삶 가운데 낙심하고 원망하는 어리석음을 범하지 아니하게 하소서. 그때마다 너희의 행위를 살피라 말씀하시며 회개하고 돌아오길 바라시는 하나님을 깨닫고 믿음으로 순종하여 하나님의 복을 누리는 삶이 되길 소망합니다.

기도 그릇된 길로 나아 갈 때마다 너의 행실을 살피라 말씀하시는 하나님의 지극하신 사랑하심을 깨닫고 하나님이 하시고, 하나님께서 공급하시는 우리 삶의 모든 것에 감사하며 겸손하게 나아가길 기도합니다.

●● 마음에 와닿은 말씀(시어머니) 63

에6:13 자기가 당한 모든 일을 그의 아내 세레스와 모든 친구에게 말하매 그 중 지혜로운 자와 그의 아내 세레스가 이르되 모르드개가 과연 유다 사람의 후손이면 당신이 그 앞에 서 굴욕을 당하기 시작하였으니 능히 그를 이기지 못하고 분명히 그 앞에 엎드러지리이다

신실한 신앙으로 양육한 에스더와 모르드개의 믿음으로 모든 화가 변하여 복이 되는 모든 과정을 하만의 아내도, 친구들도 모르드개가 유다 사람의 후손이라면 당신이 그를 이기지 못하고 그 앞에 엎드러진다고 말을 합니다. 죽으면 죽으리라는 에스더의 승리로 세상 사람들에게 하나님을 증거 하는 복된 삶을 보여 주었습니다. 오늘을 살아가는 우리와 자손들에게도 그 영광을 드러내는 삶이 되기를 소망합니다.

기도 우리들의 불순종으로 오는 환난인지 복을 주시기 위하여 오는 어려움인지를 분별하게 하소서. 잘못됨을 회개하여 용서받고 시험을 잘 통과하여 슬픔이 기쁨이 되며 애통이 변하여 길한 날을 맞이하는 복된 인생이 되기를 기도합니다.

●● 마음에 와닿은 말씀(며느리)

에4:16 당신은 가서 수산에 있는 유다인을 다 모으고 나를 위하여 금식하되 밤낮 삼 일을 먹지도 말고 마시지도 마소서 나도 나의 시녀와 더불어 이렇게 금식한 후에 규례를 어기고 왕에게 나아가리니 죽으면 죽으리이다 하니라

유대인의 시련을 알게 된 에스더, 왕후의 자리에 있으나 자신 또한 얼마나 두려웠을지 자신을 위하여 사흘 동안 밤낮 먹지도 마시지도 말 것을 부탁하며 자신 또한 금식하며 죽으면 죽으리라 하는 담대함으로 나아갑니다. 민족을 구하는 일에 단번에 순종하며 나아가는 믿음이 필요합니다. 에스더의 자리가 그의 민족을 살리기 위한 자리였음을 깨닫고 담대하게 나아가는 것처럼 우리도 믿음으로 나아가는 담대함을 주소서.

기도 에스더의 결단, 믿음이 필요합니다. 주님의 뜻을 행하기 위해 나의 자리를 깨닫고 담대하게 나아가며 어려운 자를 위해 간절히 기도하며 나아가게 하소서.

●● 마음에 와닿은 말씀(시어머니)

64

느6:14 내 하나님이여 도비야와 산발랏과 여선지 노아댜와 그 남은 선지자들 곧 나를 두렵게 하고자 한 자들의 소행을 기억하옵소서 하였노라

무너진 예루살렘 성전의 복구를 위해 밤에는 성전의 건축을 방해하는 무리로 인해 파수하며 낮에는 일을 하고, 옷도 벗지 아니하며 물을 길으러 갈 때도 병기를 잡고 다니면서 지도자의 본을 보여 주었던 느헤미야를 봅니다. 항상 주님께 간구할 때마다 이 백성들이 행한 모든 일을 기억하시고 내게 은혜를 베풀어 달라고 하며 또한 나를 두렵게 한 자들의 소행도 기억해달라고 하나님께 간구하는 것도 봅니다. 느헤미야의 믿음이 우리들의 믿음이 되기를 소원합니다.

기도 우리의 앉고 섬을, 우리의 속사람의 마음과 행실을 다 기억하시는 주님께 맡기고 성령의 도우심으로 선한 싸움에서 항상 승리하며 사는 우리와 자손들이 되기를 기도합니다.

●● 마음에 와닿은 말씀(며느리)

느1:11 주여 구하오니 귀를 기울이사 종의 기도와 주의 이름을 경외하기를 기뻐하는 종들의 기도를 들으시고 오늘 종이 형통하여 이 사람들 앞에서 은혜를 입게 하옵소서 하였나니 그 때에 내가 왕의 술 관원이 되었느니라

예루살렘의 형편을 알고 슬퍼하며 금식하며 긍휼을 베푸시는 하나님께 간절히 간구하던 느헤미야의 기도에 응답하시어 하나님의 선한 손이 그를 도우사 왕이 허락하며 형통하게 하심을 봅니다. 민족의 고통을 외면하지 아니하며 진심으로 그들을 위해 간구하는 마음을 품어 하나님의 선하신 뜻을 행하는 느헤미야의 용기 있는 믿음을 통해 하나님께서 우리와 함께하심을 깨닫습니다. 나의 상황을 고려하여 여지를 남긴 기도가 아닌 오직 하나님의 뜻을 생각하며 쉬지 않고 기도하는 자가 되어 주님의 도우심으로 의를 행하는 자 되길 소망합니다.

기도 힘들고 지친 영혼을 위하여 전심으로 기도합니다. 하나님의 선한 손이 우리를 도우실 줄 믿사오며 용기를 가지고 나아가게 하소서.

말4:6 그가 아버지의 마음을 자녀에게로 돌이키게 하고 자녀들의 마음을 그들의 아버지에게로 돌이키게 하리라 돌이키지 아니하면 두렵건대 내가 와서 저주로 그 땅을 칠까 하노라 하시니라

무엇이 불의인지, 공의가 무엇인지 분별하지 못하고, 아버지의 마음을 모르고 드려지는 행위로 지금도 성전 문을 닫을 자가 없냐고 하십니다.
성전 문을 우리의 마음이 아버지께 돌이켜질 때까지 코로나라는 전염병으로 닫게 하신 것은 아닌지 우리의 모든 행위를 성찰하고 회개하여 아버지께 돌아가 신령과 진리로 예배하며 기도하는 성전의 문이 하루빨리 열리기를 소원합니다.

기도 아버지 뜻을 깨달아 자녀들의 마음을 아버지께 돌이키게 하는 데 쓰임 받는 삶을 살아 이 땅의 황폐함과 무너짐을 회복시키는 데 쓰임 받는 우리와 자손들이 되기를 기도합니다.

●● 마음에 와닿은 말씀(며느리)

말3:16 그 때에 여호와를 경외하는 자들이 피차에 말하매 여호와께서 그것을 분명히 들으시고 여호와를 경외하는 자와 그 이름을 존중히 여기는 자를 위하여 여호와 앞에 있는 기념책에 기록하셨느니라

나의 죄를 깨닫지 못하고 완악한 말로 여호와를 대적하여 범죄 하지 않게 하소서. 하나님을 믿는다면서 교만하지 않게 하소서.
이 세상을 살아가며 세상과 사람에 휩쓸려 악의 길로 나아가지 않게 하소서. 하나님의 말씀으로 나를 정결하게 하시고 그의 이름을 존중하며 온전히 여호와를 경외하는 삶을 통해 기념책에 기록될 수 있는 합당한 자가 되길 소망합니다.

기도 우리를 보호하시고 인도하시는 하나님의 사랑을 깨닫고 말씀을 가까이하며 온전히 하나님을 경외하는 삶을 살아 축복받는 자 되길 기도합니다.

PART 2

어머니의 하나님이
나의 하나님

사58:11
여호와가 너를 항상 인도하여
메마른 곳에서도
네 영혼을 만족하게 하며
네 뼈를 견고하게 하리니
너는 물 댄 동산 같겠고
물이 끊어지지 아니하는
샘 같을 것이라

66일~98일

●● 마음에 와닿은 말씀(시어머니) 66

마7:21 나더러 주여 주여 하는 자마다 다 천국에 들어갈 것이 아니요 다만 하늘에 계신 내 아버지의 뜻대로 행하는 자라야 들어가리라

주여, 주여, 하는 자가 다 천국에 들어가는 것이 아니라 하늘에 계신 아버지의 뜻대로 행하는 자라야 들어간다고 예수님께서 직접 말씀하셨는데 내 뜻대로 행하면서도 믿기만 하면, 주여, 주여, 하기만 하면 천국에 들어갈 수 있다고 굳게 믿고 사는지 말씀을 볼 때마다 의문이었습니다. 하지만 육신의 연약함을 아시는 주님께서 성령을 우리와 동행하게 하셔서 죄를 지을 때마다 깨닫고 회개하게 하셔서 용서해 주셨습니다. 그런 은혜를 주시는 주님의 사랑으로 영원한 천국에 들어갈 수 있음을 믿습니다. 날마다 성령의 빛 안에서 주님의 뜻대로 행하는 복된 우리와 자녀들이 되길 소망합니다.

기도 연약하여 육신의 소견대로 행할 때 성령의 도우심으로 깨닫고 분별하여 주님의 마음에 합한 자로 살아갈 수 있도록 성령께서 함께하시고 인도하여 주시기를 기도합니다.

●● 마음에 와닿은 말씀(며느리)

마6:33-34 그런즉 너희는 먼저 그의 나라와 그의 의를 구하라 그리하면 이 모든 것을 너희에게 더하시리라 그러므로 내일 일을 위하여 염려하지 말라 내일 일은 내일이 염려할 것이요 한 날의 괴로움은 그 날로 족하니라

나의 눈과 나의 마음이 오직 주를 향하여 살아갈 때 내일에 대한 걱정과 근심으로 자유 할 줄 믿습니다. 주님의 말씀대로 그의 의를 구하며 순종하며 나아갈 때, 나를 인도하시는 주님을 믿고 나아갈 때 가장 좋은 것을 허락하실 줄 믿습니다. 염려로 인해 괴로워하는 고난이 아니라 주님께 온전히 의지하며 그의 뜻대로 이루시는 선함을 믿고 나아가길 소망합니다.

기도 나의 마음을 온전히 주께 향하여 염려하지 않고 나의 소망을 하나님께 두길 소망합니다. 염려와 걱정을 버리고 나를 인도하시는 하나님과 함께하는 참 기쁨을 누리게 하시길 기도합니다. 아멘!!

●● 마음에 와닿은 말씀(시어머니) 67

마12:6-7 내가 너희에게 이르노니 성전보다 더 큰 이가 여기 있느니라 나는 자비를 원하고 제사를 원하지 아니하노라 하신 뜻을 너희가 알았더라면 무죄한 자를 정죄하지 아니하였으리라

안식일에 병을 고치는 예수님과 제자들에게 정죄하는 바리새인들을 향해 주님께서 하시는 말씀은 사람의 전통으로 하나님의 계명을 범하느냐 말씀하시며, 사람의 계명으로 교훈을 삼아 가르치니 나를 헛되이 경배한다고 하시며 성전보다 더 큰이가 여기 있다 하시고, 나는 자비를 원하고 제사를 원하지 아니한다고 말씀하십니다. 하나님의 뜻을 알았더라면 무죄한 자를 정죄하지 않았다고 질책하시는 것을 봅니다.

기도 안식일에 구덩이에 빠진 양을 구하지 않겠냐는 주님의 질문처럼 안식일을 사람의 전통으로 묶어버리려는 습관이 있습니다.
선한 행위는 무시한 체 안식일에 생명을 살리는 일인지 하나님이 기뻐하시는 일인지를 분별할 수 있는 지혜 주실 것을 기도합니다.

●● 마음에 와닿은 말씀(며느리)

마13:23 좋은 땅에 뿌려졌다는 것은 말씀을 듣고 깨닫는 자니 결실하여 어떤 것은 백 배, 어떤 것은 육십 배, 어떤 것은 삼십 배가 되느니라 하시더라

우리에게 주시는 하나님의 귀한 말씀을 길가, 돌밭, 가시떨기와 같은 완악한 마음으로 인해 눈으로 보아도 귀로 들어도 그 뜻을 알지도 깨닫지도 못하며 열매 없는 삶을 살아가는 죄를 범하지 않게 하소서. 믿기만 하면 누리는 은혜가 아니라 믿기에 나를 변화하여 누릴 수 있는 은혜임을 깨닫게 되기를 원합니다. 주님의 말씀이 되는 귀한 씨앗이 잘 자라도록 나의 마음의 토양을 비옥하게 일궈가야 하겠습니다. 마음의 옥토에서 주님 기뻐하시는 풍성한 열매가 30배 60배 100배의 결실을 할 때까지 성장해 가야겠습니다.

기도 하나님을 사랑하며 하나님의 말씀을 사모하여, 정결한 마음을 주시옵고 주시는 말씀을 온전히 깨닫는 삶을 살아가게 하시길 기도합니다.

마22:32 나는 아브라함의 하나님이요 이삭의 하나님이요 야곱의 하나님이로라 하신 것을 읽어 보지 못하였느냐 하나님은 죽은 자의 하나님이 아니요 살아 있는 자의 하나님이시니라 하시니

죽은 자의 하나님이 아니요 살아 있는 자의 하나님이시라 말씀하십니다. 천국에나 가서 만나는 하나님이 아니라 이 땅에서 살 때, 아브라함과 이삭과 야곱의 하나님이 되어 항상 동행하시고 인도하시던 하나님께서 동일하게 우리의 모든 삶에도 개입하시고 천국 갈 때까지 동행하여 주심을 확실히 믿고 소망합니다.

기도 우리의 평생의 삶이 주님과 동행하며 주님의 예비하심과 인도하심이 항상 함께하시기를 기도합니다.

●● 마음에 와닿은 말씀(며느리)

마18:14 이와 같이 이 작은 자 중의 하나라도 잃는 것은 하늘에 계신 너희 아버지의 뜻이 아니니라

길 잃은 한 마리의 양을 찾았을 때 누릴 수 있는 기쁨처럼 방황하고 있는 어린 양들이 회복하며 자신의 자리를 찾아 나아가는 것이 나의 기쁨이 되길 소망합니다. 잃은 자를 끝까지 포기하지 아니하시는 하나님의 마음이 나의 마음이 되어 일희일비하지 아니하며, 지치지 아니하며, 그의 진정한 목자로서 하나님의 사랑을 전하게 하소서.

기도 길잃은 양 한 마리와 같은 영혼을 바로 보게 하시고 하나님의 마음을 닮아 사랑으로 끝까지 인도할 수 있길 간절히 기도합니다.

●● 마음에 와닿은 말씀(시어머니)

69

마25:24 한 달란트 받았던 자는 와서 이르되 주인이여 당신은 굳은 사람이라 심지 않은 데서 거두고 헤치지 않은 데서 모으는 줄을 내가 알았으므로

달란트를 받은 각각의 사람들이 주인의 뜻을 올바로 분별하여 심고 가꾸고 노력하여 갑절의 이익을 내어 주인에게 드리자 착하고 충성된 종이라 칭찬 받는 모습을 봅니다. 작은 일에 충성하였으므로 더 많은 것을 네게 맡기리라 하시고 "주인의 즐거움에 참여할지어다"라고 하십니다. 하지만 한 달란트 받은 악하고 게으른 종에게는 있던 것까지도 빼앗기는 모습을 보며 주님의 능력만 믿고 자신의 노력 없이 거두고 모으려고 하는 어리석음을 깨닫고 작은 일에도 충성하는 지혜로운 우리와 자손들이 되기를 소망합니다.

기도 기도만 하면 우리의 소원이 이루어지는 것이 아니라 주님의 뜻을 분별하여 지혜롭게 심고 가꾸고 준비하는 충성스러운 우리와 자손들이 되기를 기도합니다.

●● 마음에 와닿은 말씀(며느리)

마26:38-39 이에 말씀하시되 내 마음이 매우 고민하여 죽게 되었으니 너희는 여기 머물러 나와 함께 깨어 있으라 하시고 조금 나아가사 얼굴을 땅에 대시고 엎드려 기도하여 이르시되 내 아버지여 만일 할 만하시거든 이 잔을 내게서 지나가게 하옵소서 그러나 나의 원대로 마시옵고 아버지의 원대로 하옵소서 하시고

우리의 죄를 사하기 위해서 십자가를 지신 예수님, 하지만 십자가를 앞두고 예수님께서도 심히 고민하고 슬퍼하셨으니 그때마다 하나님을 찾으며 하나님께 모든 것을 맡기며 죽을 것 같이 고민되는 그때, 나의 원대로가 아닌 하나님의 원대로 하시길 세 번의 기도를 드립니다.
주님을 온전히 신뢰하며 모든 것을 계획하고 예비하시는 하나님께 모든 것을 맡기고 위기와 고난의 순간 내 생각으로 고민하는 것이 아니라 기도로, 간구하며 살아가길 소망합니다.

기도 늘 깨어 있는 믿음으로 늘 하나님을 찾으며 온전히 맡기는 삶을 살아가게 하소서. 하나님의 원대로 인도하시길, 주님의 뜻에 순종하며 나아가길 기도합니다.

●● 마음에 와닿은 말씀(시어머니) **70**

막7:7-8 사람의 계명으로 교훈을 삼아 가르치니 나를 헛되이 경배하는도다 하였느니라 너희가 하나님의 계명은 버리고 사람의 전통을 지키느니라

장로와 제사장과 바리새인들에게 "이 백성이 입술로는 나를 공경하지만, 마음은 내게서 멀도다" 하시며 "이사야가 외식하는 자에 대해서 잘 예언하셨다"라고 말씀하십니다. 이사야의 예언이 지금 이 시대에도 사람의 계명으로 잘못 가르쳐지고 잘못 알려져서 사람의 계명으로 하나님의 말씀을 폐하는 일을 많이 하여 부모와 자식들, 형제자매들이 이웃들과의 관계가 불화와 어려움을 겪는 일들을 많이 보는 것 같습니다. 사람의 계명이 아니라 주님의 말씀대로 순종하는 우리와 자손들이 되어 복의 근원이 되기를 소망합니다.

기도 사람의 계명인지 하나님의 계명인지를 분별하여 주님 말씀에 순종하는 우리와 자손들이 되어 주님께 영광 돌리며 살기를 기도합니다.

●● 마음에 와닿은 말씀(며느리)

막6:52 이는 그들이 그 떡 떼시던 일을 깨닫지 못하고 도리어 그 마음이 둔하여졌음이러라
막8:17 예수께서 아시고 이르시되 너희가 어찌 떡이 없음으로 수군거리느냐 아직도 알지 못하며 깨닫지 못하느냐 너희 마음이 둔하냐

하나님의 인도하심과 보호하심으로 우리를 먹이시고 우리를 살리시는 수많은 은혜를 경험하고도 우리 앞에 문제가 닥쳤을 때 그 은혜를 잊고 다시금 불안과 두려움으로 고민하는 불순종을 바라봅니다.
마음이 둔하여 주님을 생각하지 못하고 근심하고 걱정하는 믿음이 작은 자로 살아갈 것이 아니라 예수님의 옷깃만 잡아도 구원을 받으리라 하는 온전한 믿음을 품은 정결한 마음으로 살아 믿음으로 성화 되어 가는 삶이 되기를 소망합니다.

기도 둔한 마음을 버리고 늘 깨어서 살아가는 동안 겪게 되는 문제 앞에서 하나님을 찾으며 담대하게 나아가는 자로 세워주시길 기도합니다.

●● 마음에 와닿은 말씀(시어머니) **71**

막12:33 또 마음을 다하고 지혜를 다하고 힘을 다하여 하나님을 사랑하는 것과 또 이웃을 자기 자신과 같이 사랑하는 것이 전체로 드리는 모든 번제물과 기타 제물보다 나으니이다

하나님을 사랑하고 이웃을 네 자신과 같이 사랑하라 하시며 이보다 더 큰 계명은 없다고 주님께서 말씀하십니다.
눈에 보이는 부모 형제자매 이웃도 사랑하지 못하고 불화하여 미워하며 원수 같이 지내면서도 보이지 않는 하나님을 사랑한다고 하는 것은, 거짓이라고 하지만 성령님의 인도와 주님의 사랑으로 말씀에 순종할 수 있기를 소망합니다.

기도 믿음 소망 사랑 그중에 제일은 사랑이라 하셨습니다.
비록 다른 것은 부족할지라도 주님 주신 사랑을 나누는 주님의 마음에 합한 자가 되기를 기도합니다.

●● 마음에 와닿은 말씀(며느리)

막13:11 사람들이 너희를 끌어다가 넘겨 줄 때에 무슨 말을 할까 미리 염려하지 말고 무엇이든지 그 때에 너희에게 주시는 그 말을 하라 말하는 이는 너희가 아니요 성령이시니라

주님을 증거 하는 자리에 나아갈 때 무슨 말을 해야 할지 미리 염려할 것이 아니라 성령이 함께하사 무엇이든 그때 주시는 말을 하라 말씀하십니다.
그리스도인으로서 어떻게 말하고 어떻게 행동해야 할지, 나 자신이 주님을 온전히 증거 할 수 있는 자인지 염려하기 전에 매일 매일을 주님의 뜻에 합당한 자로 살아 늘 성령이 충만하길 소망합니다.

기도 나의 말을 통해 주님에 대한 감동, 감화가 일어나길 바라며 무슨 말을 해야 할지 염려할 때가 많으나 나 자신이 늘 깨어 있고 정결하여 성령이 충만할 때 나를 통해 역사하실 하나님을 믿습니다. 성령이 온전히 거하시는 내가 될 수 있도록 늘 순종하는 삶을 살아가길 기도합니다.

●● 마음에 와닿은 말씀(시어머니)

눅6:46 너희는 나를 불러 주여 주여 하면서도 어찌하여 내가 말하는 것을 행하지 아니하느냐

듣고 행하는 자와 행하지 아니하는 자(마 7:24-27) 너희는 나를 주여, 주여, 하면서도 어찌하여 내가 말하는 것을 행하지 아니하느냐. 주님의 행하신 모든 일을 눈으로 보고 직접 따라다니며 체험한 사람들이 주여, 주여, 하면서도 내가 말하는 것을 어찌하여 행하지 아니하냐고 반문하십니다.

예수님 시대나 이천년이 지난 현세에도 여전히 우리는 주여, 주여, 하면서 주님의 말씀은 행하지 못하고 사람의 계명으로 우리의 소욕을 위하여, 주여, 주여, 하고 살아가고 있는 것은 아닌지 성령의 빛 안에서 돌아보고 말씀대로 행하여 주님께 영광 돌리는 삶이 되기를 소망합니다.

기도 우리와 자손들이 말씀을 보고 듣고 행하는 자가 되어 주님께 영광 돌리며 살기를 기도합니다.

●● 마음에 와닿은 말씀(며느리)

눅3:10-11 무리가 물어 이르되 그러면 우리가 무엇을 하리이까 대답하여 이르되 옷 두 벌 있는 자는 옷 없는 자에게 나눠 줄 것이요 먹을 것이 있는 자도 그렇게 할 것이니라 하고

회개의 합당한 열매를 맺으라 말하는 요한에게 사람들은 무엇을 해야 하는가 질문합니다. 그 답은 자신이 가진 것을, 없는 자와 나누며 정해진 것 외에는 강제로 거두지 아니하며 강탈하지 아니하며 거짓을 말하지 아니하며 만족할 줄 아는 삶을 사는 것이라고 하셨습니다.

그것은 본분을 다하며 사랑을 위한 나눔을 통해 나의 삶을 변화하는 것을 의미합니다. 말로만, 마음가짐만, 회개를 외치지 아니하며 나의 자리에서, 나의 삶에서 진정으로 실천하는 회개에 합당한 열매를 맺길 소망합니다.

기도 실제적으로 나의 삶을 변화시키고 삶을 통해 주님의 뜻을 실천하여 회개에 합당한 열매를 맺는 삶을 살아가길 기도합니다.

눅7:9 예수께서 들으시고 그를 놀랍게 여겨 돌이키사 따르는 무리에게 이르시되 내가 너희에게 이르노니 이스라엘 중에서도 이만한 믿음은 만나보지 못하였노라 하시더라

이방인이었던 백부장은 자신이 주님께 나아가기도, 주님이 직접 자신의 집에 오시는 것도 감당하지 못하겠다 하며 수고하지 마시고 말씀만 하셔도 나을 것이라 말합니다. 치유의 은사를 가진 사람이 직접 만지고 누르고 병을 고치는 것이 아니라 주님께서 말씀만 하셔도 낫게 된다는 확실한 믿음을 가진 백부장에게 이스라엘 중에서도 이만한 믿음을 만나보지 못했다고 말씀하십니다. 이방인도 사랑하며 종도 사랑하여 그를 위하여 간구하는 백부장의 삶과 믿음이 우리와 자손들의 믿음과 삶이 되어 주님께 칭찬받기를 소망합니다.

기도 하나님을 경외하며 네 이웃을 사랑하라는 주님의 말씀을 지켜 행하는 백부장의 믿음처럼 우리와 자손들도 행할 수 있도록 성령께서 도와주시기를 기도합니다.

●● 마음에 와닿은 말씀(며느리)

눅10:5-6 어느 집에 들어가든지 먼저 말하되 이 집이 평안할지어다 하라 만일 평안을 받을 사람이 거기 있으면 너희의 평안이 그에게 머물 것이요 그렇지 않으면 너희에게로 돌아오리라

하나님의 축복을 받는 자는 자신이 받은 은혜를 다른 사람과 나누며 하나님을 증거 하는 자임을 믿습니다. 나만을 위한 평안이 아니라 진정으로 이웃의 평안을 구하는 마음을 품고 주님의 은혜를 나누며, 전하는 귀한 삶이 되길 소망합니다.

기도 그 중에 제일은 사랑이라 가르쳐 주시는 예수님의 뜻을 따라 어디에 가든, 누구를 만나든 진정으로 이웃의 평안을 구하는 의를 행하는 자 되게 하소서.

●● 마음에 와닿은 말씀(시어머니) **74**

눅18:11 바리새인은 서서 따로 기도하여 이르되 하나님이여 나는 다른 사람들 곧 토색, 불의, 간음을 하는 자들과 같지 아니하고 이 세리와도 같지 아니함을 감사하나이다

바리새인들은 안식일을 목숨같이 지키며 예배와 십일조와 봉사도 최선을 다하며 세리와도 같지 않은 의인이라 여기며 기도합니다. 하지만 세리들은 눈을 들어 하늘을 쳐다보지도 못하고 가슴을 치며 불쌍히 여겨 달라며 나는 죄인이라고 고백하는 이들이 오히려 의롭다함을 받는다고 하시며 자기를 높이는 자는 낮아지고 자기를 낮추는 자는 높아진다고 말씀하십니다. 천지 만물의 주인이시며 전지전능하신 창조주 앞에 낮아져서 죄인임을 자각하며 주신 은혜로 감사하며 살아가기를 소망합니다.

기도 자랑할 것도 의롭지도 못하지만, 주님께서 함께하시므로 주님의 은혜로 우리의 삶의 인도자가 되시며 우리를 도우시는 주님을 자랑하며 주님께 영광을 돌리며 사는 우리와 자손들이 되기를 기도합니다.

●● 마음에 와닿은 말씀(며느리)

눅17:15 그 중의 한 사람이 자기가 나은 것을 보고 큰 소리로 하나님께 영광을 돌리며 돌아와
눅17:18 이 이방인 외에는 하나님께 영광을 돌리러 돌아온 자가 없느냐 하시고

열 명의 나병환자가 나음의 은혜를 입었으나 오직 한 명만이 예수님께 돌아와 하나님께 영광을 돌리며 감사를 드렸습니다. 몸이 나은 것을 넘어서 하나님에 대한 감사를 통해 하나님의 영광을 드러내고 그것이 단단한 믿음이 되어 영혼이 구원받는 은혜를 누리게 됩니다. 우리 앞에 놓인 문제가 해결되었을 때 진정으로 하나님께 영광 돌리는 자가 되어야겠습니다. 은혜를 잊어버리지 않고 은혜를 알고 감사와 영광을 돌려 드리는 믿음의 사람으로 더 큰 은혜를 누리며 사는 축복의 사람이 될 소망합니다.

기도 나의 문제를 해결하시고 나를 통해 일하시는 하나님께 감사하고 영광 돌리는 삶을 통해 믿음으로 나아가길 기도합니다.

●● 마음에 와닿은 말씀(시어머니)

눅19:2-3 삭개오라 이름하는 자가 있으니 세리장이요 또한 부자라 그가 예수께서 어떠한 사람인가 하여 보고자 하되 키가 작고 사람이 많아 할 수 없어

키가 작아 나무에 올라가서 지나는 주님을 보고 있던 삭개오에게 주님께서 "삭개오야 속히 내려오라" 하시며 네 집에 오늘 유하겠다고 하십니다. 주님이 어떠한 사람인 줄도 모르는 삭개오를 먼저 아시고 이름을 부르자 삭개오는 주님께서 묻지 않았음에도 불구하고 자신의 죄를 고백하며 소유의 절반과 속이고 빼앗은 일이 있다면 네 갑절이나 갚겠다고 말을 합니다. 내가 주님을 택한 것이 아니라 주님께서 나를 먼저 아시고 택하여 주신 은혜를 감사하며 삭개오 같이 날마다 자신을 성찰하여 주님의 뜻에 순종하여 살기를 소망합니다.

기도 주님께 택함을 받은 주님의 자녀로서 주님의 뜻대로 순종하며 사는 우리와 자손들이 되어 주님께 영광 돌리며 살기를 기도합니다.

●● 마음에 와닿은 말씀(며느리)

눅24:32,45 그들이 서로 말하되 길에서 우리에게 말씀하시고 우리에게 성경을 풀어 주실 때에 우리 속에서 마음이 뜨겁지 아니하더냐 하고 … 이에 그들의 마음을 열어 성경을 깨닫게 하시고

예수님께서 그에 관한 성경을 풀어 주실 때 그들의 마음을 열어 주시어 온전히 그 뜻을 이해하게 하시고, 마음속에 뜨거운 깨달음을 주셨습니다. 성경에 기록된 하나님의 계획하심을 온전히 바라보며 내 생각대로 해석하는 것이 아니라 하나님이 내 안에 거하사 주님을 바라보며, 주님의 뜻을 온전히 이해하고 깨닫게 하시길 소망합니다. 참 진리를 깨달을 때 내 마음 안에 뜨거운 감동, 감화를 주시어 참으로 복된 자 되게 하소서.

기도 온전히 성경을 바라보고 이해하고 깨달을 수 있는 정결한 마음을 주시길 기도합니다.

●● 마음에 와닿은 말씀(시어머니)

요5:13-14 고침을 받은 사람은 그가 누구인지 알지 못하니 이는 거기 사람이 많으므로 예수께서 이미 피하셨음이라 그 후에 예수께서 성전에서 그 사람을 만나 이르시되 보라 네가 나았으니 더 심한 것이 생기지 않게 다시는 죄를 범하지 말라 하시니

베데스다의 38년 된 병자를 묵상합니다. 고쳐 주셨지만 고침을 받은 사람은 누가 자신을 고쳐 주었는지도 모르고 있다가 성전에서 다시 만난 주님께서 말씀하시기를 네가 나았으니 더 심한 것이 생기지 않게 다시는 죄를 범하지 말라 하십니다. 유대인들은 38년 된 병자에게, 안식일에 병을 고친 주님에게도 안식일에 자리를 들고 가는 것이 잘못된 일이라고 정죄하는 것을 봅니다. 더 심한 것이 생기지 않게 다시는 죄를 범하지 말라 하시는 주님의 말씀이 마음 밭에 새겨지기를 소망합니다.

기도 선한 일을 행한 자는 생명의 부활로 악한 일을 행한 자는 심판의 부활로 나오리라 하신 말씀이 주님을 자신의 소견대로 잘못 알고 믿었던 바리새인들의 믿음이 아니라 주님의 말씀을 믿고 분별하여 깨닫고 순종하기를 기도합니다.

●● 마음에 와닿은 말씀(며느리)

요4:14 내가 주는 물을 마시는 자는 영원히 목마르지 아니하리니 내가 주는 물은 그 속에서 영생하도록 솟아나는 샘물이 되리라

영혼의 갈급함을 채우려 물을 찾아 헤매고, 물 그릇에 집착하며 살아가나 다시금 찾아오는 목마름으로 인해 끊임없는 욕망의 굴레에 살아갈 때 하나님께서 주시는 영원한 생수를 깨닫게 하소서. 곤고한 우리의 영혼을 친히 찾아오시어 그 영혼을 살리는 샘물을 공급하시는 예수님, 말씀으로 성령으로 영혼의 갈급함을 해소해 주시길 소망합니다. 예수님의 영원한 샘물이 내 안에 거하니 세상의 물동이를 버리고 나를 통해 그 샘물이 흘러 흘러 모든 이를 살리는 샘물이 될 수 있도록 주님의 뜻에 합당한 삶을 살아가게 하소서.

기도 예수님이 주시는 물을 사모하며, 영원한 샘물로 인해 영생을 누리며 주님의 귀한 뜻을 전하는 자로 살아가게 하시길 기도합니다.

●● 마음에 와닿은 말씀(시어머니)

요12:47-48 사람이 내 말을 듣고 지키지 아니할지라도 내가 그를 심판하지 아니하노라 내가 온 것은 세상을 심판하려 함이 아니요 세상을 구원하려 함이로라 나를 저버리고 내 말을 받지 아니하는 자를 심판할 이가 있으니 곧 내가 한 그 말이 마지막 날에 그를 심판하리라

주님 말씀을 듣고 지키지 아니할지라도 주님께서는 심판하러 오신 것이 아니라 세상을 구원하시기 위하여 오셨다고 합니다. 어두움에 있던 세상과 사람들을 빛으로 인도하시고 구원하시려고 오셨지만, 주님의 말씀을 저버리고, 지키지 아니하고 받지 아니한 자는 마지막 날에는 심판하신다고 합니다.

기도 의인을 부르러 오신 것이 아니라 죄인을 부르시고 용서하시고 구원하시러 이 땅에 오신 주님을 믿고 주님께서 주신 말씀을 지켜 행하는 복된 우리와 자손들이 되기를 기도합니다.

●● 마음에 와닿은 말씀(며느리)

요13:1 유월절 전에 예수께서 자기가 세상을 떠나 아버지께로 돌아가실 때가 이른 줄 아시고 세상에 있는 자기 사람들을 사랑하시되 끝까지 사랑하시니라
요13:14-15 내가 주와 또는 선생이 되어 너희 발을 씻었으니 너희도 서로 발을 씻어 주는 것이 옳으니라 내가 너희에게 행한 것 같이 너희도 행하게 하려 하여 본을 보였노라

예수님께서 친히 제자들의 발을 씻기시며 그들을 끝까지 사랑하심을 보이시며 스스로 본을 보이사 섬김을 받기보다 다른 사람을 섬기고 돕는 일이 매우 중요함을 알게 하셨습니다. 그리고 새 계명을 주시니 내가 너희를 사랑한 것 같이 서로 사랑하라, 우리를 끝까지 사랑해 주시는 하나님께 감사드리며 완벽한 본이 되어 주시는 그 길을 따라 서로 사랑하는 마음을 품고 행하여 하나님의 자녀임을 증거 하는 귀한 삶을 살아가길 소망합니다.

기도 스스로 본이 되어 주신 예수님을 닮아가는 것이 하나님의 뜻임을 깨닫게 하소서. 예수님을 닮아가는 것이 가장 큰 복임을 깨닫고 일상에서 하나님을 사랑하고 이웃을 사랑하는 삶을 실천하게 하시길 기도합니다.

●● 마음에 와닿은 말씀(시어머니) 78

요15:12 내 계명은 곧 내가 너희를 사랑한 것 같이 너희도 서로 사랑하라 하는 이것이니라

내 계명을 지키는 자라야 나를 사랑하는 자요, 나를 사랑하는 자는 내 아버지께 사랑을 받고 나도 그를 사랑하여 그에게 주님을 나타내리라 말씀하십니다. 내 계명은 내가 목숨을 버리고 너희를 사랑한 것 같이 너희도 서로 사랑하라 하셨지만, 우리는 입으로 주님을 사랑한다고 날마다 주여, 주여, 하며 주님을 부르지만, 서로 사랑하라는 말은 잊고 사는 것 같습니다.
주님께서 원하시며 기뻐하시는 뜻이 무엇인지 분별하여 순종하는 복 된 자가 되기를 소망합니다.

기도 주님의 마음에 합한 자가 되어 주님의 뜻대로 순종하여 주님의 사랑으로 모든 이웃들을 사랑할 수 있도록 기도합니다.

●● 마음에 와닿은 말씀(며느리)

요15:16 너희가 나를 택한 것이 아니요 내가 너희를 택하여 세웠나니 이는 너희로 가서 열매를 맺게 하고 또 너희 열매가 항상 있게 하여 내 이름으로 아버지께 무엇을 구하든지 다 받게 하려 함이라

우리가 택한 것이 아니라 우리를 택하신 하나님, 우리를 종이 아니라 친구 삼아주신 하나님, 믿기에 구원받은 것이 아니라 구원하셨기에 믿는 자 되게 하심을 하나님께 감사드리며 찬양합니다. 우리가 어디에 있든 무엇을 하던 어떤 모습으로 있든지 우리를 찾아오시어 은혜의 열매를 주시고자 하는 하나님을 바라 보며 택함을 받은 자로서, 세상에 속한 자가 아닌 하나님께 속한 자로서 하나님의 사랑을 증거 하게 하시길 소망합니다.

기도 지극히 사랑하심으로 하나님께 택함을 받은 자로서 사랑의 열매를 맺으며 그 택함 받음을 드러내는 자 되길 기도합니다.
귀한 열매 맺는 삶을 통해 택함 받은 자로서 합당한 자 되게 하소서.

행2:4 그들이 다 성령의 충만함을 받고 성령이 말하게 하심을 따라 다른 언어들로 말하기를 시작하니라

오순절 날에 다 같이 한곳에 모여 기도할 때 성령의 충만함을 받고 각 사람이 난 곳 방언으로 듣게 되는 광경을 목격하게 되는 것을 봅니다. 성령이 말하게 하심을 따라 다른 언어들로 말하자 이 말하는 사람이 다 갈릴리 사람이지만 각각 다른 나라들의 언어로 말하는 것을 보고 다 놀라 신기하게 여겼다고 합니다. 마음으로 다섯 마디 말을 하는 것이, 일만 마디 방언으로 말하는 것보다 낫다고 말씀하신 것처럼 땅끝까지 복음을 전하려면 성령의 충만함을 받아 각 나라의 언어로 그들이 알아듣는 말로 선교하는 복된 자들이 되기를 소망합니다.

기도 알아듣지도 못하고 자신이 무엇을 말하는지 확증할 수 없는 방언으로 울리는 꽹과리처럼 외식하는 자가 아니라 성령의 충만함으로 주님 주신 권능으로 주님을 증거 할 수 있도록 인도하시기를 기도합니다.

●● 마음에 와닿은 말씀(며느리)

행3:6 베드로가 이르되 은과 금은 내게 없거니와 내게 있는 이것을 네게 주노니 나사렛 예수 그리스도의 이름으로 일어나 걸으라 하고

은, 금과 같은 세상적인 물질이 아니라 예수님의 이름으로 기도하고 구하며 선포할 때 이루어짐을 믿습니다. 내가 물질적으로 잘 사는 것이 아닌 믿음으로 하나님의 사랑을 전하며 축복하는 것이 예수그리스도를 증거 하는 삶이 될지니 오직 예수를 의지하는 자 되게 하소서.

기도 물질에 의지하는 것이 아니라 우리가 가진 물질을 기쁨으로 통용하며 사랑을 나누는 삶을 살게 하시고 오직 나의 능력 되시는 예수께 의지하는 귀한 삶을 살아가게 하시길 기도합니다.

●● 마음에 와닿은 말씀(시어머니)

행7:48-49 그러나 지극히 높으신 이는 손으로 지은 곳에 계시지 아니하시나니 선지자가 말한 바 주께서 이르시되 하늘은 나의 보좌요 땅은 나의 발등상이니 너희가 나를 위하여 무슨 집을 짓겠으며 나의 안식할 처소가 어디냐

천지 만물의 주인이시고 지극히 높으신 이는 손으로 지은 곳에 계시지 아니하고 하늘은 나의 보좌요 땅은 나의 발등상이라 너희가 나를 위하여 무슨 집을 짓겠냐고 선지자가 말하였지만, 목이 곧고 마음과 귀에 할례받지 못한 사람들이 너희도 너희 조상과 같이 항상 성령을 거스른다고 말씀하시고 있습니다. 시공간을 초월하여 어디서나 말씀 보며 예배하며 기도할 수 있음에 감사하며 코로나 상황이지만 손으로 지어진 교회 안에 모여 함께 예배드리는 귀한 믿음의 사람들을 주목하실 것을 믿습니다.
성령의 임재하심을 믿고 어디서든지 진리 안에서 주안에서, 평강을 누리는 우리와 자손들이 되기를 소망합니다.

기도 하나님을 바로 알고 주님께서 선물로 주신 성령의 충만함으로 깨닫고 분별하여 날마다 주님과 동행하는 삶이 되기를 기도합니다.

●○ 마음에 와닿은 말씀(며느리)

행9:20-22 즉시로 각 회당에서 예수가 하나님의 아들이심을 전파하니..., 사울은 힘을 더 얻어 예수를 그리스도라 증언하여 다메섹에 사는 유대인들을 당혹하게 하니라

주님을 핍박하던 사울이 진실로 주님을 만나고 성령으로 충만한 자가 되어 눈에서 악의 비늘을 벗고 참 진리를 다시 보게 됩니다. 주님을 알고 새사람이 된 사울은 사람들의 반응에 움츠리기보다는 즉시로, 더 힘을 얻어 그들 앞에 나아가 예수를 그리스도라 증언합니다.

기도 죄 많은 우리에게 회개의 기회를 주시어 새사람으로 살아갈 수 있는 기회를 주심에 감사드리며 주님의 사람으로서 당당히 주를 증거 하는 귀한 삶을 살아가게 하시길 기도합니다.

살전5:16-18 항상 기뻐하라 쉬지 말고 기도하라 범사에 감사하라 이것이 그리스도 예수 안에서 너희를 향하신 하나님의 뜻이니라

하나님의 뜻은 예수 안에서 항상 기뻐하며 쉬지 말고 기도하며 범사에 감사하는 것이 주님의 뜻이라 말씀하십니다. 주안에서 염려하지도 두려워하지도 말라고 하시며 참새 한 마리도 주님 허락 없이는 떨어뜨릴 수 없다고 하셨는데 사람의 말이 흥왕하여 교인들을 선동하며 비대면 예배, 대면 예배, 애국자, 비애국자로 서로를 비난하며 정죄하여 세상 사람들에게 빛이 되지 못하고 있습니다.

기도 모든 것이 주님의 뜻을 모르고 사람의 뜻대로 살아온 잘못입니다. 주님 용서해 주시고 성령의 빛 안에서 주님의 뜻을 행하며 살 수 있기를 기도합니다.

●● 마음에 와닿은 말씀(며느리)

살전2:13 이러므로 우리가 하나님께 끊임없이 감사함은 너희가 우리에게 들은 바 하나님의 말씀을 받을 때에 사람의 말로 받지 아니하고 하나님의 말씀으로 받음이니 진실로 그러하도다 이 말씀이 또한 너희 믿는 자 가운데에서 역사하느니라

사람의 말에 현혹되어 세상의 빛이 되지 못하는 교회로 인해 어지러운 세상 속에서 온전히 하나님의 말씀을 전하는 자들을 축복하시길 소망합니다. 코로나 시대를 살아가는 이때 우리의 자리에서 받는 설교와 복음의 글 가운데 진정한 하나님의 말씀을 사모하고 깨달아 하나님과의 진정한 교제를 허락하소서. 말씀을 분별하는 능력을 주시어 그 말씀에 순종할 때 역사하시는 하나님을 경외하며 거룩한 삶을 살게 하소서.

기도 환난 가운데 성령의 기쁨으로 온전한 하나님의 말씀을 받아 주를 본받는 자로 살아가길 기도합니다.

●● 마음에 와닿은 말씀(시어머니)

82

갈5:22-23 오직 성령의 열매는 사랑과 희락과 화평과 오래 참음과 자비와 양선과 충성과 온유와 절제니 이같은 것을 금지할 법이 없느니라

성령의 열매를 맺을 수 있도록 사랑하며 기뻐하며 화평과 오래 참음과 자비와 양선과 충성과 온유와 절제를 금지할 법이 없다고 하십니다. 주님께서 가르쳐 주신 말씀을 듣고, 보고, 읽고, 말씀대로 순종하여 성령의 열매를 맺을 수 있는 삶이 되기를 소망합니다.

기도 성령의 열매를 맺어 주님의 기쁨이 되는 가정과 자손들이 되기를 기도합니다.

●● 마음에 와닿은 말씀(며느리)

갈2:16 사람이 의롭게 되는 것은 율법의 행위로 말미암음이 아니요 오직 예수 그리스도를 믿음으로 말미암는 줄 알므로 우리도 그리스도 예수를 믿나니 이는 우리가 율법의 행위로써가 아니고 그리스도를 믿음으로써 의롭다 함을 얻으려 함이라 율법의 행위로써는 의롭다 함을 얻을 육체가 없느니라

율법을 지키기만 하면 구원받을 줄 믿으며, 율법의 행위를 벗어난 사람을 정죄하는 믿음 없는 신앙의 길을 벗어나게 하소서.
사람이 의롭게 되는 것은 오직 믿음으로 인한 것이니 하나님의 아들을 믿는 믿음 안에서 살게 하시길 소망합니다.

기도 믿음 없는 율법의 행위가 아닌 참믿음을 바탕으로 한 율법을 지켜나가며 온전한 하나님의 사랑을 행하는 자 되게 하시길 기도합니다.

●● 마음에 와닿은 말씀(시어머니)

고전3:16-17 너희는 너희가 하나님의 성전인 것과 하나님의 성령이 너희 안에 계시는 것을 알지 못하느냐 누구든지 하나님의 성전을 더럽히면 하나님이 그 사람을 멸하시리라 하나님의 성전은 거룩하니 너희도 그러하니라

하나님의 성전은 거룩하니 성전을 더럽히지 말고 거룩해야 한다고 하시지만 우리의 몸이 성전인 것과 성령의 거하시는 것을 망각하고 주님의 몸인 교회에 속하기만 하면 거룩해진 것처럼 착각하여 세상 사람들에게 본이 되지 못하고 빛이 되지 못하고 있음을 회개합니다.
우리 안에 계신 성령께서 빛으로 인도하셔서서 각각 거룩한 삶으로 예수님의 성전을 아름답게 이어갈 수 있기를 소망합니다.

기도 성령이 거하시는 주님의 성전으로 주님의 말씀을 따라 순종하는 우리와 자손들이 되어 하나님께 영광 돌리며 살기를 기도합니다.

●● 마음에 와닿은 말씀(며느리)

고전3:7,9 그런즉 심는 이나 물 주는 이는 아무 것도 아니로되 오직 자라게 하시는 이는 하나님뿐이니라.., 우리는 하나님의 동역자들이요 너희는 하나님의 밭이요 하나님의 집이니라

우리의 육이 아닌 영을 자라게 하시는 하나님, 심는 것과 물 주는 것을 게을리하지 아니하며 성령이 늘 함께하시어 영적인 성숙을 통해 하나님의 밭이 되는 자로서 나의 마음을 주님으로 인해 비옥하게 만들고 하나님의 집 되는 자로서 나의 마음을 주님으로 인해 단단하게 만들길 소망합니다.
나의 마음의 참 자양분 되시는 하나님을 온전히 의지하며 성령 충만한 자 되게 하소서.

기도 나를 자라게 하시는 하나님, 죄 많은 나를 돌보시어 마음속에 감동과 감화, 회개를 통하여 영적으로 성숙한 자로 나아가게 하시길 기도합니다.

●● 마음에 와닿은 말씀(시어머니) 84

고전13:13 그런즉 믿음, 소망, 사랑, 이 세 가지는 항상 있을 것인데 그 중의 제일은 사랑이라

나에게 있는 것 모든 것으로 구제하고 몸을 불사르게 내줄지라도 사랑이 없다면 내게 아무 유익도 없다고 말씀하시며 천사의 말을 하며 예언하는 능력과 산을 옮길만한 믿음이 있다고 할지라도 사랑이 없으면 아무것도 아니라고 말씀하십니다. 우리는 천사의 말과 구제와 봉사와 산을 옮길만한 믿음도 어렵지만 정말 어려운 것은 사랑하는 것이 그 중에 제일 어려운 것 같습니다. 사랑하기가 가장 어렵기에 그 중에 제일은 사랑이라 말씀하신 대로 성령의 도우심으로 사랑을 줄 수 있는 복된 자가 되기를 소망합니다.

기도 우리 힘으로는 사랑하기가 어렵습니다. 성령의 도우심으로 모든 이웃을 사랑하며 살기를 기도합니다.

●● 마음에 와닿은 말씀(며느리)

고전10:23-24 모든 것이 가하나 모든 것이 유익한 것은 아니요 모든 것이 가하나 모든 것이 덕을 세우는 것은 아니니 누구든지 자기의 유익을 구하지 말고 남의 유익을 구하라

우리는 많은 사람과의 관계 속에서 살아가며 많은 일을 해내며 살아가고 있습니다. 하나님께서 허락하신 귀한 삶 속에서 때마다 나의 유익이 무엇인지 고민하며 나만을 위한 선택 속에서 타인을 보지 아니하며 하나님의 영광을 가리는 헛된 삶을 살아가고 있는 것은 아닌지 나를 돌아봅니다. 모든 것이 가하나 진정으로 유익한 일, 덕을 세우는 일을 통해 하나님의 영광을 드러내는 삶이 되길 소망합니다. 사랑의 하나님을 본받는 자가 되어 많은 사람의 유익을 구하며 그들과 함께 구원의 길로 나아가게 하소서.

기도 사랑의 하나님을 닮아 나 또한 사랑을 실천하며 타인의 삶에 선한 영향력을 발휘하여 하나님의 영광을 드러내는 귀한 삶이 되게 하시길 기도합니다.

고후5:9-10 그런즉 우리는 몸으로 있든지 떠나든지 주를 기쁘시게 하는 자가 되기를 힘쓰노라 이는 우리가 다 반드시 그리스도의 심판대 앞에 나타나게 되어 각각 선악간에 그 몸으로 행한 것을 따라 받으려 함이라

언제인가 우리는 반드시 그리스도의 심판대에 섰을 때 각각 선악 간에 그 몸으로 행한 것을 따라 받는다고 하십니다. 육신이 연약하여 성령의 음성을 따르지 못하고 육신대로, 자신의 소욕대로 불순종한 모든 것을 날마다 깨닫고 회개하여 주님의 마음에 합한 자로 주를 기쁘시게 하는 우리와 자손들이 되어 심판대 앞에서 잘했다 칭찬받을 수 있기를 소망합니다.

기도 주를 기쁘시게 하는 지혜로운 자가 되어 날마다 주님과 동행하며 주님께 영광 돌리며 사는 우리와 자손들의 삶이 되기를 기도합니다.

●● 마음에 와닿은 말씀(며느리)

고후4:18 우리가 주목하는 것은 보이는 것이 아니요 보이지 않는 것이니 보이는 것은 잠깐이요 보이지 않는 것은 영원함이라

우리 앞에 닥친 문제가 해결되지 아니하더라도 하나님과 함께 할 때 우리 눈에 보이는 환난은 지극히 경한 것이 될 것이며 이를 통해 우리에게 힘과 지혜를 주시어 보이지 않는 영원함을 사모하고 지극히 큰 영광을 이루게 하시니 우리의 눈과 마음을 오직 주님께 향하기를 소망합니다. 주님께 온전히 맡기는 삶을 통해 나의 겉 사람은 낡아지더라도 나의 속사람은 날로 새로워지는 거룩한 삶을 누리게 하소서.

기도 우리 눈앞에 보이는 살아가면서 겪게 되는 문제, 고난, 슬픔 가운데서도 우리를 인도하시는 하나님을 온전히 믿고 의지하며 나아가는 단단한 속사람으로 거듭나게 하시길 기도합니다.

롬4:21-22 약속하신 그것을 또한 능히 이루실 줄을 확신하였으니 그러므로 그것이 그에게 의로 여겨졌느니라

우리에게 약속하신 모든 말씀이 이뤄짐을 믿고 순종할 때 그 믿음을 보시고 의로 여겨주심을 성경에서 언급하는 아브라함과 야곱, 이삭, 다니엘, 다윗, 에스더 등 수많은 사람의 생애를 보면서 살아계시고 역사하시며 시공간을 초월하여 도우시며 우리와도 함께 하시는 주님을 믿습니다. 성령의 인도 따라 순종하는 우리와 자손들이 되어 약속하신 말씀들이 능히 이루어짐을 확신하며 살아가는 삶이 되기를 소망합니다.

기도 믿음은 바라는 것들이 실상으로 이루어짐을 확실히 믿는다고 하였습니다. 주님 바라는 것들의 실상이 주님의 도우심으로 이루어지고 있는 모든 일에 감사를 드립니다. 주님께 날마다 감사와 영광을 돌리며 살기를 기도합니다.

●● 마음에 와닿은 말씀(며느리)

롬3:28,31 그러므로 사람이 의롭다 하심을 얻는 것은 율법의 행위에 있지 않고 믿음으로 되는 줄 우리가 인정하노라.., 그런즉 우리가 믿음으로 말미암아 율법을 파기하느냐 그럴 수 없느니라 도리어 율법을 굳게 세우느니라

죄인인 우리가 십자가의 보혈로 값없이 '의롭다' 하심을 얻은 자가 되었으니 우리가 자랑할 것은 오직 예수임을 고백합니다.
죄 많은 우리를 선택하사 의로운 자 삼아주신 주님을 온전히 믿으며 믿음 없는 율법의 행함이 아닌 오직 믿음으로 나아가길 소망합니다.
믿음을 바탕으로 율법을 통해 나의 죄를 깨닫고 회개하여 믿음을 굳건히 하는 도구로써 순종하며 나아가게 하소서.

기도 말로만 믿음을 고백하며 계산하며 율법을 행하는 척 살아갈 때도 나를 품으시는 하나님, 그런 하나님께 나의 허세를 고백할 때 품어주심에 감사합니다. 온전히 믿음으로 나아가게 하시며 달콤한 열매를 주시는 주님을 찬양하며 믿음으로 순종하는 거룩한 삶이 되게 하시길 기도합니다.

롬10:2-3 내가 증언하노니 그들이 하나님께 열심이 있으나 올바른 지식을 따른 것이 아니니라 하나님의 의를 모르고 자기 의를 세우려고 힘써 하나님의 의에 복종하지 아니하였느니라

제사장과 서기관과 바리새인들은 하나님께 열심은 있으나 하나님의 의를 모르고 자기 의로, 율법으로 오히려 주님을 정죄하며 심판하는 자리에까지 이르는 하나님의 의에 복종하지 못하는 것을 봅니다.
그 어떤 율법이 중요한 것이 아니라 사랑의 빚 외에는 누구에게든지 빚을 지지 말며 남을 사랑하는 자는 율법을 다 이루었다 하신 말씀처럼 하나님을 사랑하고 이웃을 사랑하여 율법의 완성으로 오신 주님의 말씀을 성령의 도우심으로 순종할 수 있기를 소원합니다.

기도 율법을 완성하기 위하여 오신 주님을 믿고 사랑하며 말씀대로 이웃을 사랑하는 우리와 자손들이 되어 주님께 영광 돌리는 삶이 되기를 기도합니다.

●● 마음에 와닿은 말씀(며느리)

롬13:8,10 피차 사랑의 빚 외에는 아무에게든지 아무 빚도 지지 말라 남을 사랑하는 자는 율법을 다 이루었느니라...,사랑은 이웃에게 악을 행하지 아니하나니 그러므로 사랑은 율법의 완성이니라

우리를 택하사 지극한 사랑을 주시는 하나님의 사랑을 느낄 때 살아갈 힘을 얻습니다.
하나님의 뜻대로 사는 삶의 가장 중요한 근간이 사랑임을 고백하며 하나님을 사랑하고 가족을 사랑하고 이웃을 사랑하며 살아가길 소망합니다.
우리가 겪게 되는 모든 인간관계에서 화목의 열쇠가 되는 사랑의 마음을 품고 살아 율법을 완성하게 하소서.

기도 믿음, 소망, 사랑 중에 그 중에 제일은 사랑일지니, 사랑의 마음으로 세상을 보게 하시고 사람을 보게 하소서. 하나님께 받은 사랑을 온전히 전하는 자 되게 하시길 기도합니다.

●● 마음에 와닿은 말씀(시어머니)

행28:26-27 일렀으되 이 백성에게 가서 말하기를 너희가 듣기는 들어도 도무지 깨닫지 못하며 보기는 보아도 도무지 알지 못하는도다 이 백성들의 마음이 우둔하여져서 그 귀로는 둔하게 듣고 그 눈은 감았으니 이는 눈으로 보고 귀로 듣고 마음으로 깨달아 돌아오면 내가 고쳐 줄까 함이라 하였으니

바울이 주님을 만나고 성령의 인치심을 받고 성령의 충만함을 받고 난 후에야 모든 것을 배설물로 여기며 주님을 증거 하게 됩니다. 하나님의 계획안에 이방인이었던 우리에게까지 복음을 전하여 구원받게 하신 위대한 사명자로 쓰임을 받게 하신 것을 보며 그 기업을 받은 우리도 성령의 충만함을 받고 사명을 다하는 사명자로 쓰임 받기를 소망합니다.

기도 우리의 능력과 힘으로 할 수 없음을 고백합니다. 성령의 충만함을 받아 깨닫고 분별하여 주님 주신 사명을 다할 수 있도록 도와주시기를 기도합니다.

●● 마음에 와닿은 말씀(며느리)

행28:15,31 그 곳 형제들이 우리 소식을 듣고 압비오 광장과 트레스 타베르네까지 맞으러 오니 바울이 그들을 보고 하나님께 감사하고 담대한 마음을 얻으니라...,하나님의 나라를 전파하며 주 예수 그리스도에 관한 모든 것을 담대하게 거침없이 가르치더라

바울은 수많은 여정 속에서 하나님의 인도하심과 계획하심으로 따르고 행하여 로마까지 오게 되어 모든 것을 담대하게 가르치는 삶을 살아갑니다. 우리 삶의 여정 또한 하나님이 개입하시어 그의 계획대로 인도하고 계심을 요즘 들어 다시금 깨닫습니다.

기도 우리의 삶에 개입하시어 인도하시는 하나님께 온전히 순종하여 나의 삶이 그의 뜻을 담대히 전하는 귀한 열매가 되게 하시길 기도합니다.

●●● 마음에 와닿은 말씀(시어머니)

89

골3:13-14 누가 누구에게 불만이 있거든 서로 용납하여 피차 용서하되 주께서 너희를 용서하신 것 같이 너희도 그리하고 이 모든 것 위에 사랑을 더하라 이는 온전하게 매는 띠니라

쌍둥이는 얼굴도 같은 것 같지만 다르다고 합니다. 생각이 다르고 은사가 다르고 환경이 달라서 서로가 이해하지 못하고 불만이 있을 때가 많은 것 같습니다.

같은 피를 나눈 형제자매들도 서로 다를 때 서로 용납하지 못하고 피차 용서하지 못하고 불화하며 살아가는 것을 봅니다.

주께서 우리를 용서하신 것 같이 우리도 서로 용서하며 주님 주신 사랑으로 온전하게 사랑하며 살기를 소망합니다.

기도 사랑은 모든 허물을 덮는다고 하셨습니다. 서로의 허물을 주님 주신 사랑으로 덮으며 살 수 있도록 성령께서 도우시고 함께 하시기를 기도합니다.

●●● 마음에 와닿은 말씀(며느리)

빌4:4,6 주 안에서 항상 기뻐하라 내가 다시 말하노니 기뻐하라 아무 것도 염려하지 말고 다만 모든 일에 기도와 간구로, 너희 구할 것을 감사함으로 하나님께 아뢰라

하나님께 기도하는 삶이 하나님과 동행하는 삶이며 하나님께서 진정으로 함께 하시기에 감사와 기쁨이 넘칠 줄 믿습니다.

기도를 통해 하나님의 능력 안에서 하나님의 계획대로 살게 될지니 새로운 환경과 사람들 속에서 새로운 시작을 맞이하는 이때 늘 기도로 아뢰며 주님이 인도하사 우리를 단단하게 하시길 소망합니다.

기도 하나님께서 함께하시니 내 안의 두려움과 염려를 버리고 평강과 담대함이 가득하게 하실 줄 믿습니다. 오직 말씀과 기도를 통해 주 안에서 항상 기뻐하는 자로 살아가게 하소서.

●● 마음에 와닿은 말씀(시어머니)

90

엡4:4-5 몸이 하나요 성령도 한 분이시니 이와 같이 너희가 부르심의 한 소망 안에서 부르심을 받았느니라 주도 한 분이시요 믿음도 하나요 세례도 하나요

몸도 하나요 성령도 한 분이시며 믿음도 세례도 하나라고 하십니다. 오직 주님께서 부르시고 주신 것인데 분별하지 못하고 사람의 속임수와 유혹에 빠져 온갖 교훈의 풍조에 밀려 주님의 몸 된 교회가 계란 세례와 혐오의 대상이 되어가는 것을 보며 바울이 생명 걸고 말씀을 전하고 가르쳤지만 하나님께 열심인 유대인들의 손에 핍박받고 순교했음을 기억합니다.
이 시대에도 주님의 뜻을 분별하지 못하여 주님의 영광을 가리며 복음의 장애가 많은데 성령님께서 빛으로 인도하시기를 소망합니다.

기도 주님의 뜻이 무엇인지 분별하여 순종할 수 있도록 성령의 빛으로 인도하시기를 기도합니다.

●● 마음에 와닿은 말씀(며느리)

엡4:29 무릇 더러운 말은 너희 입 밖에도 내지 말고 오직 덕을 세우는 데 소용되는 대로 선한 말을 하여 듣는 자들에게 은혜를 끼치게 하라

우리가 타인에게 은혜를 끼치는 선한 말을 할 수 있는 것은 하나님의 은혜를 온전히 깨닫고 주님 안에서 평안한 삶을 살 때 가능하며, 선한 말의 출발이 온전한 믿음의 마음에서 출발할 줄 믿습니다. 더러운 말을 멀리하며 선한 말을 통해 함께 은혜 나눌 수 있는 귀한 삶이 되기를 원합니다.

기도 우리를 사랑하시는 주님을 온전히 깨닫게 하시고 입술의 고백으로 선한 영향력을 끼치는 귀한 삶을 살아가게 하시길 기도합니다.

●● 마음에 와닿은 말씀(시어머니)

딤전5:8 누구든지 자기 친족 특히 자기 가족을 돌보지 아니하면 믿음을 배반한 자요 불신자보다 더 악한 자니라

자기 가족이나 친족을 돌아보지 못하고 가까운 이웃도 돌보거나 전도하지 못하면서 다른 열방을 전도한다고 훈련받던 열방 센터에서 코로나 확진자가 5백 명 이상이 나와 교회가 곤욕을 치르는 것을 보았습니다.
그런 일이 일어났을 때는 회개하고 자성하는 것이 아니라 오히려 종교탄압이라 반박하여 백신을 맞는 것이 사단의 계획이라는 등 어처구니없는 일을 벌이고 있는데도 그런 말에 미혹 당하는 교인들이 허다하게 존재하는 것이 사실인 것 같습니다.

기도 눈에 보이는 부모, 친족 특히 자기 가족을 돌보지 아니하면 믿음을 배반하고 불신자보다 더 악 한자라고 말씀하십니다. 말씀을 분별하여 악한 자가 아니라 선한 자로 살아가기를 소망합니다.
믿음이 있다 하면서도 불신자보다 더 악한 자가 되지 않기를 성령의 빛으로 인도하시기를 기도 합니다.

●● 마음에 와닿은 말씀(며느리)

딤전6:6 그러나 자족하는 마음이 있으면 경건은 큰 이익이 되느니라

복의 근원이신 하나님을 진정으로 깨달아 나의 교만을 버리고 마음의 부패함을 제거하며 지금의 나의 삶에 온전히 감사하며 자족하는 마음으로 주님께 순종하길 원합니다. 먹을 것과 입을 것으로 족하며 소소한 일상의 행복에 감사하며 욕심을 버리고 의와 경건과 믿음과 사랑과 인내와 온유를 따르며 하나님의 뜻대로 선을 행하고 너그러운 자로 살아 하나님의 은혜로 충만한 삶이 되길 소망합니다.

기도 "화려하지 않아도 정결하게 사는 삶, 가진 것이 적어도 감사하며 사는 삶, 내게 주신 작은 힘 나눠주며 사는 삶, 이것이 나의 삶에 행복이라오~" 찬양 속 가사가 나의 고백이 될 줄 믿사오며 범사에 감사와 자족하는 마음으로 살아가길 기도합니다.

●● 마음에 와닿은 말씀(시어머니)

92

약2:14 내 형제들아 만일 사람이 믿음이 있노라 하고 행함이 없으면 무슨 유익이 있으리요 그 믿음이 능히 자기를 구원하겠느냐

행함이 없는 믿음은 죽은 것이라 말씀하시며 죽은 믿음이 능히 자기를 구원하겠느냐고 자문하십니다. 영혼이 없는 몸은 죽은 것처럼 행함이 없는 믿음도 죽은 것이라 말씀하시지만 우리는 육신의 소욕에 사로잡혀서 주여, 주여, 마음으로 입으로 주를 믿는다고 시인하면서도 욕심에 끌려 말씀 대로 행하며 살지 못하고 있음을 고백합니다. 마음은 원이로되 육신이 연약하여 할 수 없는 모든 일을 성령께서 보게 하시고 깨닫게 도와주시고 능력을 주셔서 주 안에서 승리하는 삶을 살 수 있기를 소망합니다.

기도 우리 힘으로 할 수 없음을 고백하며 성령께서 날마다 세상을 이기며 살 수 있도록 도와주시기를 기도합니다.

●● 마음에 와닿은 말씀(며느리)

약2:21-22 우리 조상 아브라함이 그 아들 이삭을 제단에 바칠 때에 행함으로 의롭다 하심을 받은 것이 아니냐 네가 보거니와 믿음이 그의 행함과 함께 일하고 행함으로 믿음이 온전하게 되었느니라

하나님의 말씀에 무조건 순종하며 즉시 행함으로 나아갔던 아브라함, 자신의 가장 소중한 아들을 하나님의 말씀 앞에 온전히 드리려 했던 그의 믿음과 행함을 다시금 생각합니다. 알고 있는 것, 들은 것을 믿음이라 착각하며 행하지 아니하고 이런저런 핑계로 나중으로 미루는 헛된 믿음이 아니라 행함을 통한 온전한 믿음을 갖고 살아가길 소망합니다.

기도 행함 없는 믿음은 죽은 것이니 참된 믿음을 깨닫고 말씀에 순종하여 의를 행하는 자 되길 기도합니다.

●● 마음에 와닿은 말씀(시어머니)

벧후2:2-3 여럿이 그들의 호색하는 것을 따르리니 이로 말미암아 진리의 도가 비방을 받을 것이요 그들이 탐심으로써 지어낸 말을 가지고 너희로 이득을 삼으니 그들의 심판은 옛적부터 지체하지 아니하며 그들의 멸망은 잠들지 아니하느니라

하루살이는 걸러내고 낙타는 삼킨다는 말씀처럼 사소한 것에 매달려 상대방을 비난하고 정죄하며 비난하면서도 자신의 큰 죄를 모르는 바리새인들처럼 우리도 자신에게는 관대하여 부끄러움을 모르면서도 자기 생각과 다르다는 이유로 서로 정죄하며 비난하는 목자들과 교인들 때문에 세상 사람들에게 빛이 되지 못하고 주님의 영광을 가리며 복음의 장애가 되는 것을 봅니다. 주님은 천년이 하루 같고 하루가 천년 같은 시간 속에 오래 참으시고 아무도 멸망하지 아니하고 다 회개하기를 원하신다고 말씀하십니다. 함부로 심판자의 자리에 앉아 죄를 범하는 우를 범하지 않기를 소망합니다.

기도 사람의 말에 미혹되어 죄를 짓는 일에 함께하여 주님의 영광을 가리는 일에 쓰임 받지 않기를 기도합니다.

●● 마음에 와닿은 말씀(며느리)

벧전4:8 무엇보다도 뜨겁게 서로 사랑할지니 사랑은 허다한 죄를 덮느니라

당부하시는 말씀에 무엇보다도, 마지막으로 서로 마음을 같이하여 형제와 이웃을 사랑하라 하십니다. 우리 마음속에 뜨거운 사랑을 품고 살아 악을 선으로 바꾸고 그들을 위해 복을 빌어주는 삶, 하나님의 행하심을 닮아가는 삶을 통해 진정한 사랑을 실천하길 소망합니다. 일 년을 마무리하고 새롭게 시작하는 이때, 서로에게 부정의 마음을 거두고 서로를 진정으로 축복하는 마음으로 선을 행하며 하나님의 영광이 가득하게 하소서.

기도 사랑이 말씀에 순종할 수 있는 원동력이 될 줄 믿습니다. 온유하며 인내하는 뜨거운 사랑의 힘으로 서로 용서하며 하나님의 평안 가운데 거하게 하시길 기도합니다.

●● 마음에 와닿은 말씀(시어머니)

94

히3:9-10 거기서 너희 열조가 나를 시험하여 증험하고 사십 년 동안 나의 행사를 보았느니라 그러므로 내가 이 세대에게 노하여 이르기를 그들이 항상 마음이 미혹되어 내 길을 알지 못하는도다 하였고

성령님께서 사람의 생각과 마음에 주신 언약으로 우리의 연약함을 모두 담당하시고 인도하심에 감사드립니다.

성령도 하나요, 주도 한분이요 믿음도 하나인데 목자도 교인도 믿는 분이 다른지 분열하고 서로를 비방하며 정죄하며 세상의 빛이 되지 못하고 있음을 봅니다.

하나님만이 우리의 참 소망이며 온전히 순종해야 될 분이심을 고백합니다.

기도 성령께서 도와주셔서 온전히 말씀을 깨닫고 분별하여 사람의 말에 미혹 당하지 않도록 인도해 주시기를 기도합니다.

●● 마음에 와닿은 말씀(며느리)

히4:2 그들과 같이 우리도 복음 전함을 받은 자이나 들은 바 그 말씀이 그들에게 유익하지 못한 것은 듣는 자가 믿음과 결부시키지 아니함이라

우리에게 주시는 말씀은 모두에게 공평하나 듣는 자의 마음에 따라 열매를 맺게 되리니 말씀에 믿음으로 순종하며 나아가 하나님이 주시는 안식을 누리길 소망합니다. 이런저런 핑계로 흘려듣는 말씀이 아닌 진정으로 주신 말씀을 깨닫고 순종하며 나아갈 수 있는 믿음을 통해 우리에게 유익이 되는 귀한 삶을 허락하소서.

기도 살아있고 활력이 넘치는 하나님의 말씀에 믿음으로 순종하여 나의 삶 또한 은혜로 충만하여 하나님께서 주시는 유익이 넘치는 삶이 되게 하시길 기도합니다.

●● 마음에 와닿은 말씀(시어머니)

95

히10:8-10 위에 말씀하시기를 주께서는 제사와 예물과 번제와 속죄제는 원하지도 아니하고 기뻐하지도 아니하신다 하셨고 (이는 다 율법을 따라 드리는 것이라) 그 후에 말씀하시기를 보시옵소서 내가 하나님의 뜻을 행하러 왔나이다 하셨으니 그 첫째 것을 폐하심은 둘째 것을 세우려 하심이라 이 뜻을 따라 예수 그리스도의 몸을 단번에 드리심으로 말미암아 우리가 거룩함을 얻었노라

한 번의 제사로 온전하게 되어 하나님을 경외하며 이웃을 사랑하라는 율법의 완성된 말씀입니다. 성령으로 마음과 생각에 주님의 뜻을 순종하게 하여 하나님을 기쁘시게 하는 사람이 되기를 원합니다. 아직도 구습에 매이거나 지도자들의 소견에 의해 주님의 뜻을 헤아리기 보다는 외식하며 복받기 원하는 수단으로 착각하는 모습이 보일때가 많습니다.
주님, 성령으로 인도하셔서 마음에 새기고 분별할 수 있도록 인도하소서.

기도 주님의 뜻을 행하는 우리와 자손들이 되어 주님께 영광을 돌리며 살기를 기도합니다.

●● 마음에 와닿은 말씀(며느리)

히13:1-3 형제 사랑하기를 계속하고 손님 대접하기를 잊지 말라 이로써 부지중에 천사들을 대접한 이들이 있었느니라 너희도 함께 갇힌 것 같이 갇힌 자를 생각하고 너희도 몸을 가졌은즉 학대 받는 자를 생각하라

하나님이 기뻐하시는 제사를 바로 알고 행하는 삶이 되길 소망합니다.
가족이 되어, 친구가 되어, 이웃이 되어, 동료가 되어 살아가는 모든 관계 속에서 늘 하나님의 뜻을 전하는 만남이 되기를 원합니다. 서로를 아끼며 서로의 상처와 아픔에 공감하며 결국 하나님의 선한 길로 나아갈 수 있도록 서로 권면하며 하나님께 받은 사랑을 나누는 귀한 삶이 되기를 소망해 봅니다.

기도 모든 만남 가운데 하나님을 닮아 그 사랑을 전할 수 있길, 그들의 아픔을 외면하지 아니하며 하나님께서 주시는 평안의 힘을 전할 수 있길, 함께 은혜 나눌 수 있길 간절히 기도합니다.

●● 마음에 와닿은 말씀(시어머니) 96

요일3:22-23 무엇이든지 구하는 바를 그에게서 받나니 이는 우리가 그의 계명을 지키고 그 앞에서 기뻐하시는 것을 행함이라 그의 계명은 이것이니 곧 그 아들 예수 그리스도의 이름을 믿고 그가 우리에게 주신 계명대로 서로 사랑할 것이니라

하나님의 독생자 예수그리스도의 이름을 믿고 그가 우리에게 주신 계명 대로 서로 사랑하기를 원합니다. 주님의 기쁨이 되어 말씀에 순종하여 살면 구하는 모든 것을 다 아시고 무엇이든지 받는다고 합니다. 우리의 머리털까지 세시며 아시는 주님께서 다 예비하시고 인도하시는 대로 순종하여 주님의 자녀로 주님께 영광 돌리며 사는 우리와 자손들의 삶이 되기를 소망합니다.

기도 불순종하면서도 구하기만 하는 미련한 자가 아니라 주님을 사랑하며 이웃을 사랑하는 지혜로운 자녀들이 되어 무엇이든지 구하는 것마다 받아 누리는 우리와 자손들의 삶이 되기를 기도합니다.

●● 마음에 와닿은 말씀(며느리)

요일4:12 어느 때나 하나님을 본 사람이 없으되 만일 우리가 서로 사랑하면 하나님이 우리 안에 거하시고 그의 사랑이 우리 안에 온전히 이루어지느니라

하나님은 사랑이시며 늘 우리를 사랑하사 사랑을 증명하십니다.
하나님의 말씀인 사랑을 온전히 실천할 때 우리 안에 온전히 거하실 하나님께서 계실 줄 믿으며 서로 사랑하라 하시는 그 말씀에 온전히 순종하길 소망합니다. 형제를 사랑함으로 하나님을 사랑하는 나의 마음을 증거 하는 삶이 되게 하소서.

기도 사랑을 통해 모든 것을 극복하며 나아가는 힘을 주시는 하나님, 사랑의 실천을 통해 온전히 우리 안에 거하시는 하나님과 동행하는 삶을 살게 하시길 기도합니다.

●●○ 마음에 와닿은 말씀(시어머니)

계2:29 귀 있는 자는 성령이 교회들에게 하시는 말씀을 들을지어다

귀가 있어도 듣지 못하고, 눈이 있어도 보지 못하는 교회와 바리새인들에게 하시는 말씀은 사람이 자신들의 소욕 대로 말하는 말을 듣지 말고 성령이 하시는 말씀을 듣고 행하라고 하십니다. 서머나, 버가모, 에베소, 두아디라, 사데, 빌라델비아, 라오디게아, 일곱 교회들에게 성령이 하시는 말씀을 전하는 것을 봅니다. 시공간을 초월하여 2000년이 지난 지금도 여전히 듣지 못하고 보지 못하고 깨닫지 못하여 성령께서 주시는 말씀이 아니라 사람의 말에 순종하여 살아가고 있는 것은 아닌지 주님께서 성령의 충만함으로 분별할 수 있도록 도와주시기를 소망합니다.

기도 알지 못하고 깨닫지 못하여 주님의 영광을 가리며 살아가고 있는 우리의 모든 죄를 용서하시고 성령의 빛 안에서 깨닫고 돌이키며 살 수 있기를 기도합니다.

●●○ 마음에 와닿은 말씀(며느리)

계3:19-20 무릇 내가 사랑하는 자를 책망하여 징계하노니 그러므로 네가 열심을 내라 회개하라 볼지어다 내가 문 밖에 서서 두드리노니 누구든지 내 음성을 듣고 문을 열면 내가 그에게로 들어가 그와 더불어 먹고 그는 나와 더불어 먹으리라

죄의 길을 걷고 있는 우리를 사랑하사 끝까지 포기하지 않으시는 하나님, 회개의 기회를 주시며 우리의 마음의 문을 두드리시는 주님의 선한 뜻을 온전히 깨닫고 연약하고 어리석은 자로서 나의 죄를 고백하여 열심으로 회개하고 나의 마음에 하나님이 거하시는 삶을 살아가길 소망합니다. 성령이 함께하사 하나님의 말씀에 순종하는 뜨거운 신앙의 삶을 살게 하소서.

기도 우리를 사랑하사 끝까지 우리의 닫힌 마음의 문을 두드려주시는 하나님께 감사드리며 열심으로 회개하는 삶을 살아가길 기도합니다.

●● 마음에 와닿은 말씀(시어머니)

계20:12 또 내가 보니 죽은 자들이 큰 자나 작은 자나 그 보좌 앞에 서 있는데 책들이 펴 있고 또 다른 책이 펴졌으니 곧 생명책이라 죽은 자들이 자기 행위를 따라 책들에 기록된 대로 심판을 받으니

주님께 선택받아 구원받고 내 이름이 생명책에 기록되어 이 땅에서 주님 과 동행하며 천국을 누리며 살다가 이 땅을 떠나는 날 영생의 생명책에 기록된 나의 이름이 아름답게 빛날 수 있기를 소원해 봅니다.
성령께서 말씀에 순종할 수 있도록 인도하여 자신의 두루마기를 날마다 정결하게 빨아 빛나고 깨끗한 세마포를 입고 사는 우리와 자손들이 되게 인도해 주시기를 소망합니다.

기도 큰 자나 작은 자나 보좌 앞에서 자기 행위를 따라 생명책에 기록된 대로 심 판하신다고 합니다.
주님의 보좌 앞에 서기전에 주홍 같이 붉은 허다한 죄는 회개하고 자백하여 용서받 고 생명책에는 옳은 행실만 기록되기를 기도합니다.

●● 마음에 와닿은 말씀(며느리)

계21:6-7 또 내게 말씀하시되 이루었도다 나는 알파와 오메가요 처음과 마지막이라 내 가 생명수 샘물을 목마른 자에게 값없이 주리니 이기는 자는 이것들을 상속으로 받으리라 나는 그의 하나님이 되고 그는 내 아들이 되리라

처음과 마지막이며 모든 것을 계획하시고 이루시는 하나님, 하나님을 찾는 목마른 자에게 값없는 생명수를 주시니 믿음으로 순종하며 나아가 승리하는 삶을 살기 원합니다.

기도 우리에게 값없이 생명수를 주시는 하나님과 함께하는 삶을 통해 영혼의 갈 급함 없이 주의 은혜로 충만하게 하소서. 그에 합당한 믿음의 자녀로 살아 영원한 천국 시민이 되는 축복을 누리길 기도합니다.

PART 3.

믿음의 가문을!

엡6:2
네 아버지와 어머니를 공경하라
이것은 약속이 있는 첫 계명이니

엡6:3
이로써 네가 잘되고
땅에서 장수하리라

99일~181일

●● 마음에 와닿은 말씀(시어머니)

창7:2 너는 모든 정결한 짐승은 암수 일곱씩, 부정한 것은 암수 둘씩을 네게로 데려오며

왜 하나님은 정결한 짐승은 암수 일곱을, 부정한 것은 암수 둘씩을 데려오라고 하셨을까? 아예 '창조하실 때 정결한 것만 만드셨으면 세상이 정결할 수 있을텐데'라고 생각해보지만, 빛이 있으면 어두움이 있듯이 좋은 사람이 있으면 나쁜 사람도 있고 좋은 일이 있으면 나쁜 일들도 항상 함께하는 것 같습니다.

선한 것도 악한 것도 세상을 주관하시는 하나님께서 때때로 우리를 위해서 도구로 사용하시며 쓰임 받게 하는 일들을 성경 말씀 안에서도 깨닫게 하시고 코로나 시대에도 우리가 겪고 살아가고 있는 것 같습니다.

세상에서 일어나는 모든 일이 우연히 일어나는 것이 아니라 주님의 계획 안에서 우리를 위한 것이라는 것을 믿고 근신하며 살기를 소망합니다.

기도 세상 만물을 창조하시고 우리의 머리털까지도 세시며 우리의 모든 사정을 아시는 주님께서 항상 인도 하시고 동행하여 주실 것을 기도합니다.

●●● 마음에 와닿은 말씀(며느리)

창2:20-21 아담이 모든 가축과 공중의 새와 들의 모든 짐승에게 이름을 주니라 아담이 돕는 배필이 없으므로 여호와 하나님이 아담을 깊이 잠들게 하시니 잠들매 그가 그 갈빗대 하나를 취하고 살로 대신 채우시고

남편, 가족, 동료, 이웃, 사회의 여러 관계 속에서 서로 돕는 배필로서 진정으로 아끼고 돕는 삶을 살아가길 소망합니다. 나 혼자는 약하고 미약하나 하나님의 선을 행하는 돕는 자를 허락하사 주님의 은혜에 감사 드립니다.

기도 심장을 보호하는 갈빗대의 역할처럼 서로를 진정으로 보호하고 살리는 관계 속에서 주님의 사랑과 말씀을 전하는 삶이 되게 하시길 기도합니다.

●● 마음에 와닿은 말씀(시어머니) **100**

창18:20-21 여호와께서 또 이르시되 소돔과 고모라에 대한 부르짖음이 크고 그 죄악이 심히 무거우니 내가 이제 내려가서 그 모든 행한 것이 과연 내게 들린 부르짖음과 같은지 그렇지 않은지 내가 보고 알려 하노라

생사화복을 주장하시며 우리의 모든 것을 아시고 인도하시는 아버지는 복을 주실 때도, 화를 주실 때도, 기도 응답을 주실 때도, 그냥 무조건적으로 주시는 것이 아닌 그 모든 행한 것이 내게 들린 부르짖음과 같은지 그렇지 않은지 내가 내려가서 모든 상황을 보고 아신 다음 응답하신다고 합니다. 우리의 모든 형편과 사정을 우리보다 더 우리를 잘 아시는 아버지께 우리의 삶의 모든 것을 맡기고 믿고 순종하여 가장 적당하다고 하실 때에 좋은 것을 주시는 아버지께 감사를 드리며 사는 복된 인생이 되기를 소망합니다.

기도 사람의 소견으로 미리 염려하며 걱정하며 살 때가 있습니다.
우리의 인생의 주관자이신 주님께 모두 맡기고 자신에게 주어진 사명을 잘 감당하는 지혜로운 자녀로 살 수 있기를 기도합니다.

●● 마음에 와닿은 말씀(며느리)

창18:32 아브라함이 또 이르되 주는 노하지 마옵소서 내가 이번만 더 아뢰리이다 거기서 십 명을 찾으시면 어찌 하려 하시나이까 이르시되 내가 십 명으로 말미암아 멸하지 아니하리라

죄악이 극에 달한 소돔을 멸하시려는 심판자 되시는 하나님 앞에 티끌, 재와 같이 작은 자이지만 가까이 나아가 의인 오십 명, 사십 명, 삼십 명, 이십 명, 십 명으로 인하여 소돔과 그 안의 조카 롯을 구하기 위하여 용서를 간구하는 아브라함의 간절한 기도를 보며 나의 유익이 아닌 타인의 삶을 위해 간절히 기도하는 마음이 내 안에 거하길 소망합니다.

기도 하나님께 가까이 다가간 아브라함의 간절한 기도로 조카 롯을 구했듯 간절한 마음으로 기도하는 삶을 살아가길 기도합니다.

●● 마음에 와닿은 말씀(시어머니)

101

창28:15-16 내가 너와 함께 있어 네가 어디로 가든지 너를 지키며 너를 이끌어 이 땅으로 돌아오게 할지라 내가 네게 허락한 것을 다 이루기까지 너를 떠나지 아니하리라 하신지라 야곱이 잠이 깨어 이르되 여호와께서 과연 여기 계시거늘 내가 알지 못하였도다

형 에서에게 팥죽 한 그릇에 장자의 명분을 빼앗고 아버지를 속이고 에서의 복을 빼앗은 야곱이 엄마 리브가의 조언으로 집을 떠나게 됩니다. 하란으로 형 에서의 눈을 피해 가는 도중에 돌을 베개로 삼고 자는 처량한 신세가 되었지만, 그곳에서 하나님께서 꿈을 통하여 말씀을 주시며 내가 너에게 허락한 것을 이루기까지 너와 함께하리라고 약속의 말씀속에서 하나님을 만납니다. 때와 장소가 중요한 것이 아니라 우리의 모든 형편과 사정을 아시는 주님께서 어디서나 시공간을 초월하시며 꿈으로, 말씀으로 보여 주시고 인도하심을 믿고 감사하며 순종하며 살기를 소망합니다.

기도 어디에 있던지 있는 그 자리에서 주님께서 도우시며 인도하심을 믿고 말씀대로 순종하는 우리와 자손들이 되어 언약의 말씀들이 이루어지는 야곱의 기업들로 세워지기를 기도합니다.

●● 마음에 와닿은 말씀(며느리)

창22:14 아브라함이 그 땅 이름을 여호와 이레라 하였으므로 오늘날까지 사람들이 이르기를 여호와의 산에서 준비되리라 하더라

수많은 자손을 약속하셨기에 아들을 바치라 하시는 하나님의 뜻을 이해할 수 없었으나 믿음으로 모든 일을 지체함이 없이 행하는 아브라함에게 번제물로 드릴 숫양을 예비하신 하나님, 온전한 믿음으로 나아가는 자에게 여호와이레의 복을 주시는 하나님께 온전히 순종하며 나아가길 소망합니다.

기도 나의 모든 것을 하나님께 맡기며 예비하시는 하나님을 의지하여 믿음의 자녀로 살아가게 하시길 기도합니다.

●● 마음에 와닿은 말씀(시어머니) 102

창29:25 야곱이 아침에 보니 레아라 라반에게 이르되 외삼촌이 어찌하여 내게 이같이 행하셨나이까 내가 라헬을 위하여 외삼촌을 섬기지 아니하였나이까 외삼촌이 나를 속이심은 어찌됨이니이까

외삼촌이 나를 속이심은 어찌 됨이냐고 야곱이 따지는 것을 보며 내로남불이라는 요새 유행하는 말을 떠올리게 합니다. 남도 아닌 형과 아버지를 속인 것이 외삼촌 라반이 야곱 자신을 속인 것보다 중한 것 같은데 자신의 행위는 잊어버리고 라반이 자신을 속였다고 따지는 모습을 봅니다. 야곱처럼 우리도 살면서 이런 경우가 많은 것 같습니다. 자신의 잘못에 대해서는 너그럽게 합리화하며 타인의 잘못에는 가감 없이 정죄하며 사는 잘못을 범하지 않도록 성령께서 깨닫게 도와주시기를 소망합니다.

기도 성령의 빛 안에서 자신을 성찰하여 남을 속이지도 남에게 속임을 받지도 않도록 인도하시기를 기도합니다.

●● 마음에 와닿은 말씀(며느리)

창33:3-4 자기는 그들 앞에서 나아가되 몸을 일곱 번 땅에 굽히며 그의 형 에서에게 가까이 가니 에서가 달려와서 그를 맞이하여 안고 목을 어긋 맞추어 그와 입 맞추고 서로 우니라

축복권을 두고 멀어진 두 형제의 용서와 화해도 하나님께서 개입하셨기에 가능했습니다. 에서를 만나러 가는 야곱에게 이스라엘의 이름을 주사 담대하게 하시어 사자와 재물을 앞세우지 않고 스스로 앞서 나가서 에서에게 진정한 화해를 요청하니 두 형제의 뜨거운 눈물로 관계를 회복하게 됨을 봅니다. 마치 하나님의 얼굴을 보는 것 같이 형 에서를 바라보며 하나님께서 주신 사랑을 회복합니다.

기도 우리가 서로 용서하고 화해하며 사랑하길 바라시는 하나님, 우리의 문제를 두고 간구할 때 우리의 삶에 개입하시어 하나님의 인도하심으로 진정 용서를 구하고, 용서하는 삶을 살아가게 하시길 기도합니다.

●● 마음에 와닿은 말씀(시어머니)

창40:22-23 떡 굽는 관원장은 매달리니 요셉이 그들에게 해석함과 같이 되었으나 술 맡은 관원장이 요셉을 기억하지 못하고 그를 잊었더라

구덩이에서 끌어 올리고 미디안 상인들에게, 다시 보디발에게 팔리며, 모함으로 감옥에 가서까지도 누구를 원망하거나 절망하지 않고 자기의 일을 성실하게 하는 요셉을 봅니다. 감옥에서 역시 성실하게 자신의 일에 충실한 요셉을 보며 하나님과 함께하는 참 믿음의 사람이 살아야 하는 삶의 모습을 보게 됩니다. 어느 곳에 있던지 무엇을 하든지 원망하지 않고 성실하고 충실한 삶을 사는 요셉처럼 살 수 있도록 성령께서 함께하시기를 소원합니다.

기도 마음은 원이나 육신이 연약하므로 할 수 없는 모든 일을 우리와 우리 자손들에게 성령께서 도우시고 함께 하시므로 세상을 이기고 승리할 수 있도록 도와주시기를 기도합니다.

●● 마음에 와닿은 말씀(며느리)

창39:2-3 여호와께서 요셉과 함께 하시므로 그가 형통한 자가 되어 그의 주인 애굽 사람의 집에 있으니 그의 주인이 여호와께서 그와 함께 하심을 보며 또 여호와께서 그의 범사에 형통하게 하심을 보았더라

노예의 삶을 사는 요셉의 무엇을 보았기에 주인 된 보디발은 여호와가 그와 함께하시며 그를 형통하게 하심을 느꼈을지 생각해 봅니다.
노예로서의 삶이 형통하다고 할 수 있을까? 요셉을 보며 세상적인 삶의 성공이 형통한 것이 아니라 어떠한 상황이든지 하나님과 동행하며 선한 마음을 잃지 않으며 원망과 미움을 멀리하고 신실한 삶을 살아가는 것이 진정한 형통이며 그러한 자가 다른 사람들에게 감동을 주고 하나님을 증거 하는 귀한 자녀가 됨을 깨닫습니다.

기도 하나님이 함께하심이 형통한 삶임을 깨닫게 하시니 감사합니다.
어떠한 상황에서도 나와 함께 하시는 하나님을 의지하며 담대하고 신실한 삶을 살아가게 하시길 기도합니다.

●● 마음에 와닿은 말씀(시어머니) 104

창45:8 그런즉 나를 이리로 보낸 이는 당신들이 아니요 하나님이시라 하나님이 나를 바로에게 아버지로 삼으시고 그 온 집의 주로 삼으시며 애굽 온 땅의 통치자로 삼으셨나이다

형들의 시샘으로 애굽으로 팔려 와 온갖 고초를 당하고 결국에는 애굽의 총리가 될 수 있었던 요셉은 죄책감으로 어찌할 바를 모르는 형들에게 당신들 때문이 아니라 하나님께서 많은 백성의 생명을 구원하며 큰 민족으로 세우시기 위한 계획이라 말합니다. 억울한 일을 당할 때도 말할 수 없는 고통 중에서도 원망하거나 불평하지 않고 참고 인내하며 살아계신 하나님의 말씀을 믿고 순종하였던 요셉처럼 성령의 도우심으로 우리와 자손들도 살아갈 수 있도록 도와주시기를 소망합니다.

기도 아브라함과 이삭 야곱 요셉의 살아계신 하나님께서 우리와 자손들에게도 함께 하시므로 말씀을 믿고 순종하여 하나님께 영광을 돌리며 생명을 살리는 일에 쓰임 받기를 기도합니다.

●● 마음에 와닿은 말씀(며느리)

창50:20 당신들은 나를 해하려 하였으나 하나님은 그것을 선으로 바꾸사 오늘과 같이 많은 백성의 생명을 구원하게 하시려 하셨나니

형들에 의해 노예로 팔려 가는 상처뿐인 삶이 될 수도 있었으나 하나님께 온전히 의지하며 하나님의 계획하심을 믿으며 살아갈 때, 상처로 인해 쓰임 받는 삶을 살아가며 또한 진정으로 미운 사람을 용서하는 선한 삶을 보게 됩니다.

기도 상처도 쓰임 받는 삶으로 바꾸시는 하나님, 어떤 상황이든지 주님께 온전히 의지하여 나의 화가 복이 되게 하시길 기도합니다.

욥11:7 네가 하나님의 오묘함을 어찌 능히 측량하며 전능자를 어찌 능히 완전히 알겠느냐

욥이 이루 말할 수 없는 고통을 받고 있을 때, 친구들과 욥 자신까지 이해하기도 용납하기도 어려운 처지에 있을 때, 각자가 아는 하나님에 대하여 온갖 지혜로 말하지만, 하나님의 오묘함과 측량할 수 없는 전능자를 우리가 완전히는 알 수 없다고 합니다. 하나님의 섭리와 계획을 능히 알지 못하는 지식을 가지고 하나님의 모든 것을 아는 것 같이 말하고 사는 우리도 자칭 선지자들이라 말하는 사람들이 자신들의 소견대로 함부로 말하는 것에 미혹 당하여 죄를 짓는 일에 가담하는 일이 없도록 성령께서 도와주시기를 소망합니다.

기도 모든 생물의 생명과 모든 사람의 육신의 목숨이 다 주님 손에 있다고 합니다. 주님께 모든 염려와 우리 삶의 모든 행사를 맡기고 주님께서 하루하루 주시는 양식과 기도로 영육 간에 강건하게 살아갈 수 있도록 기도합니다.

───────

●● 마음에 와닿은 말씀(며느리)

욥13:3 참으로 나는 전능자에게 말씀하려 하며 하나님과 변론하려 하노라

욥을 위로하러 찾아온 친구들은 자신들의 기준으로 욥을 가르치며 정죄합니다. 하지만 나의 사정을, 나의 마음을 온전히 알고 계시는 분은 오직 하나님이시니 오직 하나님께 모든 것을 고할 때 위로받고 응답받을 줄 믿습니다. 주위의 무심한 말보다 하나님의 사랑하심을 기억하며 하나님께 늘 가까이하는 삶을 주시길 소망합니다.

기도 진정한 위로자 되시는 하나님을 찬양하며 나 또한 하나님을 닮은 위로자로 살아가게 하시길 기도합니다.

●● 마음에 와닿은 말씀(시어머니)

욥23:10 그러나 내가 가는 길을 그가 아시나니 그가 나를 단련하신 후에는 내가 순금 같이 되어 나오리라

욥의 생애에 일어났던 여러 사건을 보면서 과연 저런 고통과 어려움 속에서 원망하지 않고 주신이도, 가져가신 이도 하나님이라 고백할 수 있을까 생각해보니 저는 전혀 할 수 없는 일인 것 같습니다. 조그마한 물질적 손해만 봐도, 누군가에게 억울한 소리만 들어도 마음속에 끓어오르는 분노로 가득 차 있었을 텐데 욥은 자신의 모든 가는 길을 주님께서 아시고 주님께서 자신을 단련하신 후에는 이전과는 비교할 수 없는 순금같이 된다는 100 퍼센트 확실한 믿음이 있었기에 가능한 것 같습니다.

기도 주님 도와주셔서 사소한 일에도 시험에 드는 연약한 믿음이 아니라 나를 단련하여 주시는 주님의 사랑이라 믿고 마음으로 입으로 행실로 시험에 빠지는 일이 없기를 소망합니다. 나는 도저히 할 수 없는 일을 주님은 하십니다. 내 안에 계신 성령님께서 나를 주관하셔서 승리하며 살 수 있도록 인도하시기를 기도합니다.

●● 마음에 와닿은 말씀(며느리)

욥27:5 나는 결코 너희를 옳다 하지 아니하겠고 내가 죽기 전에는 나의 온전함을 버리지 아니할 것이라

우리가 가장 힘들고 고통스러운 순간에 나의 온전함을 유지할 수 있을지, 원망과 미움 없이 살아갈 수 있을지 생각해 봅니다. 어떠한 상황에서도 하나님을 바라볼 수 있음은 우리를 사랑하시는 하나님을 믿으며 우리 또한 조건 없이 하나님을 사랑하는 삶을 살 때 끝까지 나의 온전함을 유지하며 고통 속에서도 하나님이 주시는 유익을 찾으며 나를 단련하여 순금같이 살아가는 귀한 삶이 될 줄 믿습니다.

기도 무조건 사랑해 주시는 하나님을 나도 무조건 사랑하며 나아가는 삶을 통해 어떠한 상황에서도 온전함을 잃지 않고 살아가게 하시길 기도합니다.

●● 마음에 와닿은 말씀(시어머니) **107**

욥37:24 그러므로 사람들은 그를 경외하고 그는 스스로 지혜롭다 하는 모든 자를 무시하시느니라

욥에게 권면하는 말들이 최상의 말들 같지만, 하나님은 오히려 무지한 말로 이치를 가리며 스스로 알 수도 깨닫지도 헤아리기도 어려운 말을 하였다고 자신의 무지함을 고백하고 회개하는 욥에게 아무것도 할 수 없고 알 수 없는 피조물들이 스스로 지혜롭다고 하는 모든 자를 무시한다고 합니다. 우리는 하나님이 각 사람에게 주신 계획을 알지 못하면서 오히려 말씀으로 다른 사람에게 상처 주는 일이 없기를 소망합니다.

기도 하나님의 계획을 우리는 측량할 수 없음을 고백합니다. 범사에 감사하며 기뻐하며 말씀에 하루하루 순종하며 살기를 기도합니다.

———

●● 마음에 와닿은 말씀(며느리)

욥42:8 그런즉 너희는 수소 일곱과 숫양 일곱을 가지고 내 종 욥에게 가서 너희를 위하여 번제를 드리라 내 종 욥이 너희를 위하여 기도할 것인즉 내가 그를 기쁘게 받으리니 너희가 우매한 만큼 너희에게 갚지 아니하리라 이는 너희가 나를 가리켜 말한 것이 내 종 욥의 말 같이 옳지 못함이라

고난 속에서 진정으로 하나님을 깨달은 욥에게 하나님은 먼저 세 친구를 위한 중보기도를 명하십니다. 우매한 말로 서로 상처를 주었으니 모두에게 하나님을 깨닫게 하시고 관계를 회복하게 하시고 사랑을 충만하게 하십니다. 자기가 아는 하나님으로 논쟁하던 그들이 진정으로 하나님을 깨닫고 하나님 앞에 겸손한 자세로 나아갑니다. 나의 고난을 통해 형제와 이웃까지 회복시키시는 하나님의 크고 놀라운 은혜를 찬양하며 참된 신앙의 길로 나아가게 하시길 기도합니다.

기도 진정으로 하나님을 깨닫고 진정으로 형제를 위해 기도할 때 내 마음속에 하나님의 은혜가 충만해짐을 깨닫습니다. 하나님의 인도하심으로 선한 뜻을 따르는 자가 되길 기도합니다.

●● 마음에 와닿은 말씀(시어머니) # 108

시19:14 나의 반석이시요 나의 구속자이신 여호와여 내 입의 말과 마음의 묵상이 주님 앞에 열납되기를 원하나이다

내 입의 말과 마음의 묵상이 항상 주님 앞에 열납 되어 잘못된 것은 고쳐 주시고 부족한 것은 채워주시며 나의 바라는 것이 실상으로 나타나길 원합니다. 세상사는 동안에 주님과 동행하며 말씀을 묵상하며 살아가는 우리와 자손들이 되기를 소망합니다.

기도 내 입의 말과 묵상이 육신의 소욕대로 할 때가 너무나 많습니다. 성령께서 도와주셔서 헛된 묵상과 무지한 말로 범죄 하지 않도록 도와주시기를 기도합니다.

●● 마음에 와닿은 말씀(며느리)

시18:2 여호와는 나의 반석이시요 나의 요새시요 나를 건지시는 이시요 나의 하나님이시요 내가 그 안에 피할 나의 바위시요 나의 방패시요 나의 구원의 뿔이시요 나의 산성이시로다

나의 힘이신 여호와를 찬양하며, 그를 온전히 믿으며 의지하며, 늘 감사하며, 믿음으로 순종하며, 나의 삶을 통해 하나님이 증거되길 소망합니다.

기도 나를 지키시며 나의 능력이 되어 주시는 하나님께 감사하며 늘 주를 의지하고 담대하게 나아가는 자가 되게 하시길 기도합니다.

●● 마음에 와닿은 말씀(시어머니)

109

출7:11-12 바로도 현인들과 마술사들을 부르매 그 애굽 요술사들도 그들의 요술로 그와 같이 행하되 각 사람이 지팡이를 던지매 뱀이 되었으나 아론의 지팡이가 그들의 지팡이를 삼키니라

애굽의 마술사들도 아론의 지팡이 같이 던지니 뱀이 되는 이적을 할 수 있었지만, 아론의 지팡이가 그들의 지팡이를 삼켜 버렸다고 합니다.

똑같은 이적 같지만, 하나님께서 주시는 이적과 사탄이 주는 이적을 분별하지 못하고 미혹 당하여 삼킴을 당하는 일이 일어나지 않도록 도와주시기를 소망합니다.

기도 하나님의 역사와 사탄의 이적 같은 것들을 섣불리 믿고 따르지 않도록 분별력을 주소서

성령의 충만함으로 빛 안에서 분별하여 바로 보고 바로 믿어 주님의 역사하심을 믿고 순종할 수 있도록 기도합니다.

●● 마음에 와닿은 말씀(며느리)

출3:2 여호와의 사자가 떨기나무 가운데로부터 나오는 불꽃 안에서 그에게 나타나시니라 그가 보니 떨기나무에 불이 붙었으나 그 떨기나무가 사라지지 아니하는지라

40년 동안 목자로서 양 떼를 돌보며 살아가며 이제는 여든이라는 나이가 된 모세를 하나님께서 찾아오십니다. 세상 기준으로 평범하고 미약한 자이지만 하나님께서 찾아오시어 삶에 개입하시니 거룩한 자로, 이스라엘을 이끄는 자로 쓰임 받게 됩니다. 사라지지 않는 불꽃 같은 하나님이 함께하실 때 우리의 삶이 귀하게 쓰임 받을 줄 믿습니다.

기도 하나님께서 우리의 삶에 개입하시어 인도하시길 소망합니다.

양 떼를 치던 지팡이도 하나님이 함께하시니 표징으로 사용되었던 것처럼 하나님의 능력으로 행하는 자가 되어 주님이 택한 거룩한 자로서 쓰임 받는 귀한 삶이 되게 하시길 기도드립니다.

●● 마음에 와닿은 말씀(시어머니) # 110

출11:10 모세와 아론이 이 모든 기적을 바로 앞에서 행하였으나 여호와께서 바로의 마음을 완악하게 하셨으므로 그가 이스라엘 자손을 그 나라에서 보내지 아니하였더라

애굽에서 430년간의 노예생활과 완악해진 바로 앞에 열까지 재앙을 겪게 하신 일도, 이스라엘 백성들을 불기둥과 구름 기둥으로 인도하시는 일도, 하나님의 계획하신 일임을 깨닫지 못하고 불순종하며 원망하는 것을 보며 우리 자신도 깨닫기를 원하지만, 주님의 계획을 분명 알지 못하기에 조그마한 일에도 불순종하며 원망하며 살고 있음을 고백합니다. 주님께서 도와주셔서 주님께 우리의 모든 삶을 다 맡기고 살 수 있도록 인도하시기를 소망합니다.

기도 우리의 머리털까지도 세시며 우리의 마음속에 있는 모든 것까지도 아시는 주님께서 우리의 삶 가운데 순종을 통해 기적을 경험할 수 있게 인도해 주시기를 기도합니다.

●● 마음에 와닿은 말씀(며느리)

출12:42 이 밤은 그들을 애굽 땅에서 인도하여 내심으로 말미암아 여호와 앞에 지킬 것이니 이는 여호와의 밤이라 이스라엘 자손이 다 대대로 지킬 것이니라

애굽을 향한 열 가지 재앙을 피하며 하나님의 은혜를 받은 이스라엘 백성들, 어린양의 피를 문설주와 인방에 발라 장자의 죽음을 면할 수 있었던 이스라엘 백성을 보며 하나님의 은혜를 생각합니다. 우리를 지키시는 하나님의 은혜를 잊지 않고 늘 감사하는 마음으로 순종하며 나아가길 소망합니다. 나의 상황과 문제에 따라 흔들리는 믿음이 아니라 우리에게 주시는 은혜를 통해 하나님의 인도하심과 계획하심을 굳건히 믿으며 나아가게 하소서.

기도 우리에게 주시는 은혜에 감사하며 그 은혜를 나누고 믿음으로 순종하는 삶이 되게 하소서. 문설주에 바른 어린양의 피처럼 나의 삶이 하나님의 표식을 드러내는 성령 충만한 삶이 되길 기도합니다.

●● 마음에 와닿은 말씀(시어머니)

111

출17:9 모세가 여호수아에게 이르되 우리를 위하여 사람들을 택하여 나가서 아말렉과 싸우라 내일 내가 하나님의 지팡이를 손에 잡고 산 꼭대기에 서리라

아말렉이 와서 이스라엘과 전쟁이 일어날 때 모세는 여호수아에게 우리를 위하여 사람들을 택하여 나가서 싸우라고 합니다. 모세의 기도와 여호수아와 백성들이 하나가 되어 목숨을 걸고 싸울 때 승리 했습니다. 모세의 기도만으로 여호수아와 이기는 것이 아닌 하나님의 도우심으로 승리했음을 봅니다. 하나님께 믿음으로 순종하는 우리와 자손들이 되어 여호와 닛시 날마다 승리의 기쁨을 누리며 살기를 소망합니다.

기도 원망하며 불평하는 자가 아니라 항상 감사하며 모세와 같이 하나님께 기도하며 여호수아같이 세상에서 최선을 다하여 싸워 승리하는 여호와 닛시의 삶이 되기를 기도합니다.

●● 마음에 와닿은 말씀(며느리)

출17:11-12 모세가 손을 들면 이스라엘이 이기고 손을 내리면 아말렉이 이기더니 모세의 팔이 피곤하매 그들이 돌을 가져다가 모세의 아래에 놓아 그가 그 위에 앉게 하고 아론과 훌이 한 사람은 이쪽에서, 한 사람은 저쪽에서 모세의 손을 붙들어 올렸더니 그 손이 해가 지도록 내려오지 아니한지라

세상의 눈으로 바라볼 때 이스라엘은 아말렉을 이길 수 없는 것이 자명하나 모세의 간절한 기도와 아론과 훌의 도움을 통해 하나님께서 주시는 승리의 기쁨을 누리게 됩니다. 세상의 고난과 영적 전쟁 속에 우리를 붙잡고 인도하시는 하나님께 모든 것을 맡기고 간절히 기도할 때 우리의 기도에 응답하여 주실 것을 믿습니다.

기도 위기의 상황 속에 제일 먼저 하나님을 찾게 하심에 감사 드립니다. 진정한 기도를 통해 하나님을 온전히 만날 수 있길, 정결한 영으로 살아가길 간절히 기도합니다.

●● 마음에 와닿은 말씀(시어머니) 112

레5:4-6 만일 누구든지 입술로 맹세하여 악한 일이든지 선한 일이든지 하리라고 함부로 말하면 그 사람이 함부로 말하여 맹세한 것이 무엇이든지 그가 깨닫지 못하다가 그것을 깨닫게 되었을 때에는 그 중 하나에 그에게 허물이 있을 것이니 이 중 하나에 허물이 있을 때에는 아무 일에 잘못하였노라 자복하고 그 잘못으로 말미암아 여호와께 속죄제를 드리되 양 떼의 암컷 어린 양이나 염소를 끌어다가 속죄제를 드릴 것이요 제사장은 그의 허물을 위하여 속죄할지니라

무익한 말 한마디도 함부로 말하다가 심판 날에 심판하신다는 말씀이 있습니다. 악한 일이든 선한 일이든 함부로 맹세하는 말도 무익한 말 하나도 하지 않게 하시고 날마다 깨어 있어 자신의 허물을 바라보며 깨닫고 회개할 수 있도록 도와주시기를 소망합니다.

기도 말이 많으면 자신도 깨닫지 못하고 있는 사이 범죄 할 때가 많이 있습니다. 성령님께서 함께 하셔서 깨달아 자복하고 용서받는 자녀들이 되기를 기도합니다.

●● 마음에 와닿은 말씀(며느리)

레4:13-14 만일 이스라엘 온 회중이 여호와의 계명 중 하나라도 부지중에 범하여 허물이 있으나 스스로 깨닫지 못하다가 그 범한 죄를 깨달으면 회중은 수송아지를 속죄제로 드릴지니 그것을 회막 앞으로 끌어다가

때때로 하나님의 뜻을 생각하지 아니하며, 행하지 아니하는 죄를 범했을 때도 우리에게 회개의 기회를 주시며 깨닫고 죄를 고백할 때 진정으로 용서하시고 죄 사함을 받게 하시니 감사합니다. 하루를 살면서 부지중에 범하는 죄를 매일 말씀으로 깨닫게 하시어 진정으로 속죄하는 귀한 시간이 되게 하시길 소망합니다.

기도 말씀을 통해 나의 죄를 깨닫고 고백하며 주님의 의와 뜻을 따르는 자 되길 간절히 기도합니다.

●● 마음에 와닿은 말씀(시어머니)

레26:3-4 너희가 내 규례와 계명을 준행하면 내가 너희에게 철따라 비를 주리니 땅은 그 산물을 내고 밭의 나무는 열매를 맺으리라

사람의 말을 들을 때도, 하나님의 말씀도 끝까지 들어봐도 알 수 없어 오해할 수 있는데 우리는 듣고 싶은 말만 듣고 보고 싶은 것만 보고, 하고 싶은 것만 하고 살면서 주님 주시는 열매만을 탐하고 살고 있는지 자신을 되돌아봅니다. 내 규례와 계명을 듣는 자가 아니라 준행하면 철 따라 열매를 맺고 번성하게 하고 창대하게 하시지만 준행하지 않으면 열매를 맺지 아니하며 너희의 죄대로 일곱 배나 재앙을 내리신다고 합니다. 듣고 싶은 말만 듣고, 보고 싶은 말씀만 보고, 하고 싶은 일만 하는 자가 아니라 주님께서 우리에게 주시는 말씀을 골고루 잘 분별하여 먹고, 듣고, 보고, 행할 수 있도록 성령께서 날마다 빛으로 인도하시기를 소망합니다.

기도 마음은 원이로되 육신이 연약하여 알면서도 세상 욕심에 이끌려서 살 때가 많이 있습니다. 주님께서 주신 언약의 말씀을 굳게 붙들고 순종하여 때에 따라 주시는 복을 누리며 사는 우리와 자손들이 되기를 기도합니다.

●● 마음에 와닿은 말씀(며느리)

레22:20 흠 있는 것은 무엇이나 너희가 드리지 말 것은 그것이 기쁘게 받으심이 되지 못할 것임이니라

흠 없고 온전한 것을 드려야 하는 예배자이지만 내 나름대로, 내 상황에 맞게, 나의 기준으로 드리는 예배가 당연히 하나님을 기쁘게 할 것이라는 교만을 버리게 하소서. 하나님의 말씀에 온전히 순종하는 예배와 삶을 통해 하나님의 기쁨이 되게 하시길 소망합니다.

기도 말씀에 순종하여 나의 기준이 아니라 하나님의 기준에 맞는 온전한 기쁨을 드리는 거룩한 자가 되게 하시길 기도합니다.

●● 마음에 와닿은 말씀(시어머니)

민6:24-27 여호와는 네게 복을 주시고 너를 지키시기를 원하며 여호와는 그의 얼굴을 네게 비추사 은혜 베푸시기를 원하며 여호와는 그 얼굴을 네게로 향하여 드사 평강 주시기를 원하노라 할지니라 하라 그들은 이같이 내 이름으로 이스라엘 자손에게 축복할지니 내가 그들에게 복을 주리라

손자들의 행사 때마다 찬양으로 불렀던 이 말씀이 영원히 우리와 자손들에게 함께하여 주시기를 간절히 소망합니다.

기도 살아계시고 역사하시는 아브라함의 하나님 이삭의 하나님 야곱의 하나님께서 언약하신 모든 약속이 우리와 자손들에게도 시공간을 초월하여 야곱의 기업으로 세워지는 복된 가정과 자손이 되기를 기도합니다.

●● 마음에 와닿은 말씀(며느리)

민6:24-26 여호와는 네게 복을 주시고 너를 지키시기를 원하며 여호와는 그의 얼굴을 네게 비추사 은혜 베푸시기를 원하며 여호와는 그 얼굴을 네게로 향하여 드사 평강 주시기를 원하노라 할지니라 하라

우리를 사랑하시어 복을 주시고 지켜주시며 평강으로 인도하시는 하나님, 우리를 택하여 주시고 먼저 찾아오시어 하나님의 약속을 주신 은혜에 감사하며 담대하게 살아갈 힘을 얻습니다. 하나님의 약속을 마음에 품고 감사와 겸손의 마음으로 살아가게 하시길 소망합니다. 또한 아론이 하나님의 이름으로 이스라엘을 축복했듯이 부모님의 축복을 받으며 살아가는 우리가 하나님의 약속을 잊지 아니하며 대대로 자녀들에게 온전한 축복을 하며 살아가게 하소서.

기도 하나님의 사랑에 감사하며 하나님의 말씀과 뜻을 행하여 하나님의 약속을 증거 하는 믿음의 가족이 될 수 있길 기도합니다.

●● 마음에 와닿은 말씀(시어머니)

115

시34:12-13 생명을 사모하고 연수를 사랑하여 복 받기를 원하는 사람이 누구뇨 네 혀를 악에서 금하며 네 입술을 거짓말에서 금할지어다

사람들은 누구나 건강하게 장수하기를 원하며 복 받기를 원하지만 받지 못하는 이유가 내 마음속 깊은 곳에서 악한 생각과 악한 마음으로 내뱉고 행하는 모든 거짓말과 악한 말이라 말합니다. 자신도 모르게 행하는 악한 말과 거짓말을 내 안에서 역사하시는 성령님께서 빛으로 인도하셔서 보게 하시고 자백하게 도와주셔서 용서함을 받고 우리가 주신 생명을 사모하며 주님 주신 복을 받고 주님께 영광 돌리며 사는 우리와 자손들이 되기를 소망합니다.

기도 내 마음의 묵상이 항상 주님께 열납 되기를 원합니다.
날마다 성령 안에서 깨닫게 하시고 빛 안에서 보게 하셔서 더러운 모든 악한 것들과 거짓들을 버리게 하시고 주님께서 주시는 참 평안과 기쁨으로 살 수 있도록 기도합니다.

●● 마음에 와닿은 말씀(며느리)

시34:9-10 너희 성도들아 여호와를 경외하라 그를 경외하는 자에게는 부족함이 없도다 젊은 사자는 궁핍하여 주릴지라도 여호와를 찾는 자는 모든 좋은 것에 부족함이 없으리로다

우리 삶의 평강의 근원이 오직 하나님임을 깨닫습니다.
모든 좋은 것을 주시는 하나님의 평강이 충만하길 소망합니다. 하나님으로 인하여 만족하고 감사하는 삶을 통해 나의 삶의 부족함이 없을 줄 믿습니다.

기도 여호와를 경외하며, 나의 마음이 하나님의 은혜에 대한 감사로 충만하여, 진정으로 축복받는 자로 살아가게 하시길 기도합니다.

●●○ 마음에 와닿은 말씀(시어머니) 116

민23:19-20 하나님은 사람이 아니시니 거짓말을 하지 않으시고 인생이 아니시니 후회가 없으시도다 어찌 그 말씀하신 바를 행하지 않으시며 하신 말씀을 실행하지 않으시랴 내가 축복할 것을 받았으니 그가 주신 복을 내가 돌이키지 않으리라

이스라엘 백성들이 애굽에서 출애굽 하여 가는 중에 불순종하는 일들이 남의 일이 아니라 현세에 사는 우리들의 모습과 똑같은 것은 아닌가, 다시 한번 우리의 삶을 돌아보게 합니다. 수많은 간증과 주님의 도움으로 살아온 지난날이 있었지만 조그마한 일만 생겨도 불평하며 남을 탓하며 하지 말아야 하는 일도 자신의 소욕대로 행하는 불순종의 일들을 하며 살아왔음을 고백합니다. 내 안에 주님의 영이 거하지 않아 보이지 않고 깨닫지 못하여 범죄 하는 모든 일을 용서하여 주시고 주님의 성령이 항상 거하여 순종하며 사는 우리와 자손들이 되기를 소망합니다.

기도 언제나 변치 않으시는 주님 언약의 말씀을 온전히 믿고 주님의 기쁨이 되어 주님 말씀에 순종하여 살기를 기도합니다.

●●○ 마음에 와닿은 말씀(며느리)

민27:16-17 여호와, 모든 육체의 생명의 하나님이시여 원하건대 한 사람을 이 회중 위에 세워서 그로 그들 앞에 출입하며 그들을 인도하여 출입하게 하사 여호와의 회중이 목자 없는 양과 같이 되지 않게 하옵소서

이스라엘 백성들이 출애굽 하는 과정에서 그들의 끊임없는 불평 속에서도 그들을 위해 기도하고 간구하며 나아갔던 모세입니다. 약속의 가나안 땅에 들어가지 못하게 되었을 때도, 이스라엘 백성들을 먼저 생각하고 그들이 목자 없는 양같이 되지 않도록 간구하며 끝까지 이스라엘 백성을 위해 중보기도 하는 모세를 봅니다. 자신의 마지막을 앞두고 원망과 변명보다 남겨진 이들을 먼저 생각하며 사랑을 실천하는 진정한 리더의 모습을 보며 나를 돌아봅니다.

기도 미움과 원망보다 긍휼과 사랑의 마음을 품은 모세처럼 나의 가정, 직장, 삶속에서 진정으로 사랑을 실천하는 자가 되게 하시길 기도합니다.

●● 마음에 와닿은 말씀(시어머니)

117

신1:31-32 광야에서도 너희가 당하였거니와 사람이 자기의 아들을 안는 것 같이 너희의 하나님 여호와께서 너희가 걸어온 길에서 너희를 안으사 이 곳까지 이르게 하셨느니라 하나 이 일에 너희가 너희의 하나님 여호와를 믿지 아니하였도다

지나온 세월 뒤돌아보면 모든 것이 주님의 은혜가 아니면 할 수도 없고 이룰 수 없는 복들을 받고 살면서도 조금의 어려움만 있어도 그 고난으로 주시는 깨달음과 합력하여 선을 이루시려는 계획을 알지 못하고 믿지 못하여 자신의 소견대로 불평하는 일들을 반복하면서 살아가고 있는 것 같습니다. 주님을 온전히 믿고 순종하며 사는 택함 받은 자녀들이 되기를 소망합니다.

기도 주님께서 항상 함께하시며 도우심을 날마다 깨닫게 하시고 마음으로 입술로 감사와 기쁨이 넘치는 복된 삶이 되기를 기도합니다.

●● 마음에 와닿은 말씀(며느리)

신6:6-8 오늘 내가 네게 명하는 이 말씀을 너는 마음에 새기고 네 자녀에게 부지런히 가르치며 집에 앉았을 때에든지 길을 갈 때에든지 누워 있을 때에든지 일어날 때에든지 이 말씀을 강론할 것이며 너는 또 그것을 네 손목에 매어 기호를 삼으며 네 미간에 붙여 표로 삼고

여호와를 경외하며 항상 복을 누리게 하시며, 약속의 땅에 가게 되는 오늘과 같은 삶을 살게 하시려는 하나님의 한량없는 사랑을 온전히 깨닫게 하소서. 우리를 향한 하나님의 사랑에 감사하며 주시는 말씀을 나의 마음과 삶의 모든 곳에, 나의 삶에 관계한 모든 이들에게 드러내며 전하는 자가 되게 하소서.

기도 하나님의 은혜와 사랑을 온전히 느끼며 그 말씀을 뜨겁게 마음 판에 새기어 나의 삶을 통해 드러내고 전하게 하시길 기도합니다.

●● 마음에 와닿은 말씀(시어머니) 118

신6:7-8 네 자녀에게 부지런히 가르치며 집에 앉았을 때에든지 길을 갈 때에든지 누워 있을 때에든지 일어날 때에든지 이 말씀을 강론할 것이며 너는 또 그것을 네 손목에 매어 기호를 삼으며 네 미간에 붙여 표로 삼고

4살 된 손자가 무엇을 먹든 그것을 누가 만드셨는지 집에서나 길을 갈 때 든지 누워 있을 때도 부지런히 물어보고 "하나님이 주셨어요" "하나님이 만드셨어요"라고 말할 때 손자를 보며 기뻐하게 됩니다. 이처럼 말씀대로 순종하며 사는 자녀들을 사람이 봐도 좋듯이 하나님께서도 보시기에 좋았 더라 하시는 것 같았습니다. 우리에게 주신 말씀대로 순종하여 자손들에게 본이 되는 부모로 하나님의 사랑을 온전히 믿고 전할 수 있기를 소망합니다.

기도 연약한 우리의 모든 것을 우리 눈으로 보지도 못하고 깨달을 수 없습니다. 성령의 빛 안에서 자신을 성찰하며 보게 하셔서 주님이 원하시고 기뻐하시는 삶을 살아가는 우리와 자손들이 되기를 기도합니다.

●● 마음에 와닿은 말씀(며느리)

신8:3 너를 낮추시며 너를 주리게 하시며 또 너도 알지 못하며 네 조상들도 알지 못하던 만나를 네게 먹이신 것은 사람이 떡으로만 사는 것이 아니요 여호와의 입에서 나오는 모 든 말씀으로 사는 줄을 네가 알게 하려 하심이니라

우리는 어려운 상황 속에 고통을 호소하였으나 광야의 시간 동안 의복이 해어지지 아니하였으며 발이 부르트지 않았으니 언제나 우리를 지키시 고 인도하시는 하나님을 깨닫지 못하고 은혜 없는 삶을 누릴 때가 있습 니다. 나에게 주어진 시간에 하나님께서 이루실 계획을 깨닫고 온전히 말 씀에 의지하여 살아가는 귀한 시간이 되어 믿음의 열매 맺길 소망합니다. 세상의 물질이 아닌 하나님의 말씀으로 살아 의로운 삶이 되게 하소서.

기도 내가 낮아지고 주리는 광야의 시간도 하나님의 은혜라 고백하길 원합니다. 하나님을 경외하며 온전히 말씀에 순종할 때 우리가 진정한 축복을 누리며 살기를 기도합니다.

●● 마음에 와닿은 말씀(시어머니)

시37:4-5 또 여호와를 기뻐하라 그가 네 마음의 소원을 네게 이루어 주시리로다 네 길을 여호와께 맡기라 그를 의지하면 그가 이루시고

내 마음의 소원을 다 이루어 주시고 주님 앞에 설 때까지 내 길을 예비하시고 인도하실 줄을 믿습니다. 그러나 사는 동안 분별하지 못하여 주님 뜻인지 내 욕심으로 선택한 것인지 분별하지 못할 때가 많습니다.

내 안에 계시는 성령께서 빛 안에서 보게 하시고 깨닫게 도와주셔서 주님의 음성을 듣고 인도하심을 따라 살아가기를 소원합니다.

기도 내 마음의 소원을 아시고 항상 인도 하시는 주님을 믿습니다. 내 길을 주님께 맡기고 항상 함께하시기를 기도합니다.

●● 마음에 와닿은 말씀(며느리)

시37:5-6 네 길을 여호와께 맡기라 그를 의지하면 그가 이루시고 네 의를 빛 같이 나타내시며 네 공의를 정오의 빛 같이 하시리로다

어둠 속에서 헤맬 때 고통 속에서 힘겨울 때, 하나님으로 말미암아 온전히 하나님께 의지할 때 우리의 문제가 해결될 줄 믿습니다. 하나님께 의지할 때 주시는 평안에 감사하며 잠잠히 그 뜻을 행하실 그때를 기다리며 믿음으로 순종하며 나아가길 소망합니다.

기도 나의 힘이요 나의 능력이 되시는 하나님께서 인도하실 빛과 같은 삶을 믿으며 나아가는 자가 되게 하시길 기도합니다.

●● 마음에 와닿은 말씀(시어머니) 120

신18:21-22 네가 마음속으로 이르기를 그 말이 여호와께서 이르신 말씀인지 우리가 어떻게 알리요 하리라 만일 선지자가 있어 여호와의 이름으로 말한 일에 증험도 없고 성취함도 없으면 이는 여호와께서 말씀하신 것이 아니요 그 선지자가 제 마음대로 한 말이니 너는 그를 두려워하지 말지니라

선지자라고 자칭 말하는 사람들의 말을 증험도 없고 성취함도 없이 하나님 말씀이라고 교인들을 선동하며 미혹하여 분별하지 못하게 하는 거짓 선지자들을 보고 있는 것 같습니다. 하나님께서 주신 말씀이 아니라 제 마음대로 한 말들을 듣고 두려워하지 말고 역사를 주관하시고 우리 삶의 모든 것을 아시는 주님께 맡기고 주님 주신 말씀에 순종하며 살기를 소망합니다.

기도 자칭 선지자라 제 마음대로 말하는 사람의 말과 주님의 말씀을 분별할 수 있도록 성령의 빛 안에서 거짓과 진실을 바로 보고 깨달아 행하며 살 수 있기를 기도합니다.

●● 마음에 와닿은 말씀(며느리)

신17:19-20 평생에 자기 옆에 두고 읽어 그의 하나님 여호와 경외하기를 배우며 이 율법의 모든 말과 이 규례를 지켜 행할 것이라 그리하면 그의 마음이 그의 형제 위에 교만하지 아니하고 이 명령에서 떠나 좌로나 우로나 치우치지 아니하리니 이스라엘 중에서 그와 그의 자손이 왕위에 있는 날이 장구하리라

우리를 인도하신 하나님의 크신 은혜를 받았음에도 시간이 지나면서 그 은혜를 망각하고 자기의 생각과 기준으로 교만함을 드러내는 어리석음과 나약함의 인간임을 고백합니다. 오직 말씀대로 살아갈 때 주님의 은혜와 축복이 가득함을 깨닫고 늘 말씀을 가까이하며 그 말씀을 잊지 아니하며 말씀대로 실천하며 살아가길 소망합니다.

기도 하나님의 말씀을 늘 가까이하여 여호와를 경외하는 마음으로 선하고 의로운 삶을 살아가게 하시길 기도합니다.

●● 마음에 와닿은 말씀(시어머니)

신34:7 모세가 죽을 때 나이 백이십 세였으나 그의 눈이 흐리지 아니하였고 기력이 쇠하지 아니하였더라

수많은 고난과 역경을 겪으면서도 늘 하나님과 동행하며 이스라엘 백성들을 애굽에서 인도하여 약속된 땅에 이르렀지만 결국은 하나님께서 허락하시지 않아 그 땅을 밟아보지도 못하고 죽음을 맞이하는 모세, 마지막까지 그의 눈이 흐리지 아니하였고 기력이 쇠하지 아니했다고 합니다.
이 땅에서 우리의 삶도 주님 앞에 갈 때까지 눈이 흐리지 않고 기력이 쇠하지 않기를 소망합니다.

기도 비록 120세까지는 아닐지라도 주님 부르시는 그날까지 눈이 흐리지 않고 기력이 쇠하지 않도록 도와주시고 인도하시기를 기도합니다.

●● 마음에 와닿은 말씀(며느리)

신30:19 내가 오늘 하늘과 땅을 불러 너희에게 증거를 삼노라 내가 생명과 사망과 복과 저주를 네 앞에 두었은즉 너와 네 자손이 살기 위하여 생명을 택하고

순종하여 받는 복과 불순종하여 받는 저주를 바로 알게 하시어 생명과 복의 길로 나아가게 하소서. 부모의 마음처럼 불순종의 참혹함을 깨닫고 온전히 말씀에 순종하길 바라시는 하나님의 지극하신 사랑하심을 깨닫고 생명의 길로 나가는 자 되게 하소서.

기도 여호와를 사랑하고 그의 말씀을 청종하고 의지하는 것이 생명의 길임을 깨닫고 하나님이 원하시는 귀한 삶을 살아가게 하시길 기도합니다.

수4:23-24 너희의 하나님 여호와께서 요단 물을 너희 앞에서 마르게 하사 너희를 건너게 하신 것이 너희의 하나님 여호와께서 우리 앞에 홍해를 말리시고 우리를 건너게 하심과 같았나니 이는 땅의 모든 백성에게 여호와의 손이 강하신 것을 알게 하며 너희가 너희의 하나님 여호와를 항상 경외하게 하려 하심이라 하라

모세와 함께하셨던 그 하나님이 여호수아와도 함께 하셨습니다. 요단강 물을 마르게 하시고 건너게 하신 하나님께서 여전히 우리에게도 함께하시면서 우리가 건너야 할 장애물들을 치워주시고 건너야 할 곳은 건너가게 인도하고 계십니다. 인도하시고 함께하시는 주님을 경외하며 자손들에게 살아계시고 항상 우리를 인도 하시는 주님을 증거 해야겠습니다. 그 하나님의 말씀대로 순종하며 사는 우리와 자손들이 되기를 소망합니다.

기도 어김없이 철 따라 필요한 양식과 과일들을 열게 하시고 맺게 하셔서 먹게 하시는 하나님을 찬양합니다.
날마다 우리의 입술에서 감사와 기쁨이 넘치게 도와주시고 우리와 자손들이 주님을 경외하며 우리의 삶이 주님께 영광 돌리며 살기를 기도합니다.

●● 마음에 와닿은 말씀(며느리)

수1:9 내가 네게 명령한 것이 아니냐 강하고 담대하라 두려워하지 말며 놀라지 말라 네가 어디로 가든지 네 하나님 여호와가 너와 함께 하느니라 하시니라

모세 없이 이스라엘 백성을 인도해야 하는 여호수아의 부담감이 가늠할 수 없을 정도로 컸기에 불안함과 두려움이 가득했을 것이니 하나님께서는 내가 너를 지켜주리니 강하고 담대하라 끊임없이 말씀하시며 힘을 주십니다. 말씀을 가까이하며 우리에게 주시는 말씀을 기억하여 우리와 함께하시는 하나님을 깨닫고 담대하게 나아가는 삶이 되길 소망합니다.

기도 때때로 생겨나는 두려움과 불안함을 버리고 오직 말씀에 의지하여 담대하게 나아가게 하소서. 새 힘을 주시는 하나님께 감사하며 하나님과 동행하는 삶을 통해 담대한 자로 거듭나게 하시길 기도합니다.

●● 마음에 와닿은 말씀(시어머니) **123**

수14:9 그 날에 모세가 맹세하여 이르되 네가 내 하나님 여호와께 충성하였은즉 네 발로 밟는 땅은 영원히 너와 네 자손의 기업이 되리라 하였나이다

모세가 갈렙에게 45년 전 네가 하나님께 충성하였으므로 네 발로 밟는 땅은 영원히 너와 네 자손의 기업이 되리라 하신 말씀을 기억하며 지금도 그때와 내가 여전히 강건하다고 말하며 하나님께서 주신 이산지를 내게 달라고 말하는 갈렙을 봅니다. 하나님께서 자신과 함께하며 약속하신 말씀은 꼭 이루신다는 것을 믿는 갈렙의 믿음이 오랜 세월이 지난 후에도 여전히 변치 않고 믿는 믿음과 하나님께서 함께하시면 크고 견고한 성읍들이라도 쫓아낼 수 있다고 말합니다. 네 발로 밟는 땅은 네 기업이 되리라는 말씀처럼 밟지도 않고 아무런 충성도 하지 못했음에도 이산지를 내게 달라고 말하는 우리의 염치 없음을 주님 용서해 주시고 갈렙 같이 오랜 세월이 지난 후에도 자신 있게 말할 수 있도록 믿고 충성하는 우리와 자손들이 되기를 소망합니다.

기도 하나님 약속의 말씀을 믿고 순종하여 언제나 당당하게 말하며 행할 수 있는 우리와 자손들이 되기를 기도합니다.

●● 마음에 와닿은 말씀(며느리)

수14:12 그 날에 여호와께서 말씀하신 이 산지를 지금 내게 주소서 당신도 그 날에 들으셨거니와 그 곳에는 아낙 사람이 있고 그 성읍들은 크고 견고할지라도 여호와께서 나와 함께 하시면 내가 여호와께서 말씀하신 대로 그들을 쫓아내리이다 하니

가나안 땅을 정탐할 때의 확신과 믿음을 굳건하게 지켜나가며 여전히 강건함을 유지하는 갈렙의 자신감의 근원이 하나님은 늘 나와 함께 하신다는 믿음으로 온전히 여호와를 쫓았음을 깨닫습니다. 우리의 힘, 자신감의 근원이 하나님이시니 모든 것을, 하나님께 의지하며 나아가길 소망합니다.

기도 내 생각과 나의 기준을 버리고 온전히 하나님께 의지하며 나와 동행하시는 하나님이 최고의 복임을 깨닫고 담대하게 나아가는 자가 되길 기도합니다.

●● 마음에 와닿은 말씀(시어머니)

124

수21:45 여호와께서 이스라엘 족속에게 말씀하신 선한 말씀이 하나도 남음이 없이 다 응하였더라

지나온 세월 돌이켜 보니 그 어느 것 하나 주님의 은혜가 아닌 것이 하나도 없이 내 마음에 소원과 기도를 응답하여 주신 것을 감사를 드립니다. 아직 응답받지 못한 일들은 주님께서 여전히 우리에게는 절대적으로 멀리하면 안 되는 연약한 자이기에 주님 앞에서 고난을 통하여서라도 말씀을 깨닫고 순종할 수 있도록 하시는 주님의 사랑이라 믿습니다.

기도 모세도 여호수아도 우리도 주님 앞에 갈 때까지 주님과 동행하며 각자에게 주신 사명대로 순종하며 살기를 기도합니다.

●● 마음에 와닿은 말씀(며느리)

수24:22 여호수아가 백성에게 이르되 너희가 여호와를 택하고 그를 섬기리라 하였으니 스스로 증인이 되었느니라 하니 그들이 이르되 우리가 증인이 되었나이다 하더라

여호수아의 마지막 말을 통해 백성들은 다른 신을 섬기지 아니하며 여호와를 섬기며 그의 목소리를 청종하겠다 고백하며 스스로 증인이 되겠다며 잊지 않고 행할 것을 다짐합니다. 마지막을 앞두고 남아있는 자들이 온전한 믿음을 이어 나가길 바라던 여호수아의 간절함이 담겨있는 당부의 말을 통해 자신을 바로 세우는 믿음으로 나아갔던 백성들과 같이 믿음의 증거를 나의 마음과 나의 삶 속에 새기어 스스로 증인 되는 삶을 살아가길 소망합니다.

기도 나의 마음과 고백을 온전히 아시는 하나님을 경외하며 하나님을 향한 믿음의 고백을 올리며 스스로 증인이 되어 말씀을 지키며 행하는 거룩한 자가 되게 하시길 기도합니다. 아멘!!

시49:10-11 그러나 그는 지혜 있는 자도 죽고 어리석고 무지한 자도 함께 망하며 그들의 재물은 남에게 남겨 두고 떠나는 것을 보게 되리로다 그러나 그들의 속 생각에 그들의 집은 영원히 있고 그들의 거처는 대대에 이르리라 하여 그들의 토지를 자기 이름으로 부르도다

결국 인간은 잘난 자도 못난 자도 부유하고 가난하거나 상관없이 자신의 수명이 다하면 구별 없이 세상에서 귀히 여기는 모든 것을 하나도 가져 감 없이 두고 떠날 수밖에 없다는 사실입니다. 하지만 살아 있는 동안에는 자기가 가지고 있는 부나 영광이 영원히 대대에 이를 것 같아서 필요 없는 것까지도 불의를 저지르면서 취하려고 발버둥을 치고 살아가고 있는 것 같습니다. 알지 못하고 깨닫지 못하면, 사람은 멸망하는 짐승 같다고 하시는 말씀을 명심하여 내 안에 있는 욕심과 탐욕으로 짐승 같은 삶을 살지 않도록 성령께서 도와주시기를 소망합니다.

기도 마음은 원이로되 육신이 연약하여 깨닫지 못하고 육신의 소욕대로 살기 원하는 마음을 주님께서 날마다 교정해 주시기를 원합니다. 성령의 빛 안에서 보고 깨달아 우리에게 주신 분복대로 항상 감사하며 기뻐하며 기도하며 살 수 있도록 도와주시기를 기도합니다.

● ● 마음에 와닿은 말씀(며느리)

시42:1,5 하나님이여 사슴이 시냇물을 찾기에 갈급함 같이 내 영혼이 주를 찾기에 갈급하니이다 내 영혼아 네가 어찌하여 낙심하며 어찌하여 내 속에서 불안해 하는가 너는 하나님께 소망을 두라 그가 나타나 도우심으로 말미암아 내가 여전히 찬송하리로다

갈급하여 시냇물을 찾는 사슴처럼 고통과 고난이 하나님을 찾는 목마름으로 바뀌어 나의 영혼이 하나님을 갈망하고 갈망하는 삶이 되게 하소서. 하나님을 갈망하며 하나님께 소망을 두어 하나님이 우리와 함께하심의 은혜를 누리며 찬송하는 복된 삶을 살아가길 소망합니다.

기도 삶의 갈급함 속에서 하나님을 찾으며 하나님께 소망을 두게 하시니 감사합니다. 우리를 시냇가로 인도하시는 하나님을 찾는 그 간절함으로 살아가는 것이 복된 삶임을 깨닫고 하나님 안에서 평안을 찾게 하시길 기도합니다.

삿1:6-7 아도니 베섹이 도망하는지라 그를 쫓아가서 잡아 그의 엄지손가락과 엄지발가락을 자르매 아도니 베섹이 이르되 옛적에 칠십 명의 왕들이 그들의 엄지손가락과 엄지발가락이 잘리고 내 상 아래에서 먹을 것을 줍더니 하나님이 내가 행한 대로 내게 갚으심이로다 하니라 무리가 그를 끌고 예루살렘에 이르렀더니 그가 거기서 죽었더라

아도니 베섹이 지나온 세월 속에서 칠십 명의 왕들의 엄지손가락과 발가락을 자르고 먹을 것을 줍게 하였는데 하나님께서 내가 행한 대로 내게 갚으셨다고 고백하며 자신이 행하였던 악한 행위 그대로 죽음에 이르게 되는 것을 보게 됩니다. 그래도 자신의 악한 행위를 돌아보며 살아계신 하나님의 섭리를 깨닫고 성경 말씀으로 우리에게 교훈을 주는 것 같습니다. 이 세상 억울한 일이 없는 것은 선한 일은 선한 것으로 악한 일은 악한 것으로 되돌아온다는 진리입니다. 시공간을 떠나서 지금도 여전히 그대로 이루어지는 것 같습니다. 항상 선한 것으로 심고 선한 것으로 응답받기를 소망합니다.

기도 숨길 수도 감출 수도 없는 하나님 앞에서 선한 일로만 심는 지혜로운 우리와 자손들이 되어 선한 열매로 주님께 영광 돌리기를 기도합니다.

●● 마음에 와닿은 말씀(며느리)

삿6:15 그러나 기드온이 그에게 대답하되 오 주여 내가 무엇으로 이스라엘을 구원하리이까 보소서 나의 집은 므낫세 중에 극히 약하고 나는 내 아버지 집에서 가장 작은 자니이다 하니

기드온은 약하고 작은 자이며 스스로 보잘 것 없는 사람이라 여겼으나 하나님은 기드온을 택하시어 이스라엘을 구원하려 하시니 나약한 마음을 가진 기드온에게 표징으로 용기와 힘을 주시며 하나님의 일을 내가 하는 것이 아니라 하나님의 능력으로 이룸을 깨닫게 하십니다.

기도 우리는 완벽하지 아니하며 작은 자임을 고백합니다. 하지만 하나님께서 함께하시니 각자의 자리에서 사명을 다하는 하나님의 귀한 도구로 쓰임 받길 기도합니다.

●● 마음에 와닿은 말씀(시어머니)

127

삿9:23-24 하나님이 아비멜렉과 세겜 사람들 사이에 악한 영을 보내시매 세겜 사람들이 아비멜렉을 배반하였으니 이는 여룹바알의 아들 칠십 명에게 저지른 포학한 일을 갚되 그들을 죽여 피 흘린 죄를 그들의 형제 아비멜렉과 아비멜렉의 손을 도와 그의 형제들을 죽이게 한 세겜 사람들에게로 돌아가게 하심이라

흥하고 망하는 일이 사람의 손이 아니라 결국에는 하나님께서 하시는 일이라는 것을 성경은 말하고 있습니다.

아비멜렉은 어머니와 형제들에게 은 칠십 개를 받아 방탕하고 경박한 사람들을 사서 자기 형제 70명을 한 바위에서 죽이고 왕이 되었지만, 하나님께서 악한 영을 보내서 70명을 피 흘려 죽인 포학한 일을 한 대가로 여인이 던진 맷돌 위짝에 맞아서 죽임을 당하게 하십니다. 자신이 왕위에 오를 때에는 그 어머니도 형제도 자신들의 성공을 자축하였겠지만 악한 일도 선한 일도 숨길 수 없이 하나님께서 보시고 역사하심을 보며 지금도 우리의 모든 것을 살피시고 보시는 주님 앞에 선한 일만 보이는 삶이 되기를 소원합니다.

기도 우리 마음에 주님 주신 평안을 가지고 악한 마음 악한 생각이 틈타지 않도록 성령께서 인도하시기를 기도합니다.

●● 마음에 와닿은 말씀(며느리)

삿16:16 날마다 그 말로 그를 재촉하여 조르매 삼손의 마음이 번뇌하여 죽을 지경이라

여인에게 마음을 사로잡히어 번뇌하고 죽을 지경에 이를 것 같이 힘들어할 때 그녀의 뜻대로, 세상의 뜻대로 순응한 삼손에게 힘의 근원인 머리카락도 없어지고 하나님도 그를 떠나셨으니 세상으로 인해 흔들리는 마음, 번뇌하는 마음으로 괴로울 때 세상이 아닌 하나님을 의지하며 오직 하나님께 순응하길 소망합니다.

기도 나의 삶의 기준을 오직 하나님으로 삼아 세상의 유혹에 흔들리지 아니하며 단단한 믿음의 뿌리를 내리는 삶이 되길 기도합니다.

●● 마음에 와닿은 말씀(시어머니)

128

삿20:12-13 이스라엘 지파들이 베냐민 온 지파에 사람들을 보내어 두루 다니며 이르기를 너희 중에서 생긴 이 악행이 어찌 됨이냐 그런즉 이제 기브아 사람 곧 그 불량배들을 우리에게 넘겨 주어서 우리가 그들을 죽여 이스라엘 중에서 악을 제거하여 버리게 하라 하나 베냐민 자손이 그들의 형제 이스라엘 자손의 말을 듣지 아니하고

베냐민 지파 기브아 사람 불량배들의 악행으로 베냐민 지파가 멸절하다시피 되어 이스라엘에서 한 지파가 없어지게 되는 것으로 울며 하나님께 물어보지만 올라가서 치라고 하십니다. 불량배들의 악행도 악행이지만 베냐민 온 지파에 사람들을 보내 악을 제거할 것을 권면하는데 받아들이고 회개하지 않을 뿐 아니라 전쟁을 하겠다고 하는 오만한 베냐민 지파의 무지한 행위를 봅니다. 자신들의 행위를 성찰하여 잘못된 것은 회개하며 용서함을 받고 화가 커지게 되는 우를 범하는 일이 없기를 소원합니다.

기도 주님 자신의 행위를 성령의 빛 안에서 성찰하여 보게 하시고 깨닫게 하시고 회개하여 주님의 긍휼 하심으로 용서받는 우리와 자손들이 되기를 기도합니다.

●● 마음에 와닿은 말씀(며느리)

룻1:16 룻이 이르되 내게 어머니를 떠나며 어머니를 따르지 말고 돌아가라 강권하지 마옵소서 어머니께서 가시는 곳에 나도 가고 어머니께서 머무시는 곳에서 나도 머물겠나이다 어머니의 백성이 나의 백성이 되고 어머니의 하나님이 나의 하나님이 되시리니

어머니를 통해 온전한 하나님을 알게 되었기에 며느리 룻은 어머니의 백성이 나의 백성이 되고 어머니의 하나님이 나의 하나님이 되시리라 고백합니다. 룻기를 읽을 때마다 나의 믿음의 길잡이가 되어 주시는 어머님을 떠 올립니다. 룻의 고백이 나의 고백이 되길 소망하며 진정으로 부모를 공경하고 그런 마음으로 하나님을 섬기는 믿음의 자녀로 거듭나게 하소서.

기도 늘 지혜와 교훈을 주시는 부모님께 감사하며 나 또한 믿음의 삶을 전하는 부모가 되어 단단한 믿음의 가문이 되게 하시길 기도드립니다.

삼상2:6-7 여호와는 죽이기도 하시고 살리기도 하시며 스올에 내리게도 하시고 거기에서 올리기도 하시는도다 여호와는 가난하게도 하시고 부하게도 하시며 낮추기도 하시고 높이기도 하시는도다

사람의 생명도 부귀와 영광도 모든 것이 하나님의 손에 있다고 합니다. 재능도 지혜도 유능함도 부귀도 생명도 하나님께 구할 때 주신 말씀에 순종하면 주시기도 하고 불순종할 때는 빼앗기도 하시는 것을 보면서 구하고 주신 말씀에 온전히 순종하여 부귀와 생명과 평안을 더해 주시는 주님의 마음에 합한 자로 사는 우리와 자손들이 되기를 소망합니다.

기도 우리의 모든 삶을 보시고 아시는 주님께서 성령의 빛 안에서 우리를 보게 하시고 깨닫게 도와주셔서 주님의 기쁨이 되는 우리와 자손들이 되기를 기도합니다.

●● 마음에 와닿은 말씀(며느리)

삼상4:3 백성이 진영으로 돌아오매 이스라엘 장로들이 이르되 여호와께서 어찌하여 우리에게 오늘 블레셋 사람들 앞에 패하게 하셨고 여호와의 언약궤를 실로에서 우리에게로 가져다가 우리 중에 있게 하여 그것으로 우리를 우리 원수들의 손에서 구원하게 하자 하니

블레셋에게 패한 위기의 순간에 하나님의 뜻을 깨닫지 아니하며 자신들의 생각대로 언약궤의 신비한 능력에만 의지하며 다시 진영으로 나아가는 이스라엘에게 패배뿐이었습니다. 하나님을 드러내는 것이나 하나님께서 함께하시지 아니하시면 패배뿐인 삶을 깨닫습니다. 삶의 여러 문제 가운데 나의 온 마음을 다하여 기도하고 간구하며 하나님께 의지할 때 우리와 함께하시고 역사하실 하나님을 믿고 나아가길 소망합니다. 겉으로 보이는 언약궤보다 우리 안에 살아계시는 하나님을 의지하며 기도하는 삶을 살아가길 소망합니다.

기도 온전히 하나님을 찾으며 하나님을 좇으며 하나님께 순종하는 삶이 되게 하소서. 문제 앞에 간절히 기도하고 회개하며 하나님의 인도하심에 의지하게 하시길 기도합니다.

●● 마음에 와닿은 말씀(시어머니)

130

삼상15:15 사울이 이르되 그것은 무리가 아말렉 사람에게서 끌어 온 것인데 백성이 당신의 하나님 여호와께 제사하려 하여 양들과 소들 중에서 가장 좋은 것을 남김이요 그 외의 것은 우리가 진멸하였나이다 하는지라

사울과 백성들이 하나님께 제사하려 양들과 소들 중에서 가장 좋은 것을 남겨 놓고 하찮은 것은 모두 진멸하였다고 말하자 사무엘이 하나님께서 아말렉을 쳐서 그들의 모든 소유를 남기지 말고 진멸하되 소아와 젖 먹는 아이까지 죽이라 하셨는데 불순종함을 책망합니다. 사울이 백성들과 자신의 소견대로 가장 좋은 것으로 제사 드리는 것이 마땅하다고 하는 말에 "순종이 제사보다 낫다"고 사무엘이 유명한 말을 남깁니다. 지금 시대에도 말씀에 순종은 안 하면서 눈에 보이는 예배, 헌금, 봉사가 주님을 기쁘시게 하는 것이 순종이라 생각할 때가 많은 것 같습니다. 눈에 보이는 제사보다 우리에게 주신 말씀을 순종하기를 소망합니다.

기도 부모와 형제, 이웃을 사랑하지 못하고 사람에게 인정받기를 원하여 순종보다 제사를 먼저 드려서 내 소욕대로 할 때가 있습니다. 성령께서 분별하는 영으로 충만하게 하셔서 제사보다 순종하는 우리와 자손들이 되기를 기도합니다.

●● 마음에 와닿은 말씀(며느리)

삼상13:13 사무엘이 사울에게 이르되 왕이 망령되이 행하였도다 왕이 왕의 하나님 여호와께서 왕에게 내리신 명령을 지키지 아니하였도다 그리하였더라면 여호와께서 이스라엘 위에 왕의 나라를 영원히 세우셨을 것이거늘

하나님께서 세워주신 왕으로서 모든 것을 하나님께 의지하고 순종하며 나아가야 하나 위기의 순간마다 세상과 사람들을 의식하며 자기의 생각대로 해결하고자 했던 사울은 하나님께 버림을 받게 됩니다. 제사와 번제, 숫양의 기름보다 하나님의 목소리를 청종하고 마음을 다하여 여호와를 섬기며 순종하길 원하시는 하나님의 뜻에 합당하게 행하는 자가 되어 주님의 축복이 가득한 삶이 되길 소망합니다.

기도 내 생각, 나의 소견을 모두 버리고 오직 하나님의 말씀만 좇아 그대로 행하는 순종하는 자가 되어 하나님의 기쁨이 되는 삶이 되게 하시길 기도합니다.

●● 마음에 와닿은 말씀(시어머니)

삼상17:47 또 여호와의 구원하심이 칼과 창에 있지 아니함을 이 무리에게 알게 하리라 전쟁은 여호와께 속한 것인즉 그가 너희를 우리 손에 넘기시리라

사람의 눈에 보이는 블레셋의 칼과 단창과 골리앗이 두려워 나서지 못할 때 여호와의 이름을 모욕하는 그들에게 하나님의 이름으로 물맷돌 다섯 개를 들고 나아갈 수 있었던 다윗의 믿음이 지금도 눈에 보이는 것 같습니다. 여러 가지 난관이 우리에게 다가온다 해도 그 모든 일이 하나님께서 주관하는 일이며 주님께서 함께하시면 승리할 수 있다는 믿음으로 나아가는 우리와 자손들이 되기를 소망합니다.

기도 양을 치던 직분에 최선을 다하여 물맷돌로 양을 지키고 돌보았던 다윗의 준비된 실력과 하나님께서 함께 하심으로 하나님께 영광을 돌렸던 다윗처럼 눈에 보이는 것으로 두려워하지 않고 하나님께서 함께하시면 승리할 수 있다는 믿음으로 사는 우리와 자손들이 되기를 기도합니다.

●● 마음에 와닿은 말씀(며느리)

삼상20:17 다윗에 대한 요나단의 사랑이 그를 다시 맹세하게 하였으니 이는 자기 생명을 사랑함 같이 그를 사랑함이었더라

위기와 위험의 순간 자신의 생명을 사랑함과 같이 끝까지 다윗을 지키고자 하는 요나단의 뜨거운 사랑과 우정을 보며 진정한 사랑을 바탕으로 맺는 소중한 관계 속에서 하나님의 은혜를 함께 나누길 소망합니다. 이해타산적인 마음이 아니라 조건 없는 사랑의 마음으로 진정한 관계 맺음을 통해 귀한 삶이 되게 하시길 소망합니다.

기도 많은 관계 속에서 사랑의 마음을 품고 사랑을 실천하게 하소서. 진정으로 서로 사랑하는 관계 속에서 주님의 뜻이 함께하는 삶이 되게 하시길 기도합니다.

●● 마음에 와닿은 말씀(시어머니) # 132

삼상23:20-21 그러하온즉 왕은 내려오시기를 원하시는 대로 내려오소서 그를 왕의 손에 넘길 것이 우리의 의무니이다 하니 사울이 이르되 너희가 나를 긍휼히 여겼으니 여호와께 복 받기를 원하노라

수풀 요새에 숨어있는 다윗을 사울에게 말하는 십 사람들에게 나를 긍휼히 여겼으니 여호와께 복 받기를 원하노라고 말하는 사울을 봅니다.
하나님께 잘못하고 있으면서도 자신의 행위를 모르기에 자신을 도와주는 사람에게 하나님의 복을 전하는 것을 보며 우리 자신들이 하는 일이 진정 하나님을 위해 행동하고 있는지 아닌지 분별하며 사람이 주는 복과 하나님께서 주시는 복을 분별하기를 소원합니다.

기도 자신을 성찰하지 못하고 자신을 위해 다윗을 넘기려는 사람에게 복 받기를 비는 사울의 모습이 우리의 모습인 것 같습니다.
주님, 자신의 유익이 아니라 주님의 유익이 되는 일을 할 수 있도록 성령께서 인도하시기를 기도합니다.

●● 마음에 와닿은 말씀(며느리)

삼상24:10 오늘 여호와께서 굴에서 왕을 내 손에 넘기신 것을 왕이 아셨을 것이니이다 어떤 사람이 나를 권하여 왕을 죽이라 하였으나 내가 왕을 아껴 말하기를 나는 내 손을 들어 내 주를 해하지 아니하리니 그는 여호와의 기름 부음을 받은 자이기 때문이라 하였나이다

자신을 죽이려 하는 사울을 앞에 두고도 여호와의 기름 부음 받은 자이기에 그를 해하지 아니하며 재판장 되시는 여호와께 모든 것을 맡기고 악을 악으로 갚기보다 모든 것을 하나님 뜻에 맡기는 다윗을 봅니다.
온전히 하나님께 의지하며 살아갈 때 하나님의 집에 있는 푸른 감람나무와 같은 삶이 될 줄 깨닫습니다.

기도 악을 악으로 갚지 아니하며 우리의 모든 것을 아시는 하나님께 온전히 맡기고 의지하며 나아가게 하시길 기도합니다.

●● 마음에 와닿은 말씀(시어머니)

133

삼상31:6 사울과 그의 세 아들과 무기를 든 자와 그의 모든 사람이 다 그 날에 함께 죽었더라

사울도 세 아들도 무기를 든 자와 그의 모든 사람이 함께 죽었다고 합니다. 하나님께 선택받고 왕위에 오른 사울이 무엇이 부족하여 다윗을 시기하며 평생을 헛된 욕망에 빠져 자신과 자손들과 함께한 모두에게 쓸쓸한 최후를 맞게 하는지, 천년만년 살 것 같이 택함 받은 우리도 조그마한 일에 미워하며 원망하고 시기하는 일이 없이 우리에게 주신 분복대로 항상 감사하며 사는 우리와 자손들이 되기를 소망합니다.

기도 이 땅에서 사는 모든 것들이 영원한 것은 하나도 없습니다. 우리 마음에 주님 함께 하셔서 참 평안과 기쁨으로 행복한 삶을 사는 우리와 자손들이 되기를 기도합니다.

───────

●● 마음에 와닿은 말씀(며느리)

삼상30:6 백성들이 자녀들 때문에 마음이 슬퍼서 다윗을 돌로 치자 하니 다윗이 크게 다급하였으나 그의 하나님 여호와를 힘입고 용기를 얻었더라

아말렉의 침입으로 인하여 아내와 자녀들이 사로잡혀 갔을 때 다윗과 그의 백성들이 울 기력이 없도록 소리 높여 울만큼 고통과 슬픔에 싸였으니 이에 대한 비난의 화살이 모두 다윗에게 향합니다. 그와 함께한 백성들이 그를 돌로 치려 하는 다급한 순간에 마음을 다잡고 하나님을 의지하여 용기를 얻어 나아갑니다. 그리고 아무것도 잃은 것 없이 모든 것을 원래대로 회복하게 됩니다. 다급한 순간에도 상황을 해결하고자 하는 의지로 하나님 앞에 나아가 간구할 때 우리에게 힘과 용기를 주시며 인도하시는 하나님을 온전히 의지하길 소망합니다.

기도 하나님께서 우리와 함께하시니 다급한 상황 속에서도 일어서리라는 단단한 마음으로 주 앞에 나아가 힘과 용기를 얻는 자 되게 하시길 기도합니다.

●● 마음에 와닿은 말씀(시어머니)

134

삼하7:14 나는 그에게 아버지가 되고 그는 내게 아들이 되리니 그가 만일 죄를 범하면 내가 사람의 매와 인생의 채찍으로 징계하려니와

아버지가 되고 아들이 되어 평생에 자신의 분신이 되어 미우나 고우나 자신보다 아들이 잘되는 것을 기뻐하는 것 같이 하나님께서도 아버지가 되어 우리를 도와주시고 죄를 범하면 사람의 매와 채찍으로 징계하시지만, 그 모든 것이 아들의 잘됨을 위해 하시는 것이라 믿습니다.
미련하고 깨닫지 못하여 잘못된 길을 갈 때, 매와 채찍으로 가해진다면 원망하지 않고 미워하지 않고 깨달아 순종하는 우리와 자손들이 되어 주님 주신 복을 영원히 받기를 소원합니다.

기도 아버지 말씀에 순종하는 지혜로운 자녀들이 되기를 기도합니다.

●● 마음에 와닿은 말씀(며느리)

삼하5:19 다윗이 여호와께 여쭈어 이르되 내가 블레셋 사람에게로 올라가리이까 여호와께서 그들을 내 손에 넘기시겠나이까 하니 여호와께서 다윗에게 말씀하시되 올라가라 내가 반드시 블레셋 사람을 네 손에 넘기리라 하신지라

다윗은 늘 여호와께 여쭈어 이르며 자신에게 상황과 계획에 대해 주시는 하나님의 말씀에 순종하며 살아갑니다. 하나님의 약속을 온전히 믿었기에 늘 하나님께 묻고 내 생각대로가 아니라 하나님의 말씀 대로 행하며 하나님의 능력으로 살아갑니다.

기도 하나님에 대한 온전한 믿음으로 늘 묻고 간구하며 나의 모든 것을 맡기는 삶을 통해 귀한 은혜 누리는 삶이 되게 하시길 기도합니다.

●● 마음에 와닿은 말씀(시어머니) 135

삼하16:12-13 혹시 여호와께서 나의 원통함을 감찰하시리니 오늘 그 저주 때문에 여호와께서 선으로 내게 갚아 주시리라 하고 다윗과 그의 추종자들이 길을 갈 때에 시므이는 산비탈로 따라가면서 저주하고 그를 향하여 돌을 던지며 먼지를 날리더라

시므이가 하는 저주를 오히려 화가 복이 될 것이라 고백합니다. 다윗의 위대함을 보며 어려운 일을 당할 때 그 모든 일이 하나님께서 주관하시는 일이라 믿고 담담히 받아들이며 화가 복이 될 수 있도록 처신 할 수 있기를 소망합니다.

기도 다윗도 압살롬도 자신들의 죄의 대가로 맞이하는 고통이지만 자신의 잘못을 깨닫고 담담히 받아 들이는 다윗과 끝까지 아버지를 배반하는 압살롬의 죽음을 보며 날마다 성령의 빛 안에서 자신을 성찰하며 회개하여 용서받는 우리가 되기를 기도합니다.

●● 마음에 와닿은 말씀(며느리)

삼하16:11-12 또 다윗이 아비새와 모든 신하들에게 이르되 내 몸에서 난 아들도 내 생명을 해하려 하거든 하물며 이 베냐민 사람이랴 여호와께서 그에게 명령하신 것이니 그가 저주하게 버려두라 혹시 여호와께서 나의 원통함을 감찰하시리니 오늘 그 저주 때문에 여호와께서 선으로 내게 갚아 주시리라 하고

다윗은 하나님께서 그에게 명령한 것이기에 인내하며 이를 선으로 갚아 주실 하나님을 신뢰합니다. 다시 예루살렘으로 돌아올 때도 시므이를 용서하며 모든 것을 하나님께 맡기는 자의 모습을 보여 줍니다. 악을 악으로 갚는 것이 아니라 하나님의 선을 따르고자 할 때 주님의 은혜에 합당한 자 되게 하실 줄 믿습니다.

기도 언제 어느 때나 다른 사람으로 인해 흔들리지 아니하며 하나님의 뜻을 생각하며 살아가는 자에게 평강이 있을 줄 깨닫고 순종하며 나아가는 삶이 되게 하시길 기도합니다.

●● 마음에 와닿은 말씀(시어머니)

삼하24:14 다윗이 갓에게 이르되 내가 고통 중에 있도다 청하건대 여호와께서는 긍휼이 크시니 우리가 여호와의 손에 빠지고 내가 사람의 손에 빠지지 아니하기를 원하노라 하는 지라

하나님께서 함께하시므로 모든 전쟁과 고난 속에서 승리하게 하신 것을 잠깐 망각하고 사람의 수를 의지한 다윗에게 세 가지 재앙을 말하자 사람의 손에 빠지지 않고 긍휼이 많으신 하나님 손에 빠지겠다고 전염병의 재앙을 선택하여 칠만 명이 죽었다고 합니다. 온 세계가 또한 우리나라에서도 코로나로 인한 재앙으로 신천지 교회와 무수한 이단 교회들과 일반인들이 죽음과 고난과 어려움을 겪는 시대에 살아가고 있는 우리가 무엇이 하나님께 범죄하고 있는지 분별할 수 있기를 원합니다. 늘 다윗과 같이 회개하며 용서받아 모든 것이 회복되기를 소망합니다.

기도 요즘의 시대는 정상적인 것이 없는 것 같이 혼돈의 시대인 것 같습니다. 믿는 사람 불신자 모두가 세상이 추구하는 것에 매달려 살지 않으면 낙오자가 되는 것 같습니다. 육신의 연약함을 아시는 주님께서 도와주시고 함께 하셔서 주님 마음에 합한 자로 살 수 있도록 도와주시기를 기도합니다.

●● 마음에 와닿은 말씀(며느리)

삼하24:10 다윗이 백성을 조사한 후에 그의 마음에 자책하고 다윗이 여호와께 아뢰되 내가 이 일을 행함으로 큰 죄를 범하였나이다 여호와여 이제 간구하옵나니 종의 죄를 사하여 주옵소서 내가 심히 미련하게 행하였나이다 하니라

하나님보다 인간에 의지하여 요압의 반대에도 군대에 갈 수 있는 인구수를 조사했던 다윗은 후에 양심에 따라 자책하며 여호와 하나님께 회개하며 나아갑니다. 가고자 했던 길에서 멈춰 서서 자신의 잘못을 고백하고 하나님께 순종하는 다윗을 보며 마음의 동기가 내가 아닌 하나님의 기준으로부터 나오는 삶이 되길 소망합니다.

기도 하나님만이 나의 기준이 될 때 선한 길로 나아갈 줄 믿습니다. 늘 주님의 뜻을 생각하며 깨닫고 행하는 자가 되길 기도합니다.

●● 마음에 와닿은 말씀(시어머니)

왕상3:10 솔로몬이 이것을 구하매 그 말씀이 주의 마음에 든지라

솔로몬의 기도가 하나님의 마음에 들어 구하지 않은 부귀와 영광도 함께 주었다고 합니다. 우리는 간절히 구하여도 응답을 받지 못하는 것은 우리의 기도가 주님 마음에 들지 못하는 것은 아닌지 내 소견대로 하지 말고 주님 마음에 드는 기도로 구하지 않는 것까지도 받을 수 있기를 소망합니다.

기도 우리의 형편과 사정을 우리보다 더 잘 아시는 주님께 내 소욕대로 구하는 것이 아니라 주님 마음에 합한 기도와 삶이 되기를 기도합니다.

●● 마음에 와닿은 말씀(며느리)

왕상3:9 누가 주의 이 많은 백성을 재판할 수 있사오리이까 듣는 마음을 종에게 주사 주의 백성을 재판하여 선악을 분별하게 하옵소서

누군가 바라는 것을 물었을 때 답변은 평소 마음에 품고 있는 바를 대답하게 하리니 솔로몬은 늘 백성들을 생각하고 위하는 선한 마음을 품고 있었기에 그들을 위한 지혜를 주시기를 구할 수 있었습니다.
나의 안위, 가족의 평안만이 아닌 더불어 사는 사람들의 행복을 소원하며 살아갈 때 그들을 위해 간구하며 하나님의 인도하심으로 의를 이룰 줄 믿습니다. 늘 이웃을 생각하는 마음으로, 하나님의 사랑을 행하는 기도로, 의를 행하게 하시길 소망합니다.

기도 정결한 마음, 사랑의 마음을 품고 여호와 하나님께 함께 살아가는 사람들을 위한 지혜를 구하며 사는 삶이 되길 기도합니다.

●● 마음에 와닿은 말씀(시어머니) 138

왕상8:56 여호와를 찬송할지로다 그가 말씀하신 대로 그의 백성 이스라엘에게 태평을 주셨으니 그 종 모세를 통하여 무릇 말씀하신 그 모든 좋은 약속이 하나도 이루어지지 아니함이 없도다

다윗이 소원하였던 성전이 솔로몬 시대에 칠년 동안 천하에 제일가는 재료들로 완공되었습니다. 솔로몬이 하나님께 천번의 제사를 드릴 때 여호와의 영광이 성전에 가득하였다고 합니다. 주신 말씀에 순종하여야 하는데 눈으로 보이는 성전을 더 귀하게 여기는 사람들의 생각이 달라서 지금의 코로나 사태로 교회끼리 교인들도 국민들도 가짜 선지자들의 말에 선동되어 분열하며 서로 비방하며 비난하는 지경에 이르고 예수님의 영광을 가리는 지경까지 이르게 된 것은 아닌가, 주님 앞에 회개하며 용서받아 회복되기를 소원합니다.

기도 주님 성령의 빛 안에서 분별하여 사람의 선동에 속지 말고 말씀에 의지하여 순종하는 우리가 회복되기를 기도합니다.

●● 마음에 와닿은 말씀(며느리)

왕상8:38-39 한 사람이나 혹 주의 온 백성 이스라엘이 다 각각 자기의 마음에 재앙을 깨닫고 이 성전을 향하여 손을 펴고 무슨 기도나 무슨 간구를 하거든 주는 계신 곳 하늘에서 들으시고 사하시며 각 사람의 마음을 아시오니 그들의 모든 행위대로 행하사 갚으시옵소서 주만 홀로 사람의 마음을 다 아심이니이다

나의 죄로 곤고할 때, 나의 죄로 후회가 가득할 때, 성전을 향하여 드리는 간구와 기도를 외면하지 아니하시며 우리의 마음을 다 알아주시는 하나님만을 바라보길 소망합니다. 우리의 문제를 해결하는 해답을 성전, 하나님을 향해 구하는 삶이 되게 하소서.

기도 문제가 있을 때, 나의 죄로 괴로울 때, 그때 하나님을 향하여 나의 눈과 마음을 돌리어 모든 것을 맡기고 나아가길 기도합니다.
나의 모든 것을 아시는 하나님을 온전히 의지하며 주를 찾는 삶이 축복임을 깨닫고 감사하는 삶이 되게 하소서.

●● 마음에 와닿은 말씀(시어머니)

잠8:13 여호와를 경외하는 것은 악을 미워하는 것이라 나는 교만과 거만과 악한 행실과 패역한 입을 미워하느니라

하나님을 경외하는 것이 눈에 보이는 예배 찬송 봉사 헌금을 드리는 것도 중요하지만 제사보다 순종을 더 좋아하신다는 주님 말씀처럼 악을 미워하며 교만하여 다른 사람을 무시하며 악한 행실과 패역한 입술을 미워하신다고 합니다. 하나님의 뜻을 잘 헤아려 하나님께서 원하시는 것이 아니라 사람들이 원하는 대로 행하는 우를 범하지 않도록 성령께서 말씀으로 깨달아 선을 행하는 우리와 자손들이 되어 주님 주신 복을 받기를 소망합니다.

기도 주님의 말씀을 마음 판에 새기고 주님을 경외하는 것이 진정 무엇인지 헤아려 주님의 기쁨이 되는 우리와 자손들이 되어 하늘의 뜻이 땅 위에서 이루어지는 데 쓰임 받기를 기도합니다.

●● 마음에 와닿은 말씀(며느리)

잠3:7-8 스스로 지혜롭게 여기지 말지어다 여호와를 경외하며 악을 떠날지어다 이것이 네 몸에 양약이 되어 네 골수를 윤택하게 하리라

나의 명철에 의지하기보다 마음을 다하여 여호와를 신뢰하고 생명 나무와 같은 하나님의 지혜와 명철을 사모할 때 악을 떠나 평강의 길, 생명의 길로 나아 갈 줄 믿습니다. 나의 길을 이끄시는 하나님을 온전히 경외하며 순종하며 나아가길 소망합니다.

기도 나의 모든 것을 아시는 하나님께 온전히 의지하며 하나님의 지혜와 명철을 구하며 사는 삶이 복된 삶임을 깨닫습니다.
하나님의 말씀과 징계를 기쁘게 받아 악을 멀리하고 의의 길로 나아가게 하시길 기도합니다.

●● 마음에 와닿은 말씀(시어머니)

잠15:3 여호와의 눈은 어디서든지 악인과 선인을 감찰하시느니라

때와 장소와 시간에 상관없이 여호와의 눈은 우리를 감찰하시고 악을 행할 때는 징계를 통하여 깨닫게 하시지만 미련한 자는, 자기 행위를 바른 줄로 여기고 권고를 받아들이지 않고 지혜로운 자는, 권고를 받고 두려워하여 악을 떠난다고 합니다. 우리 마음속 깊은 곳까지도 다 아시고 감찰하시는 주님 앞에 우리의 부족한 모든 것까지 숨김없이 다 내려놓고 주님의 인도하심으로 악을 멀리할 수 있도록 도와주셔서 참 평강과 기쁨으로 사는 우리와 자손들이 되기를 소망합니다.

기도 여호와를 경외하는 것이 악을 미워하는 것이라 말씀하셨습니다.
교만과 거만과 악한 행실과 패역한 입술을 행하는 우를 범하지 않도록 성령께서 지켜주시고 인도하시기를 기도합니다.

_____

●● 마음에 와닿은 말씀(며느리)

잠15:17 채소를 먹으며 서로 사랑하는 것이 살진 소를 먹으며 서로 미워하는 것보다 나으니라

우리 삶의 행복의 근원은 우리가 가진 물질이 아니라 우리 마음속 사랑을 실천함에 있음을 다시금 깨닫습니다. 하나님의 백성답게 가족과 이웃을 사랑하는 자로서 선을 행하고 참 행복을 느끼며 살아가길 소망합니다.

기도 범사에 감사하며 서로 사랑할 때 삶의 참 행복을 얻을 줄 믿습니다. 사람을 사랑하며 그 사랑을 하나님께로 향하여 온전히 경외하는 거룩한 자 되길 기도합니다.

●● 마음에 와닿은 말씀(시어머니)

잠17:15 악인을 의롭다 하고 의인을 악하다 하는 이 두 사람은 다 여호와께 미움을 받느니라

악인을 악인으로 의인을 의인으로 보고 의인들을 따라야 함에도, 불구하고 세상의 잣대로 의인을 악인으로 악인을 의인으로 잘못 보고 따라가다 여호와의 미움을 받고 자신이 생각할 때 의로운 길을 택한 것 같으나 필경은 사망의 길을 걸으면서도 알지 못하고 따른다고 합니다. 잘못된 가르침을 받고 서로 비난하며 입술로 마음으로 상대방을 정죄하는 죄로 주님의 미움을 받지 않도록 성령께서 빛으로 인도하시기를 소망합니다.

기도 주님 이 시대에도 자신이 잘못 알고 행하면서도 오히려 깨닫지 못하고 상대방을 정죄하며 비방하는 죄를 지으면서도 의로운 일이라 생각하며 살아가고 있는 모든 일을 성령의 빛 안에서 보고 깨닫고 회개할 수 있도록 인도해 주세요.

●● 마음에 와닿은 말씀(며느리)

잠16:9 사람이 마음으로 자기의 길을 계획할지라도 그의 걸음을 인도하시는 이는 여호와시니라

마음에 품고 계획할지라도 모든 일은 하나님 뜻대로, 하나님의 인도하심으로 이루어짐을 깨닫습니다. 계획이 이루어질 때 온전한 감사의 마음을 드리며 그렇지 아니할 때도 그것을 통해 나를 연단 시키실 하나님께 겸손한 자세로 나아가며 교만하지 아니하며 범사에 감사함으로 살아가게 하소서.

기도 하나님께서 인도하시는 나의 삶에 온전히 감사하며 교만한 마음을 버리고 순종하며 살아가게 하시길 기도합니다.

●● 마음에 와닿은 말씀(시어머니)

142

잠26:11-12 개가 그 토한 것을 도로 먹는 것 같이 미련한 자는 그 미련한 것을 거듭 행하느니라 네가 스스로 지혜롭게 여기는 자를 보느냐 그보다 미련한 자에게 오히려 희망이 있느니라

자신을 스스로 지혜롭게 여기기 때문에 자신의 잘못을 알 수도 깨닫지도 못하여 개가 토한 것을 먹는 것같이, 미련한 것을 거듭하면서도 고치지 못한다고 합니다. 오히려 자신을 미련하다고 생각하는 사람은 고칠 수 있는 희망이 있지만, 자기를 지혜롭다고 여기며 살 때는 고치기가 어려울 것 같습니다.
자신이 쌓아온 지식으로 교만해진 지혜가 아니라 주님께서 주신 지혜로 세상을 살아가는 우리와 자손들이 되기를 소망합니다.

기도 재물이 많고 학식과 지식이 많아지면 교만에 빠져 자기를 지혜롭다고 생각할 수가 있습니다.
성령과 말씀으로 자신을 성찰하며 지혜롭게 살아가는 우리와 자손이 되기를 기도합니다.

●● 마음에 와닿은 말씀(며느리)

잠29:23 사람이 교만하면 낮아지게 되겠고 마음이 겸손하면 영예를 얻으리라

자신의 소견대로 생각하고, 행하는 교만을 버리고 진정으로 타인을 생각하며 하나님의 뜻대로 행할 때 하나님의 복을 누릴 줄 믿습니다.
하나님의 말씀을 가까이하여 교만을 물리치고 겸손을 선택하고, 질투의 마음을 멀리하게 하셔서 주님의 이름을 높이는 삶이 되길 소망합니다.

기도 늘 겸손한 마음으로 진정한 하나님의 사랑을 전하는 자 되게 하시길 기도합니다.

전9:11 내가 다시 해 아래에서 보니 빠른 경주자들이라고 선착하는 것이 아니며 용사들이라고 전쟁에 승리하는 것이 아니며 지혜자들이라고 음식물을 얻는 것도 아니며 명철자들이라고 재물을 얻는 것도 아니며 지식인들이라고 은총을 입는 것이 아니니 이는 시기와 기회는 그들 모두에게 임함이니라

사람이 다른 사람보다 빠르게 출세하고, 똑똑하고 명철하다 해도 재물을 얻거나 부유해지는 것도 아니고 사람들이 지식이 많다고 하나님의 은총을 입는 것도 아닌 것이 현세에 살아가는 우리 주위에서도 많이 보는 것 같습니다. 하나님께서 함께하시므로, 우리에게 주신 분복대로 평생에 주신 복을 누리며 범사에 감사하며 기쁨으로 사랑하며 사는 우리와 자손들이 되기를 소망합니다.

기도 내일 일은 아무도 모르고 주님만 아십니다. 주님 항상 함께하시고 인도하셔서 주님께서 이 땅에서 우리에게 주신 분복을 감사하며 누리고 살 수 있도록 기도합니다.

● ● 마음에 와닿은 말씀(며느리)

전3:12-14 사람들이 사는 동안에 기뻐하며 선을 행하는 것보다 더 나은 것이 없는 줄을 내가 알았고 사람마다 먹고 마시는 것과 수고함으로 낙을 누리는 그것이 하나님의 선물인 줄도 또한 알았도다 하나님께서 행하시는 모든 것은 영원히 있을 것이라 그 위에 더 할 수도 없고 그것에서 덜 할 수도 없나니 하나님이 이같이 행하심은 사람들이 그의 앞에서 경외하게 하려 하심인 줄을 내가 알았도다

이스라엘 왕으로 모든 것을 다 누리며 살아간 솔로몬은 모든 것이 헛되고, 헛되다고 합니다. 하나님을 경외하고 말씀에 순종하는 것이 사람의 본분이며 이를 통해 선을 행하고 우리에게 주신 모든 선물에 감사하며 살아야 함을 깨닫고 전합니다. 하나님의 뜻대로 선을 행하며 사는 삶이 최고의 축복임을 깨닫고 훗날 지키지 못한 후회가 아닌 잘 지켜 살아간 기쁨과 감사로 나의 믿음을 전하는 삶이 되길 소망합니다.

기도 선을 행하고 하나님의 선물에 늘 감사하는 것이 기쁨임을 매일 고백하는 삶을 살아 온전히 하나님을 경외하는 자가 되길 기도합니다.

●● 마음에 와닿은 말씀(시어머니) **144**

왕상14:30 르호보암과 여로보암 사이에 항상 전쟁이 있으니라

솔로몬의 아들 르호보암의 잘못된 선택으로 같은 민족끼리 싸우고 여호와 보시기에 악을 행하여 나라가 둘로 갈라져서 대치되는 역사가 우리나라의 역사와 너무 닮아있는 것 같습니다. 역사를 주관하시는 하나님께서 회복의 기회를 주셔서 우리 민족을 구원해 주시기를 소망합니다.

기도 주님, 깨닫지 못하여 여전히 범죄 하는 우리를 용서하여 주시고 회복시켜주셔서 민족이 하나가 되어 하나님의 뜻이 온 세상에 이루어지는 데 쓰임 받는 복된 나라가 되게 하시기를 기도합니다.

●● 마음에 와닿은 말씀(며느리)

왕상12:28 이에 계획하고 두 금송아지를 만들고 무리에게 말하기를 너희가 다시는 예루살렘에 올라갈 것이 없도다 이스라엘아 이는 너희를 애굽 땅에서 인도하여 올린 너희의 신들이라 하고

백성들이 예루살렘에 있는 여호와의 성전에 나아갈 때 그들의 마음이 유다의 왕에게 돌아설 것 같은 불안감으로 이를 해결코자 금송아지와 제단을 세우는 죄를 범하는 여로보암 왕을 봅니다. 하나님이 아닌 자기 방법으로 해결하는 모습을 보며 자신의 유익 앞에 흔들리는 나약한 인간의 모습을 보게 됩니다. 나의 유익, 이익보다 하나님의 뜻을 생각하고 살아가 늘 확정하는 삶을 살아가길 소망합니다.

기도 하나님의 뜻을 구하고 품어 흔들리지 않는 굳건한 마음으로 믿음의 길을 걷게 하시길 기도합니다. 하나님이 바라시고 기뻐하시는 예배와 삶을 살아가게 인도하소서.

●● 마음에 와닿은 말씀(시어머니)

145

왕상21:29 아합이 내 앞에서 겸비함을 네가 보느냐 그가 내 앞에서 겸비하므로 내가 재앙을 저의 시대에는 내리지 아니하고 그 아들의 시대에야 그의 집에 재앙을 내리리라 하셨더라

이세벨의 간교함으로 나봇을 죽이고 포도원을 빼앗아 아합에게 돌리자 그 모든 것을 보신 하나님께서 아합에게 재앙의 말씀을 하시지만 아합이 즉시 옷을 찢고 굵은베로 몸을 동이며 겸비함을 보시고 차마 그의 시대에는 재앙을 내리지 아니하고 그 아들의 시대에 재앙을 내리겠다는 말씀을 봅니다. 하나님의 마음과 사랑이 항상 우리에게도 임하심을 가슴 깊이 느껴지며 죄는 용서 하시지만 죄의 대가를 자식에게까지 치러야 하는 일이 없도록 항상 자신을 성찰하여 범죄 하지 않기를 소망합니다.

기도 자신의 소욕 때문에 남의 생명을 빼앗고 재산을 빼앗는 일들이 지금도 비일비재하게 일어나고 있지만, 하나님께서 다 보고 계신다는 것을 알고 하나님을 두려워하는 지도자들과 백성들이 되어 자식들에게까지 재앙을 물려주는 일이 없도록 주님께서 함께하시기를 기도합니다.

●● 마음에 와닿은 말씀(며느리)

왕상21:25 예로부터 아합과 같이 그 자신을 팔아 여호와 앞에서 악을 행한 자가 없음은 그를 그의 아내 이세벨이 충동하였음이라

남편이 악한 길로 나아갈 때 이를 바로잡지 아니하며 그 원대로 이루고자 악한 방법으로 범죄 하는 모습에서 나의 삶을 감찰합니다.
하나님의 길로 나아가야 함을 알지만, 탐욕, 교만으로 그 길을 벗어날 때 하나님의 말씀대로 서로에게 길잡이가 되어 주는 믿음의 동반자가 되어 악에 악을 더하는 삶이 아닌 선에 선을 더하여 하나님 보시기에 기쁨이 되는 그리스도인이 되길 소망합니다.

기도 여러 관계 속에서 여러 문제를 나눌 때 하나님이 원하시는 우리의 선한 삶을 생각하며 서로에게 은혜가 되는 시간을 나눌 수 있길 기도합니다.

●● 마음에 와닿은 말씀(시어머니) **146**

시편75:6-7 무릇 높이는 일이 동쪽에서나 서쪽에서나 말미암지 아니하며 남쪽에서도 말미암지 아니하고 오직 재판장이신 하나님이 이를 낮추시고 저를 높이시느니라

재판장 되시는 하나님께서 세상에서 일어나는 모든 악한 일들을 보고 아시기에 억울하고 답답한 일에도 대적하지 말고 하나님이 판단해 주시기를 기대합니다. 보험사와 공업사가 결탁하여 수리비를 높게 책정하며 손가락 하나 스친 것도 없는데 입원할 수 있다는 둥 참으로 어이없는 일로 악인들에게 뿔을 들고 싶었지만, 말씀을 보며 하나님께서 우리를 보시고 아신다는 것으로 마음에 위로를 받습니다. 세상 모든 이들도 하나님을 알아 악한 일에 동참하는 일이 없기를 소망합니다.

기도 자신을 속이고 깨닫지 못하고 범죄 하는 일이 없도록 성령의 빛 안에서 자신을 성찰하는 복을 우리 모두에게 주시기를 기도합니다.

●● 마음에 와닿은 말씀(며느리)

시73:26,28 내 육체와 마음은 쇠약하나 하나님은 내 마음의 반석이시요 영원한 분깃이시라..., 하나님께 가까이 함이 내게 복이라 내가 주 여호와를 나의 피난처로 삼아 주의 모든 행적을 전파하리이다

악인의 형통함의 끝은 결국 한순간의 파멸이오니 오만한 자를 질투하고 이로 인해 괴로운 나의 쇠약한 마음을 온전히 하나님께 맡기어 나아가게 하소서. 나의 반석이시며, 모든 것이며, 피난처 되시는 하나님을 가까이 하는 것이 나의 복임을 고백하며 세상이 아닌 하나님을 마음의 중심으로 두는 자 되게 하시길 소망합니다.

기도 하나님과 동행하며 그 안에서 누리는 은혜에 진정으로 감사하며 늘 기뻐하며 승리하는 삶이 되게 하시길 기도합니다.

●● 마음에 와닿은 말씀(시어머니)

147

암5:21-22 내가 너희 절기들을 미워하여 멸시하며 너희 성회들을 기뻐하지 아니하나니 너희가 내게 번제나 소제를 드릴지라도 내가 받지 아니할 것이요 너희의 살진 희생의 화목제도 내가 돌아보지 아니하리라

뽕나무 재배하던 아모스에게 예언하십니다. 악한 죄로 기근과 전염병으로 재앙에 이르게 하지만 회개하고 돌아오지 않는 그들을 책망하는 것을 보며 현세에도 온 나라들이 전염병으로, 전쟁으로 어려움을 겪고 있으면서도 하나님께 돌아가기보다는 서로를 탓하며 비방하는 모습을 봅니다. 거짓 선지자들의 선동에 속아 여전히 하나님 앞으로 돌아가지 못하는 것은 아닌지 말입니다.

기도 성령의 빛 안에서 자신의 눈에 있는 들보는 보지 못하고 남의 눈에 있는 티만 보는 어리석음을 범하지 않고 회개하고 하나님 앞으로 돌아가 모든 전염병과 재앙에서 벗어나는 지도자와 백성들이 되기를 기도합니다.

●● 마음에 와닿은 말씀(며느리)

암4:12-13 그러므로 이스라엘아 내가 이와 같이 네게 행하리라 내가 이것을 네게 행하리니 이스라엘아 네 하나님 만나기를 준비하라 보라 산들을 지으며 바람을 창조하며 자기 뜻을 사람에게 보이며 아침을 어둡게 하며 땅의 높은 데를 밟는 이는 그의 이름이 만군의 하나님 여호와시니라

온갖 악행을 저지르는 이스라엘을 심판하겠다 하시며 재앙을 내리시는 하나님의 마음을 봅니다. 그 재앙과 이 모든 말씀이 회개하고 하나님께 돌아오길 바라는 하나님의 뜻, 간절한 기다림임을 깨닫습니다. 우리의 잘못을 바로잡기 위해 깨우치라 돌아오라 외치는 하나님의 뜻을 생각하지 아니하며 깨닫지 아니하며 공의의 길을 멀리하고 악의 길로 나아가지 않도록 늘 하나님의 말씀을 생각하며 하나님을 경외하는 삶을 살아가길 소망합니다.

기도 우리를 포기하지 않으시며 돌아오라 외치시는 하나님의 뜻을 바로 볼 줄 알게 하소서. 그 뜻대로 순종하는 삶이 되게 하시길 기도합니다.

●● 마음에 와닿은 말씀(시어머니)

148

욘4:10-11 여호와께서 이르시되 네가 수고도 아니하였고 재배도 아니하였고 하룻밤에 났다가 하룻밤에 말라 버린 이 박넝쿨을 아꼈거든 하물며 이 큰 성읍 니느웨에는 좌우를 분변하지 못하는 자가 십이만여 명이요 가축도 많이 있나니 내가 어찌 아끼지 아니하겠느냐 하시니라

조그마한 것에도 자기에게 해가 된다면 물불을 가리지 않고 성내며 죽기까지 이방인의 구원을 원하지 않고 도망 다니던 요나에게 사람의 마음과 하나님의 마음이 다름을 보여 주시며 말씀하시는 것을 봅니다.

기도 믿는 자나 불신자나 모두가 하나님의 은혜 안에 거하며 살고 있지만, 분변하지 못하여 죄악 중에 살아가고 있는 이방인과 가축까지도 사랑하시며 모든 자를 사랑하시는 아버지의 마음을 알고 깨달아 하늘의 뜻이 이 땅 위에서 이루어지는 데 쓰임 받는 우리가 되기를 기도합니다.

●● 마음에 와닿은 말씀(며느리)

욘4:11 하물며 이 큰 성읍 니느웨에는 좌우를 분변하지 못하는 자가 십이만여 명이요 가축도 많이 있나니 내가 어찌 아끼지 아니하겠느냐 하시니라

말씀에 순종은 하지만 대충 외치는 소리에 회개하고 구원받는 니느웨 앞에서 요나는 하나님의 생각과는 다른 마음으로 자신의 상한 마음을 드러냅니다. 우리의 죄를 사하여 주시고 우리를 선택하신 하나님의 은혜를 망각하고 그의 뜻을 분별하지 못하며 하나님의 생각이 아닌 내 생각대로 사람을 정죄하고 판단합니다.

기도 하나님의 은혜를 잊지 아니하며 늘 감사하는 마음으로 살아갈 때 온전한 하나님의 사랑을 깨닫고 실천할 수 있을 줄 믿습니다. 하나님의 뜻을 온전히 분별하여 믿음으로 기뻐 행하는 자 되게 하시길 기도합니다.

●● 마음에 와닿은 말씀(시어머니) 149

시86:9 주여 주께서 지으신 모든 민족이 와서 주의 앞에 경배하며 주의 이름에 영광을 돌리리이다

시리아 내전으로 미국과 이스라엘이 한편이 되어 러시아와 시리아 정부군 간의 전쟁으로 그 주변 국가들까지도 지옥 같은 전쟁 속에서 서로를 증오하며 살아야 하는 실정입니다. 지도자들의 권력욕으로 어린아이부터 모두가 지옥 같은 고통 속에서 사는 영상을 보면서 독생자 예수님을 십자가에 죽이기까지 세상에 사랑을 나타내시는 하나님을 기억합니다. 하나님을 사랑하고 네 이웃을 사랑하는 것이 온 율법의 마침이라는 말씀이 믿어지고 행하여질 때 이 땅에 평화가 올 것이라는 생각을 했습니다.

기도 욕심으로 인해 죄를 키워가지 않게 성령님께서 우리의 마음과 생각을 지켜주세요. 전쟁중에 고통받는 사람들에게도 구원의 손길이 임하기를 기도합니다.

●● 마음에 와닿은 말씀(며느리)

시84:5 주께 힘을 얻고 그 마음에 시온의 대로가 있는 자는 복이 있나이다

우리의 삶의 목적과 방향이 주께로 향할 때 복을 누릴 줄 믿습니다.
어렵고 힘든 상황 속에서 원망하고 낙담하지 아니하며 주께로 나아갈 수 있는 은혜를 주심에 감사하며 주의 능력이 나의 능력이 되어 담대하게 나아가는 복된 자 되게 하시길 소망합니다.

기도 하나님과 같이하는 삶이 최고의 복임을 깨닫고 겸손과 순종으로 나아가게 하소서. 우리에게 주시는 사랑에 감사하며 서로 사랑하며 살게 하시길 기도합니다.

사1:12-13 너희가 내 앞에 보이러 오니 이것을 누가 너희에게 요구하였느냐 내 마당만 밟을 뿐이니라 헛된 제물을 다시 가져오지 말라 분향은 내가 가증히 여기는 바요 월삭과 안식일과 대회로 모이는 것도 그러하니 성회와 아울러 악을 행하는 것을 내가 견디지 못하겠노라

헛된 제물과 분향과 월삭과 안식일과 대회와 성회로 모이면서 아울러 악을 행하는 것을 보시며 내가 견디지 못하시겠다는 말씀이 현세에 우리들에게 주시는 말씀은 아닌지 뒤돌아봅니다. 부모와 형제와 이웃과 불화하며, 관행적으로 이루어지는 부정한 보험 타기, 부동산 투기, 일확천금을 노리는 온갖 부정한 것들 사회 지도층도 공무원들도 우리가 소원하는 마음으로 살면서도 교회의 마당만 밟고 의로워진 것처럼 오해하며 살아가고 있는 것은 아닌지 성령의 빛 안에서 나 자신을 성찰하기를 소망합니다.

기도 세상의 빛이 되라는 주님의 말씀이 무색하게 오히려 어두움이 되어 주님의 영광을 가리며 살고 있습니다. 성령의 빛 안에서 회개하여 주님 앞으로 돌아갈 수 있도록 인도하시기를 기도합니다.

●● 마음에 와닿은 말씀(며느리)

사5:4 내가 내 포도원을 위하여 행한 것 외에 무엇을 더할 것이 있으랴 내가 좋은 포도 맺기를 기다렸거늘 들포도를 맺음은 어찌 됨인고

우리에게 가장 좋은 것을 주시고 인도하시는 하나님의 마음을 헤아리지 못하며 자신만을 사랑하며 탐욕이 가득한 마음으로 최상의 포도가 아닌 들 포도의 인생을 살아가고 있는 것은 아닌지 나의 삶을 돌아봅니다.
우리를 지극히 사랑하시기에 하나님을 멸시하며 죄를 범하는 우리의 삶에 분노하시며 결국 회개하길 바라시는 하나님의 마음을 헤아리며 거룩한 삶의 행실로 합당한 열매를 맺는 삶을 살아가길 소망합니다.

기도 탐욕과 이기심을 버리고 우리에게 주시는 사랑만큼 그 사랑을 품고 행하는 삶을 통해 거룩한 열매가 풍성한 우리가 되게 하시길 기도합니다.

●● 마음에 와닿은 말씀(시어머니)

151

사9:6 이는 한 아기가 우리에게 났고 한 아들을 우리에게 주신 바 되었는데 그의 어깨에는 정사를 메었고 그의 이름은 기묘자라, 모사라, 전능하신 하나님이라, 영존하시는 아버지라, 평강의 왕이라 할 것임이라

아브라함의 후손들인 서로가 지금까지도 자신들의 신념대로 종교 생활을 하며 서로 잔인하게 죽이고 죽이는 전쟁을 이천년이 지난 이 순간에도 벌이고 있다는 사실입니다. 아브라함의 후손들과 우리에게 주신 원수를 사랑하라고 하시지만 종교적이고 형식적인 믿음의 언어만 살아있는 것 같습니다. 하나님께 돌아가지 못하고 있는 우리의 잘못들로 인하여 고통을 받는 것은 아닌가, 온 세계 민족들이 성령의 인도하심으로 주님을 믿고 복음화되어 서로 사랑하기를 소원합니다.

기도 주님 고통받고 있는 난민들과 서로 미워할 수밖에 없고 싸울 수밖에 없는 모든 이들에게 복음의 말씀과 사랑을 깨닫고 마음의 평강과 기쁨을 누리며 사는 복된 자들이 되기를 기도합니다.

●● 마음에 와닿은 말씀(며느리)

사14:27 만군의 여호와께서 경영하셨은즉 누가 능히 그것을 폐하며 그의 손을 펴셨은즉 누가 능히 그것을 돌이키랴

악을 벌하시고 선한 자의 무거운 멍에를 벗기사 작정하신 대로 선과 의를 행하시는 하나님을 온전히 경외하며 나의 삶이 주님의 뜻에 합당한지 늘 경계하며 결국에 악행을 바로잡으시는 하나님께 모든 것을 맡기고 나아가길 소망합니다.

기도 모든 것을 계획하신 대로 이루시는 하나님께 모든 것을 맡기고 온전히 경외하는 삶을 통해 순종하며 나아가게 하시길 기도합니다.

●● 마음에 와닿은 말씀(시어머니)

152

사40:27 야곱아 어찌하여 네가 말하며 이스라엘아 네가 이르기를 내 길은 여호와께 숨겨졌으며 내 송사는 내 하나님에게서 벗어난다 하느냐

산헤립의 조롱에 하나님의 응답하심과 죽을병에서 고쳐 주신 하나님을 알면서도 바벨론에서 온 사자들에게 하나님께서 치료하신 간증이 아니라 자신의 소유물 등 전부를 보여 주는 히스기야 왕을 봅니다.

생명을 회복시키시며 나라와 재산 등을 불꽃 같은 눈으로 지켜주신 주님의 은혜를 망각하고 세상의 부와 세상 것을 사랑하며 살아가고 있는 우리들의 모습은 아닌지 돌아봅니다. 언제 어디에서도 주님의 은혜를 잊지 않고 감사함으로 주님께 영광 돌리기를 소망합니다.

기도 우리 모든 삶에서 주님의 눈을 벗어날 수 없으며 숨길 수도 없음을 고백하며 말씀과 성령으로 세상을 이기며 주님의 은혜를 날마다 간증하며 주님께 영광 돌리며 살아가는 우리와 자손들이 되기를 기도합니다.

●● 마음에 와닿은 말씀(며느리)

사37:1,15 히스기야 왕이 듣고 자기의 옷을 찢고 굵은 베 옷을 입고 여호와의 전으로 갔고.., 여호와께 기도하여 이르되

앗수르의 협박으로 인해 두렵고 다급할 때 히스기야는 제일 먼저 여호와의 성전으로 나아갔으며 선지자 이사야에게 남아있는 백성을 위해 기도해 줄 것을 간구했으며, 앗수르의 협박 편지를 주께 아뢰며 간절히 기도합니다. 그의 기도를 듣고 응답하시는 하나님을 통해 우리의 기도를 들으시고 구원하시는 하나님의 은혜를 다시금 마음에 새겨봅니다. 간절한 기도를 통해 하나님의 능력이 나의 능력이 되게 하시길 소망합니다.

기도 어려움 속에서도 하나님을 찾고 나아가게 하시며 간절히 기도하게 하시는 은혜 주심에 감사하며, 모든 것을 하나님께 맡기고 기도하며 말씀에 순종하는 거룩한 삶이 되게 하시길 기도합니다.

●● 마음에 와닿은 말씀(시어머니)

시91:6-7 어두울 때 퍼지는 전염병과 밝을 때 닥쳐오는 재앙을 두려워하지 아니하리로다 천 명이 네 왼쪽에서, 만 명이 네 오른쪽에서 엎드러지나 이 재앙이 네게 가까이 하지 못하리로다

전염병과 재앙을 두려워하지 않고 천 명, 만 명이 재앙을 당할 때도 재앙이 네게 가까이하지 못하도록 지켜주신다고 합니다. 그 말씀을 믿으면 내 귀에 들린 대로 응답하시며 그 말씀을 믿지 못하면 날마다 염려와 근심으로 마음에 평강을 이루지 못하고 실수 밖에 없는 것 같습니다. 귀를 지으신 자가 들으시고 눈을 만드신 자가 우리의 사정과 형편을 우리 자신보다 더 잘 아시니 주님께서 지켜주시고 보호하여 주실 줄 믿습니다.

기도 주안에서 참 평안과 기쁨으로 살기를 소원합니다. 시험에 들지 말게 하시고 악에서 구하여 주시기를 기도합니다.

●● 마음에 와닿은 말씀(며느리)

시94:18-19 여호와여 나의 발이 미끄러진다고 말할 때에 주의 인자하심이 나를 붙드셨사오며 내 속에 근심이 많을 때에 주의 위안이 내 영혼을 즐겁게 하시나이다

하나님의 은혜로 실족하지 아니하며 나의 근심을 외면하지 아니하시며 고난과 고통 속에 찾아오시며 힘을 주시는 하나님께서 함께하시니 낙담하지 아니하며 나의 피난처 되시는 하나님을 찬양하며 기쁨으로 순종하게 하소서.

기도 근심 속에서 하나님을 찾으며 낙담하지 않게 하시는 하나님의 은혜에 감사하며 하나님의 뜻을 깨달아 행하는 자 되길 기도합니다.

●● 마음에 와닿은 말씀(시어머니)

154

미3:11 그들의 우두머리들은 뇌물을 위하여 재판하며 그들의 제사장은 삯을 위하여 교훈하며 그들의 선지자는 돈을 위하여 점을 치면서도 여호와를 의뢰하여 이르기를 여호와께서 우리 중에 계시지 아니하냐 재앙이 우리에게 임하지 아니하리라 하는도다

공의와 정의는 사라지고 돈을 위하여 점을 치면서도 하나님이 우리 중에 계시니 재앙이 우리에게 임하지 아니한다고 하는 사람의 말을 믿고 주님의 말씀은 온데간데없이 불의한 일을 하면서도, 외식적인 믿음 생활로 위안을 얻고 살아가는 일이 없도록 성령의 빛 안에서 분별하여 깨닫기를 소망합니다.

기도 우리를 불쌍히 여기시고 도와주셔서 주안에서 참 평안과 기쁨으로 살 수 있도록 성령께서 빛으로 인도하셔서 분별하여 사람의 말에 현혹되는 일이 없도록 주님 말씀에 순종하여 주님 마음에 합한 자로 살기를 기도합니다.

●● 마음에 와닿은 말씀(며느리)

미6:8 사람아 주께서 선한 것이 무엇임을 네게 보이셨나니 여호와께서 네게 구하시는 것은 오직 정의를 행하며 인자를 사랑하며 겸손하게 네 하나님과 함께 행하는 것이 아니냐

여호와의 변론 앞에 회개하며 나아가는 듯하나 형식뿐인 신앙, 위선만 남은 신앙의 삶을 경계하게 하소서. 여호와께서 우리에게 진정으로 바라는 삶의 모습을, 말씀을 통해 깨닫게 하소서. 말씀에 순종하는 겸손함으로 사랑을 실천하고 늘 하나님과 동행하는 삶을 통해 정의로운 삶이 되길 소망합니다. 여호와께서 내게 구하시는 것을 바로 깨닫고 행하는 온전한 믿음의 삶이 되게 하소서.

기도 연약한 믿음, 보이는 믿음, 형식뿐인 믿음을 버리고 여호와의 말씀을 바로 듣고 깨달아 온전히 순종하는 믿음의 삶이 되게 하시길, 내가 좋은 대로 행하는 신앙이 아닌 하나님께서 기뻐 받으시는 신앙의 삶으로 나아가길 기도합니다.

●● 마음에 와닿은 말씀(시어머니)

사53:5-6 그가 찔림은 우리의 허물 때문이요 그가 상함은 우리의 죄악 때문이라 그가 징계를 받으므로 우리는 평화를 누리고 그가 채찍에 맞으므로 우리는 나음을 받았도다. 우리는 다 양 같아서 그릇 행하여 각기 제 길로 갔거늘 여호와께서는 우리 모두의 죄악을 그에게 담당시키셨도다

아직도 아브라함의 후손들인 중동의 나라들에 일어나는 전쟁들을 보면서 믿음 소망 사랑 중에 제일은 사랑이라 말씀하시며 네 원수를 사랑하라 하시며 죽기까지 사랑하신 하나님 아버지의 마음이 절절하게 느껴지지만 철저하게 종교 생활을 하는 유대인도 이슬람 교인들도 우리들도 아버지의 마음을 모르고 자신들의 소견대로 종교 생활을 하고 있는지 어서 속히 복음이 저들에게 전해지는 역사가 이뤄지기를 소망합니다.

기도 아버지의 마음을 깨닫고 주님의 사랑을 실천할 수 있도록 성령과 말씀으로 날마다 육신의 소욕을 물리칠 수 있도록 도와주시기를 기도합니다.

●● 마음에 와닿은 말씀(며느리)

사53:5 그가 찔림은 우리의 허물 때문이요 그가 상함은 우리의 죄악 때문이라 그가 징계를 받으므로 우리는 평화를 누리고 그가 채찍에 맞으므로 우리는 나음을 받았도다

우리의 허물과 죄악을 짊어지시고 묵묵히 나아가시며 우리를 위해 기도하시는 예수의 거룩한 사랑으로 우리가 평화를 누리고 고침을 받음에 온전한 감사를 드립니다. 하지만 그 크신 사랑을 깨닫지 아니하며 완악한 마음으로 십자가를 부정하고 여전히 죄악 속에 살아가는 우리의 삶을 보게 됩니다. 우리 대신 죄를 짊어지신 그 지극하신 사랑을 바로 보며 그 뜻을 온전히 깨달아 십자가가 우리의 자랑이 되는, 주님의 뜻대로 사는 삶이 되길 소망합니다.

기도 늘 감사의 마음으로 죄악을 멀리하며 선을 향해 나아가는 거룩한 삶이 되게 하시길 기도합니다.

●● 마음에 와닿은 말씀(시어머니) **156**

사58:2 그들이 날마다 나를 찾아 나의 길 알기를 즐거워함이 마치 공의를 행하여 그의 하나님의 규례를 저버리지 아니하는 나라 같아서 의로운 판단을 내게 구하며 하나님과 가까이 하기를 즐거워하는도다

하나님과 가까이하기를 즐거워하며 공의를 행하며 의로운 판단을 구하지만, 금식하면서도 논쟁하며 다투며 악한 주먹으로 치는 행위는 주님께서 기뻐 받으시는 예배와 금식이 아니고 하나님이 기뻐하시는 금식은 흉악의 결박을 풀어주며 멍에의 줄을 끌러 주며 압제당하는 자를 자유하게 하는 실제적인 삶을 사는 것이라 말씀하십니다.
우리의 목소리만 상달하며 눈에 보이는 형식적인 예배와 금식이 아니라 주님께서 기뻐 받으시고 응답하시는 예배와 금식을 할 수 있도록 성령께서 도와주시기를 소원합니다.

기도 육신으로 할 수 없는 모든 일을 성령의 도우심으로 행하며 주님의 기뻐 받으시는 예배와 금식이 될 수 있도록 도와주시기를 기도합니다.

●● 마음에 와닿은 말씀(며느리)

사57:15 지극히 존귀하며 영원히 거하시며 거룩하다 이름하는 이가 이와 같이 말씀하시되 내가 높고 거룩한 곳에 있으며 또한 통회하고 마음이 겸손한 자와 함께 있나니 이는 겸손한 자의 영을 소생시키며 통회하는 자의 마음을 소생시키려 함이라

어리석음과 나약함으로 거룩하신 하나님의 뜻에 벗어난 삶을 살아갈 때도 항상 우리를 인도하시며 지키시는 하나님이 우리와 함께하십니다. 늘 우리에게 주시는 말씀을 깨달아 겸손한 마음과 스스로 정결한 자로 나아가길 소망합니다. 하나님으로 인해 소생하는 마음으로 주님의 뜻에 합한 자로 살아가게 하소서.

기도 우리의 길을 늘 살피사 고쳐주시고 인도하시며 평강을 주시는 하나님을 찬양하며 겸손한 마음으로 살아가게 하시길 기도합니다.

●●○ 마음에 와닿은 말씀(시어머니) **157**

사65:23-24 그들의 수고가 헛되지 않겠고 그들이 생산한 것이 재난을 당하지 아니하리니 그들은 여호와의 복된 자의 자손이요 그들의 후손도 그들과 같을 것임이라 그들이 부르기 전에 내가 응답하겠고 그들이 말을 마치기 전에 내가 들을 것이며

주님께서 지켜주시고 보호하시므로 우리의 모든 수고가 헛되지 않고 재난을 당하지 아니하는 야곱의 기업으로, 주의 종의 집이 영원히 복을 받는 택함 받은 언약의 자손들이 되기를 원합니다. 말을 마치기 전에 들으시고 응답하시는 천지 만물의 주인이시며 전능하신 아버지께서 언약하신 복된 우리와 후손들이 되기를 소망합니다.

기도 지금까지도 부르기 전에 응답하시고 말도 하기 전에 예비하시고 인도하신 주님의 사랑에 감사를 드리며 날마다 감사로 주님께 영광 돌릴 수 있도록 기도드립니다.

●●○ 마음에 와닿은 말씀(며느리)

왕하23:3 왕이 단 위에 서서 여호와 앞에서 언약을 세우되 마음을 다하고 뜻을 다하여 여호와께 순종하고 그의 계명과 법도와 율례를 지켜 이 책에 기록된 이 언약의 말씀을 이루게 하리라 하매 백성이 다 그 언약을 따르기로 하니라

하나님을 찾지 아니하며 자기의 생각을 따라 패역한 길로 나가는 유다에게 다시금 하나님께로 돌아가려는 시작이 되었던 율법책의 발견, 그리고 그 말씀의 선포를 통해 우리의 믿음과 회개의 근간이 말씀임을 깨닫습니다. 말씀을 가까이하여 내 생각으로 가득한 삶이 아닌 하나님의 뜻대로 사는 삶을 살아가기 위해 마음을 다하는 거룩한 삶이 되길 소망합니다.

기도 말씀을 통해 회개하며 말씀대로 살아가게 하소서.
말씀을 사모하는 마음을 부어주셔서 성령 충만한 삶을 통해 하나님의 뜻을 행하는 삶이 되게 하시길 기도합니다.

시104:14-15 그가 가축을 위한 풀과 사람을 위한 채소를 자라게 하시며 땅에서 먹을 것이 나게 하셔서 사람의 마음을 기쁘게 하는 포도주와 사람의 얼굴을 윤택하게 하는 기름과 사람의 마음을 힘있게 하는 양식을 주셨도다

온갖 세상 만물을 만드시고 날아다니는 새들과 바다에 사는 물고기들과 자라나는 나무들과 가축들과 세상에서 살아가고 있는 모든 것들이 먹고 살 수 있도록 때를 따라 비를 내려주시며 풀과 채소들, 온갖 열매들을 자라게 하시고 사람에게는 마음까지 기쁘게 할 수 있는 포도주와 얼굴을 윤택하게 하는 기름과 사람의 마음을 힘있게 하는 양식까지 주셨다 합니다.
그런데도 아버지의 은혜와 사랑을 잊어버리고 자신의 소견대로 불순종하며 끝없이 세상 욕심을 추구하며 사는 우리에게 주안에서 온전히 나를 믿고 평강과 기쁨을 누리며 살기를 소원하는 아버지의 마음을 알아 아버지의 뜻대로 순종하며 살기를 소망합니다.

기도 아버지의 사랑 안에서 참 평안과 기쁨을 누리며 감사함으로 사는 우리와 자손들이 될 수 있도록 성령께서 인도하시기를 기도합니다.

●● 마음에 와닿은 말씀(며느리)

시106:43-45 여호와께서 여러 번 그들을 건지시나 그들은 교묘하게 거역하며 자기 죄악으로 말미암아 낮아짐을 당하였도다 그러나 여호와께서 그들의 부르짖음을 들으실 때에 그들의 고통을 돌보시며 그들을 위하여 그의 언약을 기억하시고 그 크신 인자하심을 따라 뜻을 돌이키사

하나님의 은혜 가운데 살면서도 교만함으로 죄악을 반복하며 살아갈 때도 우릴 포기하지 아니하시며 긍휼을 베푸시는 하나님의 사랑을 찬양합니다. 한없는 사랑을 받은 만큼 모든 순간에 일희일비하지 아니하며 하나님의 인내하심을 닮아 하나님의 사랑을 전하며 누군가의 삶의 변화를 이끌어 줄 수 있는 귀한 행함을 이룰 수 있는 자가 되게 하시길 소망합니다.

기도 하나님의 한량없는 사랑에 감사하며 교만하지 아니하며 나부터 회개하고 순종하는 삶을 통해 인내하시는 하나님을 닮아 그 사랑을 온전히 실천하는 삶이 되길 기도합니다.

●● 마음에 와닿은 말씀(시어머니)

렘9:23 여호와께서 이와 같이 말씀하시되 지혜로운 자는 그의 지혜를 자랑하지 말라 용사는 그의 용맹을 자랑하지 말라 부자는 그의 부함을 자랑하지 말라

천지 만물의 주인 되시며 역사의 주관자 되시는 하나님을 아는 것과 사랑과 정의와 공의를 땅에서 행하는 분이라는 것을 깨닫고 그분의 말씀에 순종할 때 기뻐하신다고 말씀하십니다. 세상에서 아무리 지혜롭고 용맹하고 부자 일지라도 하나님을 모르고 사랑과 정의와 공의를 땅에서 행하는 것을 깨닫지 못하고 있다면 아무런 자랑거리가 되지 못하며 자랑하지 말라고 합니다. 주님을 아는 것을 자랑하며 주신 말씀을 순종하여 주님의 기쁨이 되는 우리와 자손들이 되기를 소망합니다.

기도 세상에 사는 동안 항상 주님과 동행하며 성령과 말씀으로 우리의 가는 모든 길에서 주님을 아는 것을 자랑하며 말씀대로 순종하여 주님 마음에 합한 자로 살아가는 우리와 자손들이 되기를 기도합니다.

●● 마음에 와닿은 말씀(며느리)

렘9:24 자랑하는 자는 이것으로 자랑할지니 곧 명철하여 나를 아는 것과 나 여호와는 사랑과 정의와 공의를 땅에 행하는 자인 줄 깨닫는 것이라 나는 이 일을 기뻐하노라 여호와의 말씀이니라

사랑과 정의와 공의를 행하시는 하나님의 은혜를 경험하고 하나님을 바로 보며 우리의 참 주인 되시는 하나님의 존재를 깨달을 때 우리의 삶이 변화될 줄 믿습니다. 하나님으로 인해 정결한 마음으로 말씀을 듣고 뜻대로 행하여 나의 삶으로 말미암아 하나님을 자랑하는 귀한 삶이 되길 소망합니다.

기도 하나님을 자랑하며 이로 인해 이루실 선을 확신하며 담대히 복음을 나누고 전하는 삶이 되길 기도합니다.

렘17:9-10 만물보다 거짓되고 심히 부패한 것은 마음이라 누가 능히 이를 알리요마는 나 여호와는 심장을 살피며 폐부를 시험하고 각각 그의 행위와 그의 행실대로 보응하나니

하나님께서 만드신 만물은 썩은 것은 썩은 대로 튼실한 것은 튼실한 대로 우리 눈에 다 보이고 알아서 선택하지만, 사람의 마음속에 있는 여러 가지 악한 생각과 부패한 것은 능히 알 수가 없어 배신하며 속이고 속는 거짓된 일을 하면서도 자신조차도 자신이 부패함을 인지하지 못하고 살아갑니다. 하나님께서는 심장을 살피며 폐부를 시험하시고 그 행위와 행실대로 보응하신다고 합니다. 성령의 빛 안에서 말씀 안에서 내 안에 있는 모든 거짓과 부패한 것을 볼 수 있으며 깨달아 알 수 있도록 도와주시기를 소망합니다.

기도 사람은 속일 수 있으나 하나님을 속이며 살 수가 없음을 고백하며 내 소견대로 세상의 가치대로 나 자신도 모르게 거짓되고 부패한 마음대로 행하며 살지 못하도록 도와주시기를 기도합니다.

●● 마음에 와닿은 말씀(며느리)

렘13:9 여호와께서 이와 같이 말씀하시니라 내가 유다의 교만과 예루살렘의 큰 교만을 이같이 썩게 하리라

띠가 사람의 허리에 속함이 될 때 온전하나 물에 적신 베 띠는 썩어서 쓸모없게 되나니 완악한 마음과 교만을 경계하고 우리에게 주신 순종과 믿음의 띠를 꼭 붙잡고 살아가게 하시길 소망합니다. 내 소견대로 행하며 듣지 않는 교만으로 아무 곳에나 내팽개쳐져 썩어가는 띠와 같은 삶이 아닌 겸손으로 순종하며 나아가 하나님의 영광이 드러나는 띠를 품고 사는 삶이 되게 하소서.

기도 절제와 인내하는 마음을 주시어 온전히 말씀에 집중하고, 행하는 힘을 통해 교만을 버리게 하소서. 하나님께서 주신 거룩한 띠를 소중히 지켜나가는 거룩한 삶이 되게 하시길 기도합니다.

●● 마음에 와닿은 말씀(시어머니)

렘23:17-18 항상 그들이 나를 멸시하는 자에게 이르기를 너희가 평안하리라 여호와의 말씀이니라 하며 또 자기 마음이 완악한 대로 행하는 모든 사람에게 이르기를 재앙이 너희에게 임하지 아니하리라 하였느니라 누가 여호와의 회의에 참여하여 그 말을 알아들었으며 누가 귀를 기울여 그 말을 들었느냐

하나님께서 보내지도 않은 거짓 선지자들이 거짓 예언으로 백성들을 미혹하며 선동하는 일들을 봅니다. 현세에서도 거짓 예언으로 역사를 주관하시는 주님 언약의 말씀을 믿지 못하고 공산주의가 된다는 등 혁명당을 만들어 정권을 세워야 한다는 등 사람의 말을 하나님 말씀으로 백성들을 미혹하며 분열하며 주님의 영광을 가리는 일들을 하는 것을 봅니다.

기도 주님, 우리가 미련하고 우둔하여 사랑의 주님을 알지 못하고 사람의 말에 현혹될 때가 있습니다.
성령의 빛 안에서 바로 보고 바로 듣고 바로 살기를 기도합니다.

●● 마음에 와닿은 말씀(며느리)

렘22:15-16 네가 백향목을 많이 사용하여 왕이 될 수 있겠느냐 네 아버지가 먹거나 마시지 아니하였으며 정의와 공의를 행하지 아니하였느냐 그 때에 그가 형통하였었느니라 그는 가난한 자와 궁핍한 자를 변호하고 형통하였나니 이것이 나를 앎이 아니냐 여호와의 말씀이니라

우리 삶의 목표가 사람이 아닌 물질을 향하는 세대 속에서 우리의 눈과 귀를 여사 정결한 마음을 주시어 그 마음을 사람에게 향하여 정의와 공의를 행하게 하시길 소망합니다. 어려움을 겪는 우리 주변의 지친 영혼을 돕는 삶이 형통한 삶이 되리니 나의 소욕이 아닌 사람을 위하여 기도하고, 행하게 하소서. 사람을 소중히 여기시며 사랑하시는 하나님의 은혜에 감사하며 나의 기도와 실천으로 지친 영혼을 살피는 귀한 삶이 되게 하시길 간절히 원합니다.

기도 코로나라는 상황으로 좁아지고 멀어진 관계 속에서 나의 안위만을 살피며 살아가는 이때 말씀을 통해 지친 영혼을 생각하게 하시고 기도하게 하시고 뜻대로 행하게 하시어 더불어 형통한 삶으로 나아가게 하시길 간절히 기도합니다.

렘25:3 유다의 왕 아몬의 아들 요시야 왕 열셋째 해부터 오늘까지 이십삼 년 동안 여호와의 말씀이 내게 임하기로 내가 너희에게 꾸준히 일렀으나 너희가 순종하지 아니하였느니라

보내지 않은 거짓 예언으로 귀에 듣기 좋은 소리로 2년 만에 돌아온다던 하나냐는 오히려 예레미야를 핍박하며 가두는 지경에 이릅니다. 거짓에 속지 말고 미혹 당하지 말라고 하나님의 말씀을 전하지만 여전히 아버지의 마음을 모르는 백성들은 듣기 좋은 소리에 귀를 기울이는 모습을 봅니다. 세상의 빛이 되지 못하고 오히려 멸시의 대상이 되어 복음의 장애가 되는 일들이 여전히 일어나고 있는 것 같습니다.

기도 역사를 주관하시는 주님, 혁명으로, 사람의 능력으로 이 땅을, 사람을 회복시킬 수 없음을 고백합니다. 전능하신 아버지께 돌아가 성령과 말씀의 능력으로 이 땅의 모든 일이 회복되기를 기도합니다.

● ● **마음에 와닿은 말씀**(며느리)

렘26:13 그런즉 너희는 너희 길과 행위를 고치고 너희 하나님 여호와의 목소리를 청종하라 그리하면 여호와께서 너희에게 선언하신 재앙에 대하여 뜻을 돌이키시리라

불순종하는 죄로 인하여 칠십 년 동안 바벨론을 섬기리라 하시는 하나님의 진노에도 자신의 죄를 회개하지 아니하며 온전한 말씀을 전하는 예레미야를 부정하고 자신들의 소견대로, 믿고 싶은 대로 거짓 선지자들의 예언을 청종하는 유다 백성들의 모습을 통해 완악한 인간의 마음을 보게 됩니다. 완악한 마음을 버리고 우리의 길과 행위를 고치시기 위해 징계하시는 하나님을 두려워하며 우리의 잘못을 바로 살피며 온전히 회개하게 하시길 소망합니다.

기도 우리를 선택하시어 자녀 삼아주신 지극하신 하나님의 사랑을 깨닫고 감사하며 온전하고 단단한 믿음으로 주시는 말씀을 청종하여 하나님의 인도하시는 복된 길로 나아가게 하시길 기도합니다.

●● 마음에 와닿은 말씀(시어머니)   **163**

렘35:14 레갑의 아들 요나답이 그의 자손에게 포도주를 마시지 말라 한 그 명령은 실행
되도다 그들은 그 선조의 명령을 순종하여 오늘까지 마시지 아니하거늘 내가 너희에게 말
하고 끊임없이 말하여도 너희는 내게 순종하지 아니하도다

하나님의 사람 고관들의 한 방으로 레갑의 후손들을 데려다가 앞에 포도
주가 가득한 술잔을 놓고 술을 마시라 권하지만, 우리 선조 요나답이 명
령한 모든 말을 순종해야 하기에 평생동안 포도주를 마시지 못한다고 하
며 앞에 놓인 술을 마시지 않는 이방인 레갑 자손들의 순종을 봅니다.
크리스찬이 많을수록 나라가 정결해져야 함에도 오히려 불의한 일들이
만연함을 보며 역사는 예레미야 시대나 지금이나 반복하는 것 같습니다.

기도 사람의 생각에는 옳은 일 같지만, 하나님 뜻은 다를 때가 많은 것 같습니다.
우리의 뜻대로 사는 것이 아니라 주님의 뜻대로 주님 마음에 합한 자로 살 수 있도
록 성령께서 인도하시기를 기도합니다.

●● 마음에 와닿은 말씀(며느리)

렘35:8-9 우리가 레갑의 아들 우리 선조 요나답이 우리에게 명령한 모든 말을 순종하여
우리와 우리 아내와 자녀가 평생 동안 포도주를 마시지 아니하며 살 집도 짓지 아니하며
포도원이나 밭이나 종자도 가지지 아니하고

포도주, 집, 포도원과 밭, 종자를 소원하며 자신의 욕심으로 인해 하나님
께 순종하리라 하는 약속을 잊고 자신의 탐욕과 세상에 순응하여 살아
가는 죄악 속에서 레갑 사람들의 신실한 믿음과 명령한 모든 말에 온전
히 순종하는 삶을 보며 나의 모습을 돌아보고 회개합니다. 약속을 지키는
삶, 하나님께 순종하는 삶으로 단단한 믿음 뿌리를 내딛게 하소서.

기도 나의 모든 욕심과 안일함을 버리고 약속대로 실천하고 지켜나가는 삶을 살
아가게 하소서. 성령 충만함으로 온전히 순종하며 나아가고자 하는 마음의 결심을
붙잡아주시고 행하며 살아가게 하시길 기도합니다.

●● 마음에 와닿은 말씀(시어머니) # 164

렘38:4 이에 그 고관들이 왕께 아뢰되 이 사람이 백성의 평안을 구하지 아니하고 재난을 구하오니 청하건대 이 사람을 죽이소서 그가 이같이 말하여 이 성에 남은 군사의 손과 모든 백성의 손을 약하게 하나이다

끊임없이 가르쳤는데도 듣지 않는 백성들에게 지금이라도 주님 주신 말씀을 듣고 악한 길에서 돌이키면 그 악과 죄를 용서해 주신다고 하시지만 돌이킬 생각은 추호도 없이 예레미야를 죽이라고 말하는 것을 봅니다. 우리도 아마 그들과 똑같은 말을 하며 거짓 선지자를 인정했을지 모릅니다. 예레미야의 처지와 똑같은 형편에 처하게 하는 일이 일어나지 않을까 생각이 됩니다. 지금도 여전히 우리를 사랑하시고 도우시는 아버지의 마음을 알고 아버지의 뜻대로 순종하여 모든 고난과 어려움이 회복되기를 소원합니다.

기도 지금도 여전히 우리에게 말씀하시지만, 우리의 소욕 대로 살고 있음을 고백합니다. 육신의 연약함을 아시는 주님께서 성령의 충만함으로 세상을 이기고 말씀대로 살 수 있도록 도와주시기를 기도합니다.

●● 마음에 와닿은 말씀(며느리)

렘38:4 이에 그 고관들이 왕께 아뢰되 이 사람이 백성의 평안을 구하지 아니하고 재난을 구하오니 청하건대 이 사람을 죽이소서 그가 이같이 말하여 이 성에 남은 군사의 손과 모든 백성의 손을 약하게 하나이다

갈대아인에게 항복하라 하시는 하나님의 말씀을 진정으로 깨닫지 않고 자신들의 소견대로 말씀을 해석하며 부정하는 모습에서 주님이 나에게 진정으로 바라시는 것보다 내가 바라는 것만 생각하며 사는 나의 모습을 봅니다. 고통과 고난의 말씀이나 순종하며 회개할 때 복 주시는 주님을 진정 알지 못하고 무조건적인 평안만을 바라며 내 귀에 듣기 좋은 말씀만 청종하며 살아가는 죄를 범하지 않게 하소서. 우리를 강하게 하시는 하나님의 말씀을 붙잡고 나아가게 하소서.

기도 평안과 축복만을 구하는 신앙이 아닌 나에게 재난과 같은 말씀이라도 그때 깨닫고 회개하는 믿음을 통해 하나님께서 주시는 진정한 복과 은혜를 누리는 삶이 되길 기도합니다.

●● 마음에 와닿은 말씀(시어머니)

렘39:18 내가 반드시 너를 구원할 것인즉 네가 칼에 죽지 아니하고 네가 노략물 같이 네 목숨을 얻을 것이니 이는 네가 나를 믿었음이라 여호와의 말씀이니라 하시더라

예레미야에게 행한 모든 일은 악하다고 왕에게 직언하여 왕의 허락을 받고 구덩이에서 밧줄로 끌어내어 생명을 유지하게 한 구스인 에벳멜렉에게 모두가 칼에 죽고 바벨론으로 끌려가는 온갖 재앙 속에서도 반드시 너를 구원하시고 죽지 아니하고 네 목숨을 얻을 것이라 말합니다.

이유는 단 한 가지 네가 나를 믿었기에 고관들과 백성들이 예레미야의 말을 믿지 못하고 죽이려 할 때 왕에게 충언함으로 목숨을 살릴 수 있었던 것입니다. 결국 하나님께서 예레미야에게 주신 말씀을 믿었기에 할 수 있었던 행동이었습니다. 우리 모두 하나님께서 우리에게 주신 말씀을 분별하여 온전히 믿으며 세상이 아무리 어려울지라도 우리와 함께하시는 주님과 동행하는 복된 자녀들이 되기를 소망합니다.

기도 천지 만물을 지으시고 전능하신 아버지께서 우리의 생사를 주관하시는 모든 것을 온전히 믿고 순종하여 주안에서 평안과 감사와 기쁨을 누리며 사는 우리와 자손들이 되기를 기도합니다.

●● 마음에 와닿은 말씀(며느리)

렘42:6 우리가 당신을 우리 하나님 여호와께 보냄은 그의 목소리가 우리에게 좋든지 좋지 않든지를 막론하고 순종하려 함이라 우리가 우리 하나님 여호와의 목소리를 순종하면 우리에게 복이 있으리이다 하니라

절박한 상황 속에서 하나님을 찾는 간절함은 우리에게 주시는 말씀에 무조건 순종하며 나아가고자 하는 다짐을 하게 합니다. 오직 하나님을 의지하는 것이 우리의 문제를 해결하는 유일한 방법이 될지니 주시는 말씀들을 눈에 보이는 세상의 기준으로 계산하지 아니하며 인도하시는 그 길이 좁고 힘든 길일지라도 이를 통해 회복하게 하실 하나님의 은혜를 믿으며 나아가 복에 복을 더하게 하시길 소망합니다.

기도 눈에 보이는 세상의 기준이 아닌 온전히 마음으로 느끼고 깨닫게 하시는 하나님의 기준을 나의 기준으로 삼아 온전히 순종하게 하시길 기도합니다.
하나님께서 인도하시는 그 길을 겸손함으로 나아가게 하소서.

렘애3:38-40 화와 복이 지존자의 입으로부터 나오지 아니하느냐 살아 있는 사람은 자기 죄들 때문에 벌을 받나니 어찌 원망하랴 우리가 스스로 우리의 행위들을 조사하고 여호와께로 돌아가자

고통이 결국은 살아있는 사람들의 죄 때문에 오는 것이지만 우리에게 고통을 주시고 근심하게 하시는 것은 본심이 아니라 우리의 잘못된 것을 고치시고 회복시키시기 위한 아버지의 절절한 사랑임을 깨닫고 잘못된 행위들을 성찰하여 아버지께 돌아가 모든 교회와 나라와 우리 자신들이 진정 회개하고 아버지 앞으로 돌아가 회복되기를 소망합니다.

기도 말씀을 들어도 보아도 내 소견대로 믿으며 듣고 싶고, 보고 싶고, 하고 싶은 대로 사는 것 같습니다. 주님, 성령의 빛 안에서 저 자신을 온전히 성찰하여 주님의 온전한 뜻이 무엇인지 깨닫고 주님의 뜻대로 살기를 기도합니다.

●● 마음에 와닿은 말씀(며느리)

렘애3:19-22 내 고초와 재난 곧 쑥과 담즙을 기억하소서 내 마음이 그것을 기억하고 내가 낙심이 되오나 이것을 내가 내 마음에 담아 두었더니 그것이 오히려 나의 소망이 되었사옴은 여호와의 인자와 긍휼이 무궁하시므로 우리가 진멸되지 아니함이니이다

죄악으로 말미암아 행한 대로 그에 따른 대가가 따르겠으나 긍휼의 하나님께서 우리를 진멸하지 아니하시며 회개하고 돌아오길 기다리고 계시니 잠잠히 인내하며 기꺼이 순종하는 삶을 살아갈 때 고통 가운데 하나님을 향한 소망이 생겨날 줄 믿습니다. 고통 속에서 원망하지 아니하고 회개하며 나의 삶을 온전히 하나님께 맡기고 소망을 품고 잠잠히 인내하게 하소서.

기도 죄로 인한 고통 가운데 진정한 울음으로 나의 죄를 회개할 때 새로운 소망을 주시는 하나님을 온전히 믿으며 약속을 이루시는 하나님을 향해 나아가게 하시길 기도합니다.

●● 마음에 와닿은 말씀(시어머니)

167

단12:10 많은 사람이 연단을 받아 스스로 정결하게 하며 희게 할 것이나 악한 사람은 악을 행하리니 악한 자는 아무것도 깨닫지 못하되 오직 지혜 있는 자는 깨달으리라

연단을 받고 고난을 받으면 그 고난이 내게 유익이라 그 모든 일이 나를 정결하게 하며 정금 같이 만들어 진정 주님께서 기뻐하는 자녀가 될 수 있음을 깨닫습니다. 모르고 원망하고 오히려 남을 탓하며 깨닫지 못하고 악을 범하는 우를 범할 때가 있습니다. 주님께서 주신 지혜로 깨닫고 화가 오히려 복이 된다는 믿음을 가지고 인내하며 항상 우리에게 최고의 것으로 응답하시는 주님의 사랑을 믿고 인내할 수 있도록 성령께서 도와주시기를 소망합니다.

기도 주님의 뜻을 알면서도 세상의 유불리를 계산하며 세상을 살아가고 있는 우리의 삶을 주님 보혈로 씻어 용서하시고 주님의 뜻을 행하며 살 수 있도록 도와주시기를 기도합니다.

●● 마음에 와닿은 말씀(며느리)

단10:19 이르되 큰 은총을 받은 사람이여 두려워하지 말라 평안하라 강건하라 강건하라 그가 이같이 내게 말하매 내가 곧 힘이 나서 이르되 내 주께서 나를 강건하게 하셨사오니 말씀하옵소서

영적 전투 속에서 어려움을 겪을 때 스스로 겸비하며 나아가는 자에게 응답하시어 평안함과 강건함을 주시는 하나님으로 인하여 다시금 강건하게 나아갈 줄 믿습니다. 하나님을 믿고 나아가는 우리의 삶 가운데 함께 하셔서 늘 우리를 살피시고 힘을 주시어 인도하시는 하나님을 찬양합니다.

기도 믿음의 결단으로 늘 기도하며 나아가게 하소서.
하나님의 도우심으로 영적으로 늘 깨어 있게 하시고 강건함으로 선을 행하며 살아가길 기도합니다.

겔5:7 그러므로 나 주 여호와가 말하노라 너희 요란함이 너희를 둘러싸고 있는 이방인들보다 더하여 내 율례를 행하지 아니하며 내 규례를 지키지 아니하고 너희를 둘러 있는 이방인들의 규례대로도 행하지 아니하였느니라

이방인들의 규례대로도 행하지 않고 이방인들보다 너희의 요란함이 더하다고 말씀하십니다. 우리나라의 지도자들 기업인 인지도가 높은 분들이 기독교인이며 목사님, 장로님, 집사님 할 것 없이 세상에서 보이는 일들이 이방인보다 더 요란하여 온 지면을 도배하다시피 주님의 영광을 가리는 일들을 보고 느낍니다. 지금 세상을 향하여 에스겔 선지자가 말씀하시는 것 같습니다. 파수꾼들의 말을 사람의 소욕으로 말하는 것인지 하나님께서 우리에게 주신 말씀인지 분별하여 자신을 성찰하고 회개하고 깨달아 하늘의 뜻이 땅에 이루어지는 일에 쓰임 받는 우리가 되기를 소망합니다.

기도 가족도 형제도 이웃 간에도 본이 되지 못하면서도 입으로 복음만을 전하는 것은 … 주님, 자신을 성찰하여 볼 수 있도록 성령께서 보게 하시고 깨닫게 도와 주셔서 빛이 되시고 길이 되시는 주님을 증거 하는 데 부족함이 없는 자녀들이 되기를 기도합니다.

●● 마음에 와닿은 말씀(며느리)

겔3:17 인자야 내가 너를 이스라엘 족속의 파수꾼으로 세웠으니 너는 내 입의 말을 듣고 나를 대신하여 그들을 깨우치라

악을 떠나지 아니하는 악인과 의인이 범죄하는 상황 속에서 낙담하고 포기하는 자가 아니라 어떠한 상황이든지 하나님의 말씀을 전하며 나의 주어진 사명을 온전히 다하는 진정한 파수꾼의 삶이 되게 하소서.
여호와의 권능이 내게 임하사 하나님의 능력으로 힘있게 하나님의 말씀을 전하고 행하길 소망합니다.

기도 결국에 이스라엘 백성을 회복시키려는 하나님의 말씀을 통해 끝까지 우리를 포기하지 아니하시며 구원하시는 하나님을 바라봅니다.
마음속에 은혜 주시는 하나님을 품고 하나님의 마음으로 주어진 사명에 온전히 순종하는 삶이 되게 하시길 기도합니다.

●● 마음에 와닿은 말씀(시어머니)

겔18:23-24 주 여호와의 말씀이니라 내가 어찌 악인이 죽는 것을 조금인들 기뻐하랴 그가 돌이켜 그 길에서 떠나 사는 것을 어찌 기뻐하지 아니하겠느냐 만일 의인이 돌이켜 그 공의에서 떠나 범죄하고 악인이 행하는 모든 가증한 일대로 행하면 살겠느냐 그가 행한 공의로운 일은 하나도 기억함이 되지 아니하리니 그가 그 범한 허물과 그 지은 죄로 죽으리라

마땅히 죽어야 할 자가 죽는 것도 기뻐하지 아니한다고 말씀하시며 돌이켜서 악을 떠나 정의와 공의를 행하면 그 범죄한 것이 하나도 기억되지 않고 공의로 살리라 말씀하십니다. 이 땅에 사는 동안 의인과 악인이 따로 있는 것이 아니라 함께 공존하는 상황에서 성령의 빛으로 말씀 안에서 아버지 앞에 자신을 성찰하며 회개하여 날마다 악을 떠나 돌이키며 살아갈 수 있도록 인도하시기를 소망합니다.

기도 아무리 악한 자녀라도 죽는 것을 조금인들 기뻐하는 부모가 없듯이 주님께서도 날마다 우리를 말씀과 성령으로 인도하시고 도와주심을 믿습니다. 악한 마음과 악한 행실을 주의 보혈로 씻어 주시고 의의 길로 인도하시기를 기도합니다.

●● 마음에 와닿은 말씀(며느리)

겔18:29 그런데 이스라엘 족속은 이르기를 주의 길이 공평하지 아니하다 하는도다 이스라엘 족속아 나의 길이 어찌 공평하지 아니하냐 너희 길이 공평하지 아니한 것 아니냐

악인에 대한 원망과 미움으로 그 대상을 응징하고 멸하는 인간적인 공평함이 아닌 돌이켜 회개하고 돌아올 때 모든 죄에서 벗어나 새로운 마음과 영을 주시어 다시 살게 하시는 하나님의 사랑이 가득한 공평함을 생각합니다. 죽을 자가 죽는 것을 기뻐하지 아니하시며 스스로 돌이켜 다시 사는 것을 진정으로 기뻐하시는 하나님의 공평함에 감사하며 하나님의 마음을 품고 살아가게 하시길 소망합니다.

기도 우리를 사랑하사 돌이켜 회개하는 자에게 새로운 마음과 영으로 새롭게 살게 하시는 하나님의 사랑에 진정으로 찬양하며 미움과 원망을 버리고 사랑을 실천하는 삶이 되길 기도합니다.

●● 마음에 와닿은 말씀(시어머니)

시136:25-26 모든 육체에게 먹을 것을 주신 이에게 감사하라 그 인자하심이 영원함이 로다 하늘의 하나님께 감사하라 그 인자하심이 영원함이로다

해로 낮을 주관 하게 하시고 밤에 달과 별들로 밤을 주관하시며 모든 열 매와 곡식과 과일과 동물들의 번식으로 모든 육체에게 먹을 것을 주신다 고 하십니다. 수만 년 수천 년이 흘러간다고 할지라도 우리에게 변함없이 일용할 양식으로 채워주시는 하나님을 찬양합니다. 먹을 때마다 영원하 신 하나님께 그 권능과 사랑을 온몸으로 느끼며 감사하는 마음으로 먹으 며 아버지께 기쁨이 되는 자녀들이 되기를 소망합니다.

기도 인간이 만들 수 있는 것이 하나도 없으며 모든 것이 하나님께서 주신 것임 을 고백합니다. 겸손하게 오만하지 말고 모든 것을 허락하시고 주신 아버지께 감사 하며 사는 우리와 자손들이 되기를 기도합니다.

●● 마음에 와닿은 말씀(며느리)

겔22:14-16 내가 네게 보응하는 날에 네 마음이 견디겠느냐 네 손이 힘이 있겠느냐 나 여호와가 말하였으니 내가 이루리라 내가 너를 뭇 나라 가운데에 흩으며 각 나라에 헤치 고 너의 더러운 것을 네 가운데에서 멸하리라 네가 자신 때문에 나라들의 목전에서 수치 를 당하리니 내가 여호와인 줄 알리라 하셨다 하라

말씀을 떠나 죄악 속에 살아갈 때와 돌아오라 하시는 하나님의 뜻을 깨닫 지 못할 때 우리의 행함대로 보응 하시는 하나님의 마음은 우리의 더러운 모든 것을 제거하고 진정으로 여호와 하나님을 다시금 바라보게 하시어 정 의와 공의의 삶으로 나아가길 원하시는 것입니다. 우리를 향하사 간절한 사랑을 주시는 하나님의 마음을 깨닫습니다. 우리의 악한 모든 것을 제거 하고 정결한 마음으로 하나님께 순종하는 자녀 되게 하시길 소망합니다.

기도 부모가 자녀를 사랑함과 같이 우리를 끝까지 포기하지 않으시며 인도하시 는 그 큰 사랑에 감사하며 정결한 마음으로 살아가게 하시길 기도합니다.

●● 마음에 와닿은 말씀(시어머니) 171

겔25:3 너는 암몬 족속에게 이르기를 너희는 주 여호와의 말씀을 들을지어다 주 여호와께서 이같이 말씀하셨느니라 내 성소가 더럽힘을 받을 때에 네가 그것에 관하여, 이스라엘 땅이 황폐할 때에 네가 그것에 관하여, 유다 족속이 사로잡힐 때에 네가 그들에 대하여 이르기를 아하 좋다 하였도다

하나님께서 택한 이스라엘이 성소가 더럽혀지고 땅이 황폐해지고 유다 족속이 사로잡혀 갈 때 멸시하며 좋아하고 하나님께서 택하신 유다 족속도 모든 이방인과 다름이 없다 하며 손뼉을 치며 즐거워하는 암몬 족속과 사방에서 멸시하던 모든 나라를 다른 민족에게 노략을 당하게 하여 심판하시며 패망하게 하는 것을 봅니다. 남이 어려움을 겪을 때 마음이 교만해져서 입으로 마음으로 죄를 짓는 일이 없도록 항상 성령과 말씀의 빛 안에서 깨닫고 축복할 수 있는 마음을 가질 수 있기를 소망합니다.

기도 마음속에 악한 생각과 교만한 마음으로 남의 슬픔이 자신의 기쁨으로 여기는 오만방자한 어리석은 일들을 행하지 못하도록 성령께서 지키시고 인도하시기를 기도합니다.

●● 마음에 와닿은 말씀(며느리)

시121:5-7 여호와는 너를 지키시는 이시라 여호와께서 네 오른쪽에서 네 그늘이 되시나니 낮의 해가 너를 상하게 하지 아니하며 밤의 달도 너를 해치지 아니하리로다 여호와께서 너를 지켜 모든 환난을 면하게 하시며 또 네 영혼을 지키시리로다

졸지도 아니하시고 주무시지도 아니하시며 낮의 해도, 밤의 해도 우리를 상하게 하지 못하도록 늘, 항상 우리의 영혼을 지키시는 하나님을 찬양합니다. 늘 우리와 함께하시는 하나님을 의지하며 믿음으로 나아가게 하시길 소망합니다.

기도 연약한 영혼이나 외롭지 않고 좌절하지 아니함은 우리를 지켜주시는 하나님으로 인함이니 감사하고 감사합니다. 나의 영원한 보호자 되시는 하나님과 늘 동행하며 말씀대로 사는 자 되길 기도합니다.

●● 마음에 와닿은 말씀(시어머니)

172

겔33:31-32 백성이 모이는 것 같이 네게 나아오며 내 백성처럼 네 앞에 앉아서 네 말을 들으나 그대로 행하지 아니하니 이는 그 입으로는 사랑을 나타내어도 마음으로는 이익을 따름이라 그들은 네가 고운 음성으로 사랑의 노래를 하며 음악을 잘하는 자 같이 여겼나니 네 말을 듣고도 행하지 아니하거니와

에스겔의 시대나 예수님 시대나 현세에도 내 백성처럼 앉아서 내 말을 듣고는 있지만 그대로 행하지 아니하고 그 입으로 사랑을 말하지만, 속마음으로는 자신들의 이익을 따르며 고운 음성으로 사랑의 노래로 찬양을 하지만 네 말을 듣고도 행하지 않는다고 말씀하십니다. 말씀의 역사는 반복되듯 여전히 우리도 외식하며 겉으로는 잘 믿는 것처럼 보이지만 그렇지 못함을 인정하며 하나님의 도우심을 구해봅니다.

기도 아버지의 마음을 모르고 우리의 소욕 만을 탐하는 마음으로 믿는 척, 듣는 척, 하는 척하지만, 실상은 아무것도 하지 않고 내 뜻대로 살고 있음을 고백합니다. 아버지의 뜻대로 살 수 있도록 성령께서 인도하시기를 기도합니다.

●● 마음에 와닿은 말씀(며느리)

겔36:26 또 새 영을 너희 속에 두고 새 마음을 너희에게 주되 너희 육신에서 굳은 마음을 제거하고 부드러운 마음을 줄 것이며.., 37:14 내가 또 내 영을 너희 속에 두어 너희가 살아나게 하고 내가 또 너희를 너희 고국 땅에 두리니 나 여호와가 이 일을 말하고 이룬 줄을 너희가 알리라 여호와의 말씀이니라
39:29 내가 다시는 내 얼굴을 그들에게 가리지 아니하리니 이는 내가 내 영을 이스라엘 족속에게 쏟았음이라 주 여호와의 말씀이니라

내 안에 하나님의 영이 함께 하사 삶 가운데 늘 동행하실 때 하나님의 뜻에 순종하며 이로 인하여 내가 살아날 줄 믿습니다. 성령 충만함으로 내 안의 완악한 마음을 버리고 온전한 하나님의 백성이 되길 소망합니다.

기도 말씀을 통해 정결한 마음을 품게 하시고 성령 충만함으로 인도하시어 하나님의 은혜를 누리는 복된 삶을 살아가게 하시길 기도합니다.

●● 마음에 와닿은 말씀(시어머니) **173**

겔48:13-14 제사장의 경계선을 따라 레위 사람의 몫을 주되 길이는 이만 오천 척이요 너비는 만 척으로 할지니 이 구역의 길이가 이만 오천 척이요 너비가 각기 만 척이라 그들이 그 땅을 팔지도 못하며 바꾸지도 못하며 그 땅의 처음 익은 열매를 남에게 주지도 못하리니 이는 여호와께 거룩히 구별한 것임이라

거룩하게 구별된 제사장 레위 사람들과 그들에게 맡기신 성전에 있는 모든 것들은 거룩하게 구별된 것이며 하나님의 것이니 팔지도 못하고 바꾸지도 못한다고 합니다. 육신의 노력으로 취득한 재산이 아니라 온전히 하나님께 구별하여 드린 것이기에 사유화할 수가 없음에도 팔기도 하고 사기도 하며 개인 재산같이 사용될 때 그 모든 것을 보시고 아시는 주님께서 보시고 판단하실 것입니다. 이단들과 큰 교회들의 만행을 지나치지 않으시고 지금도 심판하시는 것을 보며 머리털 하나까지 세시고 아시는 주님 앞에서 말씀대로 순종하며 살기를 소원합니다.

기도 심은 대로 거두시는 하나님 앞에서 좋은 것으로 심어 좋은 열매가 풍성하게 열리는 우리와 자손들의 삶이 되기를 기도합니다.

●● 마음에 와닿은 말씀(며느리)

겔46:13,15 아침마다 일 년 되고 흠 없는 어린양 한 마리를 번제를 갖추어 나 여호와께 드리고…, 이같이 아침마다 그 어린 양과 밀가루와 기름을 준비하여 항상 드리는 번제물로 삼을지니라

아침마다 흠 없는 어린 양과 밀가루, 기름을 준비하여 매일, 드리는 제사와 같이 하나님께 나아가기 위해 나의 마음을 정결하게 하며 하나님을 만나는 매일의 말씀 통독 시간을 귀히 여기며 이를 통해 매일 매일을 주님의 뜻에 순종하는 거룩한 삶이 되길 소망합니다.

기도 절제를 통해 나의 몸과 마음을 정결하게 하며 준비된 자로서 귀한 말씀으로 매일매일을 시작하는 복된 삶으로 인도하시길 기도합니다.

●● 마음에 와닿은 말씀(시어머니) **174**

대상10:6 이와 같이 사울과 그의 세 아들과 그 온 집안이 함께 죽으니라

왕으로 택함받아 온갖 부귀와 영화로 주안에서 순종하면서 평생을 잘 살 수 있었는데도 불구하고 다윗에 대한 시기와 질투로 훌륭한 아들과 훌륭한 사위도 무용지물로 자녀들에게 온갖 시련과 어려움을 주는 아버지 사울이 결국 세 아들과 함께 죽는 비극을 보며 우리도 언젠가는 빈손으로 하나님 앞에 설 인생이란 걸 알고 사울과 같은 길을 걷지 않도록 해야 하겠습니다.. 사울의 평생 삶을 보면서 깨닫고 우리에게 주신 분복을 감사하며 주안에서 참 평안과 기쁨을 누리며 사는 우리와 자손들이 되기를 소망합니다.

기도 주님 주신 분복으로 항상 감사하며 주안에서 순종하여 아브라함과 이삭과 야곱에게 허락하신 모든 언약이 이루어지는 복된 우리와 자손들이 되기를 기도합니다.

●● 마음에 와닿은 말씀(며느리)

대상12:18 그 때에 성령이 삼십 명의 우두머리 아마새를 감싸시니 이르되 다윗이여 우리가 당신에게 속하겠고 이새의 아들이여 우리가 당신과 함께 있으리니 원하건대 평안하소서 당신도 평안하고 당신을 돕는 자에게도 평안이 있을지니 이는 당신의 하나님이 당신을 도우심이니이다 한지라 다윗이 그들을 받아들여 군대 지휘관을 삼았더라

다윗에게 날마다 돕는 자를 더하여 하나님의 군대와 같은 힘을 더하신 하나님, 하나님을 믿고 나아가며, 하나님의 도우심을 증거 하는 삶을 통해 다윗의 삶 가운데 평강을 주시는 하나님을 경험하게 하시니 날로 하나님의 백성, 하나님의 군대가 강성해짐을 바라봅니다.
성령 충만함으로 인하여 믿음에 믿음을 더하사 만남의 축복 속에 함께 하는 단단한 신앙의 길로 나아가게 하시길 소망합니다.

기도 하나님의 뜻대로 함께 나아가는 만남의 복을 통해 우리를 도우시는 하나님을 온전히 의지하며 평강의 길로 나아가게 하시길 기도합니다.

●● 마음에 와닿은 말씀(시어머니) **175**

대하1:11 하나님이 솔로몬에게 이르시되 이런 마음이 네게 있어서 부나 재물이나 영광이나 원수의 생명 멸하기를 구하지 아니하며 장수도 구하지 아니하고 오직 내가 네게 다스리게 한 내 백성을 재판하기 위하여 지혜와 지식을 구하였으니

천 마리의 희생으로 번제를 드린 후 그날 밤에 하나님께서 나타나셔서 원하는 것을 물으시는 하나님께 주의 백성을 위하여 듣는 마음과 분별할 수 있는 지혜를 구하는 솔로몬을 봅니다. 하나님 마음에 합한 구함 때문에 구하지 않은 모든 부와 재물과 장수와 영광까지 겸하여 주신다고 말씀하시는 것을 봅니다. 나라의 지도자와 교회의 지도자들이 이런 지혜와 지식을 구하여 세상에서 빛이 되고 주님의 영광을 드러내며 주님 마음에 합한 지도자들이 되기를 소원합니다.

기도 저에게 나타나셔서 무엇을 주랴 너는 구하라 하신다면 "내 평생에 주님 주신 분복을 감사하며 우리와 후손들이 영과 육이 강건하여 주님 말씀에 순종하여 주님께 영광 돌리며 하늘의 뜻이 땅 위에서 이루어질 수 있도록 쓰임 받는 언약의 자녀들이 될 수 있도록 인도하소서"라고 기도하겠습니다.

●● 마음에 와닿은 말씀(며느리)

대하6:29-30 한 사람이나 혹 주의 온 백성 이스라엘이 다 각각 자기의 마음에 재앙과 고통을 깨닫고 이 성전을 향하여 손을 펴고 무슨 기도나 무슨 간구를 하거든 주는 계신 곳 하늘에서 들으시며 사유하시되 각 사람의 마음을 아시오니 그의 모든 행위대로 갚으시옵소서 주만 홀로 사람의 마음을 아심이니이다

마음의 재앙과 고통으로 어려울 때 나의 행위를 돌아보고 하나님 앞에 모든 것을 고백하고 기도하며 나아갈 수 있는 은혜를 주심에 감사합니다. 우리의 마음을 모두 아시는 하나님 앞에 정직함과 신실함으로 나아가 행위대로 회개하며 인도하시는 하나님께 의지하며 살아가게 하소서.

기도 오직 주만이 우리의 마음을 모두 아시니 우리를 향하여 눈과 귀를 여시는 하나님을 향해 우리 마음속의 모든 문제를 고백하고 기도하게 하소서.
그 과정에서 나의 죄를 온전히 깨닫고 회개하며 나아가는, 하나님을 경외하는 삶이 되길 기도합니다.

●● 마음에 와닿은 말씀(시어머니) **176**

대하14:11 아사가 그의 하나님 여호와께 부르짖어 이르되 여호와여 힘이 강한 자와 약한 자 사이에는 주밖에 도와 줄 이가 없사오니 우리 하나님 여호와여 우리를 도우소서 우리가 주를 의지하오며 주의 이름을 의탁하옵고 이 많은 무리를 치러 왔나이다 여호와여 주는 우리 하나님이시오니 원하건대 사람이 주를 이기지 못하게 하옵소서 하였더니

강한 사람이나 그 어떠한 사람도 주를 이길 자가 없다 하며 주님의 도우심을 구하는 아사가 마음을 다하여 맹세하고 뜻을 다하여 주님을 찾으므로 그들을 도우시고 사방에 평안을 주셨다고 합니다. 선견자 하나니가 유다 왕 아사에게 아람 왕을 의지하고 하나님을 의지하지 않아 오는 망령된 행위를 지적하자 곧바로 회개하며 마음을 다하여 기도할 때 주님의 전쟁은 너희에게 속한 것이 아니라 하나님께 속한 것이니라 말씀하시며 사방에 평안을 주셨다고 합니다. 우리에게도 어려움이 올 때 전심으로 우리의 행위를 돌아보며 회개하여 주님께 돌아오기를 소망합니다.

기도 마음을 다하고 뜻을 다하여 주님의 말씀대로 순종하며 주님 주시는 평강을 누리며 사는 우리와 자손들이 되기를 기도합니다.

●● 마음에 와닿은 말씀(며느리)

대하12:1 르호보암의 나라가 견고하고 세력이 강해지매 그가 여호와의 율법을 버리니 온 이스라엘이 본받은지라

고난과 고통 가운데 하나님을 찾으며, 우리를 인도하시며 지켜주시는 하나님의 은혜를 찬양하면서 주님의 은혜로 형통함을 누릴 때 주신 은혜를 망각하고 하나님의 말씀보다 내 생각대로 살아가는 르호보암의 모습을 보며 나의 삶을 돌아봅니다. 형통할 때 늘 감사하는 마음을 잊지 아니하며 하나님의 말씀을 마음에 새기는 하루하루를 통해 주님의 선한 길로 나아가며 다른 이들의 삶에 선한 영향을 주는 귀한 삶이 되길 소망합니다.

기도 늘, 항상 하나님의 말씀을 사모하며 그 뜻대로 행하는 삶이 되게 하소서. 매일매일 주시는 말씀을 통해 깨닫고 나아가는 거룩함을 통해 나의 삶이 하나님을 증거 하는 귀한 삶이 되게 하시길 기도합니다.

●● 마음에 와닿은 말씀(시어머니) **177**

대하27:6 요담이 그의 하나님 여호와 앞에서 바른 길을 걸었으므로 점점 강하여졌더라

하나님 앞에서 바른길을 걸을 때는 복을 주셔서 점점 강하여지고, 강하여지면 또다시 마음이 교만해져서 하나님 앞에서 악을 행하여 전쟁으로, 병으로 죽고 어려움을 겪는 것을 이스라엘 유다의 역사에 그대로 쓰여 있음을 기억합니다. 오랜 세월 반복하여 성경 보고 예배를 드리며, 기도하고 주님과 날마다 동행한다고 하면서도 여전히 불순종하며 주님 뜻이 아닌 내 소견대로 살아가고 있는 우리의 모습을 보며 주님 앞에 회개합니다. 성령님께서 늘 인도해 주시길 소망합니다.

기도 교회와 교인들을 분열시키고 세상에서 주님의 영광을 가리는 일들을 주님은 다 보고 아시는 줄 믿습니다. 누구든 주님 앞에 회개하면 용서하시고 주님 앞으로 모두가 회개하고 돌아와 대한민국이 평안해지기를 기도합니다.

●● 마음에 와닿은 말씀(며느리)

대하24:20 이에 하나님의 영이 제사장 여호야다의 아들 스가랴를 감동시키시매 그가 백성 앞에 높이 서서 그들에게 이르되 하나님이 이같이 말씀하시기를 너희가 어찌하여 여호와의 명령을 거역하여 스스로 형통하지 못하게 하느냐 하셨나니 너희가 여호와를 버렸으므로 여호와께서도 너희를 버리셨느니라 하나

마음을 다하고 뜻을 다하여 하나님을 섬기고 순종할 때 형통하게 하시는 하나님의 은혜를 깨닫지 못하고 마음속 교만으로 자기 생각대로, 우상을 숭배하며 하나님을 멀리하는 것을 봅니다. 선지자를 통해 경고하시고 회개하고 돌아오길 간절히 바라시는 하나님의 사랑을 깨닫지 못하고 하나님을 떠나 스스로 형통하지 않은 악을 멀리하게 하소서. 끊임없이 반복되는 죄악을 보며 인간의 나약하고 교만한 마음을 바로 보게 하시어 늘 정결한 마음을 품고 나아갈 수 있도록 인도해 주시길 소망합니다.

기도 우리의 죄악 가운데도 돌아오라 하시며 끝까지 품으시는 하나님의 크신 사랑에 감사하며 주님과 늘 동행하는 형통한 삶을 사모하며 나아가길 기도합니다.

●● 마음에 와닿은 말씀(시어머니)

스6:10 그들이 하늘의 하나님께 향기로운 제물을 드려 왕과 왕자들의 생명을 위하여 기도하게 하라

조상들의 불순종한 대가로 바벨론의 70년 포로로 살게 되었지만, 하나님께서 다시금 고레스 왕에게 감동을 주시고 생명을 주관하시는 하나님을 알게 하셔서 그들에게 자신과 후손들을 위하여 예루살렘과 유다로 돌아와 성전 건축을 독려하여 택한 백성들을 다시 회복시키시는 아버지의 사랑을, 말씀을 통해 깨닫습니다. 우리에게도 날마다 성령의 감동으로 함께 하시고 인도하시기를 소망합니다.

기도 이방인 고레스에게도 자신과 후손들의 생사화복을 주장하시는 하나님을 믿고 알고 기도해 주기를 바라는 것을 보며 특권을 받은 하나님의 자녀들인 우리도 하나님을 온전히 믿고 순종하며 우리의 모든 삶을 주님께 맡기며 우리와 자손들을 위하여 기도하는 복된 자녀들이 되기를 기도합니다.

●● 마음에 와닿은 말씀(며느리)

학1:7,9 만군의 여호와가 말하노니 너희는 자기의 행위를 살필지니라..,너희가 많은 것을 바랐으나 도리어 적었고 너희가 그것을 집으로 가져갔으나 내가 불어 버렸느니라 나 만군의 여호와가 말하노라 이것이 무슨 까닭이냐 내 집은 황폐하였으되 너희는 각각 자기의 집을 짓기 위하여 빨랐음이라

우리의 행위를 살피시는 하나님을 속이며 마음의 중심에 하나님의 뜻을 품기보다 자신의 이익을 생각하며 유익을 위해 이는 결국 살아가나 도리어 적어지고 불면 없어지는 헛된 삶임을 보며 깨닫습니다.
나를 위한 성전이 아닌 하나님을 위한 마음의 성전을 만들고 지켜나갈 수 있는 정결한 마음을 주시어 하나님의 뜻에 순종하는 삶이 되게 하소서.

기도 코로나 시대에 진정으로 하나님을 향하여 마음을 모으고 나의 마음의 성전을 굳건하게 하소서. 명하시는 말씀에 순종하여 진정으로 우리가 해야 할 일을 깨닫고 행하는 삶이 되길 기도합니다.

느1:9 만일 내게로 돌아와 내 계명을 지켜 행하면 너희 쫓긴 자가 하늘 끝에 있을지라도 내가 거기서부터 그들을 모아 내 이름을 두려고 택한 곳에 돌아오게 하리라 하신 말씀을 이제 청하건대 기억하옵소서

하늘 끝에 쫓겨 가 있을지라도 돌아와 내 계명을 지켜 행하면 택한 곳에 돌아오게 하리라 모세에게 하신 말씀을 기억하시고 학자 에스라와 느헤미야를 예루살렘으로 보내셔서 말씀을 가르치며 느헤미야를 통해 성벽을 재건하는 일을 이어가십니다. 전능하신 하나님의 계획과 진행을 보며 지금도 어려운 이 시국에 우리가 하나님께 회개하고 돌아와 새롭게 변화시킬 지도자들을 세워주시도록 기도해야 할 때입니다.

기도 하나님의 도우심으로 부강한 대한민국이 되어 잘살게 되니 교만이 살아나고 세상의 방법대로 교회도 교인도 지도자들도 모든 백성이 불의를 행하는 세상입니다. 거짓 선지자들의 말에 미혹되지 않고 세상의 비방거리가 되지 않게 인도해 주세요

●● 마음에 와닿은 말씀(며느리)

슥8:12 곧 평강의 씨앗을 얻을 것이라 포도나무가 열매를 맺으며 땅이 산물을 내며 하늘은 이슬을 내리리니 내가 이 남은 백성으로 이 모든 것을 누리게 하리라

성전 재건이 멈춰진 이때 하나님께서 주시는 말씀에 눈과 귀를 열어 순종으로 나아가게 하소서. 평강의 씨앗을 주시며 모든 것을 누리게 하시는 하나님을 온전히 바라보며 나아갈 때 우리를 복이 되게 하시며, 하나님께서 우리와 함께하심을 증거 하는 거룩한 삶이 되게 하시니 두려워하지 말며 손을 견고하게 하여 나아가라는 하나님의 말씀에 기뻐하며 담대하게 나아가게 하소서.

기도 무너진 마음의 성전을 재건하고 우리를 회복하게 하는 힘을 주시는 이는 오직 하나님이시니 반드시 그 약속을 이루실 것이라는, 믿음의 확신을 품고 믿음으로 순종하며 믿음대로 열매 맺는 귀한 삶이 되길 기도합니다.

●● 마음에 와닿은 말씀(시어머니)

에6:1-2 그 날 밤에 왕이 잠이 오지 아니하므로 명령하여 역대 일기를 가져다가 자기 앞에서 읽히더니 그 속에 기록하기를 문을 지키던 왕의 두 내시 빅다나와 데레스가 아하수에로 왕을 암살하려는 음모를 모르드개가 고발하였다 하였는지라

전화위복이라는 말이 있습니다. 모르드개가 왕을 구한 사실이 궁중일기에 기록되어 왕이 보게 되면서 전화위복이 시작됩니다. 이 모든 것이 하나님께서 모르드개의 평생에 살면서 행했던 선한 행실을 기억하시고 조카지만 믿음으로 잘 양육한 에스더와 함께 합력하여 그 난관을 싸워나가게 하심을 보며 우리 또한 항상 주님의 마음에 합한 선한 일을 통하여 주님의 인도하심 받기를 소원합니다.

기도 하나님을 신뢰하는 자에게는 전화위복이란 결말을 주시는 하나님께 감사와 영광을 돌리며 이 세상 살면서 하는 모든 선한 일에는 선한 열매가, 악한 일에는 악한 열매가 열리는 것을 보며 우리 평생에 선한 열매로 주님께 영광 돌리며 사는 우리와 자손들이 되기를 기도합니다.

●● 마음에 와닿은 말씀(며느리)

에4:14 이 때에 네가 만일 잠잠하여 말이 없으면 유다인은 다른 데로 말미암아 놓임과 구원을 얻으려니와 너와 네 아버지 집은 멸망하리라 네가 왕후의 자리를 얻은 것이 이 때를 위함이 아닌지 누가 알겠느냐 하니

일찍 부모를 여의고 삼촌 모르드개 밑에서 자란 에스더가 왕후가 되어 유대인을 말살하려는 하만의 음모를 밝혀 유대인, 즉 자기 민족을 목숨 걸고 구하는 대하드라마를 봅니다. 왕후의 자리가 유대인을 구하는 귀한 자리가 되었으니 우연이 아니라 계획하시고 예비하시며 우리를 구하시는 하나님을 바라봅니다. 지금 우리의 상황, 역할, 만남도 우연이 아니라 선을 이룰 그 때를 위함일지니 현재의 삶에 최선을 다해 살며 옳은 일에 결단을 내려야 할 때 과감하게 결단할 수 있는 신앙인으로 살아가게 하시길 소망합니다.

기도 우리를 위해 일하시는 하나님을 찬양하며 계획하고 인도하시는 하나님을 믿으며 하나님의 뜻을 바로 깨달아 선을 위해 귀하게 쓰임 받는 삶이 되길 기도합니다.

●● 마음에 와닿은 말씀(시어머니)

181

말1:10 만군의 여호와가 이르노라 너희가 내 제단 위에 헛되이 불사르지 못하게 하기 위하여 너희 중에 성전 문을 닫을 자가 있었으면 좋겠도다 내가 너희를 기뻐하지 아니하며 너희가 손으로 드리는 것을 받지도 아니하리라

자칭 선지자들이라 말하고 교인들을 현혹하던 이단들과 아직도 선견자라 말하며 교회와 교인들을 분열시키고 세상에 주님의 영광을 가리며 자신들의 사욕으로 세상을 어지럽히는 가짜들이 판치는 세상에서 살길은 하나님 아버지 뜻을 깨닫고 아버지 앞으로 돌아가 회개하고 죄악에서 떠나 용서받고 이 어려운 시국에서 회복되기를 소망합니다.

기도 말씀을 모르고 사람의 말만 듣고 분별하지 못하여 듣고 싶고 하고 싶은 육신의 소욕대로 살고 있으면서도 주여, 주여, 하며 살았습니다.
우리의 삶의 예배가, 우리의 삶의 기도가 하나님께서 기뻐 받으시는 예배와 기도와 묵상이 되기를 기도합니다.

●● 마음에 와닿은 말씀(며느리)

말3:16 그 때에 여호와를 경외하는 자들이 피차에 말하매 여호와께서 그것을 분명히 들으시고 여호와를 경외하는 자와 그 이름을 존중히 여기는 자를 위하여 여호와 앞에 있는 기념책에 기록하셨느니라

교만한 자, 악한 자가 형통한 것처럼 여기는 세상의 현상에 흔들리지 아니하며 진정으로 중요한 삶의 가치가 무엇인지 하나님의 말씀을 통해 깨닫고 나아가며 세상을 소망에 두지 아니하며 하나님을 소망하여 여호와 앞에 있는 기념책에 기록될 거룩한 삶이 되게 하소서.

기도 교만한 자와 악한 자의 삶은 불길에 금방 사라질 한낱 지푸라기에 불과합니다. 세상의 형통이 아닌 하나님과 함께하는 형통으로 여호와 하나님을 경외하는 자가 되게 하시길 기도합니다.

PART 4.

주님을 만나고

약1:14
오직 각 사람이 시험을 받는 것은
자기 욕심에 끌려 미혹됨이니

약1:15
욕심이 잉태한즉
죄를 낳고
죄가 장성한즉
사망을 낳느니라

182일~214일

●● 마음에 와닿은 말씀(시어머니)

182

마9:13 너희는 가서 내가 긍휼을 원하고 제사를 원하지 아니하노라 하신 뜻이 무엇인지 배우라 나는 의인을 부르러 온 것이 아니요 죄인을 부르러 왔노라 하시니라

예수님께서 우리에게 원하시는 것은 제사가 아니고 긍휼한 마음으로 우리 자신의 연약함과 부족함을 돌아보고 주님 앞에 나와 죄인임을 고백하며 살아야 하는데도 불구하고 외식하는 바리새인들이 행하는 바와 같이 행하고 있습니다. 예배와 헌금과 봉사가 자신들의 의로움인 양 기도로 소욕을 채우기 위한 수단으로 삼으면서도 자신의 들보는 보지 못하고 다른 사람의 티를 뽑아준다고 상처를 주면서도 깨닫지 못하고 의인인 양 살아가고 있는 것은 아닌지 성령의 빛 안에서 말씀으로 깨닫고 살기를 간절히 소망합니다.

기도 외식하는 바리새인들에게 하신 말씀이 우리에게 하신 말씀임을 고백합니다. 깨닫게 도와주시고 보게 도와주셔서 내 눈에 있는 들보 먼저 뽑아주시고 저 자신을 돌아보며 날마다 주님 앞에 회개하고 주님께서 부르심에 순종하는 자녀로 살아가기를 기도합니다.

●● 마음에 와닿은 말씀(며느리)

마1:23 보라 처녀가 잉태하여 아들을 낳을 것이요 그의 이름은 임마누엘이라 하리라 하셨으니 이를 번역한즉 하나님이 우리와 함께 계시다 함이라

하나님이 우리와 함께 계심을 증거 하는 예수님의 삶을 통해 나와 같은 죄인이 구원하시는 하나님의 큰 사랑을 다시금 바라봅니다. 낮은 자, 약한 자, 병든 자를 찾아 그들을 회복하게 하시고 죄인을 부르사 긍휼을 베푸시는 예수님을 통해 우리와 함께하시는 하나님의 은혜를 생각합니다. 우리가 어떤 모습으로 어떤 위치, 어떤 상황에 있든 함께 하시는 하나님의 사랑에 감사하며 믿음으로 나아가는 은혜의 삶이 되길 소망합니다.

기도 우리와 함께 계시는 하나님을 보이사 예수님을 통해 나 같은 죄인을 찾아오시어 회복시키시는 하나님의 큰 은혜를 깨닫고 그 큰 사랑에 감사하며 믿음으로, 하나님의 뜻에 순종하여 귀한 열매가 가득한 삶이 되게 하시길 기도합니다.

●● 마음에 와닿은 말씀(시어머니) 183

마16:19 내가 천국 열쇠를 네게 주리니 네가 땅에서 무엇이든지 매면 하늘에서도 매일 것이요 네가 땅에서 무엇이든지 풀면 하늘에서도 풀리리라 하시고

베드로의 고백처럼 우리도 날마다 주는 그리스도시요 살아계신 하나님의 아들이라 고백하여 천국의 열쇠를 받아 살고 있지만, 땅에서 무엇이든지 풀면 하늘에서도 풀어 주시고 땅에서 매면 하늘에서도 매일 것이라 말씀하심을 듣고 오히려 땅에서 자신이 매어 놓고도 풀어 달라 기도합니다. 또한 심지도 않고 풍성한 열매만을, 구하지도 찾지도 않고 모든 것을 달라고 떼쓰며 살아가고 있는 것은 아닌지 말씀을 통해 깨닫습니다.

기도 땅에서 먼저 풀고 용서하고 구하고 찾고 기도하는 지혜로운 자녀들이 되어 우리에게 주신 천국의 열쇠를 잘 사용하는 복된 우리와 자손들이 되기를 기도합니다.

●● 마음에 와닿은 말씀(며느리)

마13:23 좋은 땅에 뿌려졌다는 것은 말씀을 듣고 깨닫는 자니 결실하여 어떤 것은 백 배, 어떤 것은 육십 배, 어떤 것은 삼십 배가 되느니라 하시더라

하나님께서는 늘 우리에게 한결같은 말씀을 주시나 듣지 못하고 보지 아니하며 깨닫지 못하고 행하지 아니함은 결국 우리 마음의 문제임을 깨닫습니다. 악한 자에게 순응하여, 믿음 뿌리가 약하여 환난과 박해에 휩쓸리며, 세상과 재물에 마음을 뺏겨 우리를 향한 하나님 사랑의 말씀을 멀리하고 들어도 깨닫지 못하고 열매 맺지 아니하는 무의미한 삶으로 살아가고 있지 않은지 말입니다. 우리에게 주신 소중한 삶을 허비하지 않도록 성령의 인도하심으로 나의 마음을 바로잡아 결단하고 나아가게 하시길 소망합니다.

기도 코로나 시대에 흔들리고 나약해지는 상황 속에서 가장 중요한 것은 나의 마음 밭을 비옥하게 하고 가꾸는 삶에 집중하여 하나님의 말씀에 온전히 순종하여 지금의 시간을 통해 귀한 열매가 가득 열려 하나님의 기쁨이 되는 삶으로 나아가길 간절히 기도합니다.

●● 마음에 와닿은 말씀(시어머니) # 184

마18:18 진실로 너희에게 이르노니 무엇이든지 너희가 땅에서 매면 하늘에서도 매일 것이요 무엇이든지 땅에서 풀면 하늘에서도 풀리리라

만 달란트의 빚을 주인이 불쌍히 여겨 탕감하여 주었는데 자신에게 진 빚 백 데나리온을 갚으라며 옥에 가두는 일로 땅에서 풀지 못하여 탕감이 무효가 되고 다시금 빚을 갚아야 하는 지경에 이르게 되는 것을 봅니다.

땅에서 매면 하늘에서도 매일 것이요 땅에서 풀면 하늘에서도 그 어떤 문제라도 풀어 주신다는 약속의 말씀을 붙잡고 이웃을 사랑하고 용서할 수 있기를 바래봅니다.

기도 하나님을 사랑하고 이웃을 사랑하는 것이 온 율법의 완성이라 말씀하신 대로 순종하는 우리와 자손들이 될 수 있도록 성령께서 인도하시기를 기도합니다.

●● 마음에 와닿은 말씀(며느리)

마22:37-39 예수께서 이르시되 네 마음을 다하고 목숨을 다하고 뜻을 다하여 주 너의 하나님을 사랑하라 하셨으니 이것이 크고 첫째 되는 계명이요 둘째도 그와 같으니 네 이웃을 네 자신 같이 사랑하라 하셨으니

하나님은 사랑이시라. 우리를 사랑하시는 하나님을 사랑하고, 하나님을 닮아 우리의 이웃에게 사랑을 실천하는 삶, 이것이 가장 큰 계명이니 받은 사랑을 행하는 하나님의 크신 계명을 증거 하는 우리가 되길 소망합니다. 계산하고 대가를 바라는 사랑으로 상처받는 사랑의 실천이 아닌 하나님과 같이 온전히 주는 사랑의 힘을 믿으며 기쁨으로 행하게 하시길 소망합니다.

기도 온전히 내 편이 되어 주시는 하나님의 사랑을 받고 사는 것에 감사하며 나의 역할을 사명으로 여기며 그 사랑을 행하고 말씀대로 사는 자로서 하나님을 증거 하는 귀한 삶이 될 기도합니다. 아멘!!

마24:3 <재난의 징조(막 13:3-13; 눅 21:7-19)>예수께서 감람 산 위에 앉으셨을 때에 제자들이 조용히 와서 이르되 우리에게 이르소서 어느 때에 이런 일이 있겠사오며 또 주의 임하심과 세상 끝에는 무슨 징조가 있사오리이까

세상 끝에는 거짓 그리스도들과 거짓 선지자들이 표적과 기사를 보이며 할 수만 있다면 택하신 자들도 미혹하고 불법이 성하여지며 많은 사람이 사랑이 식어가고 기근과 지진과 재난으로 환난을 겪게 된다고 말씀하십니다. 주인이 올 때까지 깨어 있어 시대를 분별하여 내가 너희에게 분부한 모든 것을 지키라 말씀하심이 지금 이 시대에도 여전히 우리에게 하시는 말씀 같습니다.

기도 삶이 예배가 되고, 예배가 삶이 되기를 기도합니다.

●● 마음에 와닿은 말씀(며느리)

마25:4,10,13 슬기 있는 자들은 그릇에 기름을 담아 등과 함께 가져갔더니..,그들이 사러 간 사이에 신랑이 오므로 준비하였던 자들은 함께 혼인 잔치에 들어가고 문은 닫힌지라..,그런즉 깨어 있으라 너희는 그 날과 그 때를 알지 못하느니라

등을 밝히기 위해, 필요한 것은 기름이오니 기름 없는 등은 무용지물과 같음입니다. 늘 준비하는 자, 슬기로운 자로서 하나님의 뜻을 온전히 깨닫고 단단한 신앙의 기름으로 나를 채워 이로 인하여 밝게 빛나는 등불과 같이 어둠 속에서도 늘 깨어 있는 삶을 살아 악을 멀리하고 의를 향해 나아가는 귀한 삶이 되길 소망합니다. 신랑으로 오시는 예수님을 언제든지 맞이할 준비가 완료된 삶을 살게 인도하소서.

기도 신앙, 믿음의 기름을 늘 준비하는 자로서 말씀으로 나를 깨우고 기도로 마음을 온전히 하고 행함으로 열매 맺는 주님의 뜻에 합당한 자가 되게 하시길 기도합니다. 아멘!!

●● 마음에 와닿은 말씀(시어머니) 186

막7:8-9 너희가 하나님의 계명은 버리고 사람의 전통을 지키느니라 또 이르시되 너희가 너희 전통을 지키려고 하나님의 계명을 잘 저버리는도다

사람의 계명으로 교훈을 삼아 가르치니 나를 헛되이 경배하며 입술로는 나를 공경하면서 마음은 내게서 멀도다고 하십니다. 우리가 살아가고 있는 현시대에서도 교회에 드리는 예배와 헌금과 봉사와 기도만큼 부모님께도 행하였다면 고부간의 갈등 가족 간의 다툼 등 세상에서 일어나는 많은 불미스러운 일들이 없었을 것입니다. 사람의 전통이 아니라 하나님의 말씀에 순종하기를 소망합니다.

기도 눈에 보이는 생명을 주신 부모와 화합하지 못하면서 눈에 보이지 않는 주님을 경외하며 화합한 것 같이 살고 있습니다. 주님께서 성령의 빛 안에서 보게 하시고 깨닫게 도와주셔서 사람의 전통이 아니라 주님의 말씀에 순종하며 살기를 기도합니다.

●● 마음에 와닿은 말씀(며느리)

막5:36 예수께서 그 하는 말을 곁에서 들으시고 회당장에게 이르시되 두려워하지 말고 믿기만 하라 하시고

우리를 구원하시는 하나님을 믿으며 나의 문제를 하나님께 온전히 맡길 때 달리다굼의 은혜를 누릴 줄 믿습니다. 세상의 시선, 판단, 비웃음에 흔들리지 아니하며 두려워하지 말고 믿음으로 나아갈 때 역사하시는 하나님을 경외하며 겨자씨의 믿음만 있으면 능히 이룰 수 있음을 말씀하시는 하나님께 순종하며 나아가길 소망합니다.

기도 수많은 표적과 은혜를 경험하였어도 내 생각이 개입하여 흔들릴 때가 있음을 고백합니다. 세상적인 내 생각을 버리고 두려워하지 말고 믿기만 하라 하시는 하나님을 온전히 믿으며 나아갈 때 영육 간에 깨어남으로 일어나 주님의 역사하심을 누리게 하시길 기도합니다.

⬤⬤ 마음에 와닿은 말씀(시어머니) **187**

막12:33 또 마음을 다하고 지혜를 다하고 힘을 다하여 하나님을 사랑하는 것과 또 이웃을 자기 자신과 같이 사랑하는 것이 전체로 드리는 모든 번제물과 기타 제물보다 나으니이다

하나님을 사랑하고 이웃을 사랑하는 것보다 더 큰 계명은 없다고 주님께서 말씀하시지만, 주님을 따르는 제자들까지도 주의 영광중에 있을 때 주의 우편에, 좌편에 앉게 해달라며 구하는 모습들이 우리의 모습들은 아닌가 생각을 해 봅니다. 크고자 하는 자 으뜸이 되고자 하는 자는 모든 사람의 종이 되어야 하며 섬김을 받는 자가 아니라 섬겨야 하는 사람이라고 말씀하시는 주님의 마음을 잘 깨달아 주님 뜻대로 행하며 살 수 있기를 소망합니다.

기도 주님을 믿고 구하기만 하면 으뜸이 되며 섬기기보다는 섬김을 받기만을 원하며 살았습니다. 주님의 마음을 잘 깨달아 주님께서 잘했다 칭찬받는 지혜로운 삶을 살아갈 수 있도록 기도합니다.

⬤⬤ 마음에 와닿은 말씀(며느리)

막10:45 인자가 온 것은 섬김을 받으려 함이 아니라 도리어 섬기려 하고 자기 목숨을 많은 사람의 대속물로 주려 함이니라

나에게 맡겨진 역할을 완벽하게 행하지도 못하면서 나는 이만큼 하고 있는데 인정받지 못한다, '섬김을 받지 못한다'라는 생각으로 괴로울 때가 있으나 예수님은 자신을 대속물로 섬기려는 자라 하십니다. 섬기는 자, 종이 되는 자가 으뜸이 되는 자라고 하십니다. 우리 또한 예수님을 닮아 자신을 낮추고 섬기는 자의 모습으로 사랑을 행하는 자로 살아가길 소망합니다.

기도 섬김을 받는 자가 아닌 섬기는 자로 살아갈 때, 결국 남으로부터의 인정이 아니라 나에게서부터 나오는 조건 없는 섬김을 행할 때 마음에 평안이 오니 예수님의 사랑에 감사하며 그 사랑을 행함으로 인해 평안을 누리는 복된 자가 되게 하시길 기도합니다.

눅10:25 어떤 율법교사가 일어나 예수를 시험하여 이르되 선생님 내가 무엇을 하여야 영생을 얻으리이까

율법에 정통한 율법사가 예수님께 "무엇을 하여야 영생을 얻으리이까?" 물어보니 하나님을 사랑하고 이웃을 사랑하라 말씀하시니 이웃이 누구냐고 반문합니다. 강도 만난 사람에게 택함 받은 레위인도, 제사장도 피하여 갔지만 여행 중이던 사마리아인은 그를 불쌍히 여겨 끝까지 돌보아 주었다면서 세 사람 중에 누가 강도 만난 자의 이웃이 되겠느냐 하십니다. 영생은 하나님의 말씀을 듣고 연구하며 가르치며 많이 아는 자가 아니라 말씀을 듣고 지키는 자가 복이 있으며 영생을 받는다고 하십니다. 말씀을 듣고 행하는 사마리아인의 삶을 본받는 우리와 자손들이 되기를 소망합니다.

기도 말씀을 많이 아는 자가 아니라 말씀대로 순종하며 살 수 있도록 성령께서 도우시고 인도하시기를 기도합니다.

●● 마음에 와닿은 말씀(며느리)

눅11:34 네 몸의 등불은 눈이라 네 눈이 성하면 온 몸이 밝을 것이요 만일 나쁘면 네 몸도 어두우리라

몸의 등불이 되는 나의 눈은 지금 어디를 향하여 있는가, 세상을 바로 보지 아니하며 보이는 화려함에 현혹되지 않았는가, 그로 인하여 내 속에 있는 빛이 사라지지 아니하는지 나의 모습을 돌아보고 회개합니다.
세상 속에 살아가고 있으나 나의 눈이 진정한 선을, 진정한 의를 향하여 깨닫는 마음을 통해 내 안의 밝은 빛이 가득하여 하나님을 밝히고 그 빛으로 인도하는 자 되게 하시길 소망합니다.

기도 지금 내가 향하는 시선이 오직 하나님이길, 나의 눈이 보이는 화려함에 흔들리지 아니하며 하나님의 뜻대로 진정한 행복을 바로 볼 수 있는 눈으로 내면을 밝히는 삶이 되길 기도합니다.

눅6:43 못된 열매 맺는 좋은 나무가 없고 또 좋은 열매 맺는 못된 나무가 없느니라

좋은 열매를 맺기 위해서는 먼저 토양이 좋은 곳에 햇빛이 잘 드는 곳과 공기 그리고 기르는 자의 수고와 땀이 함께 할 때 좋은 나무가 되어 좋은 열매가 열리는 것을 봅니다. 같은 종류의 꽃 하나 피는 것도, 햇빛이 많은 곳과 적은 곳에 있는 꽃이 현저하게 다르게 피는 것을 보며 우리의 삶도 아무리 노력을 한다고 할지라도 주님의 빛이 부족하면 우리의 수고가 있다 할지라도 좋은 열매를 맺기 어렵다는 것을 깨닫게 됩니다.
주님의 빛 안에서 나의 수고가 함께할 때만이 좋은 나무가 되어 좋은 열매를 맺는다는 것을 깨닫는 우리와 자손들이 되기를 소망합니다.

기도 빛이 없는 곳에 열매를 얻을 수 없습니다. 날마다 주님의 빛 안에서 수고하여 풍성하고 좋은 열매로 영광 돌리기를 기도합니다.

―――――――

●● 마음에 와닿은 말씀(며느리)

눅5:5 시몬이 대답하여 이르되 선생님 우리들이 밤이 새도록 수고하였으되 잡은 것이 없지마는 말씀에 의지하여 내가 그물을 내리리이다 하고

어부 시몬은 밤낮으로 수고하였으나 아무 성과 없이 낙심했습니다. 예수님의 말씀에 의지하여 그물을 던졌을 때 그물이 찢어질 정도로 큰 수확을 얻었으니 큰 수확으로 마냥 기뻐하기보다 순종으로 인하여 하나님의 그 크심을 깨닫고 나는 죄인이라 고백하며 진정으로 순종하는 믿음을 갖게 됩니다. 그리고 예수님의 제자 베드로라는 새로운 삶으로 나아갑니다. 오늘 우리도 말씀에 의지하고 순종하는 삶을 통해 나의 능력이 아닌 하나님의 능력을 진실로 깨닫고 단단한 믿음으로 나아가는 삶을 소망합니다.

기도 빈 그물뿐인 나의 삶에 찾아오시는 하나님의 말씀에 의지하여 온전한 순종으로 풍성한 믿음의 결실을 거두게 인도해 주시길 기도합니다.

●● 마음에 와닿은 말씀(시어머니) **190**

눅12:29-31 너희는 무엇을 먹을까 무엇을 마실까 하여 구하지 말며 근심하지도 말라 이 모든 것은 세상 백성들이 구하는 것이라 너희 아버지께서는 이런 것이 너희에게 있어야 할 것을 아시느니라 다만 너희는 그의 나라를 구하라 그리하면 이런 것들을 너희에게 더하시리라

참새 한 마리도, 들에 피어 있는 백합화 하나도, 우리의 머리털 하나까지도 다 세시고 아시는 주님께서 너희에게 있어야 할 것을 다 아신다고 하십니다. 근심하지 말고 너희는 먼저 그의 나라와 그의 의를 구하라 하시며 그리하면 세상에서 우리에게 필요한 것을 더하여 주신다고 합니다. 세상 사람들이 구하는 것이 아닌 주님께서 원하는 기도로 주님을 기쁘시게 하며 세상에서 원하는 모든 것은 덤으로 받는 지혜로운 자로 살기를 소원합니다.

기도 우리의 모든 필요한 것과 소망하는 모든 것을 아시는 주님께서 때에 따라 예비하시고 인도하심을 믿습니다. 스스로 선택하는 우를 범하는 일이 없도록 항상 주의 빛 안에서 깨닫고 분별할 수 있도록 주님께서 인도해 주시기를 기도합니다.

●● 마음에 와닿은 말씀(며느리)

눅14:13-14 잔치를 베풀거든 차라리 가난한 자들과 몸 불편한 자들과 저는 자들과 맹인들을 청하라 그리하면 그들이 갚을 것이 없으므로 네게 복이 되리니 이는 의인들의 부활 시에 네가 갚음을 받겠음이라 하시더라

무엇을 바라는 마음으로 행하였을 때 오는 실망은 남이 아니라 나에게서 나오는 감정이니 갚음을 바라는 선보다 나의 선을 통해 그들의 기쁨과 회복을 먼저 생각하게 하시고 진정으로 나누는 사랑의 실천을 하게 하시길 소망합니다.

기도 함께 하는 삶, 더불어 사는 삶이 나의 기쁨이 되길 소망합니다. 바라는 마음, 스스로 높이는 마음을 버리고 진정으로 나누는 사랑으로 선을 행하길 기도합니다.

●● 마음에 와닿은 말씀(시어머니)

눅19:21-22 이는 당신이 엄한 사람인 것을 내가 무서워함이라 당신은 두지 않은 것을 취하고 심지 않은 것을 거두나이다 주인이 이르되 악한 종아 내가 네 말로 너를 심판하노니 너는 내가 두지 않은 것을 취하고 심지 않은 것을 거두는 엄한 사람인 줄로 알았느냐

심지도 가꾸지도 않고 주님의 능력으로 심지 않은 것을 취하고 거두려는 한 달란트를 받고 묻어 둔 사람에게 악한 종이라 말씀하시며 한 달란트 받은 것마저 빼앗아 열 달란트 받은 사람에게 주는 것을 보며 우리가 주님을 오해하고 말씀을 왜곡하여 심지도 않고 노력도 하지 않고 주님의 능력으로 거저 취하려는 무지한 생각으로 살아가고 있는 것은 아닌지 말씀을 보며 묵상을 해봅니다.

기도 주님께서 각 사람에게 주신 달란트를 심고 가꾸고 주님의 도우심으로 최선을 다하며 남기는 자가 되어 빼앗기는 자가 아니라 30배 60배 100배로 남기는 자가 되어 주님께 영광 돌리며 사는 우리와 자손들이 되기를 기도합니다.

●● 마음에 와닿은 말씀(며느리)

눅24:32 그들이 서로 말하되 길에서 우리에게 말씀하시고 우리에게 성경을 풀어 주실 때에 우리 속에서 마음이 뜨겁지 아니하더냐 하고

주시는 말씀을 온전히 깨닫게 될 때 뜨거운 마음으로 성경을 바라보게 됩니다. 이 마음으로 보이지 않았던 하나님을 만나는 귀한 역사가 이루어짐을 바라봅니다. 우리의 마음을 열어 성경을 깨닫게 하시어 늘 동행하시는 하나님을 온전히 만나게 하시길 소망합니다.

기도 말씀 묵상을 통해 하나님을 온전히 만나는 귀한 시간을 허락하시어 뜨거운 마음으로 주시는 말씀을 온전히 마음에 품고 성령으로 충만하게 하시어 깨닫고 행하는 삶이 되길 기도합니다.

●● 마음에 와닿은 말씀(시어머니)

요4:23-24 아버지께 참되게 예배하는 자들은 영과 진리로 예배할 때가 오나니 곧 이 때라 아버지께서는 자기에게 이렇게 예배하는 자들을 찾으시느니라 하나님은 영이시니 예배하는 자가 영과 진리로 예배할지니라

하나님은 영이시니 영과 진리로 예배하라고 말씀하십니다.
장소가 문제가 아니라 어느 곳에서 예배드리든지 영과 진리로 주님께서 기뻐하시는 신실하고 진정으로 예배를 드리는 우리와 자손들이 되기를 소망합니다.

기도 말씀이 육신이 되어 오신 주님을 온전히 믿고 말씀대로 영과 진리로 예배드리는 주님의 기쁨이 되는 우리가 될 수 있도록 기도합니다.

●● 마음에 와닿은 말씀(며느리)

요6:27,29 썩을 양식을 위하여 일하지 말고 영생하도록 있는 양식을 위하여 하라 이 양식은 인자가 너희에게 주리니 인자는 아버지 하나님께서 인치신 자니라..,예수께서 대답하여 이르시되 하나님께서 보내신 이를 믿는 것이 하나님의 일이니라 하시니

오병이어의 표적을 통해 하나님께서 우리에게 보내신 예수님을 믿기보다 육신의 배부름, 세상적인 복을 사모하여 예수님을 찾는 죄를 범하지 않길 소망합니다. 영생을 위한 샘물을 주시고, 영을 위한 생명의 떡을 주시는 예수님을 온전히 믿고 살아가는 것이 진정한 하나님의 일임을 깨닫고 썩을 양식이 아닌 하나님을 사모하는 복된 삶이 되게 하소서.

기도 하나님의 일, 하나님께서 원하시는 일을 바로 보게 하소서. 나의 삶 가운데 하나님을 온전히 믿음으로 생명의 떡을 사모하는 삶이 되게 하시길 기도합니다.

●● 마음에 와닿은 말씀(시어머니) 193

요13:34-35 새 계명을 너희에게 주노니 서로 사랑하라 내가 너희를 사랑한 것 같이 너희도 서로 사랑하라 너희가 서로 사랑하면 이로써 모든 사람이 너희가 내 제자인 줄 알리라

너희가 서로 사랑하면 모든 사람이 너희가 내 제자인 줄 알리라 말씀하시며 새 계명을 주시며 내가 너희를 사랑한 것 같이 너희도 사랑하라 하십니다. 입으로만 하는 사랑이 아니라 목숨까지도 아끼지 않고 내가 너희를 사랑한 것 같이 너희도 서로 사랑하라 하신 말씀을 순종하며 살 수 있도록 성령께서 인도하시기를 소원합니다.

기도 외식하는 바리새인들과 제사장들 유대인들이 믿음과 소망은 누구보다도 우월하다고 믿고 있었지만, 주님께서 주신 새 계명 사랑은 하지 못하고 사람들을 정죄하는 행위들이 우리의 모습인 것 같습니다. 주님 도와주셔서 서로 사랑하며 살 수 있도록 성령께서 함께해주시기를 기도합니다.

●● 마음에 와닿은 말씀(며느리)

요11:33-35 예수께서 그가 우는 것과 또 함께 온 유대인들이 우는 것을 보시고 심령에 비통히 여기시고 불쌍히 여기사 이르시되 그를 어디 두었느냐 이르되 주여 와서 보옵소서 하니 예수께서 눈물을 흘리시더라

우리를 친구라 부르시며 사랑하시는 예수님, 우리의 슬픔과 고통을 비통히 여기사 눈물을 흘리시며 진정으로 위로해 주시는 예수님, 오늘도 우리를 긍휼히 여기시며 함께 하시는 하나님의 사랑과 은혜에 감사하며 나아갑니다.

기도 우리를 사랑하시는 하나님의 은혜에 감사하며 온전한 믿음으로 순종하여 나의 삶이 하나님의 영광을 드러내는 증거가 되게 하시길 기도합니다.

●●○ 마음에 와닿은 말씀(시어머니) **194**

요14:21 나의 계명을 지키는 자라야 나를 사랑하는 자니 나를 사랑하는 자는 내 아버지께 사랑을 받을 것이요 나도 그를 사랑하여 그에게 나를 나타내리라

주님께서 우리에게 하시는 말씀은 복잡한 것이 없이 언제나 간단명료하게 나의 계명을 지키면 나를 사랑하는 자니 나를 사랑하면 내 아버지도 나도 너를 사랑하며 아버지 안에 내가 내 안에 너희가 함께하여 내 이름으로 무엇이든지 구하면 내가 행하여 주신다고 합니다. 내가 너희를 사랑한 것 같이 너희도 서로 사랑하라 하셨지만, 우리도 예수님 시대의 외식하는 제사장과 바리새인들같이 주님의 새 계명을 지키며 사는 것이 아니라 사람의 계명으로 외식하며 살아가고 있는 것은 아닌지 성령의 빛 안에서 스스로 비춰 보기 원합니다.

기도 서로 사랑하라는 주님의 말씀은 온데간데없이 서로를 비방하며 비난하며 주님의 영광을 가리며 교회와 교인들도 서로 정죄 하며 싸우는 시대에 살고 있습니다. 주님 우리를 불쌍히 여겨주시고 성령의 빛 안에서 말씀으로 돌아가 회개하여 용서받기를 기도합니다.

●●○ 마음에 와닿은 말씀(며느리)

요20:29 예수께서 이르시되 너는 나를 본 고로 믿느냐 보지 못하고 믿는 자들은 복되도다 하시니라

마음에 품은 의심조차 내치지 아니하시며 믿음 없는 자가 아닌 믿는 자로서 살아갈 수 있도록 인도하시는 예수님을 찬양합니다. 기적을 경험하고 하나님을 체험하고 얻는 믿음도 귀하지만 기적이 없어도 하나님을 향한 믿음, 하나님과의 온전한 관계에서 오는 거룩한 믿음을 귀히 여기게 하소서.

기도 하나님과의 온전한 관계 속에서 믿음의 길로 나아가길, 복되고 복된 길로 나아가길 기도합니다.

●● 마음에 와닿은 말씀(시어머니) 195

행5:29 베드로와 사도들이 대답하여 이르되 사람보다 하나님께 순종하는 것이 마땅하니라

제자들을 끌어다가 공회 앞에 세우고 대제사장과 바리새인들이 예수 이름으로 가르치지 말라고 하지만 하나님께 순종하는 것이 마땅하다고 담대하게 말하는 베드로와 사도들의 모습을 봅니다. 목숨이 위태로운 지경에 이르는 것을 알면서도 성령의 충만함을 받은 그들이, 세 번씩이나 주님을 부인했던 베드로가 변할 수 있었던 것은 주님께서 주신 성령의 힘으로 할 수 있었던 것을 보며 성령충만으로 세상에서 악을 이기며 살기를 소망합니다.

기도 '회개하고 성령을 받으라' 하시며 '내가 세상을 이기었노라' 하신 말씀대로 세상을 이길 힘을 주셔서 승리하며 살아가는 나와 우리 자손들이 되기를 기도합니다.

●● 마음에 와닿은 말씀(며느리)

행3:6 베드로가 이르되 은과 금은 내게 없거니와 내게 있는 이것을 네게 주노니 나사렛 예수 그리스도의 이름으로 일어나 걸으라 하고

다시 살아나신 예수님께 내가 주님을 사랑하나이다 세 번 고백함으로 온전히 예수 그리스도를 믿으며 담대히 나아가는 베드로에게 예수님은 그의 온전한 능력이 되십니다. 은금이 아닌 하나님께 의지하며 하나님의 능력으로 선을 행합니다. 우리가 사모해야 할 것은 오직 하나님이니 이를 통해 나와 이웃들에게 새 삶을 주시는 하나님께 감사하며 모든 영광을 하나님께 드리는 삶이 되길 소망합니다.

기도 예수 그리스도의 이름만으로도 기뻐하는 삶이 되게 하소서.
우리 삶에 진정으로 필요한 것을 깨닫게 하시고 나의 온 맘과 뜻을 다해 하나님을 사모하는 마음을 통해 진정한 행복을 누리는 삶이 되게 하시길 기도합니다.

●● 마음에 와닿은 말씀(시어머니) 196

행8:18-19 시몬이 사도들의 안수로 성령 받는 것을 보고 돈을 드려 이르되 이 권능을 내게도 주어 누구든지 내가 안수하는 사람은 성령을 받게 하여 주소서 하니

제자들의 표적과 큰 능력을 보고 돈을 주고 살 줄로 생각한 시몬에게 회개를 권면합니다. 사람의 생각으로 하나님께도 뭔가를 드리고 기도하여야 응답받을 것이라는 생각과 또 많이 드리면 많이 받고 적게 드리면 적게 받는다고 말하는 사람들의 말에 하나님의 선물을 우리도 시몬과 같은 마음으로 헌금을 드리고, 예배를 봉사하는 것은 아닌지 시몬의 모습 안에서 나의 모습이 보이지 않기를 소망합니다.

기도 시몬과 같은 마음으로 하나님의 선물과 은혜를 돈으로 사려 하는 우매하고 악한 마음을 버리기를 기도합니다.

●● 마음에 와닿은 말씀(며느리)

행10:34-35 베드로가 입을 열어 말하되 내가 참으로 하나님은 사람의 외모를 보지 아니하시고 각 나라 중 하나님을 경외하며 의를 행하는 사람은 다 받으시는 줄 깨달았도다

유대인은 아니지만 온 집안과 더불어 하나님을 경외하고 백성을 구제하며 항상 기도하는 삶을 살아가는 고넬료에게 하나님께서 베드로의 만남을 허락하시고 진리의 말씀을 전하게 하십니다. 복음의 통로가 유대인만의 것이 아니라 하나님을 경외하면 누구에게나 열려 있음을, 외모를 보지 아니하시며 오직 하나님을 경외하는 자에게 복을 주시는 하나님의 큰 사랑을 깨닫습니다.

기도 아무도 속되다, 깨끗하지 않다고 하시며, 외모가 아닌 하나님을 경외하는 마음을 보시는 하나님의 크신 사랑으로 받은 은혜를 기억하며 온전히 주를 경외하는 마음으로 말씀을 실행하는 삶을 살아가게 하시길 기도합니다.

●● 마음에 와닿은 말씀(시어머니)

살전5:15-18 삼가 누가 누구에게든지 악으로 악을 갚지 말게 하고 서로 대하든지 모든 사람을 대하든지 항상 선을 따르라 항상 기뻐하라 쉬지 말고 기도하라 범사에 감사하라 이것이 그리스도 예수 안에서 너희를 향하신 하나님의 뜻이니라

우리에게 향하신 하나님의 뜻은 그리스도 예수 안에서 항상 기뻐하며 쉬지 말고 기도하며 범사에 감사하며 누구에게든지 악으로 갚지 말고 선을 따르며 사는 것이라 말씀하시며 악은 어떤 모양이라도 버리라 하십니다. 만물을 지으신 하나님께서는 만민에게 생명과 호흡과 만물을 친히 주시는 분이기에 무엇이 부족한 것처럼 사람의 손으로 섬김을 받으시며 손으로 지은 성전에 계시지 아니하며 오직 우리에게 원하시는 것은 기뻐하며 기도하며 범사에 감사하며 거룩한 삶을 사는 것이 하나님의 뜻이라 말씀하십니다. 하나님의 뜻대로 살기를 소망합니다.

기도 만물을 지으신 천지의 주인이신 하나님의 뜻을 그리스도 예수 안에서 성령의 도우심으로 깨닫고 주님 뜻대로 순종하며 사는 우리와 자손들이 되기를 기도합니다.

●● 마음에 와닿은 말씀(며느리)

살전5:13-14 그들의 역사로 말미암아 사랑 안에서 가장 귀히 여기며 너희끼리 화목하라 또 형제들아 너희를 권면하노니 게으른 자들을 권계하며 마음이 약한 자들을 격려하고 힘이 없는 자들을 붙들어 주며 모든 사람에게 오래 참으라

누군가를 권고하고, 격려하고, 붙잡아 주기 위해 비난과 정죄, 화를 쏟아내며 말씀을 실천한다고 하지 않는지, 나 또한 본이 되는 사람인지 스스로 돌아봅니다. 머리로만 알고 있는 사랑의 힘이 아닌 마음으로 오래 참고 인내하는 사랑의 힘을 행하길 소망합니다. 하나님을 닮은 사랑의 힘으로 화목을 도모하며 악을 버리고 선을 행하는 삶을 살게 하소서.

기도 우리에게 주시는 사랑을 늘 마음에 품고 살아 진정으로 형제를 사랑하는 마음으로 인도하시고 행하게 하시길 기도합니다. 아멘!

갈5:5-6 우리가 성령으로 믿음을 따라 의의 소망을 기다리노니 그리스도 예수 안에서는 할례나 무할례나 효력이 없으되 사랑으로써 역사하는 믿음뿐이니라

세상에서 살면서 법 없어도 법대로 사는 사람이 있는가 하면, 법을 잘 아는 사람이 법을 악용하여 법을 어기고 사는 사람이 있습니다. 율법이 중요한 것이 아니라, 눈에 보이는 할례나 무할례가 아니라 죽기까지 우리를 사랑하신 하나님 아버지의 마음을 본받아 주님을 경외하며 이웃을 사랑하는 것이 율법의 완성이라 말씀하셨습니다. 주님의 말씀을 순종하는 우리와 자손들이 되기를 소망합니다.

기도 피조물인 인간은 의로울 수도 완전할 수도 없음을 고백하며 날마다 주님께 의지하여 성령께서 도우심으로 아버지 앞에 나옵니다.
항상 함께하시고 동행하심으로 세상에서 승리하며 살 수 있기를 기도합니다.

●● 마음에 와닿은 말씀(며느리)

갈5:22-23 오직 성령의 열매는 사랑과 희락과 화평과 오래 참음과 자비와 양선과 충성과 온유와 절제니 이같은 것을 금지할 법이 없느니라

육체의 정욕과 탐심을 거스르는 성령을 사모하고 의지하게 하소서.
나의 육체는 그리스도와 함께 십자가에 못 박혔으니 내 안에 그리스도가 사시는 것이요 하나님의 아들을 믿는 믿음 안에 살아 육체의 악을 십자가에 못 박고 오직 성령으로 믿음 안에 살아가길 소망합니다.

기도 말씀으로 깨달아 육체의 소욕을 멀리하고 성령을 따라 행하여 사랑, 화평, 인내, 온유, 절제의 성령의 열매가 가득한 복된 삶을 누리게 하시길 기도합니다.

고전3:3 너희는 아직도 육신에 속한 자로다 너희 가운데 시기와 분쟁이 있으니 어찌 육신에 속하여 사람을 따라 행함이 아니리요

아직도 육신에 속하여 있기에 시기와 분쟁이 우리가 살아가는 모든 관계 속에서 주님의 몸 된 교회에서도 가정과 사회 안에서도 끊이지 않고 분쟁을 일으키며 살아가고 있는 시대에 살면서도 입으로는 주여, 주여, 하며 육신의 소욕대로 살고 있음을 고백합니다. 하나님의 나라는 말에 있지 않고 오직 능력에 있다고 하신 말씀처럼 말이 아니라 주님의 능력으로 세상을 이기며 살아가기를 소망합니다.

기도 세상이 시끄러운 일은 아직 우리가 육신에 속하여 살기 때문에 모든 분쟁과 시기로 다툼이 일어나고 있습니다.
성령의 능력으로 육신의 일을 이길 수 있도록 도와주시기를 기도합니다.

●● 마음에 와닿은 말씀(며느리)

고전1:30-31 너희는 하나님으로부터 나서 그리스도 예수 안에 있고 예수는 하나님으로부터 나와서 우리에게 지혜와 의로움과 거룩함과 구원함이 되셨으니 기록된 바 자랑하는 자는 주 안에서 자랑하라 함과 같게 하려 함이라

육적인 것이 우리의 능력인 양 교만함으로 살아가는 자가 아닌 약한 자, 없는 자를 택하사 지혜와 의로움, 거룩함, 구원함의 은혜를 주시는 하나님을 바로 보며 나의 능력이 하나님으로부터 나오는 것임을 자랑하는 자가 되게 하소서. 예수 그리스도 안에 살아 영적 강건함을 통해 하나님의 능력을 사모하며 행하는 삶이 되길 소망합니다.

기도 하나님의 능력과 지혜이신 그리스도를 믿으며 육체가 아닌 성령을 좇아 하나님의 지혜와 능력을 자랑하는 삶이 되길 기도합니다.

●● 마음에 와닿은 말씀(시어머니) **200**

고전12:31 너희는 더욱 큰 은사를 사모하라 내가 또한 가장 좋은 길을 너희에게 보이리라

우리에게 주신 더욱 큰 은사를 사모하라 하시며 사람의 방언과 천사의 말을 하며 예언하는 능력과 산을 옮길 만한 믿음과 모든 것으로 구제하고 내 몸을 불사르게 내줄지라도 사랑이 없으면 내게 아무 유익이 없다고 하십니다. 그런즉 믿음 소망 사랑 중에 제일은 사랑이라 말씀하시며 은사 중에 가장 큰 사랑하는 은사를 더욱 사모하라 하십니다. 사랑 없는 눈에 보이는 아무 유익이 없는 은사만을 추구하며 살고 있었는지 성령께서 우리의 마음을 돌아보게 하시기를 소망합니다.

기도 사랑 없이 하는 천사의 말과 믿음과 구제조차도 하지 못하면서도 믿음 소망 사랑하며 살고 있다고 착각하며 살고 있음을 고백합니다.
우리의 능력으로 할 수 없음을 고백하며 성령의 능력과 주님의 사랑을 주며 전하는 복된 자가 되기를 기도합니다.

●● 마음에 와닿은 말씀(며느리)

고전10:31,33 그런즉 너희가 먹든지 마시든지 무엇을 하든지 다 하나님의 영광을 위하여 하라..., 나와 같이 모든 일에 모든 사람을 기쁘게 하여 자신의 유익을 구하지 아니하고 많은 사람의 유익을 구하여 그들로 구원을 받게 하라

모든 것이 가하나 유익하고 덕을 세우는 것이 무엇인지 진정 깨닫게 하소서. 내가 주인이 되어 나를 드러내기보다 다른 사람을 인정해 주고 그들을 위한 기도와 섬김을 통해 하나님의 영광을 드러내는 삶이 되길 소망합니다.
하나님의 영광을 위하여 살아갈 때 모든 일을 인도하실 줄 믿으며 나의 유익이 아닌 많은 사람의 유익을 위하여 나아가길 소망합니다.

기도 하나님의 영광을 위하여 진정한 사랑을 행하길, 많은 사람의 유익을 위하여 기도하고, 행하는 삶이 되게 하시길 기도합니다.

고후5:10 이는 우리가 다 반드시 그리스도의 심판대 앞에 나타나게 되어 각각 선악간에 그 몸으로 행한 것을 따라 받으려 함이라

반드시 우리는 그리스도의 심판대 앞에 설 때가 올 것입니다. 선악 간에 몸으로 행한 것으로 심판하실 때 우리의 악한 행실은 주님 앞에 회개하며 용서받고 선한 행실만 기록되기를 소망합니다.

기도 주님의 심판대 앞에 서기 전에 육신의 연약함으로 살았던 모든 악한 행실을 성령의 빛 안에서 다 보게 하시고 깨닫게 도와주시고 회개하여 용서받고 거룩한 모습으로 주님 앞에 설 수 있도록 주님 함께 하시기를 기도합니다.

●● 마음에 와닿은 말씀(며느리)

고후12:10 그러므로 내가 그리스도를 위하여 약한 것들과 능욕과 궁핍과 박해와 곤고를 기뻐하노니 이는 내가 약한 그 때에 강함이라

세상 속에 거할 때 나의 약함은 약점, 고통, 슬픔이 되었으나 그리스도가 내 안에 살아계시고 그 능력이 내게 머물 때 나의 약함이 강함이 되게 하시는 은혜를 경험하게 됩니다. 내 안에 살아계신 하나님이 함께 하시기에 약함을 기뻐하고 자랑하는 순종의 삶이 되게 하소서.

기도 하나님을 온전히 믿을 때 내 안에 살아 계시는 하나님께 의지하는 나의 약함은 자랑이요, 나의 실패는 간증이요, 나의 아픔은 영광이라 하는 찬양을 올리는 거룩한 삶을 살아가게 하시길 기도합니다.

○○ 마음에 와닿은 말씀(시어머니)

202

롬2:24 기록된 바와 같이 하나님의 이름이 너희 때문에 이방인 중에서 모독을 받는도다

세상의 빛으로 오신 주님께서 교회의 머리가 되어 영광을 받으시고 많은 사람을 전도하여 영생을 받게 하며 세상 끝까지 복음을 증거 하라 하시며 주님의 말씀을 듣고 행하면 영생의 복과 세상에서 사는 동안에도 평안과 소원하는 모든 것을 주신다는 약속을 하셨지만, 하나님의 이름이 이방인 중에서 모독을 받는다고 하는 말씀이 현세에도 그대로 일어나고 있는 것 같습니다. 믿는자와 불신자가 전혀 구별 없이 오히려 하나님의 이름이 모독당하게 하는 불의한 일들이 일어나 주변에서도 뉴스에서도 빈번히 마주치는 일들을 보며 이방인 중에서 하나님의 이름이 모독 받는 일들을 성령께서 도와주셔서 행하지 않기를 소망합니다.

기도 무슨 일을 하든지 하나님의 이름이 모독을 받는 일은 행하지 않는 우리와 자손들이 되기를 기도합니다.

○○ 마음에 와닿은 말씀(며느리)

롬7:21-23 그러므로 내가 한 법을 깨달았노니 곧 선을 행하기 원하는 나에게 악이 함께 있는 것이로다 내 속사람으로는 하나님의 법을 즐거워하되 내 지체 속에서 한 다른 법이 내 마음의 법과 싸워 내 지체 속에 있는 죄의 법으로 나를 사로잡는 것을 보는도다

마음을 정결하게 하며 선을 행하길 사모하나 죄의 육신으로 인하여 선을 행하지 아니하며 때때로 악을 행하는 범죄함으로 속사람과 겉 사람이 다른 삶을 살아감을 고백합니다. 내 안에 선과 악이 함께 있으니 말씀을 통해 나의 악을 깨닫고 성령님이 함께 하사 선을 향해 나아가는 힘을 주시길 소망합니다.

기도 나의 소욕과 기분, 생각대로 절제하지 아니하며 악을 행하는 나의 죄를 고백하며 말씀을 통해 나의 교만을 깨닫고 성령이 늘 함께하사 선으로 인도하시길 원하며 기도합니다.

●● 마음에 와닿은 말씀(시어머니)

롬14:4 남의 하인을 비판하는 너는 누구냐 그가 서 있는 것이나 넘어지는 것이 자기 주인에게 있으매 그가 세움을 받으리니 이는 그를 세우시는 권능이 주께 있음이라

사람을 사람이 세우지 못하고 사람을 세우시는 것은 사람의 주인 되시는 주님의 권능으로 세우신다고 합니다. 우리 자신 또한 누구라도 서 있는 것이나, 넘어지는 일까지도 아시고 세워주심을 믿고 참고 인내하며 마음으로 입으로 범죄 하지 않으며 참 평안을 누리며 살 수 있도록 도와주시기를 소망합니다.

기도 우리의 넘어짐과 일어서는 모든 삶의 문제를 주님께 맡깁니다.
우리를 세워주실 것을 믿고 마음에 평강을 주시고 주님 인도하심으로 참 평화를 누리며 살기를 기도합니다.

●● 마음에 와닿은 말씀(며느리)

롬15:1-2 믿음이 강한 우리는 마땅히 믿음이 약한 자의 약점을 담당하고 자기를 기쁘게 하지 아니할 것이라 우리 각 사람이 이웃을 기쁘게 하되 선을 이루고 덕을 세우도록 할지니라

나 또한 연약한 자임에도 불구하고 연약한 자의 약점을 비난하고 정죄하니 믿는 자로서 하나님으로부터 받은 사랑과 관심에 진정으로 감사하는 삶을 살아가고 있는 것인가 스스로 돌아봅니다. 서로 사랑으로 인내하고 도우며 덕을 세우도록 인도하는 귀한 삶을 기쁘게 받으실 하나님의 뜻을 생각하며 뜻을 행하는 자 되게 하소서.

기도 하나님의 사람은 선을 이루는 힘을 가지고 있으니 강한 믿음으로 선한 영향력을 끼치는 거룩한 자로 세워주시길, 나를 단련하는 삶을 통해 이웃과 함께 기쁨을 누리는 삶이 되길 기도합니다.

●● 마음에 와닿은 말씀(시어머니)

204

행28:26-28 일렀으되 이 백성에게 가서 말하기를 너희가 듣기는 들어도 도무지 깨닫지 못하며 보기는 보아도 도무지 알지 못하는도다 이 백성들의 마음이 우둔하여져서 그 귀로는 둔하게 듣고 그 눈은 감았으니 이는 눈으로 보고 귀로 듣고 마음으로 깨달아 돌아오면 내가 고쳐 줄까 함이라 하였으니 그런즉 하나님의 이 구원이 이방인에게로 보내어진 줄 알라 그들은 그것을 들으리라 하더라

바울, 온갖 고초와 고난을 겪고 로마에 입성하여 유대인 중 높은 사람들을 청하여 복음을 전합니다. 그들이 말씀을 듣지 못하자 성령이 선지자 이사야를 통해 하신 말씀이 옳다고 하시며 이 일로 구원의 복음이 오히려 이방인에게로 보내지게 되었다고 합니다. 복음도, 아무리 좋은 말도 권면하는 것도 마음이 우둔하고 귀는 둔하고 눈이 감겨 있으면 보지 못하고 듣지 못하고 깨닫지 못하고 살 수밖에 없습니다.

기도 눈으로 보고 귀로 듣고 마음으로 깨닫는 지혜로운 우리와 자손들이 되기를 기도합니다.

●● 마음에 와닿은 말씀(며느리)

행28:30-31 바울이 온 이태를 자기 셋집에 머물면서 자기에게 오는 사람을 다 영접하고 하나님의 나라를 전파하며 주 예수 그리스도에 관한 모든 것을 담대하게 거침없이 가르치더라

교회를 핍박하던 바울이 하나님의 은혜로 이방 선교에 앞장서며 로마 시민권자라는 특권을 사용하여 로마에서 담대하고 거침없이 복음을 전하는 모습을 보며 모든 것을 하나님께서 이루시며 일하심을 깨닫습니다. 바울은 하나님의 능력을 온전히 깨닫고 그 은혜를 진정으로 감사히 여겼기에 끝까지 복음을 전할 수 있는 믿음과 결단, 행함으로 살아 올 수 있었습니다. 또한 온전한 하나님과의 만남을 통해 그 귀한 것을 나누려는 마음으로 담대히 복음을 전하는 자 되게 하소서.

기도 진정으로 깨닫고 행하여 우리의 삶을 선하게 인도하시는 귀한 말씀을 전하는 은혜를 누리며 살게 하소서.

●● 마음에 와닿은 말씀(시어머니)

골3:11 거기에는 헬라인이나 유대인이나 할례파나 무할례파나 야만인이나 스구디아인이나 종이나 자유인이 차별이 있을 수 없나니 오직 그리스도는 만유시요 만유 안에 계시니라

만유 안에 계시고 헬라인 유대인 할례파 무 할례파 야만인 스구디아인이나 종이나 자유인 차별 없이 십자가에 달리시고 죽기까지 우리를 사랑하시며 너희도 서로 사랑하라 하십니다. 하지만 아브라함의 서자 이스마엘과 이삭의 후손 적자 유대인들까지도 택함 받은 그리스도인들도 사람의 전통으로 이어지는 율법을 가지고 자신들의 믿음이란 명목으로 합법화하여 서로 비방하며 분열하고 서로 죽이는 일을 반복하여 하나님의 진노를 삽니다. 아프가니스탄에서의 전쟁과 기근과 자연재해로 온 세계 인류들이 환란을 당하는 것은 아닌지요. 주님을 믿는 모든 사람이 회개하며 주님께 용서함을 받기를 소망합니다.

기도 하나님을 사랑하고 이웃을 사랑하면 온 율법의 완성이라 하신 말씀대로 서로 사랑하며 살 수 있도록 성령께서 도와주시기를 기도합니다.

●● 마음에 와닿은 말씀(며느리)

골3:15 그리스도의 평강이 너희 마음을 주장하게 하라 너희는 평강을 위하여 한 몸으로 부르심을 받았나니 너희는 또한 감사하는 자가 되라

평강을 주시는 하나님을 사모하나 현실 속에서 내가 아닌 타인으로 인해 평강하지 못한 나의 마음을 보게 됩니다. 하나님의 말씀과 지혜보다 감정대로 말하고 행하며 범사에 감사하는 마음이 사라질 때가 있습니다. 나의 마음을 주장하시어 온전히 하나님 안에서 평강을 누리길 소망합니다. 나의 마음을 바로 세워 하나님의 말씀과 지혜대로 살아가게 하소서.

기도 평안을 주시기 위해 거룩하고 사랑받는 자로 우리를 택하여 주신 하나님, 우리를 사랑으로 인도하시는 하나님을 마음에 품고 말씀대로 평강을 찾아가는 은혜를 주시길 기도합니다.

●● 마음에 와닿은 말씀(시어머니)

206

빌4:6-7 아무 것도 염려하지 말고 다만 모든 일에 기도와 간구로, 너희 구할 것을 감사함으로 하나님께 아뢰라 그리하면 모든 지각에 뛰어난 하나님의 평강이 그리스도 예수 안에서 너희 마음과 생각을 지키시리라

아무것도 염려하지 말고 주님께 맡기고 간구하면 하나님의 평강이 그리스도 예수 안에서 우리의 마음과 생각을 지켜주신다고 약속하십니다.
이렇게 인도하시는 것을 모르고 마음으로 근심하며 입으로 원망하며 주님께서 듣지도 못하시고 보지도 않으시는 것 같이 마음과 입술로 범죄하며 근심하며 염려하며 마음에 평강을 누리지 못하고 살고 있음을 고백합니다. 우리의 모든 것을 보시고 아시며 인도하시는 주님을 믿고 마음에 평강을 누리며 살아가는 복된 자가 되기를 소망합니다.

기도 무익한 말 한마디도 들으시고 모든 것을 아시는 주님을 믿고 마음에 평강과 감사가 항상 함께하기를 기도합니다.

●● 마음에 와닿은 말씀(며느리)

엡5:8-9 너희가 전에는 어둠이더니 이제는 주 안에서 빛이라 빛의 자녀들처럼 행하라 빛의 열매는 모든 착함과 의로움과 진실함에 있느니라

죄악으로 인하여 나의 삶을 돌아보지 못하는 어둠 속에 살아가지 아니하며 온전히 하나님과 동행하는 삶을 통해 하나님의 사랑을 받는 자녀로 빛이 되는 자가 되게 하소서. 회개를 통하여 어둠을 물리치고 빛을 향하여 나아가며 선한 일과 의로운 일, 진실함을 행하여 빛의 열매가 충만한 삶이 되길 소망합니다.

기도 하나님을 닮아 하나님 뜻대로 행할 때 우리와 함께하시는 하나님께서 역사하심을 통해 사랑의 열매, 빛의 열매를 맺을 줄 믿습니다.
어둠뿐인 세상 속에서 빛과 같은 하나님의 말씀을 좇아 살아가는 거룩한 삶이 되게 하소서.

●● 마음에 와닿은 말씀(시어머니)

딤후3:1-5 너는 이것을 알라 말세에 고통하는 때가 이르러 사람들이 자기를 사랑하며 돈을 사랑하며 자랑하며 교만하며 비방하며 부모를 거역하며 감사하지 아니하며 거룩하지 아니하며 무정하며 원통함을 풀지 아니하며 모함하며 절제하지 못하며 사나우며 선한 것을 좋아하지 아니하며 배신하며 조급하며 자만하며 쾌락을 사랑하기를 하나님 사랑하는 것보다 더하며 경건의 모양은 있으나 경건의 능력은 부인하니 이같은 자들에게서 네가 돌아서라

바울이 디도에게 전하는 말씀이 지금 현세를 살아가는 우리에게 주시는 말씀과 동일함을 느끼며 이런 일에서 우리 자신을 돌아보며 돌이켜 하나님께로 돌아가기를 소원합니다.

기도 경건의 모양은 있으나 경건의 능력은 부인하며 살아가고 있음을 고백합니다. 주님 성령의 도우심으로 말씀 안에서 깨닫고 돌아가 주님의 기쁨이 되는 자녀들이 될 수 있도록 기도합니다.

●● 마음에 와닿은 말씀(며느리)

딤전4:12-13 누구든지 네 연소함을 업신여기지 못하게 하고 오직 말과 행실과 사랑과 믿음과 정절에 있어서 믿는 자에게 본이 되어 내가 이를 때까지 읽는 것과 권하는 것과 가르치는 것에 전념하라

하나님을 전하는 자의 삶은 하나님을 닮아 말과 행동이 다른 사람의 본이 되어 스스로가 하나님을 증거 하는 삶이니 절제와 인내를 통해 나를 단련하고 하나님께 온전히 의지함으로 변화되어 갈 수 있도록 힘주시길 원합니다.

기도 내가 말씀대로 살아갈 때 복음을 전하는 힘도 강해지리니 온전히 깨닫고 행하며 하나님의 사랑을 닮은 말과 행동으로 합력하여 선을 이뤄갈 수 있는 본이 되는 자가 되게 하시길 기도합니다.

약1:10 부한 자는 자기의 낮아짐을 자랑할지니 이는 그가 풀의 꽃과 같이 지나감이라

낮은 자나 부한 자나 풀의 꽃과 같이 지나간다고 합니다. 꽃의 여왕이라는 열매 없는 장미꽃도 그보다는 덜 아름다운 호박꽃은 우리의 식탁에서 좋은 음식으로 자신의 사명을 다하듯이 이 땅에 사는 동안 하나님께서 자신에게 주신 사명을 충실하게 하며 사는 것이 호박이 장미를 부러워하고 장미의 아름다움만으로 자신을 자랑하며 사는 교만한 마음이 말씀을 통해 깨닫고 각각 자신에게 준 사명을 감사하며 살기를 소망합니다.

기도 풀의 꽃과 같이 지나가는 우리의 인생입니다.
나에게 준 사명이 무엇인지 깨닫고 낮은 것은 높음을 자랑하며 부하거나 높은 것은 낮아짐을 자랑하며 주님 주신 분복대로 감사하며 살기를 기도합니다.

━━━━━

●● 마음에 와닿은 말씀(며느리)

약1:22 너희는 말씀을 행하는 자가 되고 듣기만 하여 자신을 속이는 자가 되지 말라
약2:17 이와 같이 행함이 없는 믿음은 그 자체가 죽은 것이라

믿음은 그의 행함과 함께 일하며 그 행함으로 믿음이 온전하게 되리니 말씀을 읽고 듣는 것이 믿음이라 여기며 교만함으로 자기를 속이는 삶이 아닌 가족, 이웃을 위하여 말씀을 실천하는 삶을 통해 살아있는 믿음으로 나아가게 하시길 소망합니다.

기도 말씀을 통해 깨닫게 하심에 감사하며 결단하고 나아가 실천하는 진정한 믿음의 길로 인도하시길 기도합니다.

●● 마음에 와닿은 말씀(시어머니)

벧전1:22-23 너희가 진리를 순종함으로 너희 영혼을 깨끗하게 하여 거짓이 없이 형제를 사랑하기에 이르렀으니 마음으로 뜨겁게 서로 사랑하라 너희가 거듭난 것은 썩어질 씨로 된 것이 아니요 썩지 아니할 씨로 된 것이니 살아 있고 항상 있는 하나님의 말씀으로 되었느니라

중동의 모든 위기는 자신들만이 아브라함의 씨로 오로지 율법대로 지키고 산다는 믿음 때문에 서로 죽이고 죽이는 일을 서슴지 않고 있는 것을 우리는 이 시대에도 눈으로 봅니다. 우리 또한 온 율법의 완성이 하나님을 사랑하며 이웃을 사랑하는 것이 주님 뜻이라고 하시지만 여전히 사랑하지 못하고 살고 있어 분쟁과 환란으로 어지러운 세상에서 살고 있음을 고백합니다. 유대인도 이슬람교도들도 크리스천들도 모든 이방인도 주님의 복음을 믿고 하늘의 뜻이 땅 위에서 이루어지는 날이 속히 오기를 소망합니다.

기도 주님의 복음을 믿지 못하고 사랑하지 못하고 외식하며 살고 있음을 고백하며 성령께서 도와주셔서 우리의 눈과 귀와 입술에 성령께서 인치심으로 변화 받게 하시기를 기도합니다.

●● 마음에 와닿은 말씀(며느리)

벧전1:8-9 예수를 너희가 보지 못하였으나 사랑하는도다 이제도 보지 못하나 믿고 말할 수 없는 영광스러운 즐거움으로 기뻐하니 믿음의 결국 곧 영혼의 구원을 받음이라

우리의 죄를 회개하고 거듭나게 하사 우리의 산 소망 되시는 예수님을 온전히 믿고 모든 것을 맡기고 나아갈 때 기쁨과 영광이 가득할 줄 믿습니다. 우리의 영혼을 구원하시는 하나님의 크신 사랑에 감사하며 믿음으로 나아가는 자 되길 소망합니다.

기도 우리의 영혼을 살피시는 하나님, 우리의 영혼을 구원하시는 하나님, 확실한 믿음으로 깨어 있어 성령이 함께하시기를 기도합니다.

●●○ 마음에 와닿은 말씀(시어머니)

히8:10 또 주께서 이르시되 그 날 후에 내가 이스라엘 집과 맺을 언약은 이것이니 내 법을 그들의 생각에 두고 그들의 마음에 이것을 기록하리라 나는 그들에게 하나님이 되고 그들은 내게 백성이 되리라

우리와 주님의 맺은 언약은 그 어떤 율법도 법조문도 아닌 내 생각에 내 마음에 기록하여진 말씀에 순종하여 하나님은 나의 하나님이 되고 나는 하나님의 백성이 되어 하나님의 보호 아래 우리가 세상 끝에 갈지라도 시공간을 초월하여 영원히 함께하시고 인도하실 줄을 믿고 소망합니다.

기도 주님의 생각과 마음이 우리 안에 영원히 함께하시고 우리를 지켜주시고 보호하시고 인도하셔서 세상사는 동안 참 평강을 누리게 하시며 주님의 영광을 드러내며 사는 우리와 자손들이 되기를 기도합니다.

●●○ 마음에 와닿은 말씀(며느리)

히3:6 그리스도는 하나님의 집을 맡은 아들로서 그와 같이 하셨으니 우리가 소망의 확신과 자랑을 끝까지 굳게 잡고 있으면 우리는 그의 집이라

집을 지으신 하나님, 하나님의 집을 맡은 예수그리스도의 큰 사랑으로 우리를 그의 집으로 삼아주심에 감사하며 하나님의 사랑에 대한 확신과 사랑으로 주시는 안식을 누리며 살아가길 소망합니다.

기도 우리를 지으시고 우리를 부르시고 우리와 함께하시는 하나님, 오직 하나님이 나의 소망이 됨을 고백하며 정결한 영과 육으로 온전한 하나님의 집이 되는 거룩한 삶을 살아가게 하시길 기도합니다.

●● 마음에 와닿은 말씀(시어머니)

211

히13:15-16 그러므로 우리는 예수로 말미암아 항상 찬송의 제사를 하나님께 드리자 이는 그 이름을 증언하는 입술의 열매니라 오직 선을 행함과 서로 나누어 주기를 잊지 말라 하나님은 이같은 제사를 기뻐하시느니라

하나님께서 항상 우리의 모든 삶을 보시고 아시고 인도하심을 믿고 행할 때 율법으로 드리는 제사와 예물과 번제와 속죄제는 원하지도 기뻐하지 않으시고 오로지 예수님의 십자가로 우리의 영원한 생명과 거룩함을 얻었음을 알게 하여주십니다. 살아계시고 나와 함께 하시며 보호하시는 주님을 확실히 믿고 항상 우리 마음속에 주님 주신 성령으로 충만하여 감사하며 주님을 증거 하며 오직 선을 행하는 삶을 통하여 하나님의 기뻐하는 삶이기를 소망합니다.

기도 우리의 생각과 마음에 그리스도의 성령으로 충만케 하셔서 성령의 인도하심으로 분별하여 주님을 기쁘시게 하며 세상을 이기고 승리하며 사는 우리와 자손들이 되기를 기도합니다.

●● 마음에 와닿은 말씀(며느리)

히13:15-16 그러므로 우리는 예수로 말미암아 항상 찬송의 제사를 하나님께 드리자 이는 그 이름을 증언하는 입술의 열매니라 오직 선을 행함과 서로 나누어 주기를 잊지 말라 하나님은 이같은 제사를 기뻐하시느니라

우리의 유익을 위해 말씀을 주시고 징계하시는 하나님, 그 사랑을 바로 보게 하소서. 그 사랑을 주시는 하나님을 기쁘게 하는 삶이 되게 하소서. 말씀대로 살아, 나만 생각하는 삶이 아니라 형제를 생각하는 삶을 통해 진정한 행복과 평강을 누리게 하소서. 나의 삶이 하나님을 증거 하게 하소서.

기도 나의 갈 길을 인도하시는 하나님의 말씀을 듣고 온전히 깨닫고 행하게 하시길 소망합니다. 우리의 삶에 중요한 것을 바로 보게 하시어 하나님의 기쁨이 되는 거룩하고 귀한 삶이 되게 하시길 기도합니다.

요일3:9-10 하나님께로부터 난 자마다 죄를 짓지 아니하나니 이는 하나님의 씨가 그의 속에 거함이요 그도 범죄하지 못하는 것은 하나님께로부터 났음이라 이러므로 하나님의 자녀들과 마귀의 자녀들이 드러나나니 무릇 의를 행하지 아니하는 자나 또는 그 형제를 사랑하지 아니하는 자는 하나님께 속하지 아니하니라

하나님의 자녀와 마귀의 자녀가 다르게 드러나는 것은, 하나님의 씨가 우리 안에 거하게 되면 죄를 짓지 못하며 의를 행하며 형제를 사랑하며 살지만, 마귀의 자녀들은 하나님의 씨가 없기에 의도 형제도 사랑하지 못하며 사는 것으로 드러난다고 합니다. 하나님의 씨로 성령을 우리에게 주시고 성령의 능력으로 말과 혀로만 사랑하지 말고 진실함으로 의를 행하며 형제를 사랑하며 살아가는 것을 드러내어 진정한 하나님의 자녀로 살아가기를 소망합니다.

기도 육신의 연약함으로 할 수 없는 의와 형제를 사랑하며 살 수 있도록 우리에게 성령의 충만함이 날마다 함께하셔서 세상을 이기고 하나님의 영광스러운 자녀로 살아갈 수 있도록 기도합니다.

●●● 마음에 와닿은 말씀(며느리)

요일4:20-21 누구든지 하나님을 사랑하노라 하고 그 형제를 미워하면 이는 거짓말하는 자니 보는 바 그 형제를 사랑하지 아니하는 자는 보지 못하는 바 하나님을 사랑할 수 없느니라 우리가 이 계명을 주께 받았나니 하나님을 사랑하는 자는 또한 그 형제를 사랑할지니라

하나님은 사랑이시니 우리가 사랑할 때 하나님께서 우리 안에 거하시고 그의 사랑이 온전히 이루어지리니 형제를 사랑하여 하나님의 계명을 지키는 자로서 하나님을 증거 하는 삶이 되길 소망합니다.

기도 성령이 늘 함께하시어 내 욕심대로 내 기준대로 행하는 사랑이 아니라 인내와 온유함으로 있는 그대로의 모습을 사랑하며 선을 향해 나아가는, 우리를 먼저 사랑하신 하나님의 거룩한 사랑을 닮아가는 자가 되게 하시길 기도합니다.

●● 마음에 와닿은 말씀(시어머니)

계1:2-3 요한은 하나님의 말씀과 예수 그리스도의 증거 곧 자기가 본 것을 다 증언하였느니라 이 예언의 말씀을 읽는 자와 듣는 자와 그 가운데에 기록한 것을 지키는 자는 복이 있나니 때가 가까움이라

요한은 말씀으로 자기와 함께 하신 주님께서 직접 보여 주신 증거를 다 증언하며 기록하여 우리에게 주신 말씀을 읽고 듣고 기록한 것을 지키는 자는 복이 있다고 말합니다. 말씀을 듣기도 하고 읽기도 하고 보기도 하여 하나님의 뜻을 잘 알고 있지만, 육신의 소욕으로 지키지 못하고 살아가는 우리를 용서하시고 성령께서 도와주셔서 아는 것만큼이라도 행하며 살기를 소망합니다.

기도 먹는 것 하나도, 욕심 하나도 절제하지 못하고 내 소욕대로 살고 있음을 고백하며 성령께서 도와주셔서 주님의 말씀대로 순종하며 살기를 기도합니다.

●● 마음에 와닿은 말씀(며느리)

계3:3 그러므로 네가 어떻게 받았으며 어떻게 들었는지 생각하고 지켜 회개하라 만일 일깨지 아니하면 내가 도둑 같이 이르리니 어느 때에 네게 이를는지 네가 알지 못하리라

우리의 마음과 행위를 아시는 하나님 앞에 입으로, 머리로, 섬기는 믿음으로 깨달음과 순종 없는 신앙의 삶을 멀리하며, 우리가 받은 은혜에 감사하며, 나의 죄를 온전히 깨닫고 회개하는 믿음을 통해 주님의 뜻에 합당한 자로서 영원히 생명책에 이름이 남겨지는 거룩한 자가 되기를 소망합니다.

기도 영적으로 늘 깨어 있어 나의 죄를 바로 보고 말씀을 통해 깨닫는 마음을 주시어 회개하는 삶이 되게 하소서.
성령의 역사하심으로 감화, 감동의 마음을 통해 주님의 뜻을 늘 생각하며 나아가는 진정한 믿음의 삶이 되길 간절히 기도합니다.

●●○ 마음에 와닿은 말씀(시어머니)

214

계21:22-23 성 안에서 내가 성전을 보지 못하였으니 이는 주 하나님 곧 전능하신 이와 및 어린 양이 그 성전이심이라 그 성은 해나 달의 비침이 쓸 데 없으니 이는 하나님의 영광이 비치고 어린 양이 그 등불이 되심이라

우리의 몸이 성전이 되어 내가 그리스도 안에 그리스도가 내 안에 계셔서 속된 것이나 거짓말하는 가증한 일을 하지 않는 옳은 행실로 세마포 옷을 입는 성도들이 되어 하나님의 영광이 비치며 주님의 등불이 우리를 인도하심으로 우리의 이름이 생명책에 기록되기를 소망합니다.

기도 사람이 손으로 만든, 눈으로 보이는 성전이 아니라 하나님의 영광과 어린양의 등불이 우리 안에서 성전이 되어 날마다 함께하시며 우리의 삶을 인도하시기를 기도합니다.

●●○ 마음에 와닿은 말씀(며느리)

계22:14 자기 두루마기를 빠는 자들은 복이 있으니 이는 그들이 생명나무에 나아가며 문들을 통하여 성에 들어갈 권세를 받으려 함이로다

세상 속에서 범하는 죄로 인하여 더러워진 나의 두루마기를 바라봅니다. 선한 마음으로 의를 행하는 자에게 값없는 생명수와 생명 나무를 주시고 성에 들어갈 권세를 주시는 하나님, 우리가 진정으로 사모해야 할 것을 깨닫게 하시며 말씀으로 늘 더러워진 나의 두루마기를 빨아 정결한 마음과 선한 행실로 살아가게 하시길 소망합니다.

기도 겉으로 보이는 더러움만 신경 쓰는 교만한 삶을 경계하게 하소서.
나의 마음 안에 더러운 것들을 하나님의 말씀으로 정결하게 하여 하나님의 복을 누리는 합당한 자로 세워주시길 기도드립니다.

PART 5

구원의 방주 안에서

고전13:2
내가 예언하는 능력이 있어
모든 비밀과 모든 지식을 알고
또 산을 옮길 만한 모든 믿음이 있을지라도
사랑이 없으면 내가 아무 것도 아니요

고전13:3
내가 내게 있는 모든 것으로 구제하고
또 내 몸을 불사르게 내줄지라도
사랑이 없으면
내게 아무 유익이 없느니라

215일~262일

●● 마음에 와닿은 말씀(시어머니)

215

창1:27-28 하나님이 자기 형상 곧 하나님의 형상대로 사람을 창조하시되 남자와 여자를 창조하시고 하나님이 그들에게 복을 주시며 하나님이 그들에게 이르시되 생육하고 번성하여 땅에 충만하라, 땅을 정복하라, 바다의 물고기와 하늘의 새와 땅에 움직이는 모든 생물을 다스리라 하시니라

우리를 하나님의 형상대로 창조하셨습니다. 땅과 바다, 하늘에 새와 땅과 하늘에 움직이는 모든 생물을 정복하며, 생육하고 번성하라 말씀하셨습니다. 하나님의 형상대로 창조하신 우리가 세상에 있는 모든 것들을 창세 이래 지금까지 정복하려 하지만 세상의 것들이 우리의 삶을 오히려 지배하고 있는 것 같습니다. 하나님의 말씀을 잘 분별하여 깨닫고 우리에게 주신 하나님 형상을 닮은 본연의 삶이 회복되기를 소망해 봅니다.

기도 하나님 뜻대로 순종하며 살기를 기도합니다.

●● 마음에 와닿은 말씀(며느리)

창6:18 그러나 너와는 내가 내 언약을 세우리니 너는 네 아들들과 네 아내와 네 며느리들과 함께 그 방주로 들어가고

사람의 마음에 생각하는 계획이 항상 악하여 죄악으로 가득할 때, 의를 행하는 완전한 믿음으로 하나님과 동행하며 명하신 대로 준행하는 노아는 여호와께 은혜를 입어 방주를 준비하며 그의 모든 가족도 구원의 방주에 함께하는 축복을 누립니다. 대홍수 속에서도 말씀에 순종하는 자를 지키시는 하나님을 바라보며 말씀으로 시작하는 새날 새 하루가 겹겹이 쌓여 나의 형제와 이웃을 살리는 구원의 방주가 되길 소망합니다.

기도 한 사람의 완전한 믿음이 그의 삶은 물론 가족에게 주는 영향을 생각하며 진정한 믿음의 열매를 다시금 생각하게 하시니 감사합니다.
다시금 시작하는 통독을 통해 나의 마음을 주장하시는 하나님을 만나는 은혜를 누리게 하시길 기도합니다.

●● 마음에 와닿은 말씀(시어머니)

216

창13:9 네 앞에 온 땅이 있지 아니하냐 나를 떠나가라 네가 좌하면 나는 우하고 네가 우하면 나는 좌하리라

아브라함과 조카 롯이 소유가 많아지자 목자들과 친족들이 서로 다투고 싸우게 되는 부분입니다. 싸울 수밖에 없는 상황이지만 선택해야 하는 상황에서 인간의 눈에 보이는 얄팍한 욕심이 아닌 하나님께서 주신 약속 때문에 양보 되어지는 믿음을 보게 됩니다.

기도 재물로 형제들이 서로 싸우고 부모와 단절하며 법정에서까지 다투며 불화하며 서로가 원수같이 사는 것들이 현세에서도 많이 일어나는 것을 보는데 아브라함처럼 하나님 말씀을 보고 깨닫고 행하며 살 수 있도록 성령께서 도와주시기를 기도합니다.

●● 마음에 와닿은 말씀(며느리)

창13:9 네 앞에 온 땅이 있지 아니하냐 나를 떠나가라 네가 좌하면 나는 우하고 네가 우하면 나는 좌하리라

선택의 순간 우리는 어떤 결정을 내려야 할까, 아브람과 롯이 함께 하기 어려운 상황 속에서 롯은 아브람의 제안을 기꺼이 수용하며 자기 기준대로 눈을 들어 보기 좋은 요단 지역을 선택하고 떠나갔으나 아브람은 여호와께서 눈을 들게 하시어 영원한 번성을 약속해주십니다. 자기 욕심으로 겉으로는 보이는 화려함에 나의 선택을 맡기는 것이 아니라 하나님께서 보게 하시는 것을 나의 선택으로 삼을 때 복을 누리는 자가 될 줄 믿으며 나아갑니다.

기도 나의 눈을 들어 보게 하시는 하나님의 선택을 신뢰하며 나아가는 삶이 되길 기도합니다.

●● 마음에 와닿은 말씀(시어머니)

217

창41:12-13 그 곳에 친위대장의 종 된 히브리 청년이 우리와 함께 있기로 우리가 그에게 말하매 그가 우리의 꿈을 풀되 그 꿈대로 각 사람에게 해석하더니 그 해석한 대로 되어 나는 복직되고 그는 매달렸나이다

아버지의 편애로 형들의 시기와 질투로 결국 형들이 애굽의 상인에게 노예로 팔아서 보디발 장군의 집에 노예 생활을 하게 되는 요셉, 형들 아닌 또 다른 모함으로 감옥에 갇히는 신세가 되는 요셉, 그러나 그가 의지하고, 그와 함께 하는 분이 계심은 바로 하나님이셨다는 사실입니다. 어릴 때 주신 꿈, 그 꿈을 요셉은 놓지 않고 그의 비전으로 삼았고 그 꿈을 주신 하나님을 신뢰하며 여기까지 인내하며 변치 않는 믿음으로 고난과 고통을 이겨내었던 것입니다.

기도 우리의 삶에 어려움이 올 때 살아계시고 함께 해주시는 주님을 끝까지 신뢰하며 인내하게 하소서. 하나님의 때가 이를 때 세우시고 역전시키심을 믿고 기다리는 우리와 자손들이 되기를 소원합니다.

●● 마음에 와닿은 말씀(며느리)

창41:38-40 바로가 그의 신하들에게 이르되 이와 같이 하나님의 영에 감동된 사람을 우리가 어찌 찾을 수 있으리요 하고 요셉에게 이르되 하나님이 이 모든 것을 네게 보이셨으니 너와 같이 명철하고 지혜 있는 자가 없도다 너는 내 집을 다스리라 내 백성이 다 네 명령에 복종하리니 내가 너보다 높은 것은 내 왕좌뿐이니라

애굽으로 팔려 간 요셉은 아무것도 가진 것이 없으나 애굽인들은 하나님의 영으로 감동된 자를 신뢰하여 보디발은 요셉에게 모든 소유를 감독하게 하고, 간수장은 모든 사무를 관장하게 하며, 바로는 애굽의 총리로 임명하니 요셉의 능력은 오직 하나님, 하나님과 동행함을 보게 됩니다. 하나님이 함께하는 자로서 인정받는 삶이 되길 소망합니다.

기도 하나님과 동행하는 삶이 지혜와 명철이 되어 우리는 물론 우리와 함께하는 자에게 주시는 은혜로 주님을 증거 하는 삶이 되길 기도합니다.

●●● 마음에 와닿은 말씀(시어머니)

욥1:7 여호와께서 사탄에게 이르시되 네가 어디서 왔느냐 사탄이 여호와께 대답하여 이르되 땅을 두루 돌아 여기저기 다녀왔나이다

욥같이 온전하고 정직하며 하나님을 경외하며 악에서 떠난 자가 없다고 인정하신 하나님께 까닭 없이 하나님을 욥이 경외하겠냐고 말하며 일곱 아들과 세 딸을 모두 잃어버리고도 원망하지 않고 범죄 하지 않은 욥에게 뼈와 살을 치면 틀림없이 원망할 것이라 말하지만 끝내 욥은 주신이도 가져가신 이도 하나님이라 말하며 범죄 하지 않는 것을 봅니다. 과연 그런 시험을 견딜 수가 있을까 생각하니, 생각하기조차 싫습니다.
아무리 나중에 갑절의 복을 준다고 할지라도 그런 시험에 들지 말게 하시며 피할 길을 주시고 인도하시기를 간절히 소원합니다.

기도 시험도 감당할 수 있는 것만 주신다고 합니다.
주님, 우리 모든 가족에게 시험에 들지 말게 하옵시고 악에서 구하셔서 항상 평강 가운데 주님을 경외하며 살 수 있도록 도와주시기를 기도합니다.

●●● 마음에 와닿은 말씀(며느리)

욥2:10 그가 이르되 그대의 말이 한 어리석은 여자의 말 같도다 우리가 하나님께 복을 받았은즉 화도 받지 아니하겠느냐 하고 이 모든 일에 욥이 입술로 범죄하지 아니하니라

복도 화도 하나님께서 허락하셨기에 우리를 찾아오리니 이해할 수 없지만, 하나님께서 하심을 받아들이며 입술로 범죄 하지 아니하고 온전함을 지키는 욥을 바라봅니다. 불행 가운데서도 원망하지 아니하며 극심한 고통을 인내하는 욥을 통해 삶에 대한 나의 태도를 돌아봅니다.

기도 내 앞에 닥친 수많은 일들 앞에 일희일비하지 아니하며 모든 것을 행하시는 하나님께서 나를 통해 이루실 일들을 겸허히 받아들이며 살아가게 하시길 기도합니다.

출31:17 이는 나와 이스라엘 자손 사이에 영원한 표징이며 나 여호와가 엿새 동안에 천지를 창조하고 일곱째 날에 일을 마치고 쉬었음이니라 하라

하나님의 형상으로 창조하신 인간의 모든 규범까지도 만드시고 정하셔서 살게 하신 것은 하나님께서 엿새 동안은 천지를 창조하고 일곱째 날에 일을 마치고 쉬었기에 너희도 똑같이 엿새는 일하고 일곱째 날에는 안식하라 말씀하셨지만, 인간들의 세상 욕심으로 쉼 없이 일하다가 결국은 생명을 단축하는 일들이 있는 것을 봅니다. 내가 거룩하니 너희도 거룩하라 하신 말씀같이 하나님의 형상으로 지으신 우리가 하나님의 성품을 닮아 말씀을 깨달아 행할 수 있도록 성령이 함께하시기를 소망합니다.

기도 할 수 없는 일을 우리는 할 수 없지만, 우리 안에 있는 성령은 할 수 있다고 합니다. 우리의 성품이 안식일의 주인이신 주님을 닮아 진정한 안식을 누리며 살기를 기도합니다.

●● 마음에 와닿은 말씀(며느리)

출29:38,42-43, 네가 제단 위에 드릴 것은 이러하니라 매일 일 년 된 어린 양 두 마리니..,이는 너희가 대대로 여호와 앞 회막 문에서 늘 드릴 번제라 내가 거기서 너희와 만나고 네게 말하리라 내가 거기서 이스라엘 자손을 만나리니 내 영광으로 말미암아 회막이 거룩하게 될지라

매일 아침, 저녁으로 구별된 시간에 드리는 번제를 통해 하나님을 만나고 거룩한 자로서 거듭나는 시간을 허락하셨던 것처럼 정신없이 살아가는 우리의 삶 가운데 매일 만나는 하나님의 말씀 묵상의 시간을 통해 스스로 돌아보고 하나님의 뜻을 생각하며 정결한 마음을 품고 말씀대로 행하는 거룩한 삶으로 인도하시길 소망합니다.

기도 매일 주님을 만나는 귀한 시간으로 인도하시어 말씀대로 나와 가정, 이웃, 사회가 거룩한 삶을 향해 나아가는 은혜의 시간이 되게 하시길 기도합니다.

●● 마음에 와닿은 말씀(시어머니)

220

출34:6-7 여호와께서 그의 앞으로 지나시며 선포하시되 여호와라 여호와라 자비롭고 은혜롭고 노하기를 더디하고 인자와 진실이 많은 하나님이라 인자를 천대까지 베풀며 악과 과실과 죄를 용서하리라 그러나 벌을 면제하지는 아니하고 아버지의 악행을 자손 삼사 대까지 보응하리라

자비롭고 인자하시고 노하기를 더디 하시고 인자를 천대까지 베풀며 악한 것과 과실과 죄를 예수의 보혈로 용서해 주시고 구원해 주시지만, 벌을 면제하지는 않으시고 아버지의 악행을 삼사 대까지 보응 하신다고 합니다.

무조건 믿고 구하기만 하면 용서하시고 구원하시지만, 자신의 악과 과실과 죄에 대한 대가는 면제하시지 않는다는 말씀을 보며 악과 과실과 죄를 범하지 않도록 성령께서 도와주시기를 소망합니다.

> **기도** 악과 과실과 죄는 천대까지도 용서하시지만, 벌은 면제하지 않고 받는다고 합니다. 악과 과실과 죄를 범하지 않도록 성령께서 도와주시기를 기도합니다.

●● 마음에 와닿은 말씀(며느리)

출39:42-43 여호와께서 모세에게 명령하신 대로 이스라엘 자손이 모든 역사를 마치매 모세가 그 마친 모든 것을 본즉 여호와께서 명령하신 대로 되었으므로 모세가 그들에게 축복하였더라

하나님의 약속을 온전히 믿지 아니하며 때때로 원망하며 불순종으로 나아가는 이스라엘 백성들이 성막을 만드는 과정에서 자원하는 마음으로 하나님께서 명하신 대로 행하는 순종으로 나아갑니다. 우리의 삶도 성막을 만들어가는 과정이라 생각하며 마음의 감동과 지혜를 주시는 하나님께 의지하며 말씀대로 온전히 행하며 나의 삶이 명령하신 대로 되었노라 선포하는 하나님의 복이 함께 하길 소망합니다.

> **기도** 하나님께서 명하신 대로 사는 삶이 내가 사는 삶이요, 하나님이 우리 안에 거하시는 삶이라 기쁨의 고백, 축복을 누릴 수 있길 간절히 기도합니다.

●● 마음에 와닿은 말씀(시어머니)

레5:4 만일 누구든지 입술로 맹세하여 악한 일이든지 선한 일이든지 하리라고 함부로 말하면 그 사람이 함부로 말하여 맹세한 것이 무엇이든지 그가 깨닫지 못하다가 그것을 깨닫게 되었을 때에는 그 중 하나에 그에게 허물이 있을 것이니

입술로 맹세하는 일에 악한 일이든 선한 일이든 함부로 말하는 것이 허물이 된다고 합니다. 선한 말이라 할지라도 자신이 지키지도 행하지도 못하는 일들을 남발하면서 깨닫지도 못하고 살 때가 참 많은 것 같습니다. 선한 일도 함부로 맹세하는 일이 없도록 도와주시기를 소원합니다.

기도 내 마음에 욕심이 가득함에도 불구하고 욕심 없는 척하며 살아갈 때가 있습니다. 주님 앞에 항상 정직하게 고백하며 주님의 인도하심 받기를 기도합니다.

●● 마음에 와닿은 말씀(며느리)

레5:3 만일 부지중에 어떤 사람의 부정에 닿았는데 그 사람의 부정이 어떠한 부정이든지 그것을 깨달았을 때에는 허물이 있을 것이요

큰일이나 큰 죄를 범함에 있어 경계하고 세심하게 살피며 살아가나 어떠한 일을 가볍게 여기며 남들과 같이 살아가면서 부지중에 수많은 죄를 범하며 살아가고 있을 때 그것을 깨닫고 회개하며 나아가게 하시길 소망합니다.

기도 부지중에 범하는 죄를 간과하지 아니하며 바로 보게 하시고 깨달음을 통해 선과 의의 길로 나아가게 하시는 하나님, 나의 죄를 깨닫고 진정한 회개의 길로 나아가게 하시길 기도합니다.

●● 마음에 와닿은 말씀(시어머니)

222

레11:45 나는 너희의 하나님이 되려고 너희를 애굽 땅에서 인도하여 낸 여호와라 내가 거룩하니 너희도 거룩할지어다

애굽 땅에서 이스라엘 백성을 인도하여 낸 이유가 그들의 아버지가 되고 그들과 함께하시고 하나님이 거룩한 것처럼, 이스라엘 백성들도 거룩해야 한다는 말씀이셨습니다. 잘할 수 없는 연약한 인간들을 불쌍히 여기시고 십자가에 대신 달린 예수님을 믿고 성령의 도우심으로 살고 있지만, 하나님을 경외하고 이웃을 사랑하라는 그 말씀 하나도 성실하게 실천하지 못하고 사는 우리를 불쌍히 여기시고 아는 것 하나라도 행하며 살 수 있도록 도와주시기를 소원합니다.

기도 부모도 형제도 이웃도 사랑하지 못하고 살고 있음을 고백하며 주님의 사랑으로 사랑하며 살 수 있도록 기도합니다.

●● 마음에 와닿은 말씀(며느리)

레10:9-10 너와 네 자손들이 회막에 들어갈 때에는 포도주나 독주를 마시지 말라 그리하여 너희 죽음을 면하라 이는 너희 대대로 지킬 영영한 규례라 그리하여야 너희가 거룩하고 속된 것을 분별하며 부정하고 정한 것을 분별하고

세상 가운데 수많은 유혹을 멀리하여 속된 것과 부정한 것을 분별할 수 있는 삶을 통해 거룩한 자, 정결한 자로서 믿는 자의 성결한 향기를 품게 되길 소망합니다. 내 생각과 마음을 혼탁하게 하는 세상적인, 육적인 탐심과 유혹을 멀리하며 하나님의 말씀에 순종하는 삶을 통해 매일의 삶을 정결하게 하시어 거룩하신 하나님을 닮아 우리 또한 거룩한 자로서 살아가게 하소서.

기도 말씀을 통해 세상의 유혹을 이겨내고 거룩한 삶, 세상과 구별된 거룩한 삶을 사모하여 죄를 멀리하고 선을 행하는 믿음의 길로 나아가게 하시길 기도합니다.

●● 마음에 와닿은 말씀(시어머니)

223

레19:11-12 너희는 도둑질하지 말며 속이지 말며 서로 거짓말하지 말며 너희는 내 이름으로 거짓 맹세함으로 네 하나님의 이름을 욕되게 하지 말라 나는 여호와이니라

미혹의 영이 만연하게 세상에 퍼져 사람들을 선동하여 거짓을 말하고 있다는 것을 늘 체험합니다. 사람을 속이며 서로 거짓말하며 하나님의 이름으로 거짓 맹세하게 하며 주님의 복음을 욕되게 하는 거짓 선지자들이 교회와 교인들을 미혹하고 있는 세상입니다. 말씀의 지식이 부족하여 무엇이 거짓인지, 분별하지 못하는 어리석은 양들입니다. 주님의 양들을 미혹하고 거짓으로 미혹하는 거짓된 모든 것을 성령의 빛 안에서 분별하기를 소원합니다.

기도 온 사방에서 우리를 공격할 때 말씀의 검으로 물리칠 수 있도록 말씀과 가까이 하는 우리가 되게 인도해 주시고 성령의 빛 안에서 분별하여 하늘의 뜻이 땅 위에서 이루어지는 일에 쓰임 받기를 기도합니다.

●● 마음에 와닿은 말씀(며느리)

레19:2,37 너는 이스라엘 자손의 온 회중에게 말하여 이르라 너희는 거룩하라 이는 나 여호와 너희 하나님이 거룩함이니라…, 너희는 내 모든 규례와 내 모든 법도를 지켜 행하라 나는 여호와이니라

거룩하신 하나님을 닮아가는 삶을 사는 것이 신앙의 참된 길이니 "너희는 거룩 하라" 하시는 하나님의 뜻에 순종하기 위하여 우리에게 주시는 규례와 법도, 말씀을 늘 생각하고 지켜 행하여 우리의 주인 되시는 하나님을 증거 하는 삶이 되길 소망합니다. 부모, 형제, 이웃을 대하는 태도를 하나님의 말씀대로 지켜나가 거룩한 삶이 되게 하소서.

기도 하나님을 닮아가기 위해 말씀을 지켜 행하는 삶을 살아 거룩하신 하나님과 같이 거룩한 자로서 쓰임 받기를 기도합니다.

●● 마음에 와닿은 말씀(시어머니) 224

수14:13-14 여호수아가 여분네의 아들 갈렙을 위하여 축복하고 헤브론을 그에게 주어 기업을 삼게 하매 헤브론이 그니스 사람 여분네의 아들 갈렙의 기업이 되어 오늘까지 이르렀으니 이는 그가 이스라엘의 하나님 여호와를 온전히 좇았음이라

모세가 맹세하여 네가 하나님께 충성하였기에 네가 밟은 땅은 네 자손의 기업이 되리라 말씀하셨다 하며 45년간의 순종으로 85세가 된 갈렙이 아직도 강건하니 하나님께서 함께하시면 성읍이 크고 견고할지라도 그들을 쫓아낼 수 있다고 자신 있게 말합니다. 헤브론의 산지를 내게 달라고 당당하게 말하는 갈렙에게 여호수아는 45년 전의 약속을 상기하며 갈렙의 기업이 될 수 있도록 축복하는 말씀을 보며 한결같은 마음으로 전지전능하신 하나님을 믿고 순종한 갈렙의 생을 본받기를 소망합니다.

기도 믿지 못하고 세상을 보며 순종하지 못하는 우리의 삶을 용서하시고 성령의 도우심으로 한결같은 마음으로 말씀대로 순종하는 우리와 자손들이 되기를 기도합니다.

●● 마음에 와닿은 말씀(며느리)

수6:8 여호수아가 백성에게 이르기를 마치매 제사장 일곱은 양각 나팔 일곱을 잡고 여호와 앞에서 나아가며 나팔을 불고 여호와의 언약궤는 그 뒤를 따르며

여리고 성을 두고 성 주위를 일주일 동안 행진하라는 말씀하심에 의지하여 온전한 순종으로 즉시, 아침 일찍 행하는 믿음으로 나아가 결국 여리고 성을 무너뜨리고 승리를 거둡니다. 내 생각과 방법을 버리고 하나님의 생각과 방법에 순종하는 것이 승리하는 삶이 될지니 이해할 수 없는 상황 가운데서도 하나님의 뜻을 헤아리며 순종하며 나아가길 소망합니다.

기도 풀리지 않는, 어려운 문제 앞에서 하나님의 뜻을 구하고 주시는 말씀에 주저하지 아니하며 결단하고 온전히 순종하는 삶이 되게 하시길 기도합니다.

삼하17:14 압살롬과 온 이스라엘 사람들이 이르되 아렉 사람 후새의 계략은 아히도벨의 계략보다 낫다 하니 이는 여호와께서 압살롬에게 화를 내리려 하사 아히도벨의 좋은 계략을 물리치라고 명령하셨음이더라

아히도벨의 좋은 계략으로 다윗을 물리치고 이길 수 있었겠지만, 하나님께서 압살롬에게 화를 내리시려고 했기에 모든 계략이 수포가 되는 것을 보며 사람이 지혜로 모든 것을 세우고 싸우려고 하지만 하나님의 허락 없이는 아무것도 세우고 쌓아놓을 수 없음을 봅니다. 다윗이 아히도벨의 계획이 어리석게 해달라고 한 기도가 응답 되어 승리하는 다윗과 같이 사람의 지혜를 의지하지 않고 하나님의 도우심으로 승리하는 삶을 살기를 소망합니다.

기도 세상에서 어려움을 겪을 때 온전히 주님만을 의지하고 주님께서 인도하시는 대로 순종하며 마음과 입으로 범죄 하지 않도록 도와주시기를 기도합니다.

● ● 마음에 와닿은 말씀(며느리)

시61:2 내 마음이 약해 질 때에 땅 끝에서부터 주께 부르짖으오리니 나보다 높은 바위에 나를 인도하소서

약할 때 낙담하지 아니하며 헛된 것에 의지하지 아니하며 하나님을 찾는 은혜를 누리게 하심에 감사합니다. 수많은 문제를 겪는 삶이나 견고한 바위로 인도하시는 하나님이 함께하심에 나의 가는 그 길이 은혜임을 깨닫습니다. 나의 약함을 고백하고 하나님께 나아가 하나님을 만나고 하나님의 능력대로 이루는 은혜가 늘 함께하는 삶이 되길 소망합니다.

기도 나의 온 마음을 다 아시는 하나님께 진실로 나의 마음을 고백하고 온전한 하나님과의 만남이 이루어지는 삶이 되게 하시길 기도합니다.

삼하23:3 이스라엘의 하나님이 말씀하시며 이스라엘의 반석이 내게 이르시기를 사람을 공의로 다스리는 자, 하나님을 경외함으로 다스리는 자여

하나님께서 무조건 내 편이 되어 도와주시는 것이 아니라 내가 하나님 편에 서서 하나님을 경외하고 사람을 사랑하고 악에서 떠나 말씀대로 순종하여 공의롭게 살면 우리를 반드시 보호하시고 지켜주시고 복 주시고 인도하심을 믿습니다. 다윗과 같이 공의롭고 정의롭게 나라를 다스리며 하나님을 경외하는 지도자가 선출되기를 소원합니다.

기도 음란하고 악한 소돔과 고모라 세대에도 의인 열 명만 있어도 멸망시키지 않고 회복시켜주신다고 했지만 열 명이 없어 심판하셨습니다. 입으로만 의인이 아니라 주님께서 기뻐하시는 의인들이 날마다 많아져서 하나님께서 대한민국과 우리와 우리 자손들을 지켜주시고 보호하시며 복 주시기를 기도합니다.

●● 마음에 와닿은 말씀(며느리)

삼하16:11 또 다윗이 아비새와 모든 신하들에게 이르되 내 몸에서 난 아들도 내 생명을 해하려 하거든 하물며 이 베냐민 사람이랴 여호와께서 그에게 명령하신 것이니 그가 저주하게 버려두라

압살롬의 반란으로 괴롭고 고통스러운 상황 속에 비난을 퍼붓는 시므이를 보며 다윗은 그의 저주도 여호와께서 명령하신 것이니 화로 갚기보다는 모든 것은 주의 뜻이니 화평을 택하며 나아갑니다. 납득할 수 없는 비난, 이해할 수 없는 상황 속에 모든 것을 계획하시는 하나님을 생각하게 하시어 이 상황을 통해 나를 변화시키시고 화평한 자로 살아가 하나님의 복을 누리는 삶이 되게 하시길 소망합니다.

기도 어렵고 험난한 상황 속에서 하나님을 생각하게 하소서.
나의 모든 것을 감찰하시는 하나님께 의지하여 모든 상황을 하나님의 뜻에 맞게 하나님 안에서 생각하고 행동하는 삶이 되도록 인도하시길 기도합니다.

●●■ 마음에 와닿은 말씀(시어머니)

227

시72:1-2 하나님이여 주의 판단력을 왕에게 주시고 주의 공의를 왕의 아들에게 주소서 그가 주의 백성을 공의로 재판하며 주의 가난한 자를 정의로 재판하리니

앞으로 세워질 우리나라 지도자들에게 주님의 지혜와 능력을 주셔서 공의와 정의가 바로 세워져서 모두가 평강을 누리며 하늘의 뜻이 이 땅 위에서 이루어지게 하소서. 의인들이 흥왕하여 평강이 해가 있을 때도, 달이 있는 동안에도 항상 충만하게 거하는 주님이 기뻐하시는 나라가 되게 하소서. 주님의 영광이 가득한 나라가 되어 우리와 자손들이 주님 주신 복을 누리며 살기를 소망합니다.

기도 주님께서 허락하신 지도자들을 주의 판단으로 선출하여 공의와 정의가 세워지고 의인이 흥왕하는 복된 나라가 되기를 기도합니다.

●●● 마음에 와닿은 말씀(며느리)

삼하24:10 다윗이 백성을 조사한 후에 그의 마음에 자책하고 다윗이 여호와께 아뢰되 내가 이 일을 행함으로 큰 죄를 범하였나이다 여호와여 이제 간구하옵나니 종의 죄를 사하여 주옵소서 내가 심히 미련하게 행하였나이다 하니라

요압의 만류에도 불구하고 다윗은 인구조사를 통해 군사의 수를 파악하고자 합니다. 앞으로 있을 일을 위해 하나님보다 군사를 의지하여 나아갔던 다윗의 행함은 전염병으로 인하여 인구 칠만 명을 잃게 되는 결과를 가져옵니다. 나의 갈 길을 앞에 하나님보다 세상의 조건에 의지하며 나아가기보다 하나님의 인도하심에 순종하길 소망합니다.

기도 진정한 승리는 나의 힘이 되시는 하나님을 의지하며 나아갈 때 이룰 수 있음을 깨닫고 세상의 조건이 아닌 하나님을 신뢰하고 의지하며 나아가는 삶이 되게 하시길 기도합니다.

잠언24:12 네가 말하기를 나는 그것을 알지 못하였노라 할지라도 마음을 저울질 하시는 이가 어찌 통찰하지 못하시겠으며 네 영혼을 지키시는 이가 어찌 알지 못하시겠느냐 그가 각 사람의 행위대로 보응하시리

겉으로 드러나는 모든 우리의 행위가 깨닫지 못하면 사람이 보기에는, 바른 것 같이 보여도, 그것을 알지 못하였다고 말할 수 있지만, 우리의 마음 속 깊은 것까지도 저울질하시는 주님께서 어찌 통찰하지 못하며 우리의 영혼을 지키시는 이가 어찌 모르겠냐고 하시며 내 행위의 모든 것을 보시고 아시는 주님께서 각 사람의 행위대로 보응 하신다고 합니다.

날마다 성령의 빛 안에서 깨닫고 순종하여 주님의 기쁨이 되는 우리와 자손들이 되기를 소망합니다.

기도 숨길 수 없는 우리 모든 삶의 문제들을 주님께 맡기고 겸손하게 주님의 음성을 듣고 순종하는 지혜로운 우리와 자손들이 복의 근원이 되어 주님께 영광 돌리는 삶을 살기를 기도합니다.

●● 마음에 와닿은 말씀(며느리)

잠15:4 온순한 혀는 곧 생명 나무이지만 패역한 혀는 마음을 상하게 하느니라

입술에 교만, 미움, 화를 버리고 겸손, 사랑, 온유함을 품게 하소서.

하나님의 지혜를 구하며 이를 온전히 전하여 나와 형제와 이웃에게 하나님의 평강이 가득하게 하시길 소망합니다.

기도 온순한 혀로 하나님의 사랑을 귀히 전하는 자로 쓰임 받게 하소서. 나의 마음을 다스리는 지혜를 주시어 하나님의 뜻을 온전히 행하며 모두가 하나님의 복을 누리게 하시길 기도합니다.

●● 마음에 와닿은 말씀(시어머니)

잠28:9 사람이 귀를 돌려 율법을 듣지 아니하면 그의 기도도 가증하니라

잠언을 읽을 때마다 구구절절이 우리가 세상에서 살아갈 때 필요한 지혜의 말씀인 것 같고 또 보면서도 마음은 원이로되 육신이 연약하여 지혜가 삶에서 사용되지 못하고 있는 것 같습니다. 삶이 말씀대로 살아지지 않고 또 살지 못하면 그가 드리는 기도까지도 가증한 것이라 말씀하는 것을 보면서 말씀을 듣고 깨닫고 순종하여 우리의 속마음까지도 아시고 보시는 주님께서 미처 기도하지 못한 모든 것도 아시고 예비하시고 응답하실 줄을 믿습니다. 가증한 기도가 아니라 신실한 기도로 날마다 응답받는 신실한 자녀들이 되기를 소망합니다.

기도 양육하시는 주님의 말씀으로, 지혜로운 자녀들로 잘 성장하여 이 땅에서 살 때 주님께 영광 돌리며 사는 지혜로운 우리와 자손들이 되기를 기도합니다.

●● 마음에 와닿은 말씀(며느리)

잠16:9 사람이 마음으로 자기의 길을 계획할지라도 그의 걸음을 인도하시는 이는 여호와시니라
잠19:21 사람의 마음에는 많은 계획이 있어도 오직 여호와의 뜻만이 완전히 서리라

나의 계획대로 이루어지지 않는 삶 가운데 하나님의 계획하심을 깨닫고 낙심과 원망이 아닌 선한 길로 인도하시는 하나님의 은혜에 감사로 나아가게 하소서. 악, 탐심, 미움, 다툼, 게으름을 버리고 하나님을 경외하며 말씀에 순종하며 인도하시는 걸음대로 나아가길 소망합니다.

기도 오늘, 지금 이 자리에서 하나님께서 주신 은혜에 감사하는 마음으로 살아갑니다. 우리의 계획을 살피시고 선한 길로 인도하시는 하나님께 온전히 의지하고 나아가며 진정한 감사의 고백을 드리는 거룩한 삶이 되게 하시길 기도합니다.

●● 마음에 와닿은 말씀(시어머니)

230

전1:4 한 세대는 가고 한 세대는 오되 땅은 영원히 있도다

내가 살면서 눈으로, 몸으로 목도한 세대만 해도 할머니 세대, 부모님 그리고 지금 우리와 또한 자녀들 세대, 5대째 손자들의 세대와 지금 살고 있지만, 우리의 윗세대의 모든 분이 어려운 시절 모든 희로애락을 겪으면서 애쓰고 힘들게 사셨습니다. 하루하루 주님을 믿고 범사에 감사하며 우리에게 주신 분복을 감사하며 기쁘게 살아가는 것이 우리의 복인 것을 깨닫고 살아가기를 소망합니다.

기도 영원히 살 것 같이 욕심부리며 싸우며 미워하며 불순종하는 일이 없도록 성령의 인도하심으로 주안에서 날마다 감사함으로 평안한 삶이 되기를 기도합니다.

●● 마음에 와닿은 말씀(며느리)

잠31:30 고운 것도 거짓되고 아름다운 것도 헛되나 오직 여호와를 경외하는 여자는 칭찬을 받을 것이라

우리의 말과 행동이 마음으로부터 나오는바 모든 일에 근간이 하나님과의 신실한 관계, 하나님을 경외하는 삶의 태도로부터 나올 때 가정, 직장, 세상의 삶에서 흔들리지 아니하며 담대하게 하나님의 지혜로 살아가게 될 줄 믿습니다. 하나님을 온전히 경외하는 삶을 통해 마음의 번민을 떨치고 지혜로운 자로 살아 하나님의 선한 영향력을 발휘하고 이로 인하여 서로 감사하며 사는 귀한 축복을 누리길 소망합니다.

기도 하나님의 은혜로 현숙한 자가 되길 사모합니다. 여호와를 경외하는 태도로 지혜롭게 행하여 감사와 사랑이 가득한 기쁨의 삶이 되게 하시길 기도합니다.

●● 마음에 와닿은 말씀(시어머니)

암4:4-5 너희는 벧엘에 가서 범죄하며 길갈에 가서 죄를 더하며 아침마다 너희 희생을, 삼일마다 너희 십일조를 드리며 누룩 넣은 것을 불살라 수은제로 드리며 낙헌제를 소리내어 선포하려무나 이스라엘 자손들아 이것이 너희가 기뻐하는 바니라 주 여호와의 말씀이니라

하나님께서 기뻐하는 것은 정의를 물같이 공의를 마르지 않는 강 같이 흐르게 하는 것이라 말씀하시고 계십니다. 사람의 생각은 길갈에서도, 벧엘에 가서 범죄 하면서도, 번제와 소제와 살진 희생의 화목제로 제사 드리고 아침마다 삼일마다 십일조를 드리는 그런 행위를 오히려 멸시하며 기뻐하지 않는다고 말씀하시는 것을 봅니다. 우리가 세상 사는 동안 사람이 기뻐하는 것이 아니라 진정 하나님께서 기뻐하는 삶이 무엇인지 깨닫고 순종하며 살아가기를 소망합니다.

기도 말씀을 깨닫지 못하고 하나님께서 기뻐하시는 것이 아닌 사람이 기뻐하는 삶을 살고 있는지 성령의 빛 안에서 말씀을 깨닫고 주님의 기뻐하시는 공의와 정의로운 삶을 사는 우리와 자손들이 되기를 기도합니다.

●● 마음에 와닿은 말씀(며느리)

왕하10:31 그러나 예후가 전심으로 이스라엘 하나님 여호와의 율법을 지켜 행하지 아니하며 여로보암이 이스라엘에게 범하게 한 그 죄에서 떠나지 아니하였더라

예후, 아합의 온 집안을 멸망시키라는 엘리사의 명령대로 하나님의 말씀을 온전히 행하였으나 말씀에 순종하면서도 한편으로 금송아지를 숭배하는 죄를 범하며 전심으로 하나님께 순종하지 아니하는 삶을 살아갑니다. 하나님을 섬기는 마음에 탐욕, 교만과 같은 악을 멀리하고 온전한 순종으로 전심으로 섬기어 하나님의 뜻대로 사는 자로서 복 받는 삶이길 소망합니다.

기도 계산하지 아니하며, 교만하지 아니하며 헛된 우상이 아닌 모든 것을 주님께 맡기고 전심으로 순종하는 삶을 통해 평안 주시길 기도합니다.

●● 마음에 와닿은 말씀(시어머니)

욘1:3 그러나 요나가 여호와의 얼굴을 피하려고 일어나 다시스로 도망하려 하여 욥바로 내려갔더니 마침 다시스로 가는 배를 만난지라 여호와의 얼굴을 피하여 그들과 함께 다시스로 가려고 뱃삯을 주고 배에 올랐더라

니느웨의 악독이 하나님 앞에 상달되어 심판하기 전에 회개시키기 위하여 요나를 보내십니다. 요나는 하나님의 얼굴을 피하지만 결국 자기 의사와는 다르게 하나님의 계획대로 순종되어가고 있었습니다..
하나님의 계획대로 니느웨의 왕과 백성들의 회개로 그 민족을 살리는 하나님의 사랑과 계획을 보게 됩니다. 악독할지라도 끝까지 사랑하시고 구원하시는 하나님의 사랑을 받아들이고 날마다 우리의 잘못을 말씀으로 받으며 항상 깨어 있어 순종할 수 있기를 소원합니다.

기도 요나의 불순종에도 하나님의 계획은 순종할 수밖에 없는 상황으로 만들어 역사하시는 것을 보며 불순종하여 고난을 겪는 일이 없이 순종하며 사는 우리와 자손들이 되기를 기도합니다.

●● 마음에 와닿은 말씀(며느리)

호10:12 너희가 자기를 위하여 공의를 심고 인애를 거두라 너희 묵은 땅을 기경하라 지금이 곧 여호와를 찾을 때니 마침내 여호와께서 오사 공의를 비처럼 너희에게 내리시리라
호12:6 그런즉 너의 하나님께로 돌아와서 인애와 정의를 지키며 항상 너의 하나님을 바랄지니라

진실로 하나님의 말씀에 순종하기보다는 제단을 쌓으며 주상을 쌓으며 온전히 하나님을 의지하지 않는 죄악을 범하며 살아갑니다.
우리를 사랑하시기에 징계를 선언하시며 회개하라 말씀하시는 하나님, 마음의 묵은 땅을 갈아버리고 의의 씨앗을 심고 사랑의 열매를 거두게 하시어 우리의 마음을 정결하게 하시고 하나님께 돌아가 오직 하나님만을 바라는 삶을 사모하게 하소서.

기도 나태하고 교만하여 황폐해진 마음 밭을 돌아보게 하시어 의의 씨를 심을 수 있도록 마음 밭을 부지런히 개간하며 살아가는 힘을 주시어 순종의 열매, 사랑의 열매가 가득한 삶이 되게 하시길 기도합니다.

시89:11 하늘이 주의 것이요 땅도 주의 것이라 세계와 그 중에 충만한 것을 주께서 건설하셨나이다

하늘도 땅도 온 세계와 그중에 세워진 모든 것들이 주님의 것이요 주님께서 허락하시고 운행하는 것인데 다만 사람들은 모든 것을 주시고 누리게 하신 하나님께 감사하며 말씀대로 잘 관리하며 사용하며 살아야 하는데도 모든 것을, 자기들이 쌓아놓아 이룬 것처럼, 교만하게 욕심을 냅니다. 땅과 바다, 하늘을 더 차지하겠다고 전쟁을 하며 서로 죽이고 죽는 역사를 반복하며 영원히 살 것같이 사는 것이 연약한 피조물의 한계인 것 같습니다.

기도 천지의 주인이신 주님께 우리 모든 삶을 맡기고 말씀대로 순종하여 우리에게 주신 분복을 누리며 사는 우리와 자손들이 되기를 기도합니다.

●● 마음에 와닿은 말씀(며느리)

욘4:10-11 여호와께서 이르시되 네가 수고도 아니하였고 재배도 아니하였고 하룻밤에 났다가 하룻밤에 말라 버린 이 박넝쿨을 아꼈거든 하물며 이 큰 성읍 니느웨에는 좌우를 분변하지 못하는 자가 십이만여 명이요 가축도 많이 있나니 내가 어찌 아끼지 아니하겠느냐 하시니라

회개하고 전심으로 여호와께 돌아오는 자를 품으시는 하나님의 자비와 사랑을 우리 삶 가운데 행하게 하소서. 적에게 구원의 기회를 주심에 화가 난 요나는 니느웨를 하루 동안만 다니며 하나님의 말씀을 전하였으나 니느웨는 단번에 순종하며 악을 버리고 회개의 길로 나아갑니다. 이 일에 요나는 여전히 분노의 마음으로 자신에게 즐거움을 주었던 박 넝쿨이 시들어버림에 낙담합니다.

기도 나에게 유익한 사람, 좋은 사람의 축복을 바라는 삶이 아닌 모든 이들이 하나님의 뜻대로 순종하며 깨닫고 회개하는 삶이 되길 축복하며 살아가는 귀한 삶이 되게 하소서.

●●● 마음에 와닿은 말씀(시어머니)

234

사1:11-12 여호와께서 말씀하시되 너희의 무수한 제물이 내게 무엇이 유익하뇨 나는 숫양의 번제와 살진 짐승의 기름에 배불렀고 나는 수송아지나 어린 양이나 숫염소의 피를 기뻐하지 아니하노라 너희가 내 앞에 보이러 오니 이것을 누가 너희에게 요구하였느냐 내 마당만 밟을 뿐이니라

제사보다 순종이 하나님을 기쁘시게 하는 것이라 수없이 말씀하고 계시지만 사람들은 여전히 교회 마당만 밟으며 사람이 좋아하는 숫양과 기름진 것으로 제사만 드리면서 하나님을 경외한다고 하는 것은 아닌지 돌아보며 남아프리카 같은 가난한 나라들이 아직 백신을 맞지 못하고 있어 강력한 새로운 전염병으로 더욱 고통을 받게 되는 것은 아닌지 두려운 세상이 되어 가는 것 같습니다.

기도 세상에서 일어나는 어떤 일도 개인의 일도 우연은 없습니다.
알지 못하고 깨닫지 못하여 불순종한 모든 일을 성령의 빛 안에서 보고 회개하여 용서받기를 기도합니다.

●●● 마음에 와닿은 말씀(며느리)

시84:11-12 여호와 하나님은 해요 방패이시라 여호와께서 은혜와 영화를 주시며 정직하게 행하는 자에게 좋은 것을 아끼지 아니하실 것임이니이다 만군의 여호와여 주께 의지하는 자는 복이 있나이다

해가 되시어 우리를 살아가게 하시며 방패가 되셔서 우리를 지켜주시는 하나님, 주께 의지하는 자가 복된 자임을 깨닫고 최선을 다해서 살아가며, 최선을 다해서 주님께 맡기며, 온전히 정직하게 행하는 자가 되게 하시길 소망합니다.

기도 삶의 가장 큰 복이 하나님께 의지하며, 하나님과 동행하는 삶임을 찬양하며 하루하루를 담대하게 살아가게 하시길 기도합니다.

사9:15-16 그 머리는 곧 장로와 존귀한 자요 그 꼬리는 곧 거짓말을 가르치는 선지자라 백성을 인도하는 자가 그들을 미혹하니 인도를 받는 자들이 멸망을 당하는도다

죽을 수밖에 없는 우리 인간들을 대신해서 죄 없는 예수님을 이 땅에 보내시고 영원한 생명을 주시는 언약의 말씀을 주셨지만, 하나님의 말씀을 알지 못하고, 깨닫지 못하여 존귀하다고 칭하는 자들과 거짓말을 가르치는 자칭 선지자들이 미혹하는 말로 현혹하여 인도받는 자들은 멸망 당한다고 합니다. 교회가 세상에서 비난받으며 예수님의 복음이 땅에 떨어져 영광이 수치가 되어 가는데도 여전히 회개하지 않고 하나님께 돌아가지도 않습니다.

기도 교회도 서로가 탓하며 세상도 서로를 탓하며 가정도 형제도 이웃도 서로를 탓하며 살고 있습니다. 하나님은 사랑이시라 하신 말씀대로 서로 사랑하며 살 수 있도록 기도합니다.

●● 마음에 와닿은 말씀(며느리)

사5:2 땅을 파서 돌을 제하고 극상품 포도나무를 심었도다 그 중에 망대를 세웠고 또 그 안에 술틀을 팠도다 좋은 포도 맺기를 바랐더니 들포도를 맺었도다
사5:7 무릇 만군의 여호와의 포도원은 이스라엘 족속이요 그가 기뻐하시는 나무는 유다 사람이라 그들에게 정의를 바라셨더니 도리어 포학이요 그들에게 공의를 바라셨더니 도리어 부르짖음이었도다

우리를 가장 좋은 포도나무로 여기어 주시며 땅을 파고 돌을 제하여 가장 복되고 선한 길로 인도하셨으나 그 큰 축복을 헤아리지 못하며 자신이 생각하는 것을 지혜라 여기며, 세상의 유혹에 흔들리며 살아가니 포악과 고통이 가득하여 쓸모없는 들 포도의 삶일 뿐입니다. 교만을 버리고 하나님의 인도하심대로 순종하여 극상품의 포도나무로 자라 하나님의 기쁨이 되길 소망합니다.

기도 우리에게 주시는 말씀이 귀한 영양분이 되어 좋은 포도나무로 자라길 바라는 하나님의 마음을 바로 깨닫고 의와 선의 길로 나가는 거룩한 삶이 되길 기도합니다.

●● 마음에 와닿은 말씀(시어머니) 236

사26:3-4 주께서 심지가 견고한 자를 평강하고 평강하도록 지키시리니 이는 그가 주를 신뢰함이니이다 너희는 여호와를 영원히 신뢰하라 주 여호와는 영원한 반석이심이로다

우리가 살아가는 평생 우리의 반석이 되시고 또한 영원한 구원자가 되셔서 우리를 안위하시고 보호하시며 인도하시는 주님을 신뢰하고 온전히 믿고 순종하여 평강과 기쁨을 누리며 사는 우리와 자손들이 되기를 소망합니다.

기도 지금도 살아계셔서 우리의 생사화복을 주장하시는 주님을 믿고 말씀하시는 대로 순종하여 주님앞에 갈때까지 지켜주시기를 기도합니다.

●● 마음에 와닿은 말씀(며느리)

사12:2-3 보라 하나님은 나의 구원이시라 내가 신뢰하고 두려움이 없으리니 주 여호와는 나의 힘이시며 나의 노래시며 나의 구원이심이라 그러므로 너희가 기쁨으로 구원의 우물들에서 물을 길으리로다

수많은 죄 가운데 살아가며 또다시 범죄 하는 어리석은 우리를 살리고자 진노하시며 위로하시는 하나님, 우리를 포기하지 않는 사랑을 주시는 하나님이 나의 구원임을 고백합니다. 우리에게 매일 필요한 물과 같이 하나님께서 주시는 구원의 물을 마시며 은혜와 복의 기쁨이 가득하길 소망합니다.

기도 매일의 삶이 구원되시는 하나님을 늘 가까이하며 감사하고 그로 인해 기쁨을 누리는 삶이 되게 하소서.
오직 하나님만을 믿고 의지하는 거룩한 삶이 되길 기도합니다. 아멘!!

●● 마음에 와닿은 말씀(시어머니)

사29:13 주께서 이르시되 이 백성이 입으로는 나를 가까이 하며 입술로는 나를 공경하나 그들의 마음은 내게서 멀리 떠났나니 그들이 나를 경외함은 사람의 계명으로 가르침을 받았을 뿐이라

온 세계가 새로운 바이러스로 공포 시대가 도래하는 것 같습니다.
입술로는 하나님을 믿는다고 하지만 마음은 멀고 하나님 말씀은 없고 사람의 계명으로 가르침을 받았을 뿐이라 말씀하십니다. 현 세상을 보면 믿는 자나 믿지 않는 자나 동일하게 악한 일을 하면서도 하나님께서 눈을 깊게 잠들게 하는 영으로 선지자들과 선견자들을 덮으셔서 우리의 눈을 감기게 하셔서 보아도 보지 못하고 들어도 듣지 못하여 사람들의 말에 미혹되어 살아가는 것은 아닌지 말입니다.
투기와 뇌물 불륜 거짓말하는 지도자, 하나님을 믿는다고 하는 자들이 수다한 것을 보며 우리 또한 입으로만 믿는다고 하며 살고 있는지 돌아보며 살기를 소망합니다.

기도 영적인 눈을 열어 주셔서 사람의 말이 아니라 하나님 말씀에 순종하며 살 수 있도록 도와주시기를 기도합니다.

●● 마음에 와닿은 말씀(며느리)

사26:3 주께서 심지가 견고한 자를 평강하고 평강하도록 지키시리니 이는 그가 주를 신뢰함이니이다

결국에 자신의 행위대로 보응 받는 악인의 형통함과 같은 덧없는 인생을 사모하지 아니하며 한결같은 마음으로 하나님을 의지하며 살아갈 때 날마다 우리에게 평강을 주시는 하나님을 찬양합니다. 내 안에 하나님이 함께하실 때, 내가 주를 의지할 때 주시는 평강을 사모하며 온전한 믿음으로 나아가게 하소서.

기도 상황이 아니라, 사람이 아니라, 주 안에서 평강을 얻는 자로서 흔들리지 아니하는 담대함으로 믿는 자답게 살아가게 하시길 기도합니다. 아멘!!

왕하20:13 히스기야가 사자들의 말을 듣고 자기 보물고의 금은과 향품과 보배로운 기름과 그의 군기고와 창고의 모든 것을 다 사자들에게 보였는데 왕궁과 그의 나라 안에 있는 모든 것 중에서 히스기야가 그에게 보이지 아니한 것이 없더라

앗수르 왕의 침략으로 나라가 위기에 처했을 때 그들의 편지를 하나님 앞에 펴놓고 간절히 기도했을 때 들어주신 하나님, 그가 죽을병에 걸려 울며 기도했을 때 선지자 이사야를 통해 해시계 위에 나아갔던 그림자를 십도 뒤로 물러나게 하신 하나님을 간증하는 것이 아니라 자신의 영화를 자랑했던 히스기야 왕을 보게 됩니다. 하나님의 도우심으로 받은 은혜를 세상 것으로 자랑하는 일이 없도록 성령께서 도와주시기를 소원합니다.

기도 모든 것이 주님의 은혜라 고백하는 우리와 자손들이 되어 주님의 영광을 드러내며 살기를 기도합니다.

●●● 마음에 와닿은 말씀(며느리)

사33:15-16 오직 공의롭게 행하는 자, 정직히 말하는 자, 토색한 재물을 가증히 여기는 자, 손을 흔들어 뇌물을 받지 아니하는 자, 귀를 막아 피 흘리려는 꾀를 듣지 아니하는 자, 눈을 감아 악을 보지 아니하는 자, 그는 높은 곳에 거하리니 견고한 바위가 그의 요새가 되며 그의 양식은 공급되고 그의 물은 끊어지지 아니하리라

나의 삶 가운데 선한 일과 의로운 일을 행하며 최선을 다해 하나님께 모든 것을 맡기고 의지할 때 하나님께서 우리의 요새가 되어 주시고 일용할 양식과 물을 공급해 주실 줄 믿습니다. 바라기만 하는 신앙이 아니라 나의 자리에서 최선을 다하는 삶이 되기를 원합니다. 그 가운데 우리의 변화를 통해 복 주시는 하나님의 선한 뜻이 나의 삶 가운데 서로 이루어지길 소망합니다.

기도 하루하루 최선을 다해 하나님의 말씀대로 살아가며 주님의 뜻대로 변화하는 자로서 하나님을 경외하는 거룩한 신앙의 길로 나아가길 기도합니다.

●● 마음에 와닿은 말씀(시어머니)

239

사58:11 여호와가 너를 항상 인도하여 메마른 곳에서도 네 영혼을 만족하게 하며 네 뼈를 견고하게 하리니 너는 물 댄 동산 같겠고 물이 끊어지지 아니하는 샘 같을 것이라

주안에서 누리는 모든 평안과 기쁨을 누리며 항상 범사에 감사하며 기뻐하며 말씀에 순종하는 우리와 자손들이 되어 물이 끊어지지 않는 샘, 물 댄동산이 되어 야곱의 기업으로 세워져서 주님의 영광을 드러내며 하늘의 뜻이 이 땅 위에서 이루어지는 데 쓰임 받는 복된 삶을 살기를 소망합니다.

기도 모르면 아무것도 할 수 없습니다.
날마다 우리에게 주신 말씀이 양식이 되고 기도가 호흡이 되어 살아계신 주님의 뜻을 깨닫고 순종하며 사는 우리와 자손들이 되기를 기도합니다.

●● 마음에 와닿은 말씀(며느리)

사48:17 너희의 구속자시요 이스라엘의 거룩하신 이이신 여호와께서 이르시되 나는 네게 유익하도록 가르치고 너를 마땅히 행할 길로 인도하는 네 하나님 여호와라

우리의 유익을 위하여 마땅히 행할 길을 가르치시고 인도하시는 하나님을 온전히 만나고 순종하지 아니하며 진실과 공의가 없는, 겉 사람의 믿음으로 하나님을 안다고 하면서 믿음 없는 외식으로 하나님을 섬기며 복 받기만을 바라는 모습을 경계하며 진실로 감사와 찬양으로 하나님의 뜻에 순종하며 하나님과의 진실한 교제를 통해 인도하시는 그 길로 나아가 유익과 형통을 이루게 하시길 소망합니다.

기도 진실로 우리의 유익을 살피시는 하나님, 인도하시는 그 길을 감사와 순종으로 겸손하게 묵묵히 나아가는 자가 되게 하시길 기도합니다.

●● 마음에 와닿은 말씀(시어머니)

240

사65:24 그들이 부르기 전에 내가 응답하겠고 그들이 말을 마치기 전에 내가 들을 것이며

하나님께서 잘잘못을 떠나 내 편이 되어 도와 달라고 하는 것이 아니라 내가 항상 주님 편에 있을 때 내가 부르기 전에 내 말이 끝나기 전에도 다 보시고 들으시고 응답하심을 믿습니다. 항상 주님 편에 서서 말씀에 순종하는 우리와 자손들이 되기를 소망합니다.

기도 우리 마음에 묵상이 항상 주님께 상달되어 응답받는 복된 우리와 자손들이 되기를 기도합니다.

●● 마음에 와닿은 말씀(며느리)

사57:15 지극히 존귀하며 영원히 거하시며 거룩하다 이름하는 이가 이와 같이 말씀하시되 내가 높고 거룩한 곳에 있으며 또한 통회하고 마음이 겸손한 자와 함께 있나니 이는 겸손한 자의 영을 소생시키며 통회하는 자의 마음을 소생시키려 함이라

하나님과 말씀을 거스르는 삶을 사는 죄 가운데 슬퍼하는 자들을 붙들어 주사 그들의 마음을 회복시키시는 하나님께 다시 돌아가는 길을 허락하시어 장애물을 제거하고 길을 닦아주심을 믿습니다. 통회 하고 겸손한 자와 함께 하시는 하나님의 사랑과 은혜에 감사 드립니다. 진실로 회개하는 자에게 고침과 회복의 은혜를 주시니 교만을 버리고 겸손의 마음으로 나아가 하나님의 평강을 누리는 복된 삶이 되길 소망합니다.

기도 우리의 모든 소행을 아시나 죄 가운데 통회 하고 겸손하게 나아가는 자의 손을 잡아주시니 하나님의 크신 사랑에 감사하며 선함과 의를 사랑하고 행하는 삶을 살아가게 하시길 기도합니다.

●● 마음에 와닿은 말씀(시어머니) **241**

시103:13-14 아버지가 자식을 긍휼히 여김 같이 여호와께서는 자기를 경외하는 자를 긍휼히 여기시나니 이는 그가 우리의 체질을 아시며 우리가 단지 먼지뿐임을 기억하심이로다

부모들은 자식들의 연약한 부분 부분을 잘 알기에 때론 실수해도, 뻔한 거짓말을 해도 이해하고 넘기며 때론 징계하면서도 자식들이 잘되기만을 바라는 것처럼 하나님께서도 우리의 연약함을 아시기에 용서하시고 긍휼히 여겨주시고 잘되기만을 바라시면서 인도하시는 것 같습니다.
아버지의 마음을 말씀 안에서 깨닫고 순종하여 우리로 인하여 하나님의 기쁨이 되는 자녀들이 되기를 소망합니다.

기도 범사에 감사하며 영, 육 간에 강건하여 세상에서 빛이 되며 본이 되어 주님의 영광을 드러내며 사는 우리와 자손들이 되기를 기도합니다.

●● 마음에 와닿은 말씀(며느리)

사66:4 나 또한 유혹을 그들에게 택하여 주며 그들이 무서워하는 것을 그들에게 임하게 하리니 이는 내가 불러도 대답하는 자가 없으며 내가 말하여도 그들이 듣지 않고 오직 나의 목전에서 악을 행하며 내가 기뻐하지 아니하는 것을 택하였음이라 하시니라

보지 못하는 눈, 듣지 못하는 귀, 패역한 마음으로 세상과 나의 기준으로 살아가며 그 안에서 기쁨을 누리며 살아가는 범죄 함을 두려워하며 패역함을 버리고 정결한 마음과 하나님의 길을 향하는 눈, 말씀을 청종하는 귀를 지닌 자로 하나님을 경외하며 살아가길 소망합니다. 내가 여기 있다 우리를 부르시는 하나님의 목소리, 말씀을 늘 가까이하며 우리의 나약하고 어리석은 마음을 늘 살피며 정결하게 하소서.

기도 세상의 기쁨이 아닌 하나님을 향한 기쁨을 향해 눈을 뜨고, 귀를 기울이고, 마음을 향하여 악을 멀리하고 하나님의 뜻을 향하여 나아가는 삶이 되게 하시길 기도합니다.

●● 마음에 와닿은 말씀(시어머니)

242

습3:17 너의 하나님 여호와가 너의 가운데에 계시니 그는 구원을 베푸실 전능자이시라 그가 너로 말미암아 기쁨을 이기지 못하시며 너를 잠잠히 사랑하시며 너로 말미암아 즐거이 부르며 기뻐하시리라 하리라

말씀으로 항상 우리에게 행할 일을 가르쳐 주시고 성령으로 인도하시지만, 육신이 연약하여 불의를 행하면서도 수치를 모르고 불순종할 때도 옷을 찢지 말고 마음을 찢고 돌아오면 용서하시고 뜻을 돌이키시고 재앙을 내리지 아니하시고 구원하시며 돌아온 우리 때문에 기쁨을 이기지 못하시며 사랑하시며 즐거이 부르며 기뻐하신다고 합니다.

기도 하나님을 모르는 사람도 하나님을 믿는다는 우리도 모두가 불순종하며 살면서도 그 수치를 모르고 산다고 합니다.
주님께서 성령의 빛 안에서 보게 하시고 깨닫게 도와주셔서 마음을 찢고 회개하여 돌아가 주님의 기쁨이 되는 우리와 자손들이 되기를 기도합니다.

●● 마음에 와닿은 말씀(며느리)

시103:15-18 인생은 그 날이 풀과 같으며 그 영화가 들의 꽃과 같도다 그것은 바람이 지나가면 없어지나니 그 있던 자리도 다시 알지 못하거니와 여호와의 인자하심은 자기를 경외하는 자에게 영원부터 영원까지 이르며 그의 의는 자손의 자손에게 이르리니 곧 그 언약을 지키고 그 법도를 기억하여 행하는 자에게로다

바람이 지나가면 흔적도 없이 사라지는 것이 우리의 인생이지만 말씀을 행하며 지키는 자의 인생은 하나님의 사랑과 인자하심이 대대로 미치리니 이것이 우리의 삶의 의미요, 우리의 삶의 목표가 되길 소망합니다.

기도 할머니와 할아버지, 어머니와 아버지의 기도와 믿음을 통해 하나님을 만나는 귀한 시간이 쌓이는 것처럼 우리 또한 하나님을 의지하는 삶을 살아 하나님을 전하며 그 사랑이 자손들에게 믿음의 유산으로 이어가는 통로가 되도록 인도해 주시길 기도합니다.

●● 마음에 와닿은 말씀(시어머니) **243**

렘6:13-14 이는 그들이 가장 작은 자로부터 큰 자까지 다 탐욕을 부리며 선지자로부터 제사장까지 다 거짓을 행함이라 그들이 내 백성의 상처를 가볍게 여기면서 말하기를 평강하다 평강하다 하나 평강이 없도다

예레미야에게 주시는 말씀이 지금 현세에서도 우리에게 주시는 말씀과 다를 것이 없는 것 같습니다. 나라의 지도자들부터 서민인 우리가 탐욕을 부리며 선지자 제사장 가릴 것 없이 범죄 하면서도 수치를 모르고 서로 비방 비난하며 주님의 영광을 가리면서도 말하기를 주님을 믿고 기도만 하면 모든 것이 응답 되며 평강 하다고 말합니다. 눈이 있어도 보지 못하며 귀가 있어도 듣지 못하는 우리 모두에게 예레미야의 외치는 소리가 들려지기를 소원합니다.

기도 코로나로 오는 재앙이 시간이 갈수록 더 심해지는 것 같습니다.
예레미야의 외침이 우리 마음을 찢고 회개하여 주님께 돌아와 용서하시고 회복시켜 주시기를 기도합니다.

●● 마음에 와닿은 말씀(며느리)

습3:12-13 내가 곤고하고 가난한 백성을 네 가운데에 남겨 두리니 그들이 여호와의 이름을 의탁하여 보호를 받을지라 이스라엘의 남은 자는 악을 행하지 아니하며 거짓을 말하지 아니하며 입에 거짓된 혀가 없으며 먹고 누울지라도 그들을 두렵게 할 자가 없으리라

불의한 자는 자신의 수치를 알지 못하며 말씀을 듣지 아니하고 여호와를 의뢰하지 않으나 자신의 죄를 회개하며 겸손한 자로서 하나님을 의지할 때 우리를 지켜주시고 보호해 주시는 은혜가 함께 할 줄 믿습니다. 악을 버리고 거짓된 입을 버리고 나부터 옳은 일을 행하며 살아갈 때 하나님의 공의가 가득한 삶이 되게 하시길 소망합니다.

기도 하나님의 보호하심에 감사하며, 하루하루 나의 모습을 경계하며, 악을 버리고 거짓을 버리고 선행과 의를 생각하고 행동하는 삶이 되게 하시길 기도합니다.

264

●● 마음에 와닿은 말씀(시어머니)

렘7:16 그런즉 너는 이 백성을 위하여 기도하지 말라 그들을 위하여 부르짖어 구하지 말라 내게 간구하지 말라 내가 네게서 듣지 아니하리라

내 이름으로 일컬음을 받는 이 집에 들어와서 불순종하면서도 구원받았다고 말하며 부르짖어 기도만 하면 응답받고 복 받는다고 말하고 있다고 합니다. 주홍 같은 붉은 죄를 지을지라도 회개하고 자복하고 돌아오면 용서하시고 구원하시지만, 마음속에 불의를 행하면서도 외식적인 종교 생활하는 우리를 보시고 질책하시는 하나님의 말씀을 보고 깨닫고 돌이키며 살기를 소망합니다.

기도 우리의 모든 죄를 십자가의 보혈로 용서하시고 구원을 이루시게 하신 주님의 사랑을 깨닫고 불의한 일로 주님의 영광을 가리는 일이 없도록 성령께서 인도해 주시기를 기도합니다.

●● 마음에 와닿은 말씀(며느리)

렘2:19 네 악이 너를 징계하겠고 네 반역이 너를 책망할 것이라 그런즉 네 하나님 여호와를 버림과 네 속에 나를 경외함이 없는 것이 악이요 고통인 줄 알라 주 만군의 여호와의 말씀이니라

우리를 향하여 주시는 말씀을 온전히 깨닫게 하소서. 나의 모든 것을 아시는 하나님을 경외하며 내 안의 악과 반역의 마음을 보고 바로 잡을 기회를 붙잡게 하시고 고통이 아닌 평강의 길로 나아가길 소망합니다.
우리가 회개하길 바라시며 징계를 통해 회복하길 바라시는 하나님의 사랑을 바로 보아 지금 주시는 이 말씀을 통해 나를 온전히 돌아보게 하소서.

기도 하나님의 말씀을 통해 스스로 온전히 돌아보게 하소서.
악을 멀리함으로 하나님을 온전히 경외하는 삶이 되기를 기도합니다. 아멘!!

●● 마음에 와닿은 말씀(시어머니)

렘22:16-17 높은 사람이나 낮은 사람을 막론하고 여호와를 경외하는 자들에게 복을 주시리로다 여호와께서 너희를 곧 너희와 너희의 자손을 더욱 번창하게 하시기를 원하노라 너희는 천지를 지으신 여호와께 복을 받는 자로다

하나님을 경외하는 것이 지혜의 근본이라 하셨습니다. 지혜의 근본인 하나님의 말씀을 바로 깨닫고 순종할 때 주시는 복은 높고 낮은 사람을 막론하고 우리와 우리 자손들을 번창하게 하시고 천지를 지으신 하나님께서 복을 주신다고 합니다. 사람이 주는 복이 아니라 우리를 만세 전에 택하여 주시고 영원한 생명과 세상의 복을 주시고 누리게 하시는 하나님께 항상 감사하는 마음으로 살아가는 지혜로운 자녀들이 되기를 소망합니다.

기도 아버지의 마음을 알지 못하여 불순종하면서도 하나님을 경외하며 순종하는 척하며 살았습니다. 아버지의 마음과 뜻을 말씀 안에서 깨닫고 순종하는 자녀들이 될 수 있도록 성령께서 인도하시기를 기도합니다.

●● 마음에 와닿은 말씀(며느리)

렘22:16 그는 가난한 자와 궁핍한 자를 변호하고 형통하였나니 이것이 나를 앎이 아니냐 여호와의 말씀이니라 그러나 네 두 눈과 마음은 탐욕과 무죄한 피를 흘림과 압박과 포악을 행하려 할 뿐이니라

탐욕으로 나의 소욕에 마음을 쓰기보다 사랑의 마음으로 각 사람의 상황을 살피는 마음을 주소서. 어렵고 힘든 자의 마음을 살피고 돕는 삶을 살아갈 때 온전히 여호와를 아는 자로서 세워주시며 그러한 삶이 형통한 삶임을 깨닫고 소욕과 탐심을 버리고 더불어 사는 삶을 기쁘게 행하는 귀한 삶이 되게 하시길 기도합니다.

기도 내가 가진 것, 내가 가지고 싶은 것에 집중하는 삶이 아니라 내가 가진 것을 나누는 삶을 통해 참 여호와를 알아가는 기쁨을 누리게 하시길 기도합니다.

●● 마음에 와닿은 말씀(시어머니)   **246**

렘29:10 여호와께서 이와 같이 말씀하시니라 바벨론에서 칠십 년이 차면 내가 너희를 돌보고 나의 선한 말을 너희에게 성취하여 너희를 이 곳으로 돌아오게 하리라

예레미야의 예언대로 바벨론으로 노예로 끌려간 후 70년의 세월이 지난 후에야 하나님의 계획대로 다시 돌아오는 것을 봅니다. 우리의 모든 일상의 삶도 우리의 계획이 아니라 우리를 잘 아시고 보시는 주님의 계획대로 이루어짐을 보면서 피조물인 우리는 알 수 없는 우리의 삶 가운데 말씀대로 순종하며 재앙의 삶이 아니라 복된 삶을 살기를 소망합니다.

기도 세상도 개인도 망하는 것도 흥하는 것도 주님의 도우심과 계획안에 있음을 깨닫고 하루하루 주신 말씀에 순종하며 살 수 있도록 기도합니다.

●● 마음에 와닿은 말씀(며느리)

시116:1-2 여호와께서 내 음성과 내 간구를 들으시므로 내가 그를 사랑하는도다 그의 귀를 내게 기울이셨으므로 내가 평생에 기도하리로다

언제 어디서나 우리의 기도와 간구를 들어주시는 하나님 앞에서 사람을 신뢰하여 낙심하기보다 하나님을 신뢰하여 단단해지길 소망합니다. 나에게 귀를 기울이시는 하나님을 신뢰하며 모든 것을 맡기고, 모든 것을 고백하며 평생에 하나님과 깊은 교제를 나누는 평강의 삶이 되게 하소서.

기도 모든 것을 고백할 수 있는 귀한 시간을 허락하신 하나님께 감사 드립니다. 나의 모든 것을 맡기고 의지하오니 하나님의 인자하심과 보호하심으로 선한 길로 인도해 주시길 기도합니다.

●● 마음에 와닿은 말씀(시어머니)

247

렘35:14 레갑의 아들 요나답이 그의 자손에게 포도주를 마시지 말라 한 그 명령은 실행되도다 그들은 그 선조의 명령을 순종하여 오늘까지 마시지 아니하거늘 내가 너희에게 말하고 끊임없이 말하여도 너희는 내게 순종하지 아니하도다

레갑의 아들 요나답이 자손들에게 포도주를 마시지 말라고 한 선조의 명령도 그 자손들이 지키는데 하물며 천지 만물의 주인이신 하나님께서 우리를 위해 주신 말씀을 끊임없이 말하여도 듣지 않는다고 합니다.

저 또한 당뇨에는 음식조절과 운동 등 지켜야 할 일들을 알고 있지만, 마음은 원이지만 지키지 못하는 것처럼 하나님의 뜻도 알지만 순종하지 못하는 것과 같은 연약한 인간인 것 같습니다.

기도 혹시나 기도하면 폭식하고도 운동 안하고도 혈당이 내릴까 하는 어리석은 마음을 품고 살듯이 우리는 하나님을 오해하고 내 욕심대로 살고 있음을 고백합니다. 하나님 아버지께서 주신 말씀대로 순종하며 살 수 있도록 기도합니다.

●● 마음에 와닿은 말씀(며느리)

렘31:33 그러나 그 날 후에 내가 이스라엘 집과 맺을 언약은 이러하니 곧 내가 나의 법을 그들의 속에 두며 그들의 마음에 기록하여 나는 그들의 하나님이 되고 그들은 내 백성이 될 것이라 여호와의 말씀이니라

악한 길에서 돌아오라 하시는 하나님의 말씀에 순종하지 아니하며 거짓 선지자의 말을 청종하며 완악한 마음으로 살아가는 우리에게 행하시는 징계와 회복이 영원한 하나님의 사랑임을 깨닫습니다. 진정으로 나의 죄를 고백하고 회개할 때 우리의 악을 사하시고 우리의 하나님이 되어 주시는 한량없는 사랑에 감사하며 매일의 삶이 하나님을 경외하는 삶이 되게 인도해 주시길 소망합니다.

기도 악을 멀리하고 하나님의 인도하심에 순종하여 하나님의 뜻을 마음속에 늘 품고 살아 선한 길로 나아가며 하나님의 기쁨이 되는 백성으로 살아가게 하시길 기도합니다.

●● 마음에 와닿은 말씀(시어머니)

단4:26 또 그들이 그 나무뿌리의 그루터기를 남겨 두라 하였은즉 하나님이 다스리시는 줄을 왕이 깨달은 후에야 왕의 나라가 견고하리이다

자신의 아버지 느브갓네살에게 하나님께서 큰 권세와 부귀와 영광을 주었지만, 그 마음이 높아지고 완악해지며 교만을 행하므로 왕위가 폐위되며 그의 영광을 빼앗기는 것을 보며 자란 아들 벨사살이 이것을 다 알면서도 하나님의 은혜를 저버리고 육신의 소욕대로 살아 망령된 일을 행하게 되면서 결국에는 무너지게 됩니다. 말씀에는 하나님이 다스리시는 줄을 깨달은 후에야 왕의 나라가 견고할 것이라고 하십니다. 하나님의 은혜로 복을 받은 후 교만하여지는 일이 없도록 항상 깨어 겸손하기를 소망합니다.

기도 주님께서 도와주시지 않으면 아무것도 이룰 수 없음을 고백하며 주님의 도우심으로 우리의 삶이 복된 평생이 되기를 기도합니다.

●● 마음에 와닿은 말씀(며느리)

시119:105 주의 말씀은 내 발에 등이요 내 길에 빛이니이다

주의 말씀을 늘 묵상하며 지키는 삶을 통해 지혜와 명철을 주시고 악을 멀리하며 악한 자로 인한 곤란으로부터 위로가 되어 주시니 꿀보다 단 하나님의 말씀을 사모하며 온전히 지키고자 하는 믿음으로 단단하게 하소서.
내 삶 가운데 놓인 문제와 고난으로 어둠 속에서 헤맬 때 내 발의 등이요, 내 길의 빛이 되는 하나님의 말씀을 좇아 살아가게 하시어 세상에 흔들리지 아니하며 담대하게 나아가 하나님을 증거 하는 삶을 살아가게 하시길 기도합니다.

기도 주의 말씀이 진리요, 생명이 되리니 세상 가운데 등이 되시고 빛이 되시는 하나님의 말씀에 온전히 의지하여 선한 길로 인도하시길 기도합니다.

단12:10 많은 사람이 연단을 받아 스스로 정결하게 하며 희게 할 것이나 악한 사람은 악을 행하리니 악한 자는 아무것도 깨닫지 못하되 오직 지혜 있는 자는 깨달으리라

연단을 받을 때 성령의 빛 안에서 깨닫고 스스로 정결하게 하며 돌아오면 주홍 같은 붉은 죄를 지을지라도 용서하시고 구원해 주시지만 악한 자는 무엇이 악한지 잘못인지 깨닫지 못하여 돌아오지 못하고 계속 악을 행한다고 합니다. 십자가 옆에 강도, 세 번씩이나 주님을 부인한 베드로 그들은 회개하고 돌이키지만, 유다는 결국 돌아오지 않아 멸망하는 것을 봅니다.

기도 이 땅에 의인은 한 명도 없다고 합니다. 성령의 빛 안에서 우리의 연약함과 악함을 깨닫고 회개하여 용서함을 받는 지혜로운 자로 살아가기를 기도합니다.

●● 마음에 와닿은 말씀(며느리)

단6:23 왕이 심히 기뻐서 명하여 다니엘을 굴에서 올리라 하매 그들이 다니엘을 굴에서 올린즉 그의 몸이 조금도 상하지 아니하였으니 이는 그가 자기의 하나님을 믿음이었더라

왕의 금령이 있음에도 불구하고 변함없이 하나님께 기도하며 감사드리는 하나님을 향한 믿음이 위기의 사자 굴에서 구원을 받는 다니엘을 봅니다. 천사를 보내시어 몸이 조금도 상하게 하지 아니했으니 두려워하지 않고 자기의 하나님을 믿음으로 섬겼기에 형통하였음을 깨닫습니다.
우리를 지켜주시는 하나님을 향하여 뜻을 정하고 굳건한 믿음으로 나아가길 소망합니다.

기도 우리를 구원하시며 건져내기도 하시는 하나님을 온전히 믿으며 나의 믿음을 통해 하나님이 역사하심을 증거 하는 귀한 삶이 되게 하시길 기도합니다.
하나님을 믿으며 담대히 나아가게 하소서.

●● 마음에 와닿은 말씀(시어머니)

겔5:7 그러므로 나 주 여호와가 말하노라 너희 요란함이 너희를 둘러싸고 있는 이방인들보다 더하여 내 율례를 행하지 아니하며 내 규례를 지키지 아니하고 너희를 둘러 있는 이방인들의 규례대로도 행하지 아니하였느니라

생명책에 기록되어 하나님의 약속된 자녀들이 너희를 둘러싸고 있는 이방인들보다 더 율례를 행하지도 규례대로 지키지 않고 말로만 믿는다고 요란하다고 합니다. 세상의 빛이 되기보다는 교회가 성도들이 빛이 되지 못하여 세상의 이방인들에게 비웃음이 되는 일들이 비일비재하여 전염병으로, 기근으로 오는 재앙이 큰 것이 아닌지 성령께서 우리의 눈을 여시고 보게 하시고 깨닫고 돌아서기를 소망합니다.

기도 믿는 자들이 오히려 본이 되지 못하고 주님의 영광을 가리고 살고 있습니다. 보지 못하고 깨닫지 못하면 악행을 하면서도 알지 못하고 악을 행하며 산다고 합니다. 성령의 충만함으로 보게 하시고 깨달을 수 있도록 인도하여 주시기를 기도합니다.

●● 마음에 와닿은 말씀(며느리)

단12:10 많은 사람이 연단을 받아 스스로 정결하게 하며 희게 할 것이나 악한 사람은 악을 행하리니 악한 자는 아무것도 깨닫지 못하되 오직 지혜 있는 자는 깨달으리라

시련과 징계 안에서 살아갈 때 우리가 하나님을 찾으며 이를 감사하는 마음으로 살아가는 것이 연단을 통해 나를 정결하게 하는 일임을 깨닫습니다. 하나님을 향하여 회개하며 잠잠한 기다림으로 순종하여 하나님의 지혜를 행하는 자가 되게 하시길 소망합니다.

기도 하나님의 말씀에 순종하여 지혜 있는 자로 살아 연단을 통해 정결한 속사람으로 늘 거듭나게 하시길 기도합니다.

●●● 마음에 와닿은 말씀(시어머니) **251**

겔13:2-3 인자야 너는 이스라엘의 예언하는 선지자들에게 경고하여 예언하되 자기 마음 대로 예언하는 자에게 말하기를 너희는 여호와의 말씀을 들으라 주 여호와의 말씀에 본 것이 없이 자기 심령을 따라 예언하는 어리석은 선지자에게 화가 있을진저

세상에서도 가짜뉴스가 판을 쳐서 사람들의 분별력을 흐리게 하여 잘못 된 선택으로 어려운 경우에 이를 때가 많이 있지만 살아계신 하나님의 말씀을 주지도 보내지도 않았는데 자기 심령을 따라 예언하여 미혹시키 는 가짜 선지자들이 판을 치는 경우가 있습니다. 주님 앞에 죄를 지으면 서도 그것이 믿음이라는 신념으로 세상이 시끄럽고 어려움을 겪지만, 역 사를 주관하시는 주님께서 반드시 심판하시기를 소원합니다.

기도 주님께서 하실 일을 사람이 한다고 하며 사람이 해야 할 일을 주님께서 다 하신다는 사람의 말을 믿지 말고 말씀대로 순종하여 주님께 맡길 것은 온전히 맡기 고 내가 할 일 온전히 순종하여 주님의 기쁨이 되는 하루하루가 되기를 기도합니다.

●●● 마음에 와닿은 말씀(며느리)

겔11:19-20 내가 그들에게 한 마음을 주고 그 속에 새 영을 주며 그 몸에서 돌 같은 마음 을 제거하고 살처럼 부드러운 마음을 주어 내 율례를 따르며 내 규례를 지켜 행하게 하리 니 그들은 내 백성이 되고 나는 그들의 하나님이 되리라

죄악을 행하는 자를 징계하시어 여호와 하나님을 알게 하시니 징계를 통 해 회개하고 회복하게 하시는 하나님의 사랑을 생각합니다. 헛된 우상과 악을 제거하며 하나님께로 나아갈 때 한 마음, 새 영, 부드러운 마음으로 내 안의 영을 변화시키시어 말씀에 순종하며 하나님의 거룩한 백성으로 삼아주시길 소망합니다.

기도 하나님의 은혜 가운데 영적으로 늘 깨어 있어 미운 것, 가증한 것을 멀리하 며 말씀에 순종하는 마음으로 살아 거룩한 하나님의 백성이 되길 기도합니다.

●● 마음에 와닿은 말씀(시어머니)

겔33:18-19 만일 의인이 돌이켜 그 공의에서 떠나 죄악을 범하면 그가 그 가운데에서 죽을 것이고 만일 악인이 돌이켜 그 악에서 떠나 정의와 공의대로 행하면 그가 그로 말미암아 살리라

세상에는 의인은 하나도 없다고 합니다. 의인이 공의에서 떠나 죄악을 범하면 죄인으로 죽을 것이고 악인이 악에서 떠나 공의와 정의대로 행동하면 그로 말미암아 죄를 용서받고 산다고 합니다. 우리를 구원하신 주님을 믿고서 의인이라 칭함받은 우리가 비록 죄를 저지른다 해도 돌이켜 회개하고 악에서 떠나 의인으로 살아가는 지혜로운 우리와 자손들이 될 수 있도록 성령의 빛 안에서 살기를 소망합니다.

기도 육신의 연약함으로 죄악을 범하면서 살 수밖에 없지만, 주님께서 새 영과 새 마음을 주셔서 죄악을 떠나 말씀대로 순종하는 우리와 자손들이 되어 주님과 동행하며 주안에서 참 평강과 기쁨을 누리며 살기를 기도합니다.

●● 마음에 와닿은 말씀(며느리)

시136:26 하늘의 하나님께 감사하라 그 인자하심이 영원함이로다

우리가 지금의 삶을 살아갈 수 있는 이유, 생명의 근원이 되시는 하나님을 찬양하며 감사하는 마음으로 살아가게 하소서. 모든 것을 계획하시고 인도하시는 하나님께서 우리와 함께하시기에 누리는 모든 것에 늘 감사하는 마음으로 겸손하게 나아가게 하소서.
지금의 삶에 대한 감사를 통해 기쁨과 행복을 누리게 하시길 소망합니다.

기도 모든 것이 하나님의 은혜라, 범사에 감사하며 하나님을 찬양하는 기쁨이 가득한 삶이 되게 하시길 기도합니다.

●● 마음에 와닿은 말씀(시어머니)

253

대상5:1 이스라엘의 장자 르우벤의 아들들은 이러하니라 (르우벤은 장자라도 그의 아버지의 침상을 더럽혔으므로 장자의 명분이 이스라엘의 아들 요셉의 자손에게로 돌아가서 족보에 장자의 명분대로 기록되지 못하였느니라

아브라함 이삭 야곱의 계보로 비록 장자로 태어났지만 르우벤 자신의 범죄로 인하여 장자의 명분대로 기록되지 못하고 장자의 명분이 요셉의 자손에게 돌아가는 것을 봅니다. 비록 장자의 축복을 받고 선택받은 르우벤이었지만 열한 번째 아들인 요셉 자손들에게 장자의 명분이 돌아갔다고 합니다. 선택받은 것만으로 만족할 것이 아니라 하나님 말씀에 순종하여 야곱의 장자의 계보에 기록되는 복의 근원이요 축복의 통로로 쓰임 받기를 소망합니다.

기도 주님, 선택받은 것도 은혜입니다. 선택받은 은혜를 소멸하지 않고 성령의 도우심으로 순종하여 야곱의 기업으로 세워지며 복의 근원이 되는 우리와 자손들이 되기를 기도합니다.

●● 마음에 와닿은 말씀(며느리)

겔32:12 나는 네 무리가 용사 곧 모든 나라의 무서운 자들의 칼에 엎드러지게 할 것임이여 그들이 애굽의 교만을 폐하며 그 모든 무리를 멸하리로다

하나님의 뜻을 마음에 두지 아니하며 교만함으로 살아갈 때 악을 행하고 결국 스스로 파멸의 길로 나아가게 되리니 정결한 마음을 품어 교만을 버리고 겸손함으로 하나님을 경외하는 삶을 살아가길 소망합니다.

기도 내 기준과 내 생각을 우선으로 하는 삶으로 나아가는 교만을 버리고 하나님의 말씀을 우선으로 하는 삶을 통해 선한 길로 나아가게 하시길 기도합니다.

274

●● 마음에 와닿은 말씀(시어머니)

254

시147:10-11 여호와는 말의 힘이 세다 하여 기뻐하지 아니하시며 사람의 다리가 억세다 하여 기뻐하지 아니하시고 여호와는 자기를 경외하는 자들과 그의 인자하심을 바라는 자들을 기뻐하시는도다

말의 힘이 세다든지 다리가 억세어 힘이 있든지 재물이 많아 부자이든지 가난하든지 권세가 있어 명예롭던지, 권세가 없던지 잘난 사람 못난 사람을 막론하고 하나님께서 기뻐하는 사람은 하나님의 인자하심을 바라고 하나님을 경외하는 자들이라 말씀하십니다. 하나님을 경외하는 것은 천지 만물을 만드신 하나님을 온전히 믿고 그 안에 속한 사람과 모든 것을 사랑하며 말씀대로 순종하며 사는 것이라 말씀하셨습니다. 말씀대로 하나님을 경외하며 이웃을 사랑하여 하나님의 기쁨이 되어 살기를 소망합니다.

기도 우리와 자손들의 삶이 하나님을 기쁘시게 하며 살 수 있도록 성령께서 항상 도와주시기를 기도합니다.

●● 마음에 와닿은 말씀(며느리)

겔47:9 이 강물이 이르는 곳마다 번성하는 모든 생물이 살고 또 고기가 심히 많으리니 이 물이 흘러 들어가므로 바닷물이 되살아나겠고 이 강이 이르는 각처에 모든 것이 살 것이며

성전으로부터 나오는 하나님의 생명수는 결점이 많은 것들을 없애는 것이 아니라 되살아나게 하시며, 번성하게 하십니다. 우리의 삶에 하나님이라는 생명수가 함께 할 때 온전히 살아갈 수 있음을 바라봅니다. 세상과 타협하며 범죄 하는 삶으로 인해 영적으로 메마른 삶 가운데 하나님을 온전히 경외하는 신앙의 삶을 통해 생명수로 다시 사는 은혜를 누리길 소망합니다.

기도 우리를 회복시키고 살리시는 하나님의 크신 사랑과 은혜를 찬양하며 주시는 생명수를 통해 정결한 영혼으로 살아가게 하시길 기도합니다.

●● 마음에 와닿은 말씀(시어머니)

255

대상21:14 이에 여호와께서 이스라엘 백성에게 전염병을 내리시매 이스라엘 백성 중에서 죽은 자가 칠만 명이었더라

기근과 전쟁과 전염병은 인류가 존재하는 그 순간부터 계속 반복하여 일어나는 것 같습니다. 사탄의 충동으로 이스라엘 인구수를 계수하다 범죄한 다윗은 자신의 죄를 자복하고 죄의 대가로 칠만 명이 전염병으로 죽었다고 합니다. 사탄의 충동이 우리를 미혹하지 못하도록 성령으로 충만할 수 있도록 기도하며 깨어 있어야 하겠습니다.

기도 육신의 힘으로 사탄의 충동을 막을 수 없습니다. 성령의 충만 함으로 세상의 유혹을 이길 수 있도록 도와주시기를 기도합니다.

●● 마음에 와닿은 말씀(며느리)

대상1:1-4 아담, 셋, 에노스, 게난, 마할랄렐, 야렛, 에녹, 므두셀라, 라멕, 노아, 셈, 함과 야벳은 조상들이라

역대상 1~9장에서 수많은 이스라엘의 계보를 말씀하십니다. 성경 족보를 통해 하나님께서 택하신 수많은 이름, 수많은 삶이 하나님의 약속을 향하여 나아감을 생각하게 됩니다. 우리를 사랑하사 우리의 이름과 우리의 모든 것을 아시는 하나님을 향하여 묵묵히 자신에게 주어진 사명을 다하여 믿음의 족보에 거룩하게 기록되고 있는 삶을 살아가길 소망합니다. 또한 믿음의 조상 그 뿌리를 잊지 아니하며 이를 미래의 나침반으로 삼아 인자하신 하나님을 향하여 나아가는 삶이 되게 하소서.

기도 우리에게 전해진 복음을 온전히 전하는 귀한 사명을 통해 믿음의 족보가 번성하는 신실한 삶을 살아가게 하시길 기도합니다.

276

●● 마음에 와닿은 말씀(시어머니)

256

대하7:13-14 혹 내가 하늘을 닫고 비를 내리지 아니하거나 혹 메뚜기들에게 토산을 먹게 하거나 혹 전염병이 내 백성 가운데에 유행하게 할 때에 내 이름으로 일컫는 내 백성이 그들의 악한 길에서 떠나 스스로 낮추고 기도하여 내 얼굴을 찾으면 내가 하늘에서 듣고 그들의 죄를 사하고 그들의 땅을 고칠지라

새로운 전염병으로 어려움을 겪으며 가뭄으로 홍수로 어려움을 겪을 때 선택받은 하나님의 백성들이 악한 길에서 떠나 하나님의 얼굴을 찾으면 죄를 사하시고 그들의 땅을 고쳐 주신다고 합니다. 악한 길에서 떠나지 않고 모두가 남의 탓이라고 비방 비난하여 주님의 영광을 가리고 사는 어리석음이 아니라 성령의 빛 안에서 우리의 죄악됨을 자백하여 용서받기를 소망합니다.

기도 역사를 주관하시는 아버지께서 우리의 생사화복을 주장하심을 믿습니다. 악한 일에 쓰임 받지 않도록 성령께서 인도하시기를 기도합니다.

●● 마음에 와닿은 말씀(며느리)

대상12:22 그 때에 사람이 날마다 다윗에게로 돌아와서 돕고자 하매 큰 군대를 이루어 하나님의 군대와 같았더라

이스라엘 왕으로서 기름 부음을 받은 다윗에게 돕고자 하는 용사들이 날마다 더해져 하나님의 군대와 같아지니 다윗을 비롯하여 그 모인 자들의 마음이 하나님을 향함을 보게 됩니다. 하나님께서 돕는 다윗은 물론 그를 돕는 자에게도 평안이 함께 할지니 하나님의 뜻이 있는 곳에 선한 자들이 더불어 모여 힘씀을 보게 됩니다.

기도 하나님을 향하여 나아갈 때 돕는 자를 더하사 단단한 믿음으로 나아가게 하심에 감사드리며, 나의 삶 또한 누군가를 돕는 자로서 함께 나누는 믿음의 복을 주시길 기도합니다.

●● 마음에 와닿은 말씀(시어머니)

대하20:30 여호사밧의 나라가 태평하였으니 이는 그의 하나님이 사방에서 그들에게 평강을 주셨음이더라

인생을 살면서 깨닫는 것은 어떤 일이든지 어떤 선택을 하느냐에 따라서 완전히 인생이 달라지는 것을 봅니다. 르호보암이 원로들의 말을 듣지 않고 젊은 신하들과 의논한 일로 나라가 둘로 나눠지며 하나님을 의지하지 않고 아람왕을 의지하여 패하는 수모를 당하며 미가야의 말을 듣지 않고 가짜 선지자 400명의 말을 듣습니다.

또 길르앗 라못에 올라가 싸우다 죽는 이스라엘 왕부터 모두가 잘못된 선택으로 패망하는 것을 보며 항상 우리 마음과 행실이 온전히 주님 편에 있을 때 주님께서 우리 편이 되어 주신다는 것입니다. 우리도 올바른 선택으로 사방에서 우리에게 평강 주시기를 소망합니다.

기도 하나님의 기뻐하시는 선택을 할 수 있도록 만남의 복을 주시고 성령의 충만함으로 분별하여 주님께서 기뻐하시는 선택을 하며 살기를 기도합니다.

●● 마음에 와닿은 말씀(며느리)

시146:2-5 나의 생전에 여호와를 찬양하며 나의 평생에 내 하나님을 찬송하리로다 귀인들을 의지하지 말며 도울 힘이 없는 인생도 의지하지 말지니 그의 호흡이 끊어지면 흙으로 돌아가서 그 날에 그의 생각이 소멸하리로다 야곱의 하나님을 자기의 도움으로 삼으며 여호와 자기 하나님에게 자기의 소망을 두는 자는 복이 있도다

하나님을 믿으면, 하나님을 의지하면 성령이 인도하실 줄 믿습니다. 인생을 살아가는 동안 행복보다 어려움이 더 많지만, 마음에 하나님을 소망하며 살 때 지금의 어려움도 지혜롭게 이겨나갈 힘을 주실 줄 믿습니다. 인도하시는 하나님과 동행하는 삶을 통해 기쁨으로 하나님을 찬양하는 귀한 삶이 되게 하시길 소망합니다.

기도 사람에 대한 기대와 의지함으로 상처받지 아니하며 우리에게 온전한 도움을 주시는 하나님을 의지하며 주시는 은혜에 감사하며 나아가게 하소서.

●● 마음에 와닿은 말씀(시어머니)

258

대하26:5 하나님의 묵시를 밝히 아는 스가랴가 사는 날에 하나님을 찾았고 그가 여호와를 찾을 동안에는 하나님이 형통하게 하셨더라

하나님 보시기에 정직하게 행하며 살았던 웃시야도 강성하여지니 마음이 교만해져 악을 행하게 되고 나병으로 죽음에 이르는 것을 봅니다. 이 땅에는 의인이 한 명도 없다고 합니다. 죄인이 회개하면 주님의 보혈로 의인이 되어 용서함을 받고 의인도 하나님의 도움으로 강성하게 되니 교만해져서 악을 행하면 죗값을 받는 것을 봅니다.

기도 인류의 역사를 주관하시는 아버지, 세상 어느 곳에 있던지 다 살피시고 보시며 상주시고 벌주심을 믿습니다. 속일 수가 없는 우리의 삶이 주님 보시기에 기쁨이 될 수 있도록 성령의 충만함으로 인도받기를 기도합니다.

●● 마음에 와닿은 말씀(며느리)

대상29:17 나의 하나님이여 주께서 마음을 감찰하시고 정직을 기뻐하시는 줄을 내가 아나이다 내가 정직한 마음으로 이 모든 것을 즐거이 드렸사오며 이제 내가 또 여기 있는 주의 백성이 주께 자원하여 드리는 것을 보오니 심히 기쁘도소이다

다윗 자신이 직접 성전을 건축할 수는 없었으나 하나님의 명령에 순종하여 정직한 마음으로 원망과 불평 없이 자원하며 하나님의 일을 기쁘게 행하며 나아갑니다. 하나님의 일을 하나님의 뜻대로 기쁘게 행하는 삶, 온전한 순종으로 자원하여 행하는 삶, 그 안에서 감사와 찬양이 넘치는 삶이 되길 소망합니다.

기도 정직한 마음을 품어 하나님의 일에 자원하는 마음으로 기쁘게 행하는 삶을 살아가게 하소서. 더 큰 것을 바라는 삶이 아니라 지금 주신 것에 감사하며 살아갈 때 정성된 마음으로 주님께 나아감을 깨닫고 순종하게 하소서.

●● 마음에 와닿은 말씀(시어머니)

대하32:8 그와 함께 하는 자는 육신의 팔이요 우리와 함께 하시는 이는 우리의 하나님 여호와시라 반드시 우리를 도우시고 우리를 대신하여 싸우시리라 하매 백성이 유다 왕 히스기야의 말로 말미암아 안심하니라

앗수르 왕과 온 무리들의 침략으로 두려워하는 백성들에게 우리와 함께 하시는 이가 그들과 함께 하는 자보다 크며 우리와 함께하시는 분은 육신의 팔이 아니라 전능하신 하나님께서 함께하시기에 두려워하지 말라고 합니다. 육신의 팔을 의지하지 말고 전능하신 하나님 아버지를 온전히 믿고 말씀대로 순종하여 사는 우리와 자손들이 되기를 소망합니다.

기도 주님께서 항상 함께하시고 인도하시기를 기도합니다.

●● 마음에 와닿은 말씀(며느리)

대하 6:14 이르되 이스라엘의 하나님 여호와여 천지에 주와 같은 신이 없나이다 주께서는 온 마음으로 주의 앞에서 행하는 주의 종들에게 언약을 지키시고 은혜를 베푸시나이다

온 마음으로 행하는 믿음을 가진 자에게 계획하심을 이루는 역사를 가능케 하시는 하나님, 무조건 바라기만 하는 믿음이 아니라 준비된 마음으로 하나님의 뜻을 행하는 믿음이 되길 소망합니다. 하나님만 바라보는 마음, 하나님처럼 바라보는 마음으로 주의 말씀대로 살며 최선을 다하는 믿음으로 나의 모든 것을 하나님께 맡기고 결국 우리를 온전하게 만드시는 하나님의 은혜에 감사하며 살아가게 하소서.

기도 우리를 통해 역사하심을 이루시는 하나님께 합당한 자로서 살아가기 위해 늘 마음을 겸비하고 그 마음을 행하는 삶이 되게 하시길 기도합니다.

슥5:4 만군의 여호와께서 이르시되 내가 이것을 보냈나니 도둑의 집에도 들어가며 내 이름을 가리켜 망령되이 맹세하는 자의 집에도 들어가서 그의 집에 머무르며 그 집을 나무와 돌과 아울러 사르리라 하셨느니라 하니라

우리의 삶의 모든 것들을 보고 아시는 주님께서 도둑의 집에도 들어가서 머무시며 하나님의 이름을 망령되이 맹세하는 집에 들어가서도 그의 집에 머물며 그의 행위와 입술로 행하는 모든 악한 것도 아시고 보시고 응하신다고 합니다. 사람은 속일 수 있지만, 하나님께는 속일 수 없는 우리 인생의 모든 삶을 성령의 도우심으로 세상을 이기고 주님 보시기에 주님의 기쁨이 되는 우리와 자손들의 삶이 되기를 소망합니다.

기도 주님의 빛 안에서, 말씀 안에서 하나님 약속의 말씀을 온전히 믿고 순종하며 살 수 있도록 인도하시기를 기도합니다.

●● 마음에 와닿은 말씀(며느리)

대하33:12-13 그가 환난을 당하여 그의 하나님 여호와께 간구하고 그의 조상들의 하나님 앞에 크게 겸손하여 기도하였으므로 하나님이 그의 기도를 받으시며 그의 간구를 들으시사 그가 예루살렘에 돌아와서 다시 왕위에 앉게 하시매 므낫세가 그제서야 여호와께서 하나님이신 줄을 알았더라

여호와 보시기에 악을 행하고 교만한 삶을 살아가는 자에게 환란과 고통이 따르겠으나 그 순간 하나님의 뜻을 깨닫고 주님 앞에서 자신의 죄를 고백하며 스스로 낮추고 하나님을 바로 볼 때 다시금 회복의 기회를 주시는 하나님의 은혜를 생각합니다.

기도 진정한 회개와 깨달음으로 간구하는 자의 기도를 들으시는 하나님을 찬양하며 나의 죄를 고백하고 온전히 하나님을 만나는 은혜를 통해 진정한 축복을 누리는 자 되게 하소서. 하나님을 경외하는 삶을 살아 겸손을 잃지 않는 자 되게 하시길 기도합니다.

●● 마음에 와닿은 말씀(시어머니) **261**

에5:12 또 하만이 이르되 왕후 에스더가 그 베푼 잔치에 왕과 함께 오기를 허락 받은 자는 나밖에 없었고 내일도 왕과 함께 청함을 받았느니라

사람의 일이라는 것이 내일 일을 모르고 산다고 합니다. 에스더가 베푼 잔치에 왕과 함께 오기를 허락받은 자는 자신밖에 없고 내일도 왕과 함께 청함을 받았다고 하며 자랑하며 교만하게 말했던 하만이 모르드개를 달기 위해 만든 오십 규빗 되는 나무에 오히려 자신이 달려 죽는 것을 봅니다. 많은 사람의 목숨을 교만한 마음으로 죽이려 했던 하만의 악한 행위로 하루아침에 죽음에 이르는 것을 보며 깨닫지 못하고 교만한 마음으로 남에게 상처 주는 일이 없기를 소망합니다.

기도 사람은 잘 나갈 때 조심 하라고 합니다. 모든 것이 주님의 주권 하에 있음을 자각하고 주안에서 항상 겸손하게 감사하며 살 수 있도록 기도합니다.

●● 마음에 와닿은 말씀(며느리)

학1:9 너희가 많은 것을 바랐으나 도리어 적었고 너희가 그것을 집으로 가져갔으나 내가 불어 버렸느니라 나 만군의 여호와가 말하노라 이것이 무슨 까닭이냐 내 집은 황폐하였으되 너희는 각각 자기의 집을 짓기 위하여 빨랐음이라

성전을 건축하라 하시는 하나님의 말씀, 하나님을 최우선으로 하는 삶을 살라 하시는 하나님의 말씀을 아직 건축할 시기가 이르지 아니하였다며 삶의 우선순위에서 미뤄둠은 육을 따르며 탐욕을 부리는 삶 가운데 행해짐을 깨닫습니다. 수확을 기대하나 얻은 것이 적고, 수확을 다 했으나 곧 날려지리니 하나님이 아닌 내가 우선시 되는 삶은 허망할 뿐입니다.

기도 나의 기준으로 세상적인 것에 삶의 우선순위를 매기고 살아가는 죄를 범하지 않게 하소서. 탐욕을 버리고 하나님을 최우선으로 하는 삶을 살아갈 때 누리는 평강에 감사하며 영, 육 간에 강건함으로 나아가는 삶이 되게 하시길 기도합니다.

●● 마음에 와닿은 말씀(시어머니)

262

말4:6 그가 아버지의 마음을 자녀에게로 돌이키게 하고 자녀들의 마음을 그들의 아버지에게로 돌이키게 하리라 돌이키지 아니하면 두렵건대 내가 와서 저주로 그 땅을 칠까 하노라 하시니라

성벽을 새로이 증축하고 성전을 온 정성으로 건축하여 재건하였지만, 겉으로 보이는 형식적인 예배와 헌물을 드릴 때 내 제단 위에 헛되이 불사르지 못하도록 너희 중에 성전 문을 닫을 자가 있었으면 좋겠다고 하시며 너희가 손으로 드리는 것을 기뻐하지도 받지도 않겠다고 하시는 말씀을 봅니다. 보이는 성전이 아니라 먼저 우리의 마음을 아버지의 기뻐하시는 신실한 마음으로 돌이키고 돌아가서 보이는 것보다 보이지 않는 우리의 마음이 주님과 합하여 드려지는 예배와 삶이 되기를 소망합니다.

기도 성령의 능력으로 영과 육이 하나가 되어 주님께서 기뻐 받으시는 우리와 자손들의 예배와 삶이 되기를 기도합니다.

●● 마음에 와닿은 말씀(며느리)

느4:17-18 성을 건축하는 자와 짐을 나르는 자는 다 각각 한 손으로 일을 하며 한 손에는 병기를 잡았는데 건축하는 자는 각각 허리에 칼을 차고 건축하며 나팔 부는 자는 내 곁에 섰었느니라

성전 재건을 방해하려는 이방 세력에 대항하여 유다 백성들은 파수꾼을 세우고 일을 할 때도 병기를 준비하고 언제든 악과 싸울 준비를 하며 역사합니다. 나 또한 하나님의 뜻을 섬기지 아니하며 무너진 성벽과 같은 삶을 살아갈 때가 있음을 고백합니다. 회개를 통해 무너진 성전을 다시 회복하려 하나 멈춤을 반복하며 육신적인 욕망에 사로잡혀 살아가니 나의 죄를 고백합니다.

기도 나의 마음에 파수꾼을 세우고 병기를 들고 나아가 신실한 신앙의 삶을 방해하는 유혹과 악을 물리치며 나아가는 삶이 되게 하시길 기도합니다.

"

벧전5:6
그러므로
하나님의 능하신 손 아래에서
겸손하라
때가 되면
너희를 높이시리라

벧전5:7
너희 염려를 다 주께 맡기라
이는 그가 너희를 돌보심이라

"

PART 6.

함께 걷는 믿음의 길을 따라

263일~293일

●● 마음에 와닿은 말씀(시어머니) **263**

마6:7-8 또 기도할 때에 이방인과 같이 중언부언하지 말라 그들은 말을 많이 하여야 들으실 줄 생각하느니라 그러므로 그들을 본받지 말라 구하기 전에 너희에게 있어야 할 것을 하나님 너희 아버지께서 아시느니라

우리에게 있어야 할 것을 아버지께서 미리 아시고 구하기 전이라도 예비하시는 아버지의 마음을 읽고 우리의 모든 삶을 맡기고 염려하지 말고 감사하며 주안에서 참 평강과 기쁨으로 살 수 있도록 도와주시기를 소원합니다.

기도 내 삶의 모든 것을 아시고 인도하시는 주님을 온전히 믿고 참 평강과 기쁨으로 살 수 있도록 성령께서 함께하시기를 기도합니다.

●● 마음에 와닿은 말씀(며느리)

마1:23 보라 처녀가 잉태하여 아들을 낳을 것이요 그의 이름은 임마누엘이라 하리라 하셨으니 이를 번역한즉 하나님이 우리와 함께 계시다 함이라

임마누엘, 예수그리스도가 나셨으니 하나님과 우리와 함께하심을 깨닫고 감사로 나아갑니다. 모두가 외면하는 죄인과 병든 자를 부르시며 고치시는 예수그리스도를 통해 우리와 함께하시는 하나님의 은혜를 바라봅니다. 우리의 삶 가운데 늘 함께하시어 보호하여 주시고 채워주시고 인도해 주시는 하나님을 온전히 믿으며 나아가는 삶이 되게 하시길 소망합니다.

기도 우리와 늘 함께하시는 하나님을 바로 보게 하소서.
말씀을 통해 하나님을 늘 깨닫고 믿으며 매일매일 새롭고 선한 영으로 거듭나길 기도합니다.

●● 마음에 와닿은 말씀(시어머니) **264**

마16:19 내가 천국 열쇠를 네게 주리니 네가 땅에서 무엇이든지 매면 하늘에서도 매일 것이요 네가 땅에서 무엇이든지 풀면 하늘에서도 풀리리라 하시고

네가 땅에서 무엇이든지 매면 하늘에서도 매이고 땅에서 풀면 하늘에서도 풀리는 천국 열쇠를 소유한 우리가 땅에서 천국 열쇠를 사용하지 못하고 있는 이유는 땅에서 무엇이든지 풀지 못하고 매어 놓고 살고 있으면서도 풀어달라고만 하는지 성령께서 우리 자신을 볼 수 있기를 소망합니다.

기도 용서하지 못하고 용서받기를 원하며 대접하지 못하고 대접받기를 원하며 축복받기를 원하면서도 축복하지 못하고 이 땅에서 풀지 못하고 매여 살아가는 모든 것을 성령께서 도와주셔서 땅에서 모든 것을 풀어 천국열쇠를 사용하며 사는 복된 우리와 자손들이 되기를 기도합니다.

●● 마음에 와닿은 말씀(며느리)

마11:20 예수께서 권능을 가장 많이 행하신 고을들이 회개하지 아니하므로 그 때에 책망하시되

예수님의 권능을 가장 많이 보았고 가장 많은 권능의 은혜를 누렸음에도 회개하지 못하는 고을의 사람들을 보며 하나님의 권능을 당연하고 익숙하다고 생각하며 참으로 믿지 못하고 감사하지 못하는 범죄 함을 마주합니다. 익숙함에서 벗어나 하나님의 뜻을 바로 살피는 마음을 주소서. 말씀과 기도를 통해 하나님의 권능을 바로 알고 뜨거운 감동과 감화의 마음을 품고 살아가게 하시길 소망합니다.

기도 하나님의 은혜의 익숙함에서 벗어나 날마다 감사하며 그 안에서 나를 돌아보고 회개하는 것이 나의 삶의 기초가 되게 하시길 기도합니다.

●● 마음에 와닿은 말씀(시어머니)

265

마22:37-40 예수께서 이르시되 네 마음을 다하고 목숨을 다하고 뜻을 다하여 주 너의 하나님을 사랑하라 하셨으니 이것이 크고 첫째 되는 계명이요 둘째도 그와 같으니 네 이웃을 네 자신 같이 사랑하라 하셨으니 이 두 계명이 온 율법과 선지자의 강령이니라

믿음 소망 사랑 중에 제일은 사랑이라 합니다. 우리는 입으로 사랑을 말하지만 가장 하기 어려운 것이 사랑인 것 같습니다. 하나님께서 사랑하는 모든 것을 진심으로 사랑하며 살기를 소망합니다.

기도 입으로만 하는 사랑이 아니라 우리를 조건 없이 사랑하시는 주님의 사랑을 할 수 있도록 성령께서 도와주시기를 기도합니다.

●● 마음에 와닿은 말씀(며느리)

마22:37 예수께서 이르시되 네 마음을 다하고 목숨을 다하고 뜻을 다하여 주 너의 하나님을 사랑하라 하셨으니

하나님은 사랑이십니다. 회개하는 자를 온전히 품으시고 우리를 택하시어 한량없는 사랑을 베푸시는 하나님을 닮아 우리 또한 하나님을 사랑하고 이웃을 사랑하라 하심이 모든 삶의 근원임을 깨닫습니다. 사랑이 있는 곳에 평강과 행복이 함께 하리니 다툼, 미움, 원망 사람과의 관계에 하나님을 닮은 사랑의 마음을 품고 살아가는 것을 으뜸으로 여기는 자 되게 하시길 기도합니다.

기도 하나님의 사랑을 받고 사랑을 고백하면서 서로의 사랑을 계산하는 마음으로 사람에게 사랑을 고백하는 것이 실로 어려울 때가 많으나 말씀의 으뜸이 되는 서로 사랑하라 하시는 하나님의 말씀을 온전히 행하기 위한 삶으로 나아가게 하시길 기도합니다.

●● 마음에 와닿은 말씀(시어머니)

266

마25:25-26 두려워하여 나가서 당신의 달란트를 땅에 감추어 두었나이다 보소서 당신의 것을 가지셨나이다 그 주인이 대답하여 이르되 악하고 게으른 종아 나는 심지 않은 데서 거두고 헤치지 않은 데서 모으는 줄로 네가 알았느냐

자신의 분복대로 각자에게 주신 달란트를 두 달란트면 두 달란트를, 열 달란트면 열 달란트를 충성스럽게 심고 가꾸고 노력하여 남긴 자들에게 칭찬하시며 더 많은 것을 맡겨주시지만 게으른 종은 심지도 않은 데서 거두고 헤치지 않은 데서 모으는 줄로 네가 나를 잘못 알았느냐 하시며 있는 것까지도 빼앗기는 수모를 겪는 것을 봅니다. 주님을 잘못 알아 심지도 않고 가꾸지도 않고 땅에 감춰 두고 있던 게으른 종이 되지 않도록 성령께서 지혜를 주시기를 소망합니다.

기도 심지도 않고 가꾸지도 않으며 열매만을 바라는 게으른 종이 아니라 심고 가꾸는 충성된 우리와 자손들이 되어 풍성한 열매들로 주님의 기쁨이 되기를 기도합니다.

●● 마음에 와닿은 말씀(며느리)

마26:75 이에 베드로가 예수의 말씀에 닭 울기 전에 네가 세 번 나를 부인하리라 하심이 생각나서 밖에 나가서 심히 통곡하니라

예수님께서 베드로가 예수님을 부인할 것을 예언하였으나 그것을 강하게 부인하던 베드로가 예수님께서 결박된 상황에서 두려움을 이기지 못하고 예언대로 예수님을 부인합니다. 순간 말씀을 깨닫고 심히 통곡하며 자신을 온전히 돌아보며 회개하고 참된 제자로 나아가게 됩니다. 하나님을 믿는다고 하지만 세상이 더 크게 보여 주님을 부인하는 자와 같은 삶을 살아갈 때 회개와 통곡으로 죄를 깨닫고 진정한 하나님의 자녀로 살아가는 자가 되게 하시길 소망합니다.

기도 뜨거운 눈물로 회개하는 삶, 통곡을 통해 하나님께로 늘 향하는 삶으로 인도하시길 기도합니다.

●● 마음에 와닿은 말씀(시어머니)

막7:12-13 자기 아버지나 어머니에게 다시 아무 것도 하여 드리기를 허락하지 아니하여 너희가 전한 전통으로 하나님의 말씀을 폐하며 또 이 같은 일을 많이 행하느니라 하시고

육신의 생명을 주신 아버지나 어머니에게 아무것도 드리기를 허락하지 않고 하나님께 내가 드리면 유익하게 할 것이 되었다고 하면 된다는 사람의 전통을 지키려고 하나님의 계명은 잘도 져버린다고 합니다. 지금 시대에도 사람의 계명으로 하나님의 계명을 져버리는 일들로 세상이 부모 간에 형제간에 이웃 간에 불화로 근심이 되어 세상의 빛이 아니라 주님의 영광을 가리는 일들이 비일비재함을 고백하며 성령의 도우심으로 하나님 말씀대로 순종하며 살기를 소망합니다.

기도 사람의 전통으로 하나님의 말씀을 져버리는 일이 없도록 성령께서 도와주시기를 기도합니다.

●● 마음에 와닿은 말씀(며느리)

막2:3-4 사람들이 한 중풍병자를 네 사람에게 메워 가지고 예수께로 올새 무리들 때문에 예수께 데려갈 수 없으므로 그 계신 곳의 지붕을 뜯어 구멍을 내고 중풍병자가 누운 상을 달아 내리니

일어나지 못하고 걷지 못하는 한 중풍 병자를 위해 모든 것을 포기하고 낙심하지 않는 마음과 어려운 상황에 놓인 친구를 위하여 침상을 메고 예수께 나아가는 네 사람의 진정한 사랑이 그가 고침을 받게 했습니다. 예수께 소망을 품고 간절히 나아갔고 예수님과의 만남을 통해 회복하게 하시니 감사합니다. 어려운 형편으로 인해 낙심하지 말며 주님께 간절히 나아가는 기회가 되길, 그리고 나의 침상을 기꺼이 메고 나아가는 돕는 자들이 있음에 감사하며 나 또한 돕는 자의 삶을 살아가길 소망합니다.

기도 하나님께 소망을 두고 간절히 나아갈 때 그 길의 끝에 은혜의 만남이 있을 줄 믿습니다. 약할 때 강함을 주시는 하나님을 늘 생각하며 살아가길 기도합니다.

●● 마음에 와닿은 말씀(시어머니)

막12:33 또 마음을 다하고 지혜를 다하고 힘을 다하여 하나님을 사랑하는 것과 또 이웃을 자기 자신과 같이 사랑하는 것이 전체로 드리는 모든 번제물과 기타 제물보다 나으니이다

만물의 주인이신 하나님과 피조물인 사람과 다른 점은 사람은 전체로 드리는 번제물과 제물을 좋아하지만, 우주 만물의 주인이신 하나님께서는 그 어떤 번제물과 제물보다 하나님을 경외하며 사랑하며 만드신 모든 만물과 피조물인 사람들을 서로 자기 자신같이 사랑하는 것보다 더 큰 계명은 없다고 합니다. 사람의 전통과 계명을 버리고 하나님의 기뻐하시는 말씀을 지키고 순종할 수 있도록 성령께서 도와주시기를 소망합니다.

기도 사람의 전통과 계명으로 하나님의 말씀을 져버리는 바리새인들의 외식하는 마음이 들지 않도록 성령의 빛 안에서 깨닫고 말씀 안에서 순종하여 주님의 기뻐하는 우리와 자손들이 될 수 있도록 성령께서 인도하시기를 기도합니다.

●● 마음에 와닿은 말씀(며느리)

막14:36 이르시되 아빠 아버지여 아버지께는 모든 것이 가능하오니 이 잔을 내게서 옮기시옵소서 그러나 나의 원대로 마시옵고 아버지의 원대로 하옵소서 하시고

어려운 상황 속에서 두려움이 생길 때 하나님을 향한 기도가 나의 원대로 이루심이 아닌 하나님의 원대로 이루심이 되게 하소서. 모든 일에 하나님의 뜻이 있음을 인도하시는 그 길이 선을 이루고 나를 단련하게 하시는 은혜의 길임을 믿습니다. 바라기만 하는 믿음이 아닌 인도하시는 하나님을 의지하는 믿음으로 담대하게 나아가게 하시길 소망합니다.

기도 우리를 사랑하시는 하나님, 선한 길로 인도하시는 하나님, 하나님의 원대로 우리의 삶을 이끌어주시길 간절히 기도합니다.

●● 마음에 와닿은 말씀(시어머니)

269

눅6:46 너희는 나를 불러 주여 주여 하면서도 어찌하여 내가 말하는 것을 행하지 아니하느냐

입으로 주여, 주여, 말로만 하는 자가 아니라 주님의 말씀을 듣고 행하는 지혜로운 자녀들이 되어 좋은 나무들로 성장하여 좋은 열매로 주님께 영광 돌리는 우리와 자손들이 되기를 소망합니다.

기도 성령의 도우심으로 말씀을 온전히 분별하여 깨닫고 행하며 살 수 있도록 도와주시기를 기도합니다.

●● 마음에 와닿은 말씀(며느리)

눅6:35 오직 너희는 원수를 사랑하고 선대하며 아무 것도 바라지 말고 꾸어 주라 그리하면 너희 상이 클 것이요 또 지극히 높으신 이의 아들이 되리니 그는 은혜를 모르는 자와 악한 자에게도 인자하시니라

사랑받았기에 받은 만큼 사랑을 행하며, 준 만큼 받기를 바라는 마음으로 사랑을 행하는 사람 간의 조건부 사랑을 행할 때가 많습니다. 하지만 하나님께서는 감사할 줄 모르며 죄 많은 우리를 온전히 사랑하사 무조건적인 사랑을 행하셨으니 예수님으로 말미암아 용서받아 은혜를 누리며 사는 자로서 하나님의 사랑을 행하며 살아가게 하시길 소망합니다. 바라는 것 없이 주는 사랑이 손해 보는 것이 아니라 하나님의 채우심으로 더 큰 사랑의 열매를 맺으리니 주신 사랑에 감사하며 자비로운 하나님과 같이 나아가는 삶이 되게 하소서.

기도 받은 사랑에 보답하며 살아가지 못할 때도 많은 죄인입니다.
받은 사랑을 보답하며 더 나아가 하나님을 닮아 바라지 아니하는 온전한 사랑을 실천하는 마음을 품게 하시고, 행하게 하시길 기도합니다.

●● 마음에 와닿은 말씀(시어머니)

270

눅7:6-7 예수께서 함께 가실새 이에 그 집이 멀지 아니하여 백부장이 벗들을 보내어 이르되 주여 수고하시지 마옵소서 내 집에 들어오심을 나는 감당하지 못하겠나이다 그러므로 내가 주께 나아가기도 감당하지 못할 줄을 알았나이다 말씀만 하사 내 하인을 낫게 하소서

백부장의 집이 멀지 않아 오시는 예수님께 주께 나아가기도 감당하기 어렵다며 말씀만 하셔도 내 하인을 낫게 하신다는 백부장의 믿음을 보시고 이스라엘 중에서도 이만한 믿음은 만나보지 못하였다고 하시는 말씀을 봅니다. 어떤 신령한 장소나 신령한 사람의 안수(按手)가 눈에 보이고 행하여지는 그런 고침이 아니라 온전히 주님의 말씀과 권능을 믿고, 주님께 칭찬받으며 사는 복된 우리와 자손들이 되기를 소망합니다.

기도 자기 민족을 사랑하여 회당을 짓고 자기 집 수하에 있는 병든 종까지도 사랑하여 예수님께 고침을 청하는 백부장의 삶과 믿음이 우리의 믿음과 삶이 되기를 기도합니다.

●● 마음에 와닿은 말씀(며느리)

눅7:6-7 예수께서 함께 가실새 이에 그 집이 멀지 아니하여 백부장이 벗들을 보내어 이르되 주여 수고하시지 마옵소서 내 집에 들어오심을 나는 감당하지 못하겠나이다 그러므로 내가 주께 나아가기도 감당하지 못할 줄을 알았나이다 말씀만 하사 내 하인을 낫게 하소서

자신의 종을 진심으로 사랑했던 백부장이 그 종의 병 고침을 받기 위해 온전한 믿음으로 예수께 나아가 직접 오시지 아니하여도 말씀만으로도 하인을 낫게 하시길 간구하니 백부장의 큰 믿음으로 응답받게 됩니다. 자신의 종을 진정으로 위하며 하나님의 사랑을 실천하고 말씀만으로도 낫게 하실 줄 믿고 나아가는 온전한 믿음이 있었기에 하나님께서 함께하셨을 줄 믿습니다. 행함과 믿음으로 하나님께 나아가는 삶이 되길 소망합니다.

기도 백부장과 같이 진실로 종을 사랑하는 마음으로 나의 모든 관계를 사랑하며 그들을 위해 온전히 기도하는 삶을 통해 귀한 은혜를 함께 누리게 하시길 기도합니다.

●● 마음에 와닿은 말씀(시어머니)

271

눅12:24 까마귀를 생각하라 심지도 아니하고 거두지도 아니하며 골방도 없고 창고도 없으되 하나님이 기르시나니 너희는 새보다 얼마나 더 귀하냐

반복되는 일상 속에서도 우리는 내일 일도, 어느 한순간에 벌어질 수 있는 일도 알지 못하고 살아가지만, 말씀에 참새 다섯 마리 팔리는 것까지도 아시는 아버지께서 참새보다 귀한 우리의 머리털 하나까지도 세시고 아시는 아버지 앞에서 염려하지 말고 살라고 하십니다. 유등천 산책을 하다 보면 청둥오리 비둘기들이 심지도 아니하고 거두지도 아니하며 이 추운 날에 골방도 없고 창고도 없지만, 한가로이 풀밭 속에 숨어있는 일용할 양식만을 싸우지 않고 평화롭게 먹으며 사는 것들을 보면서 우리에게 주신 안식처와 모든 양식을 허락하신 하나님께 감사하며 살기를 소망합니다.

기도 모든 일에 감사함으로 순종하며 살기를 기도합니다.

●● 마음에 와닿은 말씀(며느리)

눅17:17-18 예수께서 대답하여 이르시되 열 사람이 다 깨끗함을 받지 아니하였느냐 그 아홉은 어디 있느냐 이 이방인 외에는 하나님께 영광을 돌리러 돌아온 자가 없느냐 하시고

나병환자의 병 고침 받음과 같이 하나님의 은혜로 살아가는 삶을 살아가며 그 은혜를 당연시하며 감사를 잃고 살아가는 순간을 고백합니다. 우리를 살피시는 하나님의 은혜에 대한 진정한 감사로 하나님께 영광 돌리는 단 한 사람이 내가 되길 소망하며 우리의 영혼까지 구원하시는 하나님께 순종하며 나아가길 소망합니다.

기도 우리의 평강이 하나님의 은혜임을 깨닫고 늘 감사의 마음을 품고 하나님을 고백하며 영광 돌리는 귀한 삶으로 나아가게 하시길 기도합니다.

●● 마음에 와닿은 말씀(시어머니)

272

눅19:22 주인이 이르되 악한 종아 내가 네 말로 너를 심판하노니 너는 내가 두지 않은 것을 취하고 심지 않은 것을 거두는 엄한 사람인 줄로 알았느냐

우리 각자에게 주신 분복대로 구하고 찾고, 두드리고, 심고 가꾸어 많은 열매로 주님께 기쁨을 드려야 하지만 그런데도 구하지도, 찾지도, 두드리지도 않고, 심지도 수고도 아니하고 말씀대로 순종도 하지 않고 세상 욕심대로 구하기만 하는 악한 자녀들이 되지 않도록 성령께서 인도하시기를 소원합니다.

기도 주님께서 주신 분복을 주님 주신 지혜로 심고 열심히 가꾸어 많은 열매로 주님께 영광 돌리며 사는 우리와 자손들이 되기를 기도합니다.

●● 마음에 와닿은 말씀(며느리)

눅21:34 너희는 스스로 조심하라 그렇지 않으면 방탕함과 술취함과 생활의 염려로 마음이 둔하여지고 뜻밖에 그 날이 덫과 같이 너희에게 임하리라

세상 속에 휩쓸려 살아가며 마음이 둔해지며 삶의 우선순위를 잘못 설정하며 말씀과 멀어지는 삶을 살아가는 때 스스로 조심하라, 항상 기도하며 깨어 있으라 하시는 하나님의 말씀을 통해 나의 삶을 돌아보며 회개합니다. 염려하는 삶이 아닌 하나님의 말씀을 사모하고 순종하는 삶을 통해 하나님의 은혜가 가득할 줄 믿습니다.

기도 즉시, 당장, 하나님의 말씀에 순종하며 나아가는 결단력을 주시어 영적으로 깨어 있어 주님의 뜻을 잘 섬기는 자 되게 하시길 기도합니다.

●● 마음에 와닿은 말씀(시어머니)

요5:29 선한 일을 행한 자는 생명의 부활로, 악한 일을 행한 자는 심판의 부활로 나오리라

빛으로 오신 주님께서 우리를 빛으로 인도하시고 선과 악을 분별하여 선을 행하게 하시지만 우리의 행위가 드러날까 봐 빛을 거부하고 받아들이지 않는다고 합니다. 주님을 온전히 받아들이고 빛 안에서 선한 일을 행하여 생명의 부활로 나아가는 자녀들이 되기를 소원합니다.

기도 날마다 주님의 빛 안에서 살 수 있도록 성령께서 인도하시기를 기도합니다.

●● 마음에 와닿은 말씀(며느리)

요6:35 예수께서 이르시되 나는 생명의 떡이니 내게 오는 자는 결코 주리지 아니할 터이요 나를 믿는 자는 영원히 목마르지 아니하리라

우리를 구원하시는 예수님, 영적인 허기와 갈급함을 채워주시는 생명의 떡 되시는 예수님, 온전한 믿음으로 겸손한 마음으로 순종하며 나아갈 때 생명의 떡의 은혜를 누릴 줄 믿습니다.

기도 생명의 떡을 주셔서 우리를 살리시는 하나님의 은혜에 감사드리며, 하나님을 향하는 삶, 하나님을 온전히 의지하는 삶을 통해 영적 구원을 누리게 하시길 기도합니다.

●● 마음에 와닿은 말씀(시어머니)

274

요12:46-47 나는 빛으로 세상에 왔나니 무릇 나를 믿는 자로 어둠에 거하지 않게 하려 함이로라 사람이 내 말을 듣고 지키지 아니할지라도 내가 그를 심판하지 아니하노라 내가 온 것은 세상을 심판하려 함이 아니요 세상을 구원하려 함이로라

빛으로 오신 주님을 믿고 빛에 거하며 살아가지만, 육신의 연약함으로 지키지 못하고 살 때도 주님께서는 오신 이유가 심판하러 오신 것이 아니라 마지막까지 우리 모두를 사랑하시고 구원하시기 위하여 이 땅에 오셨기에 우리의 마지막 날까지 주님 앞에 회개하고 아버지 앞으로 돌아가면 구원해 주시고 용서하시는 아버지의 사랑임을 믿고 감사하는 자녀들이 되기를 소망합니다.

기도 연약한 우리의 악한 모든 것들이 주님의 빛 안에서 보게 하시고 깨닫게 해 주셔서 날마다 주안에서 자복하고 회개하여 생명의 부활로 나가는 우리와 자손들이 되기를 기도합니다.

●● 마음에 와닿은 말씀(며느리)

요13:34 새 계명을 너희에게 주노니 서로 사랑하라 내가 너희를 사랑한 것 같이 너희도 서로 사랑하라

예수께서 십자가로 나아가시기 전 새 계명을 주시니 그것은 서로 사랑하라 하심입니다. 예수께서 우리를 사랑하신 것처럼 인내하고 용서하고 포용하는 사랑으로 서로 사랑하라 하시는 말씀을 섬기는 삶이 되길 소망합니다.

기도 모든 문제를 해결할 수 있는 사랑을 강조하신 예수님의 말씀처럼 사랑을 품고 행하는 삶을 실천하며 살아가게 하시길 기도합니다.

●● 마음에 와닿은 말씀(시어머니)

275

요14:20 그 날에는 내가 아버지 안에, 너희가 내 안에, 내가 너희 안에 있는 것을 너희가 알리라

너희가 내 안에 내가 너희 안에 있는 것을 알리라고 하셨습니다.
아버지께서 우리를 사랑한 것같이 우리도 하나님을 사랑하고 이웃을 사랑하는 것이 주님께서 우리에게 주신 계명을 지키며 주님 사랑 안에 거하라 하신 말씀을 순종하는 것이라 믿어집니다. 우리 마음속에 주님께서 주신 사랑이 늘 충만하기를 소망합니다.

기도 마음은 원이지만 육신이 연약하여 사랑하지 못하고 도와주어야 할 때 도움이 되지 못하고 회피하며 살면서도 입으로만 사랑을 말하며 살고 있습니다.
주님 도와주셔서 입으로만이 아닌 실제로 사랑하며 살 수 있도록 도와주시기를 기도합니다.

●● 마음에 와닿은 말씀(며느리)

요15:15 이제부터는 너희를 종이라 하지 아니하리니 종은 주인이 하는 것을 알지 못함이라 너희를 친구라 하였노니 내가 내 아버지께 들은 것을 다 너희에게 알게 하였음이라

우리를 택하사 친구 삼아주시며 포도나무의 가지로 붙잡아 주시어 귀한 열매를 맺게 하시는 하나님, 무 조건적인 하나님의 사랑에 감사하며 하나님의 뜻에 합당한 자로 살아가게 하시길 소망합니다.

기도 나의 친구 되어 주시는 예수님을 의지하며 담대하게 나아가길 기도합니다.

298

●●○ 마음에 와닿은 말씀(시어머니)

276

행1:6-7 그들이 모였을 때에 예수께 여쭈어 이르되 주께서 이스라엘 나라를 회복하심이 이 때니이까 하니 이르시되 때와 시기는 아버지께서 자기의 권한에 두셨으니 너희가 알 바 아니요

로마의 식민지로 많은 박해와 시련을 겪으며 살고 있던 유대인의 고달픈 삶을 회복시켜 줄 지도자를 기다리며 찾던 유대인들의 바램과는 달리 예수님은 우리의 죄를 담당하시고 영원한 생명을 구원하시고 유대인뿐만 아니라 땅끝까지 이르는 모든 이방인까지 구원하시려고 이 땅에 오셨습니다. 그런 구세주이시지만 그 시대의 유대인이나 지금 우리도 세상의 육신적인 필요에만 의해서 주님을 찾고 있는 것은 아닌지 모든 때와 시기는 아버지의 권한에 두었으니 우리가 알 바 아니라고 합니다. 아버지의 때를 기다리며 말씀에 순종하며 살기를 소망합니다.

기도 우리의 때를 기다리지 못하고, 불안과 염려로 믿지 못하고, 자기의 생각대로 일을 그르칠 때가 있습니다. 성령의 인도하심을 기도합니다.

●●○ 마음에 와닿은 말씀(며느리)

행3:6 베드로가 이르되 은과 금은 내게 없거니와 내게 있는 이것을 네게 주노니 나사렛 예수 그리스도의 이름으로 일어나 걸으라 하고

내가 가진 것들이 나의 능력이 되는 것이 아니라 오직 하나님을 믿는 것이 나의 능력임을 깨닫게 하심에 감사 드립니다.
온전한 믿음으로 일어나 걸으라 하시는 말씀에 순종할 때 발에 힘을 얻고 걷고 뛰게 하시는 믿음의 역사를 경험하게 됩니다.
은, 금과 같은 헛된 것이 아니라 오직 주님께 의지하게 하소서.

기도 온전한 믿음과 하나님께 의지함으로 나의 모든 문제를 나의 방식이 아닌 하나님의 능력으로 해결하게 하시길 기도합니다.

행10:28 이르되 유대인으로서 이방인과 교제하며 가까이 하는 것이 위법인 줄은 너희도 알 거니와 하나님께서 내게 지시하사 아무도 속되다 하거나 깨끗하지 않다 하지 말라 하시기로

이방인 고넬료에게 보이시고 베드로에게도 함께 보이셔서 유대인이 이 방인과 교제하며 가까이하는 것이 위법이라 알고 있던 유대인과 베드로에게 아무도 외모로 보지 말고 속되다 하거나 깨끗하다 하지 말라고 하셨습니다. 고넬료에게 가서 예수그리스도 이름으로 성령의 세례를 베푸는 것을 보며 구원의 선택은 오로지 하나님의 사랑으로 택하신다는 것을 깨닫고 선민의식을 가지고 함부로 남을 판단하는 우를 범하지 않기를 소망합니다.

기도 주님을 모르는 사람들에게 복음을 전해야 하는 사명 받은 사람들이 복음 전하는 일에만 집중하게 성령께서 도와주시기를 기도합니다.

●● 마음에 와닿은 말씀(며느리)

행7:59-60 그들이 돌로 스데반을 치니 스데반이 부르짖어 이르되 주 예수여 내 영혼을 받으시옵소서 하고 무릎을 꿇고 크게 불러 이르되 주여 이 죄를 그들에게 돌리지 마옵소서 이 말을 하고 자니라

순교의 순간 스데반은 자신의 영혼을 부탁하는 기도와 그를 박해하는 자들의 용서를 구하는 기도를 올립니다. 죽음의 순간 두려움과 원망이 아닌 자신을 해한 자들을 위한 용서를 바라는 스데반은 두 가지 기도를 마치고 잠이 듭니다. 죽음의 순간까지 하나님의 뜻을 행하는 스데반의 눈 감는 모습이 자는 것처럼 평안해 보이는 듯합니다.

기도 담대함과 사랑을 전하는 스데반의 믿음으로 기도하며 행하는 삶이 되게 하시길 기도합니다.

●● 마음에 와닿은 말씀(시어머니)

278

행17:24-25 우주와 그 가운데 있는 만물을 지으신 하나님께서는 천지의 주재시니 손으로 지은 전에 계시지 아니하시고 또 무엇이 부족한 것처럼 사람의 손으로 섬김을 받으시는 것이 아니니 이는 만민에게 생명과 호흡과 만물을 친히 주시는 이심이라

만민에게 생명과 호흡과 만물을 친히 주시고 우리 안에 친히 함께하셔서 우리를 도우시고 인도하심을 믿습니다. 우리의 삶의 모든 것을 아시고 때에 따라 부족한 것과 연약한 것 필요한 것을 친히 아시고 연단 하시며 가르치시고 강건하게 훈련하시는 아버지의 사랑을 깨닫고 날마다 주님과 함께하여 우리의 영과 육이 더욱 강건하여지고, 주님의 기쁨이 되는 우리와 자손들이 되기를 기도합니다.

기도 주님 주시는 훈련을 잘 감당하고 승리하게 하소서. 주님 마음에 합한 지혜롭고 복된 우리와 자손들이 되기를 기도합니다.

●● 마음에 와닿은 말씀(며느리)

살전5:16-18 항상 기뻐하라 쉬지 말고 기도하라 범사에 감사하라 이것이 그리스도 예수 안에서 너희를 향하신 하나님의 뜻이니라

모든 것이 하나님의 은혜임을 깨닫고 살아가게 하소서.
깨달음을 통해 기쁨과 감사가 늘 함께하고 겸손한 마음으로 하나님께 기도로 나아가는 은혜의 삶을 누리게 하시길 소망합니다.

기도 우리를 향한 하나님의 뜻을 매일 매일 새기어 말씀에 순종하는 삶이 되게 하시길 기도합니다.

●●○ 마음에 와닿은 말씀(시어머니)

고전3:16 너희는 너희가 하나님의 성전인 것과 하나님의 성령이 너희 안에 계시는 것을 알지 못하느냐

우리 안에 성령께서 함께 계시고 성령이 우리의 육신 안에서 모든 역사를 하고 있기에 성전인 우리의 육신과 성령이 하나가 되어 이 땅에서 주님의 지체가 되어 주님의 인도하심으로 살아야 하는 것을 알지 못하느냐고 반문하십니다. 보지 못하고 깨닫지 못하고 세상의 소욕대로 살기에 자기 몸이 성전인 것과 성령의 내재하심을 망각하고 육신의 소욕대로 살고 있음을 고백하며 주의 보혈로 용서하시고 말씀으로 깨닫고 성전인 우리 육신이 성령의 인도하심으로 충만하여지기를 소망합니다.

기도 우리의 영과 육이 하나가 되고 성령이 거하는 거룩한 성전이 되어 주님께 영광 돌리며 사는 삶이 되기를 기도합니다.

●●○ 마음에 와닿은 말씀(며느리)

갈5:22-23 오직 성령의 열매는 사랑과 희락과 화평과 오래 참음과 자비와 양선과 충성과 온유와 절제니 이같은 것을 금지할 법이 없느니라

육체를 따르며 그 안의 탐심을 좇으며 말씀과는 거리가 먼 길로 나아가지 않게 하소서. 성령을 따라 행하는 삶을 통해 성령의 열매가 가득한 삶이 되길 소망합니다. 탐심을 십자가에 못 박아 성령의 열매를 사모하는 삶이 되게 하소서.

기도 성령님과 함께 행하는 삶으로 나아가게 하소서. 육체의 탐심으로 인해 성령을 거스르지 아니하도록 말씀으로 늘 깨어 있게 하시길 기도합니다.

●● 마음에 와닿은 말씀(시어머니)

280

고전10:32-33 유대인에게나 헬라인에게나 하나님의 교회에나 거치는 자가 되지 말고 나와 같이 모든 일에 모든 사람을 기쁘게 하여 자신의 유익을 구하지 아니하고 많은 사람의 유익을 구하여 그들로 구원을 받게 하라

하나님께서 만세 전에 택하시고 구원받은 우리가 해야 할 일은 아직 때가 되지 않아 복음을 받아들이지 못하고 사는 많은 이들에게 복음을 전하는 사명이 있습니다. 사회 곳곳에 같은 기독교인이라 자처하는 사람들도 자기 생각과 다르면 모두가 적이 되어 비난하며 주님의 말씀은 온데간데없이 심판하고 판단하는 것을 봅니다. 유대인의 손에 십자가에 달리신 예수님께서 유대인 헬라인 이방인의 구원을 위해 자신의 생명을 내어주셔서 많은 사람의 대속물이 되시고 그들을 구원해 주셨습니다.

기도 생명을 아끼지 않고 우리를 위해 죽어주신 예수님의 삶을 본받아 그 사랑을 전하는 전도자의 삶으로 살아갈 수 있기를 기도합니다.

●● 마음에 와닿은 말씀(며느리)

고전1:18 십자가의 도가 멸망하는 자들에게는 미련한 것이요 구원을 받는 우리에게는 하나님의 능력이라

하나님의 능력이시며 하나님의 지혜이신 십자가와 그리스도의 참뜻을 생각해 봅니다. 하나님으로부터 나와서 우리에게 지혜가 되시고, 의로움이 되시고, 거룩함이 되시며, 또한 구원을 이루신 그리스도 안에 거하여 하나님의 능력과 지혜로 살아가게 하시길 소망합니다.

기도 하나님의 능력과 지혜로 사는 삶, 그것이 내 삶의 자랑이 되길 간절히 기도합니다.

●● 마음에 와닿은 말씀(시어머니) **281**

고후11:14-15 이것은 이상한 일이 아니니라 사탄도 자기를 광명의 천사로 가장하나니 그러므로 사탄의 일꾼들도 자기를 의의 일꾼으로 가장하는 것이 또한 대단한 일이 아니니라 그들의 마지막은 그 행위대로 되리라

사탄도 자기를 광명의 천사로 가장하고 사탄의 일꾼들도 자기를 의의 일꾼으로 가장하는 것이 대단한 게 아니라고 합니다. 세상에서도 겉으로 보기에는 의로워 보이고 천사 같은 인격자로 보이는 종교인들과 정치인들이 실상은 보기와는 다르게 패역한 사람들의 행위가 드러나는 것을 보면서 영적인 일도 육적인 일도 성령의 빛 안에서 분별하여 진정 선한 목자와 선한 지도자를 분별하여 하늘의 뜻이 땅 위에서 이루어지기를 소망합니다.

기도 대통령 선거가 며칠 안 남았습니다.
성령의 인도하심으로 공의롭고 정직한 후보가 선출되어 이 나라를 인도하여 주시기를 기도합니다.

───────

●● 마음에 와닿은 말씀(며느리)

고전10:23-24 모든 것이 가하나 모든 것이 유익한 것은 아니요 모든 것이 가하나 모든 것이 덕을 세우는 것은 아니니 누구든지 자기의 유익을 구하지 말고 남의 유익을 구하라

덕을 세우고 선을 행하는 일은 형제와 이웃을 위한 일이 되리니 욕심이 넘치는 나의 유익이 남의 유익을 먼저 구하는 삶을 통해 하나님의 영광을 드러내는 귀한 삶이 되길 소망합니다. 사랑을 실천하며 가치 있게 살아가는 것이 기쁨이 되어 하나님의 은혜를 누리는 자 되게 하소서.

기도 새로운 시작을 앞두고 있습니다.
그리스도를 본받는 삶, 남의 유익을 구하며 이를 통해 기쁨과 행복을 누리는 귀한 열매가 가득하게 하시길 기도드립니다.

●● 마음에 와닿은 말씀(시어머니)

롬1:19-20 이는 하나님을 알 만한 것이 그들 속에 보임이라 하나님께서 이를 그들에게 보이셨느니라 창세로부터 그의 보이지 아니하는 것들 곧 그의 영원하신 능력과 신성이 그가 만드신 만물에 분명히 보여 알려졌나니 그러므로 그들이 핑계하지 못할지니라

하나님께서 만드신 만물에 분명히 보여 주신 그의 영원하신 능력과 신성을 보면서도 피조물을 조물주보다 더 섬기며 욕심에 끌려 사는 우리에게 예수님을 보내주셨습니다. 성령 안에서 세상을 이기고 살게 하셨지만, 육신이 연약하여 만물에서 볼 수 있는 하나님의 신성과 능력을 보지 못하고 어차피 손에 쥐어지는 것 하나도 없는 육신의 소욕으로 애쓰고 우리를 위해 공짜로 주신 모든 만물을 보면서도 누리지도 못하고 사는 인생인 것을 깨닫고 들에 핀 꽃 한 송이를 보고도, 날마다 나는 참새 한 마리에도, 그 모든 것을 운행하시는 하나님을 날마다 만날 수 있는 복을 누리며 살기를 소망합니다.

기도 각자에게 주신 분복을 감사하며 공짜로 주신 세상의 모든 아름다운 것들을 보고 누리며 사는 복된 우리와 자손들이 되기를 기도합니다.

●● 마음에 와닿은 말씀(며느리)

고후7:11 보라 하나님의 뜻대로 하게 된 이 근심이 너희로 얼마나 간절하게 하며 얼마나 변증하게 하며 얼마나 분하게 하며 얼마나 두렵게 하며 얼마나 사모하게 하며 얼마나 열심 있게 하며 얼마나 벌하게 하였는가 너희가 그 일에 대하여 일체 너희 자신의 깨끗함을 나타내었느니라

세상 근심이 아닌 하나님의 뜻대로 하는 근심을 통해 온전한 회개의 삶을 살아가길 소망합니다. 간절함으로 하나님을 경외하며 날로 새로워지는 속사람의 모습으로 뜻대로 변화하는 삶을 허락하시어 진정으로 회개하는 삶이 되게 하소서.

기도 사망의 근심이 아니라 생명의 근심으로 진정으로 회개하여 하나님의 은혜로 새롭게 하시길 기도드립니다.

●● 마음에 와닿은 말씀(시어머니)

283

롬10:2-3 내가 증언하노니 그들이 하나님께 열심이 있으나 올바른 지식을 따른 것이 아니니라 하나님의 의를 모르고 자기 의를 세우려고 힘써 하나님의 의에 복종하지 아니하였느니라

하나님께 열심이 있으나 하나님을 아는 올바른 지식을 따르는 것이 아니라 하나님의 의를 모르고 자신의 의를 따르기에 하나님 마음에 합한 모든 일에 순종하지 못하고 오히려 불순종할 수밖에 없다고 합니다.
말씀을 읽고 묵상하다 보면 하나님의 말씀보다는 사람이 만들어 놓은 법에 순종하는 것이 믿음이라고 따르고 하나님의 말씀은 오히려 무시하고 살아가고 있었던 것은 아닌지 주님께서 성령의 빛 안에서 보여 주시기를 소망합니다.

기도 성령의 빛 안에서 하나님의 마음을 바로 보고 깨달아 주님의 기쁨이 되는 우리와 자손들이 되기를 기도합니다.

●● 마음에 와닿은 말씀(며느리)

행3:16 그 이름을 믿으므로 그 이름이 너희가 보고 아는 이 사람을 성하게 하였나니 예수로 말미암아 난 믿음이 너희 모든 사람 앞에서 이같이 완전히 낫게 하였느니라

아무리 능력 있는 의원이 있다 해도 불신의 마음으로 치료를 받는다면 완치될 수 없을 것입니다. 오늘 이 말씀 속에서 베드로의 말을 듣고 나을 것이라는 확신이 있었던 것은 말씀처럼 그 이름을 믿으므로 "예수"그 이름이 병자를 일으킨 것입니다.

기도 하나님 앞에 온전한 믿음으로 육신뿐 아니라 영혼도 완벽하게 치료받을 수 있도록 인도해 주시길 기도합니다.

●● 마음에 와닿은 말씀(시어머니)

행28:26 일렀으되 이 백성에게 가서 말하기를 너희가 듣기는 들어도 도무지 깨닫지 못하며 보기는 보아도 도무지 알지 못하는도다

듣기는 들어도, 보기는 보아도, 마음이 우둔하여 깨닫지 못하여 듣고 싶은 것만 듣고, 보고 싶은 것만 보며, 자신들이 원하는 것만 기도하며, 살아가고 있는 것은 아닌지 돌아보길 원합니다.
주님께서 우리에게 원하시는 것이 무엇인지 말씀을 바로 알고 깨달아 순종하여 하늘의 뜻이 이 땅 위에 이루어지는 데 쓰임 받는 복된 우리와 자손들이 되기를 소원합니다.

기도 우리의 모든 삶이 주님의 계획안에 있음을 믿습니다.
힘들 때도 어려움을 겪고 있을 때도 모든 것이 주안에 있음을 고백하여 감사하며 살 수 있도록 기도합니다.

●● 마음에 와닿은 말씀(며느리)

행28:15 그 곳 형제들이 우리 소식을 듣고 압비오 광장과 트레이스 타베르네까지 맞으러 오니 바울이 그들을 보고 하나님께 감사하고 담대한 마음을 얻으니라

로마에 입성하기까지 수많은 고난을 넘기며 지내왔던 날들을 생각하면 몸도 마음도 지치고 힘들었겠지만, 그와 늘 동행하시는 하나님으로 인해 모든 것이 가능했음을 보게 됩니다. 자신을 향한 사랑을 보여 주는 사람들을 통해 위로받고 힘을 얻으며 하나님께 감사와 영광을 올리는 삶, 이 것이 여러 고난의 삶 가운데 나의 삶의 고백이 되길 소망합니다.

기도 역경의 시간들이 전혀 헛되지 않게 인도하시는 하나님, 이를 헤아릴 수 없는 위로와 회복과 은혜로 채워주시는 하나님을 믿으며 담대하게 나아가는 자 되게 하소서.

●● 마음에 와닿은 말씀(시어머니)

골3:12-13 그러므로 너희는 하나님이 택하사 거룩하고 사랑 받는 자처럼 긍휼과 자비와 겸손과 온유와 오래 참음을 옷 입고 누가 누구에게 불만이 있거든 서로 용납하여 피차 용서하되 주께서 너희를 용서하신 것 같이 너희도 그리하고

주님께서 우리의 모든 죄를 용서하시고 구원하시며 내 삶을 인도하심을 깨닫고 내 안에 주님의 사랑으로 긍휼과 자비와 겸손과 온유와 오래 참음을 옷 입고 성령의 충만함으로 세상을 이기며 살기를 소망합니다.

기도 사랑을 받은 만큼도 주지 못하고 조그마한 잘못도 용서하지 못하고 미워하며 원망할 때도 많습니다. 주님 내 안에 항상 함께하셔서 주님의 사랑으로 서로 용납하며 용서하며 사랑할 수 있도록 인도해 주소서.

●● 마음에 와닿은 말씀(며느리)

롬12:2 너희는 이 세대를 본받지 말고 오직 마음을 새롭게 함으로 변화를 받아 하나님의 선하시고 기뻐하시고 온전하신 뜻이 무엇인지 분별하도록 하라

무지하고 깨닫지 아니하여 하나님의 뜻을 거스르는 나의 죄를 고백합니다. 세상에 순응하는 안일한 마음이 아닌 하나님의 뜻을 깨닫고자 하는 마음을 다잡아 분별하는 믿음을 부어주시길 소망합니다.

기도 하나님 앞에 겸손한 자로 나아가 지혜를 구하고 하나님의 뜻을 분별하는 영적인 성숙을 이루게 하시길 기도합니다.

빌4:8 끝으로 형제들아 무엇에든지 참되며 무엇에든지 경건하며 무엇에든지 옳으며 무엇에든지 정결하며 무엇에든지 사랑 받을 만하며 무엇에든지 칭찬 받을 만하며 무슨 덕이 있든지 무슨 기림이 있든지 이것들을 생각하라

믿음이 있다고 하는 우리들에게 끝으로 이것들을 생각하라고 말합니다. 참되고 경건하며 옳으며 정결하며 무엇에든지 사랑받을만하며 칭찬받을 만하며 무슨 덕이 있든지 기림이 있든지 이것들을 생각하여 빛의 자녀들로 행하여 주님을 증거 하며 복음을 전하는 데 부족함이 없는 자녀로서 쓰임 받을 수 있도록 성령께서 항상 함께하시기를 소원합니다.

기도 빛의 열매는 모든 착함과 의로움과 진실함에 있다고 합니다. 빛으로 오신 예수님의 자녀로 살아가는 우리와 자손들이 될 수 있도록 도와주시기를 기도합니다.

●● 마음에 와닿은 말씀(며느리)

골3:16-17 그리스도의 말씀이 너희 속에 풍성히 거하여 모든 지혜로 피차 가르치며 권면하고 시와 찬송과 신령한 노래를 부르며 감사하는 마음으로 하나님을 찬양하고 또 무엇을 하든지 말에나 일에나 다 주 예수의 이름으로 하고 그를 힘입어 하나님 아버지께 감사하라

그리스도와 함께하는 삶, 말씀이 내 안에 거하여 말씀대로 행동하며, 하나님을 찬양하고 은혜에 감사하는 삶을 통해 온전한 믿음의 길로 나아가게 하시길 소망합니다.

기도 말씀과 찬양이 나의 삶 속에 풍성히 거하여 주님의 뜻대로, 주님께 온전히 의지하며 나아가는 자가 되게 하시길 기도합니다.

●● 마음에 와닿은 말씀(시어머니)

딤후2:23-25 어리석고 무식한 변론을 버리라 이에서 다툼이 나는 줄 앎이라 주의 종은 마땅히 다투지 아니하고 모든 사람에 대하여 온유하며 가르치기를 잘하며 참으며 거역하는 자를 온유함으로 훈계할지니 혹 하나님이 그들에게 회개함을 주사 진리를 알게 하실까 하며

주의 종은 다투지 아니하고 모든 사람에게 온유하며 또한 가르치고 참으며 죄인들을 훈계하여 회개함을 얻어 진리 안에서 구원에 이르도록 하는 사명자임에도 불구하고 역사를 주관하시는 주님의 말씀보다는 자신의 주장으로 세상을 비판하며 어리석고 무식한 변론으로 다툼을 일으키고 주님의 영광을 가리는 일들을 자주 봅니다. 경건의 모양은 있으나 경건의 능력을 부인하는 이 같은 자들에게서는 성령의 빛 안에서 분별하여 돌아서라는 주님의 음성이 들려지기를 소망합니다.

기도 주님 어리석은 자가 되어 불의한 일에 가담하지 않도록 성령님께서 도와주시기를 기도합니다.

●● 마음에 와닿은 말씀(며느리)

엡4:31-32 너희는 모든 악독과 노함과 분냄과 떠드는 것과 비방하는 것을 모든 악의와 함께 버리고 서로 친절하게 하며 불쌍히 여기며 서로 용서하기를 하나님이 그리스도 안에서 너희를 용서하심과 같이 하라

하나님께 받은 사랑에 감사하며 하나님을 본 받고자 할 때 마음의 악을 버릴 수 있으니 늘 감사합니다. 친절과 용서를 품은 사랑을 행하게 하소서. 하나님의 말씀 가운데 마음을 다스리고 선을 행하는 능력을 주시어 빛의 자녀와 같이 살아가게 하시길 소망합니다.

기도 마음의 악의로 상처를 주고 상처를 받을 때가 있습니다.
하나님의 사랑을 널리 행하는 자 되어 모두의 평강을 이루게 하시길 기도합니다.

●● 마음에 와닿은 말씀(시어머니)

288

약2:24-26 이로 보건대 사람이 행함으로 의롭다 하심을 받고 믿음으로만은 아니니라 또 이와 같이 기생 라합이 사자들을 접대하여 다른 길로 나가게 할 때에 행함으로 의롭다 하심을 받은 것이 아니냐 영혼 없는 몸이 죽은 것 같이 행함이 없는 믿음은 죽은 것이니라

라합이 정탐하러 온 사자들이 반드시 하나님과 함께하고 있다는 것을 믿고 있었지만, 그들에게 피할 길을 주지 않았다면, 행하지 않은 믿음으로 구원을 받을 수 없었듯이 믿었지만 행함이 없는 믿음은 죽은 것이라 말씀하시는 것을 명심하여 우리의 삶 가운데 살아계신 하나님을 온전히 믿고 말씀대로 행동하며 살 수 있도록 도와주시기를 소망합니다.

기도 이삭을 믿음으로 바칠 수 있는 아브라함의 믿음과 라합이 목숨을 걸고 정탐꾼들을 피할 수 있게 하는 믿음과 행함을 우리와 자손들이 함께 할 수 있도록 성령께서 도와주시기를 기도합니다.

●● 마음에 와닿은 말씀(며느리)

딤전6:6-8 그러나 자족하는 마음이 있으면 경건은 큰 이익이 되느니라 우리가 세상에 아무 것도 가지고 온 것이 없으매 또한 아무 것도 가지고 가지 못하리니 우리가 먹을 것과 입을 것이 있은즉 족한 줄로 알 것이니라

헛된 것에 나의 욕망을 품으며 더 가지려는 탐욕으로 살아갈 때 하나님의 은혜를 깨닫지 아니하며 하나님의 뜻에 반하는 죄를 범하게 됩니다. 주어진 것에 만족하며 하나님의 은혜에 감사하며 살아갈 때 하나님의 복이 가득한 삶을 누릴 줄 믿습니다.

기도 자족하는 마음으로 경건한 삶을 살아 하나님의 뜻대로 사는 것이 우리 삶의 온전한 유익이 되게 하시길 기도합니다.

●● 마음에 와닿은 말씀(시어머니)   **289**

벧후1:5-7 그러므로 너희가 더욱 힘써 너희 믿음에 덕을, 덕에 지식을, 지식에 절제를, 절제에 인내를, 인내에 경건을, 경건에 형제 우애를, 형제 우애에 사랑을 더하라

외모로 보지 않으시고 각 사람의 행위대로 심판하신다고 하시며 나그네로 있을 때 두려움으로 지내라 말씀하시며 악에서 떠나, 선을 행하고, 화평을 구하며, 믿음에 덕을, 덕에 지식을, 지식에 절제를, 절제에 인내를, 인내에 경건을, 경건에 형제 우애를, 형제 우애에 사랑을 더하라 말씀하십니다. 외식하는 바리새인들의 행위를 본받는 자가 아니라 온전히 주님의 말씀에 순종하기를 소망합니다.

기도 외식하는 거룩함이 아니라 실제 삶 안에서 하나님을 사랑하고 이웃을 사랑하여 온 율법의 마침을 이루며 살아가기를 기도합니다.

●● 마음에 와닿은 말씀(며느리)

약2:21-22 우리 조상 아브라함이 그 아들 이삭을 제단에 바칠 때에 행함으로 의롭다 하심을 받은 것이 아니냐 네가 보거니와 믿음이 그의 행함과 함께 일하고 행함으로 믿음이 온전하게 되었느니라

아브라함과 라합의 믿음, 그리고 행함을 통해 의롭다 인정받는 삶을 다시금 생각합니다. 아는 것을 실천하는 것, 깨닫는 대로 변화하는 것, 믿음대로 행하는 것 이것이 진정으로 하나님을 향한 믿음과 순종이리니 행함이 있는 믿음으로 하나님의 뜻에 합한 자로 살아가게 하시길 소망합니다.

기도 머리로만 이해하는 신앙이 아닌 가슴으로 깨닫고, 진정으로 행동하는 삶을 통해 거룩한 자, 의로운 자로 거듭나게 하시길 기도합니다.

●● 마음에 와닿은 말씀(시어머니)

히10:8-9 위에 말씀하시기를 주께서는 제사와 예물과 번제와 속죄제는 원하지도 아니하고 기뻐하지도 아니하신다 하셨고 (이는 다 율법을 따라 드리는 것이라) 그 후에 말씀하시기를 보시옵소서 내가 하나님의 뜻을 행하러 왔나이다 하셨으니 그 첫째 것을 폐하심은 둘째 것을 세우려 하심이라

하나님의 뜻을 행하려고 이 땅에 오신 예수님께서 단번에 흘린 피로서 우리가 거룩함을 얻었고 모든 율법에 따라 드리는 제사와 예물과 번제와 속죄제는 원하지도 기뻐하지도 아니하시고 오직 선을 행하고 서로 사랑하며 서로 나눠주며 하나님께서 마음에 새겨주시는 생각을 잊지 말라 하시며 이 같은 제사를 기뻐하신다고 말씀하십니다. 보이는 거룩함이 아니라 주님께서 기뻐하는 제사로 드려지는 삶을 살기를 소망합니다.

기도 하나님을 사랑하고 이웃을 사랑하며 사는 것이 율법의 완성이고 마침이라 합니다. 살아계셔서 우리에게 상 주심을 온전히 믿고 주님의 기뻐하심을 따라 순종하기를 기도합니다.

●● 마음에 와닿은 말씀(며느리)

히6:11-12 우리가 간절히 원하는 것은 너희 각 사람이 동일한 부지런함을 나타내어 끝까지 소망의 풍성함에 이르러 게으르지 아니하고 믿음과 오래 참음으로 말미암아 약속들을 기업으로 받는 자들을 본받는 자 되게 하려는 것이니라

우리를 구원하사 축복의 비를 내려주시는 하나님의 은혜를 깨닫고 쓸모 없는 풀이 아닌 유익한 채소를 가꿔나가는 삶이 되길 소망합니다. 게으른 삶의 태도를 버리고 부지런함과 믿음과 오래 참음으로 약속을 기업으로 이루는 자를 진정으로 본받아 나아가는 삶이 되게 하소서.

기도 게으름을 버리고 부지런함으로 하나님을 향한 소망을 품고 나아가 약속하신 것을 이루는 승리의 삶, 거룩한 삶이 되게 하시길 기도합니다.

●● 마음에 와닿은 말씀(시어머니)

요일3:23 그의 계명은 이것이니 곧 그 아들 예수 그리스도의 이름을 믿고 그가 우리에게
주신 계명대로 서로 사랑할 것이니라

하나님을 본 사람은 없지만, 우리가 서로 사랑하면 하나님이 우리 안에
계시고 그의 사랑이 우리 안에 온전히 이루어진다고 합니다. 부모 간에,
형제간에, 이웃 간에 서로 사랑하지 아니하는 자는 보지 못하는 하나님을
사랑할 수 없다고 합니다. 날마다 하나님을 사랑한다고 고백하는 입술이
말과 혀로만 사랑하는 사람이 아니라 진정으로 행동함과 진실함으로
사랑하며 살기를 소망합니다.

기도 입술로만 앵무새처럼 따라서 사랑한다고만 하고 살았음을 고백합니다.
성령께서 도와주셔서 주님의 사랑으로 충만하여 하나님을 사랑하며 이웃을 사랑하
며 살 수 있도록 도와주시기를 기도합니다.

●● 마음에 와닿은 말씀(며느리)

히13:15-16 그러므로 우리는 예수로 말미암아 항상 찬송의 제사를 하나님께 드리자 이
는 그 이름을 증언하는 입술의 열매니라 오직 선을 행함과 서로 나눠주기를 잊지 말라 이
같은 제사는 하나님이 기뻐하시느니라

입술에 하나님을 향한 감사와 찬송의 열매를 맺으며 선을 행함과 나눔을
실천하여 하나님이 기뻐하시는 제사, 나의 삶이 되길 소망합니다.
우리에게 무 조건적인 사랑을 주시는 하나님을 닮아 진정한 선과 나눔을
행하는 은혜의 삶이 되게 하소서.
하나님의 뜻대로 순종하며 사는 삶을 통해 하나님의 은혜를 고백하는
거룩한 삶이 되게 하소서.

기도 하나님께서 보시기에 기뻐하시는 삶을 사모하는 자로서 진정으로 중요한
삶의 방향을 잃지 않게 하시길 기도합니다.

계1:3 이 예언의 말씀을 읽는 자와 듣는 자와 그 가운데에 기록한 것을 지키는 자는 복이 있나니 때가 가까움이라

말씀을 읽고 듣고 지키는 자가 복이 있다고 합니다.

날마다 보고 듣고는 있지만 지키지 못하면서도 지키고 산다고 착각하며 하나님께서 지키라고 주신 말씀이 아니라 사람이 주는 말씀을 하나님께서 주신 말씀이라 붙들고 살아가고 있는 것은 아닌지 성령의 빛 안에서 보고 깨닫기를 소망합니다.

기도 예언의 말씀을 보고 듣기만 하는 자가 아니라 지키는 자가 되어 생명책에 영원히 기록되는 복을 누리며 사는 우리와 자손들이 되기를 기도합니다.

●● 마음에 와닿은 말씀(며느리)

요일4:20-21 누구든지 하나님을 사랑하노라 하고 그 형제를 미워하면 이는 거짓말하는 자니 보는 바 그 형제를 사랑하지 아니하는 자는 보지 못하는 바 하나님을 사랑할 수 없느니라 우리가 이 계명을 주께 받았나니 하나님을 사랑하는 자는 또한 그 형제를 사랑할지니라

우리를 사랑하는 하나님을 나 또한 사랑한다고 말하면서 정작 세상 속에서 나의 기준과 가치대로 시시때때로 변하는 사랑을 행하고 있는지 나의 모습을 돌아보며 회개합니다. 하나님을 닮은 마음으로 우리의 형제를 사랑하며 '하나님은 사랑이시다'를 증거 하는 삶이 되게 하시길 소망합니다.

기도 모든 문제를 해결할 수 있는 그 근원이 되는 사랑을 깨닫게 하시는 하나님의 뜻대로 행하는 삶을 통해 그의 사랑이 우리 안에서 온전히 이루어지길 기도합니다.

●● 마음에 와닿은 말씀(시어머니)

293

계20:12 또 내가 보니 죽은 자들이 큰 자나 작은 자나 그 보좌 앞에 서 있는데 책들이 펴 있고 또 다른 책이 펴졌으니 곧 생명책이라 죽은 자들이 자기 행위를 따라 책들에 기록된 대로 심판을 받으니

무엇이든지 속된 것이나, 가증한 일 또는 거짓말하는 자는 들어가지 못하고 어린양의 생명책에 기록된 자만 들어가 자기 행위를 따라 기록된 대로 심판을 받는다고 합니다. 세상에서도 공짜는 없다는 말이 있지만, 천국에서도 자기 행위를 따라 생명책에 기록된 대로 받는다고 하니 생명책에 선한 행위만 기록될 수 있도록 성령께서 도와주시기를 소망합니다.

기도 세상에서는 자신의 분복대로 살아가지만, 천국에서는 큰 자나 작은 자가 아니라 누구나 공평하게 생명책에 기록된 대로 받고 산다고 합니다.
생명책에 선한 일만 기록되는 삶을 살 수 있도록 성령께서 함께 도와주시기를 기도합니다.

●● 마음에 와닿은 말씀(며느리)

계3:8 볼지어다 내가 네 앞에 열린 문을 두었으되 능히 닫을 사람이 없으리라 내가 네 행위를 아노니 네가 작은 능력을 가지고서도 내 말을 지키며 내 이름을 배반하지 아니하였도다

하나님 앞에 작은 능력으로 살아가나 시험에 들지 아니하며 인내를 가지고 온전히 하나님의 말씀을 지켜 행하며 살아갈 때 열린 문이 닫히지 아니하며 하나님 성전의 기둥이 될지니 성령으로 충만하여 믿음으로 신앙을 굳건히 지키는 자가 되게 하시길 소망합니다. 하나님을 섬기며 하나님의 능력으로 살아 승리하는 삶이 되게 하소서.

기도 나의 모든 것을 아시는 하나님 앞에 믿음을 지켜나가는 삶, 온전한 신앙을 이어 나가는 삶, 하나님의 말씀을 온전히 지켜나가는 인내의 삶을 살아가게 하시길 기도합니다.

PART 7.

하나님이 선물로 주신
며느리와 함께

계22:12
보라 내가 속히 오리니
내가 줄 상이 내게 있어
각 사람에게 그가 행한 대로 갚아 주리라

계22:13
나는 알파와 오메가요
처음과 마지막이요
시작과 마침이라

294일~332일

●●● 마음에 와닿은 말씀(시어머니)

창1:29 하나님이 이르시되 내가 온 지면의 씨 맺는 모든 채소와 씨 가진 열매 맺는 모든 나무를 너희에게 주노니 너희의 먹을 거리가 되리라

우리의 먹거리를 창세 이후 지금까지 변하지 않고 씨 맺는 모든 채소와 씨 가진 열매 맺는 모든 나무를 자신들의 구미에 맞게 철에 따라 영양분을 공급하시고 채워주시는 아버지의 사랑을 날마다 몸과 마음으로 깨닫고 느끼며 감사함으로 살아가기를 소망합니다.

기도 당연히 먹고 사는 식품들이 철마다 그냥 열리고 나오는 것이 아니라, 온 지면에 씨 맺는 채소 열매들로 인류가 살아 있는 동안 주신 하나님의 사랑을 깨닫고 음식을 먹을 때마다 살아계신 하나님의 사랑을 감사하며 살 수 있도록 도와주시기를 기도합니다.

●●● 마음에 와닿은 말씀(며느리)

창1:27 하나님이 자기 형상 곧 하나님의 형상대로 사람을 창조하시되 남자와 여자를 창조하시고

하나님과 닮은 형상으로 남자와 여자를 창조하시어 서로 돕는 자로서 살아가는 삶을 통해 복을 누리게 하시는 하나님의 뜻을 생각합니다.
사랑을 바탕으로 하나님께 순종하는 삶을 통해 서로를 선으로 인도하는 거룩한 삶이 되게 하시길 소망합니다.

기도 우리 부부에게 주셨던 창세기의 첫 말씀을 다시금 생각합니다.
서로 돕는 배필로서 하나님께 순종하며 나아가는 하나님의 기쁨이 되는 자녀 삼아주시길 기도합니다.

●● 마음에 와닿은 말씀(시어머니)

295

창18:20-21 여호와께서 또 이르시되 소돔과 고모라에 대한 부르짖음이 크고 그 죄악이 심히 무거우니 내가 이제 내려가서 그 모든 행한 것이 과연 내게 들린 부르짖음과 같은지 그렇지 않은지 내가 보고 알려 하노라

소돔과 고모라의 죄악이 심히 무거워 심판하실 때도 내 귀에 들린 부르짖음과 같은지 그렇지 않은지 확인하시고 아브라함의 기도로 의인 열 명만 있어도 멸하지 아니하리라 말씀하시지만 결국은 의인 열 명도 없어 롯과 딸 둘만 살아 나오게 됩니다. 십자가의 피 흘림으로 우리의 죄를 용서하시고 구속하신 주님을 믿고 순종하며 살기를 소원합니다.

기도 민족은 민족끼리 개인은 개인끼리 영원히 이 땅에서 살 수도 없고, 가져갈 수도 없는 땅 따 먹기로 서로 죽고 죽이는 전쟁을 하며 살아가고 있는 현실인 것 같습니다. 세상의 땅을 구하지 말고 천국의 소망을 구하며 사는 지혜로운 우리와 후손들이 되기를 기도합니다.

●● 마음에 와닿은 말씀(며느리)

창13:9 네 앞에 온 땅이 있지 아니하냐 나를 떠나가라 네가 좌하면 나는 우하고 네가 우하면 나는 좌하리라

하나님의 말씀에 순종하며 나아가는 아브라함의 삶 가운데 풍요의 은혜를 주실 때 그로 인한 다툼도 함께 찾아옵니다. 주시는 은혜를 누릴 때 찾아오는 탐욕을 멀리하며 사랑의 마음과 평안의 마음으로 조카 롯과의 문제를 해결해 나갑니다. 모든 것을 하나님께 맡기며 의지하며 순종하는 믿음으로 우리의 문제를 해결하는 삶을 살아가게 하시길 소망합니다.

기도 내 안의 문제와 다른 이와의 문제 가운데 이기적인 마음을 버리고 약속을 이루시는 하나님의 뜻을 잊지 아니하며 사랑을 행하는 자 되게 하시길 기도합니다.

●● 마음에 와닿은 말씀(시어머니)

296

창28:16-17 야곱이 잠이 깨어 이르되 여호와께서 과연 여기 계시거늘 내가 알지 못하였도다 이에 두려워하여 이르되 두렵도다 이 곳이여 이것은 다름 아닌 하나님의 집이요 이는 하늘의 문이로다 하고

해가 지니 돌 하나를 가져다가 베개 삼고 누워 잠을 자며 꿈을 꿀 때 사닥다리로 하나님의 사자들이 오르락내리락하는 것을 보며 하나님께서 야곱에게 주시는 복의 말씀을 듣고 잠에서 깨어 말합니다. 하나님께서 이곳에 계신 것을 알지 못하였고 이곳이 다름 아닌 하나님의 집이요 하늘의 문이라고 고백합니다. 하나님께서는 그 어떤 장소나 공간에 거하시는 것이 아니라 우리가 어느 자리에 있던지 하나님의 집이 되시고 하늘의 문이 되어 우리에게 말씀하시고 인도하여 주실 줄을 믿습니다.

기도 돌베개 하나로 노숙하는 야곱에게 함께하시고 복을 내려주시며 가는 길을 인도하시고 예비하시는 주님께서 우리와 자손들에게도 같은 은혜 주시기를 기도합니다.

●● 마음에 와닿은 말씀(며느리)

창22:14 아브라함이 그 땅 이름을 여호와 이레라 하였으므로 오늘날까지 사람들이 이르기를 여호와의 산에서 준비되리라 하더라

이삭 대신 번제로 드린 숫양과 같이 믿음으로 결단하고 순종하는 이에게 하나님의 예비하심이 함께 할지니 여호와 이레를 믿으며 감사하며 하나님의 뜻을 온전히 좇아 행하는 삶이 되길 소망합니다.

기도 하나님의 뜻을 의심하며 머리로 이해할 때 행하는 삶이 아닌 이해할 수 없으니 인도하시는 하나님의 뜻을 겸손하게 행하는 자가 되게 하시길 기도합니다. 온전한 순종의 끝에 여호와 이레의 축복이 함께 할 줄 믿습니다.

●● 마음에 와닿은 말씀(시어머니)

297

창35:3 우리가 일어나 벧엘로 올라가자 내 환난 날에 내게 응답하시며 내가 가는 길에서 나와 함께 하신 하나님께 내가 거기서 제단을 쌓으려 하노라 하매

하나님께 약속의 말씀과 복을 받은 야곱이 20년이 지나 이제는 외삼촌 라반을 피하여 다시 형 에서에게로 가게 되었습니다. 가는 중에 하늘의 문이요 하나님의 집이라고 고백했던 벧엘에서 다시금 제단을 쌓고 야곱에서 이스라엘이라는 이름을 받게 됩니다. 모든 순간이 하나님께서 함께하심을 믿고 순종한 야곱의 믿음과 순종이 우리와도 함께하기를 소망합니다.

기도 우리와 함께하시고 인도하시고 복 주신 하나님을 온전히 믿습니다. 우리의 현재와 미래에도 늘 함께하시고 복 주시기를 기도합니다.

●● 마음에 와닿은 말씀(며느리)

창32:28 그가 이르되 네 이름을 다시는 야곱이라 부를 것이 아니요 이스라엘이라 부를 것이니 이는 네가 하나님과 및 사람들과 겨루어 이겼음이니라

에서를 피해 떠나 곤고한 삶을 살아가던 야곱이 이제 다시 가족을 찾아 돌아옵니다. 두려움으로 밤이 새도록 씨름하며 간절한 그의 기도를 통해 하나님은 발뒤꿈치를 잡은 자 '야곱'이 아니라 하나님과 겨루어 이긴 자 '이스라엘'이라는 새 이름을 주시어 새사람으로 담대하게 나아가게 하십니다. 야곱과 같이 나의 상황은 변하지 아니하였으나 나를 변화시키어 담대하게 하시는 하나님의 은혜를 깨닫고 참된 이스라엘로 거듭나게 하시길 소망합니다.

기도 나의 문제 가운데 온전히 하나님을 만나길 원합니다. 상황이 변하길 바라기보다 하나님의 뜻대로 나를 변화시키시어 새로운 이름으로, 새사람으로 거듭나는 은혜의 삶이 되길 지금, 이 순간 이곳이 나의 브니엘이 되길 기도합니다.

창37:9 요셉이 다시 꿈을 꾸고 그의 형들에게 말하여 이르되 내가 또 꿈을 꾼즉 해와 달과 열한 별이 내게 절하더이다 하니라

좋은 꿈을 꿈에도 불구하고 애굽으로 팔려 가는 고난의 시작으로 이어지는 요셉입니다. 모함으로 감옥에 가는 고난을 받지만, 그 모든 것이 하나님의 계획안에 있었음을 봅니다. 하나님께서 함께하심을 믿고 세상과 타협하지 않고 말씀에 순종하는 삶을 살아내는 요셉과 또 그를 높여 애굽의 총리에까지 이르게 하시는 하나님의 섭리를 봅니다.

기도 모든 것이 주님의 계획안에 있음을 믿고 살아가는 동안 말씀에 순종하여 참 평안과 감사를 누리며 사는 우리와 자손들이 되기를 기도합니다.

●● 마음에 와닿은 말씀(며느리)

창39:2-3 여호와께서 요셉과 함께 하시므로 그가 형통한 자가 되어 그의 주인 애굽 사람의 집에 있으니 그 주인이 여호와께서 그와 함께하심을 보며 또 여호와께서 그의 범사에 형통하게 하심을 보았더라

형제들에 의해 애굽에 노예로 팔려 간 요셉에게 불행이 시작된 것 같이 보이나 하나님이 함께 하시기에 주인을 통해 은혜를 받아 그 가정의 총무로 쓰임 받으며 범사에 형통한 자로서 여호와를 증거 하는 자로서 위기를 기회로 삼아 나아가는 삶을 살아갑니다.
함께 하시는 하나님으로 형통함의 복을 누리며 살아갑니다.

기도 나의 삶에 늘 함께하시는 하나님을 온전히 믿으며 의지하며 나아갈 때 범사에 형통함을 누릴 줄 믿습니다. 위기를 기회로, 화를 복으로 바꾸시는 하나님께 온전히 순종하며 주어진 상황과 문제를 담대하게 받아들이며 나아가는 은혜를 누리게 하시길 기도합니다.

창47:9 야곱이 바로에게 아뢰되 내 나그네 길의 세월이 백삼십 년이니이다 내 나이가 얼마 못 되니 우리 조상의 나그네 길의 연조에 미치지 못하나 험악한 세월을 보내었나이다 하고

야곱의 백 삼십 년의 나그넷길을 험악한 세월을 보냈다고 합니다. 그 모든 험악한 세월 속에서 온전히 하나님의 약속을 믿고 살아온 그가 결국에는 하나님의 예비하심과 인도하심으로 아들 요셉이 총리의 자리에 오른 것을 보게 되고 또 형제를 살리고 아버지 야곱을 통해 하나님의 언약이 성취되게 하시는 하나님, 일을 증거 하는 복의 가계를 이루어지게 되는 것을 보며, 우리와 자손들에게도 하나님께서 언약하신 약속의 자손들이 되어 주님께 영광 돌리며 살기를 소망합니다.

기도 약속의 말씀을 믿고 순종하여 야곱의 기업으로 이어지는 축복의 통로로 쓰임 받는 우리와 자손들이 되기를 기도합니다.

●● 마음에 와닿은 말씀(며느리)

창45:5 당신들이 나를 이 곳에 팔았다고 해서 근심하지 마소서 한탄하지 마소서 하나님이 생명을 구원하시려고 나를 당신들보다 먼저 보내셨나이다

형제들에게 자신을 밝히기 전 애굽 사람과 바로의 궁중에 들리던 요셉의 큰 울음소리가 미움과 원망을 모두 씻겨주어 진정으로 하나님의 뜻을 받아들이는 용서와 화합의 눈물임을 바라봅니다. 노예로 팔리움이 생명을 구원하시려 하는 하나님의 뜻임을 고백하며 용서와 사랑으로 순종하는 요셉의 말과 행동을 보며 형통한 자로서 누리는 은혜가 무엇인지 깨닫습니다.

기도 하나님의 계획하심과 인도하심을 온전히 믿으며 모든 일 앞에 하나님의 뜻을 먼저 생각하게 하소서. 마음속에 미움과 원망이 아닌 하나님의 뜻대로 생각하며 행하는 삶이 되게 하시길 기도합니다.

●● 마음에 와닿은 말씀(시어머니) **300**

욥12:23-25 민족들을 커지게도 하시고 다시 멸하기도 하시며 민족들을 널리 퍼지게도 하시고 다시 끌려가게도 하시며 만민의 우두머리들의 총명을 빼앗으시고 그들을 길 없는 거친 들에서 방황하게 하시며 빛 없이 캄캄한 데를 더듬게 하시며 취한 사람 같이 비틀거리게 하시느니라

우두머리들의 총명을 빼앗아 민족들을 커지게도 하시고 다시 멸하게도 하시는 그 모든 일을 주장하시는 아버지께서 대한민국의 우두머리와 국민들에게 지혜와 명철을 주셔서 공의로운 나라와 정의로운 국민이 하나가 되어 하늘의 뜻이 이 땅 위에 이루어지는 복된 나라와 국민들이 되기를 소망합니다.

기도 온갖 비리로 나라가 시끄럽습니다.
성령의 빛 안에서 우리의 비리와 죄악을 보게 하셔서 회개하고 용서받아 주님 기뻐하시는 나라와 국민이 되기를 기도합니다.

●● 마음에 와닿은 말씀(며느리)

욥19:25-26 내가 알기에는 나의 대속자가 살아 계시니 마침내 그가 땅 위에 서실 것이라 내 가죽이 벗김을 당한 뒤에도 내가 육체 밖에서 하나님을 보리라

가족과 친구, 자신의 종, 모두에게 외면당하는 고통의 순간에 구원에 대한 믿음, 하나님을 향한 믿음으로 나아가는 욥과 같은 오직 하나님만이 우리의 구원자임을 생각합니다. 이해할 수 없는 상황 고통 속에서도 끝까지 하나님을 향한 믿음으로 나아가는 은혜를 누리는 삶이 되길 소망합니다.

기도 나의 주어진 삶 가운데 나의 소망을 하나님께 두고 믿음의 길을 묵묵히 나아가는 자 되게 하소서.
십자가의 보혈로 죄사함 받은 은혜를 잊지 아니하며 주님의 뜻에 합당한 자로서 살아가게 하시길 기도합니다.

●● 마음에 와닿은 말씀(시어머니)

욥28:23-24 하나님이 그 길을 아시며 있는 곳을 아시나니 이는 그가 땅 끝까지 감찰하시며 온 천하를 살피시며

하나님을 경외하고 그 말씀을 항상 마음에 두고 악을 떠나 사는 것이 지혜요 명철이라 합니다. 우리가 가야 할 길을 인도 하시며 우리가 세상 어디에 있던지 끝까지 감찰하시고 살펴주시며 보호하셔서 복된 삶을 살 수 있도록 도와주심을 온전히 믿고 순종함으로 주안에서 평강을 누리며 살기를 소원합니다.

기도 나와 우리와 세상의 모든 것을 주관하시고 아시는 주님을 온전히 믿고 경외하며 주신 말씀대로 순종하는 우리와 자손들이 되어 주님께 영광 돌리며 살 수 있도록 성령께서 도와주시기를 기도합니다.

●● 마음에 와닿은 말씀(며느리)

욥27:5-6 나는 결코 너희를 옳다 하지 아니하겠고 내가 죽기 전에는 나의 온전함을 버리지 아니할 것이라 내가 내 공의를 굳게 잡고 놓지 아니하리니 내 마음이 나의 생애를 비웃지 아니하리라

고통과 고난 속에서도 낙심하지 아니하며 원망하지 아니하며 인도하시는 하나님의 뜻대로 공의를 잃지 아니하며 온전한 믿음으로 나아갈 때 나를 단련하시어 순금이 되게 하실 줄 믿습니다. 모든 것이 하나님 은혜임을 깨닫고 겸손과 순종으로 나아가는 삶이 되길 소망합니다.

기도 삶 가운데 온전히 하나님을 경외하며 악을 떠나는 삶을 사모하며 행하여 단련하시는 하나님의 뜻대로 순종하며 나아가게 하시길 기도합니다.

●● 마음에 와닿은 말씀(시어머니)

욥42:3 무지한 말로 이치를 가리는 자가 누구니이까 나는 깨닫지도 못한 일을 말하였고 스스로 알 수도 없고 헤아리기도 어려운 일을 말하였나이다

귀로 듣기만 하였던 하나님의 말씀을 이제는 눈으로 만나 직접 들으니 첫마디에 한마디도 할 말이 없으며 티끌과 재 가운데서 회개하며 그동안 모르고 한 모든 말을 거두어들이겠다고 합니다. 세상에서 일어나는 모든 일이 하나님의 계획안에서 일어나는 것을 누가 막으며 누가 고치며 누가 회복시키는지 인간의 지혜와 능력으로 하지 못하는 것을 안다고 떠드는 모든 말과 행위들을 하나님 앞에 회개하길 원합니다.
오직 주님께 물어보고 주님께서 들으시고 우리에게 알게 하셔서 세상사는 동안 빛 안에서 주님의 음성을 듣고 순종하며 살기를 소망합니다.

기도 아무것도 알지 못하고 깨닫지도 못하면서도 자신의 잣대로 알고 있다고 떠들고 마음으로 다짐하며 사는 나를 불쌍히 여기시고 주님 말씀대로 응답하며 순종할 수 있도록 성령께서 도와주시기를 기도합니다.

●● 마음에 와닿은 말씀(며느리)

욥42:5-6 내가 주께 대하여 귀로 듣기만 하였사오나 이제는 눈으로 주를 뵈옵나이다 그러므로 내가 스스로 거두어들이고 티끌과 재 가운데서 회개하나이다

자신의 의를 자랑하며 자기의 생각대로 하나님을 알고 있다고 말하는 교만을 버리고 하나님의 능력으로 사는 우리임을 깨닫고 겸손함으로 하나님 앞에 나아가 하나님을 하나님으로 바로 아는 자가 되게 하시길 소망합니다.
고통 가운데 진정으로 나의 죄를 깨닫고 회개하게 하소서.

기도 나를 버리고 하나님께 온전히 순종하는 삶, 성령의 귀와 눈을 열어 하나님을 온전히 깨닫는 삶을 살아 그 어떤 상황에도 하나님의 선한 뜻을 믿고 나아가는 자 되게 하시길 기도합니다.

시16:7-8 나를 훈계하신 여호와를 송축할지라 밤마다 내 양심이 나를 교훈하도다 내가 여호와를 항상 내 앞에 모심이여 그가 나의 오른쪽에 계시므로 내가 흔들리지 아니하리로다

말씀을 보고 묵상할 때마다 응답하셔서 깨닫는 마음을 주시고 소망을 주시는 주님께 감사하며 내 입술의 모든 말과 마음의 묵상이 항상 주님께 열납 되고 내 삶의 인도자가 되어 주셔서 주님께 영광 돌리며 아름답게 쓰임 받는 복된 우리와 자손들이 되기를 소망합니다.

기도 주님과 늘 동행하며 말씀을 듣고 보기만 하는 자가 아니라 듣고 보고 행동하는 우리와 자녀들이 되어 주님의 기쁨이 되기를 기도합니다.

●● 마음에 와닿은 말씀(며느리)

시19:14 나의 반석이시요 나의 구속자이신 여호와여 내 입의 말과 마음의 묵상이 주님 앞에 열납되기를 원하나이다

내 입의 말과 마음의 생각이 주가 보시기에 기뻐할 만한 것이 되게 하소서. 신실한 마음과 지혜의 입술로 하나님을 증거 하는 삶을 살아 하나님의 뜻을 이루어 드리는 귀한 삶이 되길 소망합니다.

기도 입술의 고백과 마음의 생각을 행동하는 삶으로 살아가게 인도해 주시고, 우리를 사랑하시는 하나님의 온전한 기쁨이 되는 삶을 누리게 하시길 기도합니다.

출7:5 내가 내 손을 애굽 위에 펴서 이스라엘 자손을 그 땅에서 인도하여 낼 때에야 애굽 사람이 나를 여호와인 줄 알리라 하시매

이스라엘 자손을 애굽 땅에서 수많은 이적과 기적으로 보여 주고 체험하게 하시는 이유가 이스라엘 백성들에게도 살아계신 하나님을 알게 하시고 애굽 사람들에게도 알게 하시려는 하나님의 계획이었던 것을 봅니다. 우리를 향한 어려운 시련과 고난 중에서 듣기만 하고 보지 못한 하나님의 살아계심을 알게 해주시고 하나님의 계획이 있음을 믿고 순종하기를 소망합니다.

기도 하나님의 계획은 모르고 오히려 어려움이 오자 원망하는 이스라엘 백성들 같이 원망하지 말고 살아계신 하나님께서 함께하심을 온전히 믿고 항상 감사하며 사는 복된 우리와 자손들이 되기를 기도합니다.

━━━━━━

● ● 마음에 와닿은 말씀(며느리)

출2:3 더 숨길 수 없게 되매 그를 위하여 갈대 상자를 가져다가 역청과 나무 진을 칠하고 아기를 거기 담아 나일 강 가 갈대 사이에 두고

아기 모세를 살리기 위해 엄마가 할 수 있는 일은 갈대 상자에 물이 새지 않도록 역청과 나무진을 바르는 일이 전부였으니 이후 모세의 삶을 온전히 하나님께 맡기며, 드리며 기도로 간구합니다. 자녀를 위한 눈물의 기도를 들으시는 하나님께 모든 것을 맡기며 나아갈 때 우리의 기도에 응답하실 줄 믿습니다.

기도 자녀를 살리는 길이 무엇인지 바로 보게 하시며, 하나님의 말씀으로 양육하게 하시며, 자녀를 위한 간절한 기도로 하나님 두 손에 우리 아이들을 맡겨드립니다. 아이들의 길을 보호하시고 인도해 주시길 간절히 기도합니다.

●● 마음에 와닿은 말씀(시어머니)

출8:15 그러나 바로가 숨을 쉴 수 있게 됨을 보았을 때에 그의 마음을 완강하게 하여 그들의 말을 듣지 아니하였으니 여호와께서 말씀하신 것과 같더라

숨을 쉴 만하고 살만하면 사람의 마음이 교만해지고 완악해져서 자신의 능력을 믿고 자만해지듯이 바로 또한 열 가지 재앙을 만날 때마다 순응하는 척하지만 완악해지는 자신의 마음을 제거하지 못하고 열 가지 재앙을 지속해서 당하는 것을 봅니다. 현시대에도 러시아 푸틴의 도발로 인한 수많은 생명이 희생되는 전쟁이 계속되고 있습니다. 푸틴의 완악한 마음을 제거하지 못하여 일어나고 있는 일들을 봅니다. 살아계신 하나님의 간섭으로 모든 전쟁이 종식되어 세계 평화가 하루빨리 오기를 기도합니다.

기도 하나님의 계획을 우리는 모르지만 지금 고난을 겪고 있는 우크라이나의 상황들이 빨리 종식되어 평화가 이루어지기를 기도합니다.

●● 마음에 와닿은 말씀(며느리)

출13:22 낮에는 구름 기둥, 밤에는 불 기둥이 백성 앞에서 떠나지 아니하니라

연약한 마음을 가진 우리의 모든 것을 아시는 하나님께서 전쟁으로 인해 나약해질 마음을 아시고 출애굽의 길 가운데 전쟁을 피해서 가까운 길이 아니라 광야의 길로 인도하시고 구름 기둥과 불기둥으로 그들을 지켜주시니 온 마음으로 하나님을 믿고 의지하며 나아가게 하시는 은혜를 주십니다.

기도 하나님의 인도하심은 구름 기둥과 불기둥으로 늘 우리와 함께하사 지켜주시는 은혜가 가득함을 봅니다. 인도하시는 그 길을 감사와 순종으로 나아가는 자 되게 하시길 기도합니다.

●● 마음에 와닿은 말씀(시어머니)

출23:22 네가 그의 목소리를 잘 청종하고 내 모든 말대로 행하면 내가 네 원수에게 원수가 되고 네 대적에게 대적이 될지라

우리가 두려워하고 염려하며 근심하는 이유는 말씀대로 청종하지도 말씀대로 행동하지 못하고 불순종하는 우리 자신 때문인 것 같습니다. 하나님의 뜻을 분별하지 못하고 내 뜻대로 사람의 말에 순종하지 않도록 성령의 빛 안에서 말씀을 청종하고 우리를 지키시고 보호하시는 주님 안에서 형통의 복을 누리며 살기를 소원합니다.

기도 내 육신의 욕망대로 살면서 알지도 깨닫지도 못하면서도 하나님을 망령되이 일컬으면서 살 때가 있습니다. 예수님의 보혈로 깨끗하게 씻겨주시고 성령의 빛 안에서 바로 알고, 보고 깨달아 주님의 기쁨이 되는 우리와 자손들이 되기를 기도합니다.

●● 마음에 와닿은 말씀(며느리)

출20:20 모세가 백성에게 이르되 두려워하지 말라 하나님이 임하심은 너희를 시험하고 너희로 경외하여 범죄하지 않게 하려 하심이니라

출애굽의 길에서 시련이 다가올 때마다 불평과 원망을 품었던 나약한 백성들은 이제 시내산의 불과 연기 진동으로 두려워합니다. 십계명을 주시어 하나님의 뜻을 따라 참된 삶을 살게 하시고 범죄 하지 않게 하시고자 하는 하나님의 크신 사랑을 생각하며 하나님에 대한 단순한 두려움이 아닌 경외함으로 하나님을 인정하고 순종하며 나아가 나를 변화하는 삶이 되게 하시길 소망합니다.

기도 하나님을 온전히 경외하는 삶을 통해 악을 멀리하고 선을 행하며 십계명을 따라 순종하는 삶으로 나아가게 하시길 기도합니다.

출32:25 모세가 본즉 백성이 방자하니 이는 아론이 그들을 방자하게 하여 원수에게 조롱거리가 되게 하였음이라

영적 지도자들이나 세상 지도자들이 세상 것이나, 영적인 것이나 방자하게 인도하여 원수의 조롱거리가 되고 하나님의 노여움을 일으키는 일들로 죄 가운데 많은 고난과 시련을 겪고 있지만 알지 못하고, 깨닫지 못하고 고치지 못하여 여전히 고난 속에서 주님의 긍휼하심을 구하며 살고 있음을 고백합니다.

기도 하나님을 만나는 귀한 시간을 사모하며 신실하게 준비하고 매일 말씀을 통해 거룩한 자로서 거듭나게 하시길 기도합니다. 믿음의 순종으로 본보기가 되는 삶으로 인도하시길 기도합니다.

●● 마음에 와닿은 말씀(며느리)

출29:38-39,42 네가 제단 위에 드릴 것은 이러하니라 매일 일 년 된 어린 양 두 마리니 한 어린 양은 아침에 드리고 한 어린 양은 저녁 때에 드릴지며.., 이는 너희가 대대로 여호와 앞 회막 문에서 늘 드릴 번제라 내가 거기서 너희와 만나고 네게 말하리라

매일 아침, 저녁으로 드리는 번제를 통해 하나님을 만나고 말씀을 통해 거룩한 회막을 유지하게 하시는 하나님의 복이 우리의 삶에 매일 함께하길 소망합니다. 하루의 시작과 끝, 하나님의 말씀을 통해 깨닫고 시작하는 하루, 말씀으로 나를 돌아보며 정리하는 하루를 통해 말씀이 온전히 우리에게 거하게 하시고 나의 예배가 믿음의 본보기가 되어 대대로 전해지는 은혜를 누리게 하시길 소망합니다.

기도 하나님을 만나는 귀한 시간을 사모하며 신실하게 준비하고 매일 말씀을 통해 거룩한 자로서 거듭나게 하시길 기도합니다. 믿음의 순종으로 본보기가 되는 삶으로 인도하시길 기도합니다.

●● 마음에 와닿은 말씀(시어머니)

출32:32-33 그러나 이제 그들의 죄를 사하시옵소서 그렇지 아니하시오면 원하건대 주께서 기록하신 책에서 내 이름을 지워 버려 주옵소서 여호와께서 모세에게 이르시되 누구든지 내게 범죄하면 내가 내 책에서 그를 지워 버리리라

자신이 저지른 죄가 아님에도 불구하고 백성들의 죄를 용서하시고 그렇지 않다면 기록한 책에서 자기의 이름을 지워 달라고 말하는 모세를 봅니다. 자신들이 지은 죄도 오히려 남에게 전가하며 모함하는 지도자들과 비교가 되며 모세와 같이 하나님 언약의 말씀을 통하여 백성들을 위해 자신의 모든 것을 내어놓고 헌신하는 지도자들이 배출되기를 원합니다. 우리나라가 공의와 정의가 살아있는 복된 나라와 백성들이 되기를 소망합니다.

기도 우리 죄를 십자가의 보혈로 대속하신 주님의 사랑을 날마다 감사하며 주신 말씀에 순종하며 살 수 있도록 도와주시기를 기도합니다.

●● 마음에 와닿은 말씀(며느리)

출39:43 모세가 그 마친 모든 것을 본즉 여호와께서 명령하신 대로 되었으므로 모세가 그들에게 축복하였더라

여호와께서 명령하신 대로 다 행하여 성막의 모든 역사를 마치매 기쁨과 축복이 가득합니다. 우리의 삶 가운데 매일의 삶이 하나님의 명대로 성막의 역사를 만들어가는 순종으로 '하나님께서 명하신 대로 살았다'고백하며 이것이 축복이고 행복임을 증거 하는 삶이 되길 소망합니다.

기도 어떻게 살아야 할지 무엇을 할지 고민하고 염려하기보다 말씀을 통해 깨닫고 온전히 행하며 매일 믿음의 성막을 만들어가는 삶에 집중하게 하시고 기도하게 하시길 기도합니다.

레5:17-18 만일 누구든지 여호와의 계명 중 하나를 부지중에 범하여도 허물이라 벌을 당할 것이니 그는 네가 지정한 가치대로 양 떼 중 흠 없는 숫양을 속건제물로 제사장에게로 가져갈 것이요 제사장은 그가 부지중에 범죄한 허물을 위하여 속죄한즉 그가 사함을 받으리라

속죄받고 사함을 받는 일들은 우리의 죄를 십자가의 보혈로 대속하시고 우리를 하나님과 화평케 하고 구원하시는 것입니다. 그 어떤 번제나 제물이 아닌 우리 안에 성령을 주시고 하나님 말씀에 우리의 순종을 원하시는 주님의 사랑에 보답하며 사는 우리와 자손들이 되기를 소망합니다.

기도 형식이 아닌 새로운 법, 주님의 계명을 잘 순종하여 하나님을 경외하고 이웃을 사랑하는 온 율법의 완성이라는 말씀대로 순종할 수 있도록 성령님 도와주시기를 기도합니다.

●● 마음에 와닿은 말씀(며느리)

레4:22-23,26 만일 족장이 그의 하나님 여호와의 계명 중 하나라도 부지중에 범하여 허물이 있었는데 그가 범한 죄를 누가 그에게 깨우쳐 주면 그는 흠 없는 숫염소를 예물로 가져다가..,그 모든 기름은 화목제 제물의 기름 같이 제단 위에서 불사르지니 이같이 제사장이 그 범한 죄에 대하여 그를 위하여 속죄한즉 그가 사함을 얻으리라

온전한 죄 사함은 온전한 회개를 통해 이루어짐을 깨닫습니다. 높은 자리에 올라 또는 자신의 자리에서 눈과 귀를 닫고 자기의 뜻대로 사는 삶이 아니라 다른 이가 말하는 자신의 허물을 바로 보고 인정하며 하나님 앞에 겸손한 마음으로 나아가 진정으로 회개할 때 속죄 제물의 기름이 모두 불타 없어지는 것처럼 우리도 온전히 죄 사함을 받아 하나님의 뜻에 합당한 자로 세워지기를 믿습니다.

기도 나의 죄를 겸허히 깨닫고 온전히 회개할 때 하나님께서 품으시고 거듭나게 하실 줄 믿습니다. 진정한 회개의 속죄를 드리는 삶이 되길 기도합니다.

●● 마음에 와닿은 말씀(시어머니)

310

레11:45 나는 너희의 하나님이 되려고 너희를 애굽 땅에서 인도하여 낸 여호와라 내가 거룩하니 너희도 거룩할지어다

세상 살면서 하나님의 뜻이 진정 무엇인지 분별하지 못하여 사람들 말에 현혹될 때가 있습니다. 거룩하지 못한 말과 행동하는 자칭 선지자라 하는 사람에게 현혹되어 각자가 느끼는 대로 순종이라 생각하며 따라가는 사람들도 있습니다. 순종이라 생각했던 것들이 오히려 불순종으로 하나님의 뜻이 아니라 육신의 생각대로 주님의 영광을 가리는 세상의 비웃음거리가 되어 버리는 경우가 있습니다. 우리의 하나님이 되시려고 우리를 구원하신 하나님이 내가 거룩하니 너희도 거룩 하라 하신 말씀대로 순종하는 거룩한 우리와 자손들이 되기를 소망합니다

기도 우리의 마음의 묵상과 입술이 항상 거룩할 수 있도록 성령께서 지켜주시고 인도하시기를 기도합니다.

●● 마음에 와닿은 말씀(며느리)

레10:10-11 그리하여야 너희가 거룩하고 속된 것을 분별하며 부정하고 정한 것을 분별하고 또 나 여호와가 모세를 통하여 모든 규례를 이스라엘 자손에게 가르치리라

여호와께서 명하신 모든 일을 준행함으로써 거룩한 자로 사명을 다할 수 있을지니 포도주와 독주와 같은 부정한 것을 멀리하고 성령으로 선악을 분별하며 하나님의 뜻을 온전히 전하는 전도자의 삶을 살아가게 하시길 소망합니다.

기도 세상의 유혹과 탐욕을 멀리하여 거룩함을 좇아 하나님의 뜻에 합당한 자로서 하나님의 일을 행하는 거룩한 삶을 살아가게 하시길 기도합니다.

민6:24-26 여호와는 네게 복을 주시고 너를 지키시기를 원하며 여호와는 그의 얼굴을 네게 비추사 은혜 베푸시기를 원하며 여호와는 그 얼굴을 네게로 향하여 드사 평강 주시기를 원하노라 할지니라 하라

항상 손자들 돌잔치에서 부른 찬양이 민수기 6장24~26절 우리에게 주신 축복의 말씀으로 찬양을 불렀습니다. 우리와 우리 자손들이 주님의 말씀에 순종하여 하나님께서 주시는 축복의 말씀이 항상 함께하기를 소망합니다.

기도 우리의 그릇이 항상 준비되어 주시는 복을 받아 누리며 복의 통로로 쓰임 받는 우리와 자손들이 되기를 기도합니다.

●●● 마음에 와닿은 말씀(며느리)

민6:24-26 여호와는 네게 복을 주시고 너를 지키시기를 원하며 여호와는 그의 얼굴을 네게 비추사 은혜 베푸시기를 원하며 여호와는 그 얼굴을 네게로 향하여 드사 평강 주시기를 원하노라 할지니라 하라

하나님은 제사장들에게 이스라엘 백성을 축복하라는 명을 내리십니다. 내 맘 같지 않은 사람의 마음과 반응에 지치지 아니하며 포기하지 아니하며 악으로 갚지 아니하며 하나님께서 말씀하신 축복을 전하는 사명을 온전히 다할 수 있게 하시길 소망합니다.

기도 우리를 향하여 복 주시고, 은혜를 주시며, 평강을 주시는 하나님의 약속을 잊지 않고 말씀 대로 행하는 삶이 되길 기도합니다.

●● 마음에 와닿은 말씀(시어머니)   **312**

민14:28 그들에게 이르기를 여호와의 말씀에 내 삶을 두고 맹세하노라 너희 말이 내 귀
에 들린 대로 내가 너희에게 행하리니

너희 말이 내 귀에 들린 대로 행하신다고 합니다. 우리를 기뻐하시면
무엇이든지 구하는 대로 주신다고 하시지만, 믿지 못하고 기뻐하시는 대
로 살지 못하여 받지 못하고 사는 것은 아닌지 성령의 빛 안에서 깨닫
고 주님 약속의 말씀을 온전히 믿고 순종하여 주님께서 우리의 묵상과
기도가 들리는 대로 응답 되어 항상 감사가 넘치는 삶이 되기를 소망합
니다.

기도 전에는 가끔 아픈척 거짓말을 할 때가 있었습니다. 그러나 지금은 진짜 아
플 것 같아 함부로 거짓말을 안 하려고 합니다. 말씀이 나를 붙잡아 주시기를 간절
히 기도 드립니다.

───────────

●● 마음에 와닿은 말씀(며느리)

민9:22-23 이틀이든지 한 달이든지 일 년이든지 구름이 성막 위에 머물러 있을 동안에
는 이스라엘 자손이 진영에 머물고 행진하지 아니하다가 떠오르면 행진하였으니 곧 그들
이 여호와의 명령을 따라 진을 치며 여호와의 명령을 따라 행진하고 또 모세를 통하여 이
르신 여호와의 명령을 따라 여호와의 직임을 지켰더라

성막을 세운 날에 구름이 성막을 덮었으니 하나님 구름이 광야의 길을
인도합니다. 험난한 광야의 길로 나가는 동안 내 뜻과 내 생각을 버리고
하나님의 말씀과 같은 구름을 보며 온전히 순종하며 나아가길 소망합니
다. 성령이 늘 함께하사 인도하심대로 나아가는 복을 누리게 하소서.

기도 광야를 빨리 벗어나고 싶어 내 생각, 내 계획대로 살아가다 멈춰있는 모든
시간에도 하나님의 뜻이 있음을 생각하며 모든 것을 맡기고 살아가게 하소서.

●● **마음에 와닿은 말씀(시어머니)**

민30:2-3 사람이 여호와께 서원하였거나 결심하고 서약하였으면 깨뜨리지 말고 그가 입으로 말한 대로 다 이행할 것이니라 또 여자가 만일 어려서 그 아버지 집에 있을 때에 여호와께 서원한 일이나 스스로 결심하려고 한 일이 있다고 하자

하나님의 일이든 사람이 이 땅에서 행하는 모든 일 중에서 서원하거나 스스로 서약한 일일지라도 어려서는 부모에게, 성장하여서는 남편에게 말하지 않고 허락받지 아니한 일은 무효하게 할 수 있다고 합니다. 중요한 서약이나 서원을 할 때 그 약속을 입으로 말한 대로 이행하여야 하겠지만 중요한 것은 그 일로 부모를 노엽게 하거나 가정에 분란을 만들지 않도록 부모나 남편에게 허락을 받고 하라는 하나님께서 우리를 향한 사랑이며 배려하신 말씀 같습니다.

기도 섣불리 서원 하거나 서약하는 일로 마음에 짐이 되지 않토록 신중하게 부모와 남편과 서로 마음을 같이 한후에 서원하여 그 서원을 지킬 수 있기를 기도합니다.

●● **마음에 와닿은 말씀(며느리)**

민14:9 다만 여호와를 거역하지는 말라 또 그 땅 백성을 두려워하지 말라 그들은 우리의 먹이라 그들의 보호자는 그들에게서 떠났고 여호와는 우리와 함께 하시느니라 그들을 두려워하지 말라 하나

가나안 땅을 정탐하고 온 사람들이 그곳의 사람들을 보며 가나안 정복을 포기하려 하나 오직 여호수아와 갈렙만이 하나님이 함께하시기에 그들을 두려워하지 말며 나아가자고 주장합니다. 세상적인 것을 바라보며, 다수가 말하는 의견을 좇아 하나님의 행하심을 경험하고도 시시때때로 두려움에 휩싸여 하나님께 불순종하는 죄를 범하지 않게 하소서. 믿음으로 온전히 말씀에 청종하여 담대하게 나아가는 자가 되게 하시길 소망합니다.

기도 믿음대로 응답하시는 하나님을 바라보며 우리 앞에 놓인 문제를 나의 능력이 아닌 하나님의 능력으로 해결 해 주실 것을 믿으며 나아갑니다. 인도해 주소서.

●● 마음에 와닿은 말씀(시어머니) **314**

수1:3 내가 모세에게 말한 바와 같이 너희 발바닥으로 밟는 곳은 모두 내가 너희에게 주었노니

우리에게 주신 말씀을 입에서 떠나지 말고 주야로 묵상하며 순종하면 복이 된다고 누누이 말씀하시지만 듣고 보고 알고는 있지만, 마음은 원이로되 육신이 연약하여 따르지 못하고 살고 있습니다. 너희의 발바닥으로 밟는 곳은 모두 내가 너희에게 주신다는 약속을 하셨지만, 발바닥으로 밟지도 않고 노력도 하지 않으면서도 저 산지를 내게 주소서 하는 마음으로 살아가고 있는 것은 아닌지 성령께서 보게 하시고 깨닫게 하셔서 내 손으로 구하여 내 발로 밟는 곳마다 차지할 수 있도록 약속의 말씀을 듣고 순종하여 성취할 수 있도록 도와주시기를 소망합니다.

기도 내 마음의 모든 묵상과 소원을 아시는 주님께서 각자에게 주신 사명을 온전히 이루며 살 수 있도록 성령께서 인도하시기를 기도합니다.

●● 마음에 와닿은 말씀(며느리)

수1:9 내가 네게 명령한 것이 아니냐 강하고 담대하라 두려워하지 말며 놀라지 말라 네가 어디로 가든지 네 하나님 여호와가 너와 함께 하느니라 하시니라

의지하고 따르던 모세 없이 이제 홀로 이스라엘을 이끌어 가야 하는 여호수아의 불안과 두려움을 생각해 봅니다. 하지만 어디로 가든지 우리와 함께하신다는 하나님의 말씀을 확신할 때 강하고 담대한 마음으로 새로운 일, 문제를 해결할 줄 믿습니다. 하나님 안에서 승리하는 삶과 기쁨과 축복을 누릴 수 있게 하소서.

기도 우리를 인도하시는 하나님 감사합니다. 두려움이 앞설 때 어디로 가든지 너와 함께하리라 하는 하나님을 굳건히 믿으며 두려움을 이기고 담대하게 나아가는 믿음의 승리자 되게 하시길 기도합니다.

338

룻2:3 룻이 가서 베는 자를 따라 밭에서 이삭을 줍는데 우연히 엘리멜렉의 친족 보아스에게 속한 밭에 이르렀더라

남편도 죽고 살길이 막막한 중에서도 아무것도 없는 나오미를 따라 어머니가 믿는 하나님을 나도 믿겠다고 따라나선 룻에게 우연한 선택이 아니라 하나님의 인도하심으로 보아스 밭에 이르게 되어 다윗의 할머니가 되는 가문의 영광이 되는 복을 누리게 되는 것을 봅니다. "남편이 죽은 후로 시어머니에게 행한 것과 부모와 고국을 떠나 하나님의 날개 아래 보호받으러 온 네게 상을 주리라"는 보아스의 축복의 말을 듣는 룻에게 우연한 선택으로 복을 받는 것이 아니라 그녀의 삶이 하나님을 기쁘시게 하는 삶이었기에 복을 받은 줄을 믿습니다. 우리와 자손들도 하나님을 기쁘시게 하는 삶을 살아 만남의 복을 받아 믿음의 명문 가문이 되기를 소망합니다.

기도 룻의 진실한 마음과 행위가 하나님을 기쁘시게 하여 받는 축복을 우리와 자손들도 받을 수 있도록 성령께서 도와주시고 인도하시기를 기도합니다.

●● 마음에 와닿은 말씀(며느리)

룻1:16 룻이 이르되 내게 어머니를 떠나며 어머니를 따르지 말고 돌아가라 강권하지 마옵소서 어머니께서 가시는 곳에 나도 가고 어머니께서 머무시는 곳에서 나도 머물겠나이다 어머니의 백성이 나의 백성이 되고 어머니의 하나님이 나의 하나님이 되시리니

룻은 어머니를 통해 하나님을 만나는 축복을 누리게 됩니다. 어머니를 보며 하나님을 알아가고 하나님의 뜻을 깨닫고 은혜에 감사하며 살아가는 룻의 모습으로 나의 삶을 생각하게 합니다.

기도 축복의 통로가 되어 주시는 어머니께 감사하며 하나님을 향한 믿음 뿌리가 대대로 전해지는 귀한 삶이 되길 기도합니다.

●● 마음에 와닿은 말씀(시어머니)

삼상24:19 사람이 그의 원수를 만나면 그를 평안히 가게 하겠느냐 네가 오늘 내게 행한 일로 말미암아 여호와께서 네게 선으로 갚으시기를 원하노라

네가 오늘 행한 일로 네게 선으로 갚으시기를 원한다는 말씀을 보며 어느 때 어디서든지 우리의 행한 일로 악한 일은 악한 것으로, 선한 것은 선한 일로 갚으시는 하나님 앞에서 항상 선한 일과 좋은 일로 하나님 보시기에 좋았더라 라는 말씀이 우리와 자손들에게 임하는 복 받기를 소원합니다.

기도 주님 오늘 하루, 나의 모든 것을 보시고 아시는 주님 앞에 나의 입술이 나의 행위가 선한 일로 충만한 하루하루가 되기를 기도합니다.

●● 마음에 와닿은 말씀(며느리)

삼상24:5-6 그리 한 후에 사울의 옷자락 벰으로 말미암아 다윗의 마음이 찔려 자기 사람들에게 이르되 내가 손을 들어 여호와의 기름 부음을 받은 내 주를 치는 것은 여호와께서 금하시는 것이니 그는 여호와의 기름 부음을 받은 자가 됨이니라 하고

자신을 해하고자 했던 사울에게 복수하기보다 여호와의 기름 부음을 받은 자를, 선대 하며 모든 일에 재판장이 되어 주실 하나님께서 자신의 억울함을 풀어 주실 줄 믿는 다윗의 믿음을 봅니다. 사울의 옷을 벤 것으로도 마음에 찔려 하나님의 뜻을 생각하며 범죄 하지 아니하려는 다윗의 믿음처럼 온전히 하나님께 맡기고 의지하는 자가 되길 소망합니다.

기도 악을 악으로 갚기보다 모든 것을 행한 대로 갚으시는 우리의 재판장 되시는 하나님께 맡기며 살아가게 하시길 기도합니다.

●● 마음에 와닿은 말씀(시어머니) **317**

삼하8:15 다윗이 온 이스라엘을 다스려 다윗이 모든 백성에게 정의와 공의를 행할새

대통령이 새로 선출되었습니다.
대한민국의 모든 지도자와 국민이 하나가 되어 정의와 공의를 행하며
하늘의 뜻이 이 땅 위에서 이루어지는 나라로 부강해지며 전쟁으로 통
일이 되는 것이 아닌 하나님의 도우심으로 평화로운 통일을 이룰 수 있
게 인도해 주시길 원합니다. 대한민국을 통하여 복음이 땅끝까지 전해
질 수 있고 하나님께 영광 돌릴 수 있는 나라로 쓰임 받을 수 있기를 소
망합니다.

기도 하나님께서 우리에게 주신 말씀대로 순종하여 공의와 정의가 살아있는 대
한민국의 지도자들과 국민들이 될 수 있도록 도와주시기를 기도합니다.

●● 마음에 와닿은 말씀(며느리)

삼하5:10 만군의 하나님 여호와께서 함께 계시니 다윗이 점점 강성하여 가니라

왕으로 세워주심에 겸손함으로 나아가 하나님의 뜻을 구하고 명령대로
행하는 다윗에게 늘 하나님이 함께하시니 승리의 길로 나아갑니다.
하나님께서 우리와 함께하심이 복이며 늘 감사하는 마음으로 믿고 나아
가길 소망합니다.

기도 나의 마음을 정결하게 하여 순종하는 삶을 통해 하나님과 동행하는 복을 누
리길 기도합니다.

●●○ **마음에 와닿은 말씀(시어머니)**

시66:18-19 내가 나의 마음에 죄악을 품었더라면 주께서 듣지 아니하시리라 그러나 하나님이 실로 들으셨음이여 내 기도 소리에 귀를 기울이셨도다

우리의 일거수일투족의 모든 것을 아시는 주님, 마음속에 있는 죄악을 모두 주님의 보혈로 씻어 주시고 우리의 작은 신음에도 응답하시는 주님과 날마다 교통하며 동행하는 복된 우리와 자손들이 되기를 소망합니다.

기도 작은 신음에도 나를 아시고 보시는 주님께서 깨닫게 하시고 지혜를 주셔서 이 세상사는 동안 보시기에 좋았더라 칭찬 듣는 복된 우리와 자손들의 삶이 되기를 기도합니다.

●●○ **마음에 와닿은 말씀(며느리)**

시59:16-17 나는 주의 힘을 노래하며 아침에 주의 인자하심을 높이 부르오리니 주는 나의 요새이시며 나의 환난 날에 피난처심이니이다 나의 힘이시여 내가 주께 찬송하오리니 하나님은 나의 요새이시며 나를 긍휼히 여기시는 하나님이심이니이다

나의 힘, 나의 요새, 나의 피난처 되시는 하나님께 감사하며 찬양하는 삶이 되게 하소서. 주의 힘을 노래하는 아침으로 하루를, 주의 힘을 묵상하는 하루로 하나님의 힘으로 살아가게 하시길 소망합니다.

기도 말씀을 통해 힘을 주시고 위로를 주시고 깨닫게 하시는 하나님의 은혜에 감사하며 살아가게 하시길 기도합니다.

●● 마음에 와닿은 말씀(시어머니)

왕상8:36 주는 하늘에서 들으사 주의 종들과 주의 백성 이스라엘의 죄를 사하시고 그들이 마땅히 행할 선한 길을 가르쳐 주시오며 주의 백성에게 기업으로 주신 주의 땅에 비를 내리시옵소서

무슨 재앙이 오던지 무슨 질병이 있든지 어떠한 어려운 일이 있을지라도 자기의 마음에 재앙을 깨닫고 성전을 향하여 기도나 무슨 간구를 하든지 하늘에서 들으시고 사하여 주시고 우리의 일들을 돌아보아 마땅히 행할 선한 길을 가르쳐 달라는 솔로몬의 기도를 기억합니다. 솔로몬처럼 우리의 어려운 형편과 사정을 다 아시는 주님께 고백하며 우리의 죄를 사하여 주시고 선한 길로 인도하시며 돌보시는 주님의 응답을 믿고 마음에 평강을 누리며 살기를 소망합니다.

기도 마음은 원이로되 육신이 연약하여 육신의 소욕대로 사는 불쌍한 우리를 용서하시고 깨닫게 도와주셔서 주님이 기뻐하시는 기도와 간구로 모든 것을 응답하시며 도우시는 주님을 믿고 온전한 평강을 누리며 사는 우리와 자손들이 되기를 기도합니다.

●● 마음에 와닿은 말씀(며느리)

왕상8:29 주께서 전에 말씀하시기를 내 이름이 거기 있으리라 하신 곳 이 성전을 향하여 주의 눈이 주야로 보시오며 주의 종이 이 곳을 향하여 비는 기도를 들으시옵소서

희로애락의 삶 가운데 '이 성전을 향하여'드리는 기도처럼 오직 하나님을 바라보며 하나님을 향한 삶을 통해 우리의 문제를 해결하고 평안의 길로 나아가길 소망합니다. 우리의 간구를 들으시는 하나님께 순종하며 온 마음으로 의지하며 나아가게 하소서.

기도 하나님을 향한 우리의 마음을 보시고 인도하심에 감사하며, 모든 문제 앞에 먼저 하나님의 뜻을 구하고 온전히 의지하는 삶을 살아가게 하시길 기도합니다.

●● 마음에 와닿은 말씀(시어머니) 320

잠24:24-25 악인에게 네가 옳다 하는 자는 백성에게 저주를 받을 것이요 국민에게 미움을 받으려니와 오직 그를 견책하는 자는 기쁨을 얻을 것이요 또 좋은 복을 받으리라

하나님 앞에서나 사람 앞에서 잘못했을 때 자신의 잘못을 진정으로 회개하고 자백하면 용서받을 수 있음에도 불구하고 끝까지 숨기며 자신의 옳다함을 주장하는 자는 백성에게 저주를 받고 국민에게 미움을 받지만 잘못된 것을 잘못했다고 견책하는 자는 기쁨을 얻고 복을 받는다고 합니다.

현시대에도 잘못된 것을 잘못됐다고 견책하던 사람은 대통령이 되고 장관이 되며 끝까지 옳다 하던 자들은 백성에게 저주를 받으며 국민들에게 미움받는 것을 보며 우리의 모든 것을 보시고 아시는 주님께 회개하며 고백하여 기쁨을 얻고 복을 받는 우리와 자손들이 되기를 소원합니다.

기도 주님께서 주신 지혜로 분별력을 주셔서 악을 악하다, 선을 선하다 담대하게 말할 수 있는 지혜를 주시기를 기도합니다.

●● 마음에 와닿은 말씀(며느리)

잠16:1 마음의 경영은 사람에게 있어도 말의 응답은 여호와께로부터 나오느니라/ 9.사람이 마음으로 자기의 길을 계획할지라도 그의 걸음을 인도하시는 이는 여호와시니라/ 잠19:21 사람의 마음에는 많은 계획이 있어도 오직 여호와의 뜻만이 완전히 서리라

우리의 인생의 모든 계획과 경영 안에 하나님께서 함께하시니 가장 선한 길로 인도하실 줄 믿으며 모든 것을 하나님께 맡기고 순종하며 나아가길 소망합니다. 성령의 의로운 뜻대로 우리의 삶을 인도하시어 귀한 열매 맺는 삶이 되게 하소서.

기도 인생의 수많은 선택 앞에 우리를 인도하시는 하나님을 온전히 의지하며 주의 뜻에 순종하며 나아가게 하시길 기도합니다.

●● 마음에 와닿은 말씀(시어머니)

잠31:30-31 고운 것도 거짓되고 아름다운 것도 헛되나 오직 여호와를 경외하는 여자는 칭찬을 받을 것이라 그 손의 열매가 그에게로 돌아갈 것이요 그 행한 일로 말미암아 성문에서 칭찬을 받으리라

사람의 얼굴을 보면 그 사람이 어떠한 삶을 살아왔는지가 보인다고 합니다. 고운 것도 아름다운 것도 나이가 들면 다 헛되고 거짓되게 되지만 하나님을 경외하고 그 말씀을 순종하고 살아온 여인들에게는 그동안 그들이 손으로 수고한 풍성한 열매들로 인하여 성문에서 칭찬을 받는다고 합니다. 눈에 보여 지는 아름다움이 아니라 손으로 행한 좋은 열매로 칭찬받을 수 있는 여인들이 되기를 소망합니다.

기도 내면의 풍성한 아름다움이 아니라 보이는 육신의 겉모습만 가꾸고 살아가고 있는 우리를 불쌍히 여겨주시고 주님 주신 말씀으로 나를 채우고 풍성하게 하셔서 보이는 열매마다 주님의 영광을 드러내며 살기를 기도합니다.

●● 마음에 와닿은 말씀(며느리)

잠31:30-31 고운 것도 거짓되고 아름다운 것도 헛되나 오직 여호와를 경외하는 여자는 칭찬을 받을 것이라 그 손의 열매가 그에게로 돌아갈 것이요 그 행한 일로 말미암아 성문에서 칭찬을 받으리라

우리 삶의 참 진리를 사모하며 구하며 살아가길 소망합니다. 겉 사람의 아름다움보다 속사람의 아름다움을 위해 오직 여호와를 경외하며 가정과 이웃에 선한 영향력을 끼치는 삶을 살아 하나님의 뜻을 증거 하는 자가 되게 하시길 소망합니다.

기도 인생의 우선순위를 바로 세우게 하시어 스스로 늘 경계하여 현숙한 삶을 살아갈 수 있도록 성령의 인도하심이 삶 가운데 가득하길 기도합니다.

왕상22:23 이제 여호와께서 거짓말하는 영을 왕의 이 모든 선지자의 입에 넣으셨고 또 여호와께서 왕에 대하여 화를 말씀하셨나이다

거짓말하는 영을 선지자의 입에 넣어 아합을 꾀어 흉한 것만 예언한다고 싫어하는 미가야의 말을 무시하고 항상 길한 것만 예언하는 선지자들의 말을 듣고 올라가지 말라고 한 라못에 올라가 죽는 아합을 봅니다. 듣기 좋은 말만 듣고 듣기 싫어하는 말은 듣지 않고 분별하지 못해 어려운 일들을 당하지 않도록 도와주시기를 소망합니다.

어떤 사람이 코로나에 걸리고 격리기간이 끝났고, 다 낫지 않았지만, 기침을 하는 중에 새벽 예배에 가고 싶어 기도했다고 합니다. 기도 중에 담대 하라는 말씀을 듣고 예배에 참석하였다고 합니다. 하나님의 음성을 내 방식대로 잘못 듣고 혹시라도 누군가에게 해를 끼친다면 올바른 일이 아닐 수도 있습니다.

기도 항상 성령의 빛 안에서 분별하여 행할 수 있도록 기도합니다.

● ● 마음에 와닿은 말씀(며느리)

왕상21:25 예로부터 아합과 같이 그 자신을 팔아 여호와 앞에서 악을 행한 자가 없음은 그를 그의 아내 이세벨이 충동하였음이라

악을 행하는 자와 악을 부추기는 자로서 패망하는 삶이 아닌 악을 바로 잡고 선함을 전하고 함께 행하며 서로 도와주는 관계의 삶을 살아가게 하시길 소망합니다. 누군가에게 살며시 스며드는 나의 삶의 태도, 삶의 습관을 바로 세울 수 있도록 하나님의 인도하심이 늘 가득하게 하소서.

기도 하나님의 뜻대로 선을 향하여 나아가며 서로 돕는 삶이 되길, 하나님께 순종하며 나아가는 축복의 통로가 되게 하시길 기도합니다.

●● 마음에 와닿은 말씀(시어머니)

왕하5:7 이스라엘 왕이 그 글을 읽고 자기 옷을 찢으며 이르되 내가 사람을 죽이고 살리는 하나님이냐 그가 어찌하여 사람을 내게 보내 그의 나병을 고치라 하느냐 너희는 깊이 생각하고 저 왕이 틈을 타서 나와 더불어 시비하려 함인줄 알라 하니라

이방 나라에서 나아만의 아내에게 수종 들던 어린 소녀도 엘리사의 능력을 알고 주인의 병으로 인하여 안타까운 마음으로 아람왕도 믿고 친서를 써주어 나아만을 이스라엘 왕에게 보내지만 어린 소녀도 아는 하나님의 권능을 이스라엘 왕일지라도 깨닫지 못하고, 보지 못하는 사람에게는 그 어떤 기적도 권능도 체험할 수가 없는 것 같습니다.

기도 살아계신 주님을 믿지 못하면 세상 사는 것이 두려울 수밖에 없습니다. 우리의 모든 것을 아시고 도우시는 주님께 온전히 맡기고 순종하며 살기를 기도합니다.

●● 마음에 와닿은 말씀(며느리)

왕하5:10-11 엘리사가 사자를 그에게 보내 이르되 너는 가서 요단 강에 몸을 일곱 번 씻으라 네 살이 회복되어 깨끗하리라 하는지라 나아만이 노하여 물러가며 이르되 내 생각에는 그가 내게로 나와 서서 그의 하나님 여호와의 이름을 부르고 그의 손을 그 부위 위에 흔들어 나병을 고칠까 하였도다

자신의 병을 고치려 이스라엘로 향한 나아만은 자신이 생각한 대로 답을 얻지 못하자 분노하며 여호와 하나님을 부정합니다. 내 생각으로 판단하며 인내하지 못하고 교만함으로 나아가는 자로서 하나님의 은혜를 깨닫지 못하는 죄를 범하지 않게 하시길 믿음대로 온전히 순종하는 은혜를 누리게 하시길 소망합니다.

기도 내 생각과 판단은 내려놓고 여호와 하나님의 크신 능력을 온전히 깨닫고 믿음과 인내로 순종하는 거룩한 삶이 되게 하시길 기도합니다.

●● 마음에 와닿은 말씀(시어머니)

324

호6:6 나는 인애를 원하고 제사를 원하지 아니하며 번제보다 하나님을 아는 것을 원하노라

하나님께 돌아와서 인애와 정의를 행하며 항상 하나님을 바라고 구하라고 말씀을 주셨지만, 자신들의 생각으로 만든 제단에서 드리는 제사가 오히려 범죄가 된다고 합니다. 제단이나 제사가 죄를 사하는 것이 아니라 하나님의 말씀대로 공의와 정의를 기뻐하시는 하나님의 마음을 아는 지혜로운 우리와 자손들이 되기를 소망합니다.

기도 하나님의 마음을 알기를 원합니다.
주님께서 기뻐하시는 일을 행하며 살기를 원합니다.
성령의 빛 안에서 분별하여 주님의 기쁨이 되는 우리와 자손들이 되기를 기도합니다.

●●● 마음에 와닿은 말씀(며느리)

호11:9 내가 나의 맹렬한 진노를 나타내지 아니하며 내가 다시는 에브라임을 멸하지 아니하리니 이는 내가 하나님이요 사람이 아님이라 네 가운데 있는 거룩한 이니 진노함으로 네게 임하지 아니하리라

사랑의 줄로 우리를 인도하시어 멍에를 벗기시고 우리 앞에 항상 일용할 것을 제공하시며 긍휼의 하나님이 되어 주심에 감사합니다. 범죄함으로 하나님께 시시때때로 상처를 드리는 어리석은 자이나 크고 변치 않는 사랑으로 우리를 포기하지 않으시고 품으시니 진정 하나님을 아는 자로서 말씀을 가지고 여호와께로 돌아가 입술의 열매를 주께 드리는 거룩한 삶이 되게 하시길 소망합니다.

기도 우리를 향한 지극하신 하나님의 사랑에 감사하며 그 사랑으로 깨달은 자 되어 공의를 행하는 자 되길 기도합니다.

●● 마음에 와닿은 말씀(시어머니)

325

사1:15 너희가 손을 펼 때에 내가 내 눈을 너희에게서 가리고 너희가 많이 기도할지라도 내가 듣지 아니하리니 이는 너희의 손에 피가 가득함이라

새벽예배, 수요예배, 구역예배, 주일예배, 저녁예배, 부흥회 수많은 성회와 헌금을 하면서도 아울러 악을 행하는 우리의 행위들을 보시고 견디지 못하겠다고 하십니다. 하나님의 뜻을 분별하지 못하여 악을 선하다, 선을 악하다고 말하며 살아가고 있는 무지한 백성들에게 내 눈을 가리고 너희가 많이 기도할지라도 듣지 아니하시겠다고 합니다. 기도를 많이 한다고 들으시는 것이 아니라 주님 마음에 합한 삶과 기도로 항상 들으시고 응답받는 우리와 자손들이 되기를 소망합니다.

기도 주님 마음에 합한 삶과 기도로 날마다 주님과 교통하며 응답받는 복된 우리와 자손들이 되기를 기도합니다.

●● 마음에 와닿은 말씀(며느리)

사4:5-6 여호와께서 거하시는 온 시온 산과 모든 집회 위에 낮이면 구름과 연기, 밤이면 화염의 빛을 만드시고 그 모든 영광 위에 덮개를 두시며 또 초막이 있어서 낮에는 더위를 피하는 그늘을 지으며 또 풍우를 피하여 숨는 곳이 되리라

우리를 보호하고 지키시는 하나님의 은혜가 있기에 죄로부터 돌이켜 하나님께로 향할 때 회복하게 하실 줄 믿습니다. 더위를 피하는 그늘, 폭풍우를 피하는 피난처가 되어 주시는 은혜에 감사하며 회복하고 형통한 삶을 살아갈 때 온전히 순종하는 삶이 되길 소망합니다.

기도 회복하게 하시는 하나님, 은혜에 감사하며 말씀과 뜻에 온전히 순종하는 거룩한 삶으로 인도하시길 기도합니다.

●● 마음에 와닿은 말씀(시어머니)

사42:3-4 상한 갈대를 꺾지 아니하며 꺼져가는 등불을 끄지 아니하고 진실로 정의를 시행할 것이며 그는 쇠하지 아니하며 낙담하지 아니하고 세상에 정의를 세우기에 이르리니 섬들이 그 교훈을 앙망하리라

듣기는 들어도 보기는 보아도 깨닫지 못하여 우리의 영과 육이 쇠하여진다고 할지라도 하나님께서 우리에게 약속하신 말씀을 믿고 순종하면 상한 갈대도 꺾지 아니하시고 꺼져가는 등불도 끄지 않는 우리 하나님께서 반드시 우리와 함께하시므로 소망하고 기도하는 것들이 응답 되기를 소원합니다.

기도 우리의 소원을 아시는 주님께서 지켜주시고 인도하여 주셔서 주안에서 나의 기쁨이 주님의 기쁨이 되기를 기도합니다.

●● 마음에 와닿은 말씀(며느리)

사39:2 히스기야가 사자들로 말미암아 기뻐하여 그들에게 보물 창고 곧 은금과 향료와 보배로운 기름과 모든 무기고에 있는 것을 다 보여 주었으니 히스기야가 궁중의 소유와 전 국내의 소유를 보이지 아니한 것이 없는지라

하나님의 영광보다 나의 영광을 드러내며 세상 속에서 나를 자랑하는 교만으로 살아가는 우리의 모습을 돌아봅니다. 사람들과 세상 속에서 인정받을 때 자만과 교만으로 나를 자랑하는 죄를 범하지 아니하며 우리를 인도하시는 하나님의 영광을 드러내는 은혜의 삶이 되길 소망합니다.

기도 하나님의 인도하심으로 살아감을 고백하며 승리하는 삶 가운데 하나님의 영광을 드러내며 하나님을 증거 하는 자가 되게 하시길 기도합니다.

●● 마음에 와닿은 말씀(시어머니)

미6:8 사람아 주께서 선한 것이 무엇임을 네게 보이셨나니 여호와께서 네게 구하시는 것은 오직 정의를 행하며 인자를 사랑하며 겸손하게 네 하나님과 함께 행하는 것이 아니냐

주님께서 우리에게 구하시는 것은 오직 정의를 행하며 하나님을 사랑하며 겸손하게 주님과 동행하며 선하게 사는 것이라고 말씀하십니다.
우리는 사람의 계명으로 가르친 말씀이 오히려 하나님 말씀보다 더 각인되어 천천의 숫양이나 만만의 강물 같은 기름과 번제를 하나님께서 더 기뻐하시는 것처럼 착각하며 살아가고 있는 것은 아닌지 항상 말씀을 온전히 깨닫고 주님께서 기뻐하시는 삶을 살기를 소망합니다.

기도 주님, 주님께서 기뻐하시는 삶의 예배가 되기를 기도합니다.

●● 마음에 와닿은 말씀(며느리)

미6:8 사람아 주께서 선한 것이 무엇임을 네게 보이셨나니 여호와께서 네게 구하시는 것은 오직 정의를 행하며 인자를 사랑하며 겸손하게 네 하나님과 함께 행하는 것이 아니냐

하나님께서 우리에게 행하신 은혜를 잊지 아니하며 이를 늘 기억하게 하소서. 의를 행하고 사랑을 실천하며 교만을 버리고 겸손한 자로서 하나님께 의지하며 말씀대로 깨닫고 행하는 선한 삶을 살아가게 하시길 소망합니다.

기도 늘 우리에게 선한 길을 보이시는 하나님, 성령 충만함으로 하나님의 뜻을 깨닫는 밝은 눈을 주시어 모두를 위한 의를 향해 나아가는 귀한 삶이 되게 하시길 기도합니다.

●●○ 마음에 와닿은 말씀(시어머니) 328

사48:17-18 너희의 구속자시요 이스라엘의 거룩하신 이이신 여호와께서 이르시되 나는 네게 유익하도록 가르치고 너를 마땅히 행할 길로 인도하는 네 하나님 여호와라 네가 나의 명령에 주의하였더라면 네 평강이 강과 같았겠고 네 공의가 바다 물결 같았을 것이며

유익하도록 가르치고 마땅히 행할 길로 인도하는 하나님께 감사하며 주의 명령에 주의하여 그 말씀을 마음 판에 새기고 살기 원합니다. 평강이 강 같고 공의가 바다 물결 같은 은혜를 사모합니다. 자손의 자손이 복을 받아 복의 근원이 되며 축복의 통로로 쓰임 받기를 소원하며 날마다 성령 충만하므로 빛 안에서 자신을 돌아보고 주님의 기쁨이 되어 살기를 소원합니다.

기도 주님께서 기뻐하시는 것이 무엇인지 말씀을 성령의 빛 안에서 바로 보고 깨닫고 사는 우리의 자손들이 되기를 기도합니다.

●●○ 마음에 와닿은 말씀(며느리)

사50:4-5 주 여호와께서 학자들의 혀를 내게 주사 나로 곤고한 자를 말로 어떻게 도와줄 줄을 알게 하시고 아침마다 깨우치시되 나의 귀를 깨우치사 학자들 같이 알아듣게 하시도다 주 여호와께서 나의 귀를 여셨으므로 내가 거역하지도 아니하며 뒤로 물러가지도 아니하며

우리에게 마땅히 행할 길로 인도하시는 하나님의 뜻을 깨달아 빛이 없이 흑암 가운데 사는 자들을 돕는 자가 되길 소망합니다. 그들을 격려하고 돕는 삶 가운데 성령이 함께하시어 담대한 마음으로 은혜의 말을 전하는 거룩한 삶이 되게 하소서.

기도 마땅히 행할 일에 하나님의 능력과 인도하심으로 나아가 하나님의 말씀을 온전히 깨달아 나의 말 가운데 하나님의 뜻을 온전히 전하고 회복하게 하는 은혜를 주시길 기도합니다.

●●● 마음에 와닿은 말씀(시어머니)
329

사58:10 주린 자에게 네 심정이 동하며 괴로워하는 자의 심정을 만족하게 하면 네 빛이 흑암 중에서 떠올라 네 어둠이 낮과 같이 될 것이며

나의 길 알기를 즐거워하며 금식하며 부르짖어 기도하면서도 동시에 오락을 구하고 논쟁하며 다투면서 왜 우리가 하는 금식과 기도의 행위들을 알아주지 못하시냐고 말합니다. 보이는 금식, 보이는 기도와 예배가 아니라 괴로운 자의 마음을 함께 아파하며 주린 자의 심정을 만족하게 하면 하나님께서 우리의 영혼도 만족하게 하시며 네가 부르짖어 기도할 때 반드시 응답하신다고 합니다. 주님께서 기뻐하시는 금식과 기도로 건강의 복을 누리는 우리와 자손들이 되기를 소망합니다.

기도 하나님 뜻대로 산다고 하면서 육신의 소욕으로 사는 우리를 불쌍히 여겨주시고 신실한 마음으로 돌아보고 깨달아 순종하며 살 수 있도록 도와주시기를 기도합니다.

●●● 마음에 와닿은 말씀(며느리)

사57:15 지극히 존귀하며 영원히 거하시며 거룩하다 이름하는 이가 이와 같이 말씀하시되 내가 높고 거룩한 곳에 있으며 또한 통회하고 마음이 겸손한 자와 함께 있나니 이는 겸손한 자의 영을 소생시키며 통회하는 자의 마음을 소생시키려 함이라

그 어디라도 통회하고 겸손함으로 하나님께 나아가는 자의 영과 마음을 소생시키시어 평강 주시는 하나님의 은혜에 감사 드립니다. 시시때때로 세상에 순응하며 탐심의 죄악으로 나아가는 우리의 삶 가운데 주시는 말씀을 통해 깨닫고 회개하여 겸손함으로 나아가길 소망합니다.

기도 인도하고 고치시는 하나님을 향하여 통회하고 겸손한 마음으로 나아가게 하소서. 선과 의의 길로 인도하시며 위로하시는 하나님의 은혜에 감사와 순종으로 나아가길 기도합니다.

●● 마음에 와닿은 말씀(시어머니) 330

렘26:13 그런즉 너희는 너희 길과 행위를 고치고 너희 하나님 여호와의 목소리를 청종하라 그리하면 여호와께서 너희에게 선언하신 재앙에 대하여 뜻을 돌이키시리라

23년이란 세월 동안 꾸준히 하나님의 말씀을 백성들에게 전하였지만 순종하지 못하는 그들에게 지금이라도 각자의 악행과 악한 길을 버리고 돌아오면 용서하시고 재앙을 돌이키신다고 하십니다. 하지만 자신들의 행위를 돌이키라는 선지자의 말은 듣지 않고 바벨론 왕의 멍에를 이 년 안에 꺾어 버리고 돌아온다는 거짓 선지자의 달콤한 말을 믿고 돌이키지 못한 백성들은 70년 동안 바벨론의 왕을 섬기는 노예로 살게 되는 것을 봅니다. 우리에게 주시는 말씀을 온전히 성령 안에서 분별하여 하나님께서 주신 말씀에 순종할 수 있기를 소원합니다.

기도 귀에 들리는 달콤한 말이 주님의 음성이라 착각하고 하나님께서 주신 말씀이 아니라 자신의 소견대로 말하는 하나냐의 말을 듣고 살아가고 있는 것은 아닌지 성령의 빛 안에서 분별할 수 있는 지혜 주시기를 기도합니다.

●● 마음에 와닿은 말씀(며느리)

렘30:11 이는 여호와의 말씀이라 내가 너와 함께 있어 너를 구원할 것이라 너를 흩었던 그 모든 이방을 내가 멸망시키리라 그럴지라도 너만은 멸망시키지 아니하리라 그러나 내가 법에 따라 너를 징계할 것이요 결코 무죄한 자로만 여기지는 아니하리라

범죄한 자에게 거듭 회개의 기회를 주시며 돌아오라 하시는 하나님, 자신의 죄를 깨닫지 못하는 자에게 징계를 통해 회개와 회복의 은혜를 주시니 하나님을 통해 구원의 축복을 누리게 하심에 감사하며 겸손함으로 나아가게 하시길 소망합니다.

기도 나의 죄를 깨닫고 온전히 회개하게 하시는 하나님의 인도하심을 바로 보게 하시어 믿음을 회복하고 성령 충만함으로 날마다 나의 속사람을 새롭게 하며 살아가길 기도합니다.

●● 마음에 와닿은 말씀(시어머니)

대상4:10 야베스가 이스라엘 하나님께 아뢰어 이르되 주께서 내게 복을 주시려거든 나의 지역을 넓히시고 주의 손으로 나를 도우사 나로 환난을 벗어나 내게 근심이 없게 하옵소서 하였더니 하나님이 그가 구하는 것을 허락하셨더라

광야에서 태어나 죽을 고생을 하고 겨우 가나안 땅에 들어간 야베스는 그 어머니의 수고와 고통 가운데 살아온 과정을 보면서도 그동안 살면서 살아계신 주님의 역사를 온전히 믿고 자기 지경을 넓혀주시고 주의 손으로 도우셔서 환난을 벗어나 근심이 없게 해 달라고 기도합니다. 하나님께서는 그 기도를 다 응답하시고 허락하셨다고 합니다. 고통과 환난 가운데서도 살아계신 하나님을 온전히 믿고 구할 수 있는 우리와 자손들이 되기를 소망합니다.

기도 믿음이 없이는 주님을 기쁘게 할 수가 없다고 합니다. 광야에서도, 새로운 정착지에서도 먼저 믿음으로 기도하여 응답받는 우리와 자손들이 되기를 기도합니다.

●● 마음에 와닿은 말씀(며느리)

대상9:23-25 그들과 그들의 자손이 그 순차를 좇아 여호와의 성전 곧 성막 문을 지켰는데 이 문지기가 동, 서, 남, 북 사방에 섰고 그들의 마을에 있는 형제들은 이레마다 와서 그들과 함께 있으니

여호와의 성전을 지키는 일에 택함을 받은 자로서 대대로 맡은 역할을 온전히 감당하며 그의 형제들 또한 하나님의 뜻을 지키는 일에 함께 도움을 주며 이루어 나아가는 믿음의 가계를 만들어 가길 소망합니다. 영적인 성전을 성결하게 하는 믿음의 길을 대대로 이어가게 하소서.

기도 하나님을 향해 함께 나아가는 믿음으로 영혼 구원의 은혜와 사랑이 우리의 삶 가운데 가득하길 기도합니다.

●● 마음에 와닿은 말씀(시어머니)

대하7:13-14 혹 내가 하늘을 닫고 비를 내리지 아니하거나 혹 메뚜기들에게 토산을 먹게 하거나 혹 전염병이 내 백성 가운데에 유행하게 할 때에 내 이름으로 일컫는 내 백성이 그들의 악한 길에서 떠나 스스로 낮추고 기도하여 내 얼굴을 찾으면 내가 하늘에서 듣고 그들의 죄를 사하고 그들의 땅을 고칠지라

날이 갈수록 온갖 전염병이 창궐해지며 온 나라들이 기근과 자연재해로 어려움을 겪을 수밖에 없다는 뉴스를 들을 때마다 우리가 회개와 용서받을 기회를 준 것조차도 깨닫지 못하고 살아가고 있는 것은 아닌지 성령의 빛 안에서 바로 볼 수 있도록 주님 도와주시기를 소원합니다.

기도 눈이 있어도 보지 못하고 귀가 있어도 듣지 못하고 세상의 욕심에 가려 주님의 뜻을 분별하지 못하고 살아가고 있는 것은 아닌지…, 주님, 성령의 충만함으로 세상을 이기고 하늘의 뜻이 이 땅 위에 이루어질 수 있도록 악한 길에서 떠나 스스로 낮추고 기도하여 주님 앞으로 돌아와 모든 재앙을 거두어 고쳐 주시기를 기도합니다.

●● 마음에 와닿은 말씀(며느리)

대하8:16 솔로몬이 여호와의 전의 기초를 쌓던 날부터 준공하기까지 모든 것을 완비하였으므로 여호와의 전 공사가 결점 없이 끝나니라

하나님의 말씀대로 모든 것을 완비하여 지시함에서 벗어남이 없는 성전 건축이었기에 결점 없이 완벽하게 성공적으로 준공할 수 있었음을 바라봅니다. 무엇보다 성공이란 하나님의 말씀을 좇아 말씀대로 어긋남 없이 행하는 삶을 통해 은혜를 누리는 것임을 깨닫고 나의 행함에 있어 하나님의 뜻을 살피는 자가 되게 하시길 소망합니다.

기도 하나님의 뜻을 살피고 명대로 순종하여 나의 마음속 성전을 결점 없이 온전하게 세워나가는 삶이 되게 하시길 기도합니다.

PART 8.

오실 주님을 기다리며!

롯1:16
롯이 이르되
내게 어머니를 떠나며
어머니를 따르지 말고
돌아가라 강권하지 마옵소서
어머니께서 가시는 곳에 나도 가고
어머니께서 머무시는 곳에서 나도 머물겠나이다
어머니의 백성이 나의 백성이 되고
어머니의 하나님이 나의 하나님이 되시리니

어머니의 하나님이
나의 하나님이 되시리니
저 또한 어머니을 섬기며
하나님을 만나는 기쁨을 누리고 삽니다.
롯과 같이
주님께 영광 돌릴 수 있는 삶을
살 수 있도록 인도하소서.

333일~365일

●● 마음에 와닿은 말씀(시어머니) **333**

마6:14-15 너희가 사람의 잘못을 용서하면 너희 하늘 아버지께서도 너희 잘못을 용서하시려니와 너희가 사람의 잘못을 용서하지 아니하면 너희 아버지께서도 너희 잘못을 용서하지 아니하시리라

마음은 원이로되 육신이 연약하여 죄를 범하게 될 때 주님 앞에 우리의 죄를 자백하면 주홍 같은 붉은 죄일지라도 모두 용서해 주신다고 하십니다. 하지만 너희가 다른 사람의 잘못을 용서하지 아니하면, 너희 잘못으로 지은 죄도 용서하지 않는다고 합니다. 우리의 죄를 자백하고 용서받기를 원하는 만큼 다른 사람의 잘못도 용서할 수 있도록 성령님께서 항상 깨닫게 도와주시기를 소망합니다.

기도 우리가 우리에게 죄 지은 자를 용서하여 준 것같이 우리 죄를 용서받을 수 있도록 성령께서 항상 깨닫게 도우시기를 기도합니다.

●● 마음에 와닿은 말씀(며느리)

마7:3-4 어찌하여 형제의 눈 속에 있는 티는 보고 네 눈 속에 있는 들보는 깨닫지 못하느냐 보라 네 눈속에 들보가 있는데 어찌하여 형제에게 말하기를 나로 네 눈속에 있는 티를 빼게 하라 하겠느냐

들보와 같은 나의 잘못은 바로 보지 아니하며 티끌과 같은 남의 잘못을 비판하는 위선을 경계하게 하소서. 들보와 같은 자신의 죄는 깨닫지 못하며 다른 이의 잘못을 지적하고 비판하는 태도는 화평의 길이 아닌 미움과 불화의 길로 가는 길이니, 판단과 정죄를 멀리하고 그를 사랑하는 마음으로 기도하며 나부터 하나님의 말씀대로 행동하는 구별된 삶을 살아가길 소망합니다. 내 안의 커다란 들보를 바로 보게 하시며 들보를 제거할 수 있도록 늘 겸손한 사람으로 살게 하소서.

기도 내 안의 큰 들보를 바로 보지 못하고 생각대로 감정대로 말하고 행하는 나의 모습을 회개합니다. 나의 들보를 꺼내는 삶을 통해 나를 낮추고 겸손함으로 온전한 자가 되게 하시길 기도합니다.

●● 마음에 와닿은 말씀(시어머니)

마16:19 내가 천국 열쇠를 네게 주리니 네가 땅에서 무엇이든지 매면 하늘에서도 매일 것이요 네가 땅에서 무엇이든지 풀면 하늘에서도 풀리리라 하시고

천국 열쇠를 받고서도 주님께서 주시는 모든 것을 땅에서 받지 못하는 이유는 네가 땅에서 무엇이든지 풀면 하늘에서도 풀어주시고 무엇이든지 네가 땅에서 매면 하늘에서도 매일 것이라는 말씀을 보며 천국의 열쇠를 받고도 사용 방법을 몰라 사용하지 못하고 사는 우리의 어리석음을 깨닫고 천국 열쇠를 사용하여 무엇이든지 주님께 구하여 응답받는 복된 삶을 살아가기를 소원합니다.

기도 아무리 좋은 것이라도 사용 방법을 모르면 무용지물이 될 수밖에 없음을 깨닫고 주님께서 가르쳐 주신 대로 순종하여 천국열쇠를 소유한 자의 특권을 누리며 사는 우리와 자손들의 삶이 되기를 기도합니다.

●● 마음에 와닿은 말씀(며느리)

마13:23 좋은 땅에 뿌려졌다는 것은 말씀을 듣고 깨닫는 자니 결실하여 어떤 것은 백 배, 어떤 것은 육십 배, 어떤 것은 삼십 배가 되느니라 하시더라

언제 어느 곳에서나 우리에게 말씀의 씨앗을 뿌리시어 열매 맺길 바라시는 하나님, 나의 교만과 게으름으로 밭을 비옥하게 가꾸지 않아 메마르고 가시떨기로 뒤덮인 마음으로 살아가면서 열매 맺기만을 바라는 헛된 믿음으로 살아가지 않게 인도하소서. 좋은 땅에서 좋은 열매를 거둘지니 생긴 대로 기질대로 살 것이 아니라 말씀을 통해 선과 의의 길로 나아가 비옥한 마음을 지닌 속사람으로 거듭나게 하시길 소망합니다.

기도 하나님의 말씀을 깨닫고 행할 수 있는 정결한 마음을 품어 주님이 주시는 귀한 열매가 가득한 삶이 되길 기도합니다.

●● 마음에 와닿은 말씀(시어머니) 335

마22:14 청함을 받은 자는 많되 택함을 입은 자는 적으니라

청함을 받은 자는 많으나 택함을 입은 자는 적다고 합니다. 깨닫지 못하고 분별하지 못하여 하나님의 말씀을 순종하는 것이 아닌 사람의 말과 전통과 법에 순종하며 외식하는 바리새인들의 회칠 한 무덤 같다는 삶을 살아가고 있는 것은 아닌지 성령께서 항상 인도해 주셔서 성령의 빛 안에서 바로 깨달아 살기를 소망합니다.

기도 죽은 자의 하나님이 아니라 살아있는 자의 하나님이라 하십니다.
내 평생 살아있는 순간마다 주님과 동행하며 말씀에 순종하며 살 수 있기를 기도합니다.

●● 마음에 와닿은 말씀(며느리)

마22:37 예수께서 이르시되 네 마음을 다하고 목숨을 다하고 뜻을 다하여 주 너의 하나님을 사랑하라 하셨으니

우리를 사랑하사 인도하시고 지키시는 하나님, 그 사랑을 깨닫고 하나님을 사랑하는 것과 같이 사람을 사랑으로 대하며 살아갈 때 하나님의 뜻이 이루어질 줄 믿습니다. 사랑 가운데 평강을 주시는 믿음의 근본을 깨달아 마음 다하여 사랑을 행하는 삶이 되길 소망합니다.

기도 모든 문제의 정답이 사랑 안에 있으며 믿음의 근간이 되는 사랑을 품고 행하는 은혜의 삶이 되게 하시길 기도합니다.

●● 마음에 와닿은 말씀(시어머니) 336

마25:45-46 이에 임금이 대답하여 이르시되 내가 진실로 너희에게 이르노니 이 지극히 작은 자 하나에게 하지 아니한 것이 곧 내게 하지 아니한 것이니라 하시리니 그들은 영벌에, 의인들은 영생에 들어가리라 하시니라

세상사는 동안 지극히 작은 자에게 한 선행이 영생에 들어가고 지극히 작은 자 하나에게 하지 않은 것이 영벌에 들어간다고 합니다. 살면서 지극히 작은 자에게 대접하지 않고, 하지 않아도 되는 큰 자들에게는, 과하게 대접하며 사는 것은 아닌지 성령의 빛 안에서 날마다 나의 행사를 점검해 보기 원합니다.

기도 가장 작은 자에게 하는 것이 주님께 하는 것이라 말씀하십니다. 주님께서 기뻐하시는 일을 하는 지혜로운 자가 되어 주님의 기쁨이 되는 우리와 자손들이 되기를 기도합니다.

●● 마음에 와닿은 말씀(며느리)

마25:40 임금이 대답하여 이르시되 내가 진실로 너희에게 이르노니 너희가 여기 내 형제 중에 지극히 작은 자 하나에게 한 것이 곧 내게 한 것이니라 하시고

누구든지 작은 자를 대접한 것이 하나님을 대접한 것과 같다고 말씀하십니다. 오는 정을 바라고, 보답을 바라는 베풂이 아니라 진실로 약자를 사랑하는 마음으로 가는 정을 행하여 또 다른 가는 정으로 이어져 온전한 사랑이 흘러갈 수 있기를 소망합니다.

기도 온전한 사랑을 행할 수 있는 마음을 주시어 작은 자에게 선을 행하는 일에 마음을 쏟고 행하는 삶을 통해 하나님의 말씀에 순종하는 자가 되게 하시길 기도합니다.

막7:8-9 너희가 하나님의 계명은 버리고 사람의 전통을 지키느니라 또 이르시되 너희가 너희 전통을 지키려고 하나님의 계명을 잘 저버리는도다

안식일에 사람의 전통으로 생명을 구하는 것과 죽이는 것 어느 것이 옳으냐 하시며 손을 잘 씻지 않고 먹는 것과 하나님께 드리기만 하면 아버지나 어머니에게 아무것도 드리기를 허락하지 않는 일 등을 말씀하시며 입술로는 나를 공경하는 것 같지만 마음은 내게서 멀다고 하시며 너희 전통을 지키려고 하나님의 계명은 잘 버린다고 하시는 말씀을 보며 지금 우리에게 하시는 말씀이 아닌지 성령의 빛 안에서 밝혀 보기를 소망합니다.

기도 자신의 눈으로 보이는 대로 정죄하며 외식하고 사는 바리새인의 삶이 우리의 삶이 아닌지 성령께서 깨닫게 도와주시기를 기도합니다.

●● 마음에 와닿은 말씀(며느리)

막2:4 무리들 때문에 예수께 데려갈 수 없으므로 그 계신 곳의 지붕을 뜯어 구멍을 내고 중풍병자가 누운 상을 달아 내리니

많은 사람으로 인해 나아가기 힘든 상황이었으나 친구, 가족이 되는 중풍병자의 고침을 받고자 포기하지 않고 지붕을 뜯는 방법으로 예수께 나아가는 그들의 간절함을 바라봅니다. 누군가를 향한 사랑의 마음을 품어 포기하지 않고 예수께 나아가 믿음으로 치유 받는 은혜를 누리게 될지니 낙심하지 아니하며 하나님을 향하여 나아가는 삶이 되게 하시길 소망합니다.

기도 나의 상황 가운데 이런저런 핑계로 하나님께 나아감을 주저하지 아니하며 우리의 마음을 아시고 구원하시는 하나님을 향하여 담대히 나아가는 귀한 삶이 되게 하시길 기도합니다.

●● 마음에 와닿은 말씀(시어머니)

막15:10 이는 그가 대제사장들이 시기로 예수를 넘겨 준 줄 앎이러라

대제사장과 장로들과 서기관들 하나님을 섬기는 지도자들이라는 사람들이 오히려 온전히 하나님 말씀을 증거 하며 하나님 주신 권능으로 많은 병자를 고치고 하나님 구원의 사역을 하시는 것을 오히려 시기하여 무리를 충동하고 결박하여 죄 없는 예수님을 빌라도에게 넘겨주어 십자가에 달리게 하는 악행을 저지르는 것을 봅니다. 모든 것들이 하나님께서 주관하시는 일이라 누구도 막을 수 없는 일이지만 마음속에 시기와 질투로 악한 일에 쓰임 받는 일이 없도록 성령께서 도와주시기를 소원합니다.

기도 날마다 성령으로 충만하여 선한 일에 쓰임 받는 우리와 자손들이 되기를 기도합니다.

●● 마음에 와닿은 말씀(며느리)

막14:36 이르시되 아빠 아버지여 아버지께는 모든 것이 가능하오니 이 잔을 내게서 옮기시옵소서 그러나 나의 원대로 마시옵고 아버지의 원대로 하옵소서 하시고

고난의 순간 하나님 아버지를 찾을 수 있는 은혜를 주심에 감사합니다. 우리를 통해 선을 이루시는 하나님을 온전히 믿고 의지하며 하나님의 원대로 우리를 이끌어주시길 간절히 기도합니다. 나의 바람이 아닌 하나님의 뜻을 생각하며 믿음의 길로 나아가게 하소서.

기도 고통의 순간 진정으로 하나님을 만나는 은혜를 누리며 하나님의 원대로 하시길 구하며 복 받는 삶이 되게 하시길 기도합니다.

눅6:43-44 못된 열매 맺는 좋은 나무가 없고 또 좋은 열매 맺는 못된 나무가 없느니라 나무는 각각 그 열매로 아나니 가시나무에서 무화과를, 또는 찔레에서 포도를 따지 못하느니라

나무의 열매도 사람의 열매도 세월이 가고 열매 맺는 시절이 오면 어김없이 열리는 열매로 나타나는 게 순리인 것 같습니다. 사람들이 아무리 노력을 해도 자연재해로 사람들의 수고가 수포로 돌아가 버릴 때가 있듯이 사람의 열매도 하나님의 도움 없이는 좋은 열매가 열릴 수가 없는 것 같습니다. 우리 삶의 열매가 튼실하게 열려서 하나님께 영광 돌리며 살 수 있도록 하나님의 말씀 따라 순종하여 좋은 열매가 풍성한 우리와 자손들의 삶이 되기를 소원합니다.

기도 사람의 노력으로 좋은 열매를 맺기가 어렵습니다.
천지 만물을 주장하시는 하나님의 말씀대로 순종하여 풍성한 좋은 열매를 맺고 살수 있도록 도와주시기를 기도합니다.

●● 마음에 와닿은 말씀(며느리)

마5:31-32 또 일렀으되 누구든지 아내를 버리려거든 이혼 증서를 줄 것이라 하였으나 나는 너희에게 이르노니 누구든지 음행한 이유 없이 아내를 버리면 이는 그로 간음하게 함이요 또 누구든지 버림받은 여자에게 장가드는 자도 간음함이니라

연약한 마음으로 죄악 가운데 후회와 낙심으로 괴로울 때 우리를 찾아오시어 회개와 거듭남의 은혜를 누리게 하시는 하나님이십니다. 병든 마음으로 죄인 된 우리를 외면하거나 포기하지 않고 하나님의 지극하신 사랑을 깨닫게 하시고 회개하게 하시고 삶을 통해 복의 통로가 되게 하심을 믿으며 감사 드립니다.

기도 나의 삶을 돌아보게 하시는 하나님의 말씀 가운데 나를 찾아오시는 하나님과의 진정한 만남을 허락해 주셔서 감사합니다. 나의 죄를 고백하고 회개하며 선과 의를 향하여 변화하는 자가 되게 하시길 기도합니다.

●● 마음에 와닿은 말씀(시어머니) # 340

눅11:28 예수께서 이르시되 오히려 하나님의 말씀을 듣고 지키는 자가 복이 있느니라 하시니라

하나님 말씀을 가르치고 예배, 모든 종교적으로 지도자들인 제사장도 레위인도 강도를 만나 어려운 형편에 이른 사람을 피하여 가지만 이방인 이라 칭하던 사마리아 사람은 그를 보고 불쌍히 여겨 돌보아 주는 것을 봅니다. 예수님께서 비유로 말씀하시며 복 있는 자는 하나님의 말씀을 듣고 아는 자가 아니라 지키는 자가 복이 있다고 말씀하십니다. 말씀을 듣고 아는 자가 아니라 듣고 지키는 복된 우리와 자손들이 되기를 소망 합니다.

기도 알면서도 육신이 연약하여 육신의 생각대로 사는 우리를 불쌍히 여겨주시고 성령의 권능으로 말씀을 지키고 행하는 복 있는 우리와 자손들의 삶이 되기를 기도합니다.

●● 마음에 와닿은 말씀(며느리)

눅10:5 어느 집에 들어가든지 먼저 말하되 이 집이 평안할지어다 하라

축복 받기만을 바라는 삶이 아닌 하나님의 뜻을 행하여 더불어 축복하며 사랑을 나누는 삶에 집중하길 소망합니다. 수많은 관계, 수많은 교제 속에서 그들을 진정으로 사랑하는 마음을 품고 만남 가운데 하나님의 선한 뜻이 온전히 이루어질 수 있도록 그들을 축복하는 삶에 집중하게 하시길 소망합니다.

기도 교만과 질투, 이기심을 버리고 사랑의 마음을 품게 하사, 긍휼의 하나님을 닮아 그들의 평안을 바라며 축복하며 하나님의 뜻을 행하는 자 되게 하시길 기도합니다.

●● 마음에 와닿은 말씀(시어머니) **341**

눅13:11-12 열여덟 해 동안이나 귀신 들려 앓으며 꼬부라져 조금도 펴지 못하는 한 여자가 있더라 예수께서 보시고 불러 이르시되 여자여 네가 네 병에서 놓였다 하시고

열여덟 해 동안이나 귀신이 들려 꼬부라져 조금도 펴지 못하고 산 여자를 안식일에 예수님께서 병을 고쳐주신 일입니다. 이에 대하여 회당장은 분을 내며 비난하는 것을 보며 사람의 전통으로 가르치고 행하는 것이 열여덟 해 동안 고통 중에서 벗어나는 여자의 아픔보다도 더 중한 것인지 외식하는 회당장의 행위를 보며 우리 또한 사람의 계명으로 하나님의 계명을 범하고 살아가고 있는 것은 아닌지 돌아볼 수 있기를 소망합니다.

기도 사람들에게 칭찬받는 자가 아니라 주님께서 칭찬하는 지혜로운 우리와 자손들이 되어 주님께 영광 돌리며 살기를 기도합니다.

●● 마음에 와닿은 말씀(며느리)

눅12:29-31 너희는 무엇을 먹을까 무엇을 마실까 하여 구하지 말며 근심하지도 말라 이 모든 것은 세상 백성들이 구하는 것이라 너희 아버지께서는 이런 것이 너희에게 있어야 할 것을 아시느니라 다만 너희는 그의 나라를 구하라 그리하면 이런 것들을 너희에게 더하시리라

세상 만물을 창조하신 하나님께서 모든 필요한 것들을 공급해 주셨습니다. 우리 앞에 해결되지 않는, 한가지 문제를 놓고 염려와 근심으로 덧없는 인생을 살아가지 아니하게 하소서. 오직 하나님의 뜻대로 나아가는 삶인지를 돌아보며 가진 것을 나누며 없어지지 아니할 보물을 하늘에 쌓아두는 일에 최선을 다하게 하시길 소망합니다.

기도 혼자서 염려하는 오늘이 아닌 하나님께 의지하며 나아가는 오늘을 살게 하시어 우리에게 주시는 평안을 누리는 삶이 되게 하시길 기도합니다.

●● 마음에 와닿은 말씀(시어머니)

342

눅21:10-11 또 이르시되 민족이 민족을, 나라가 나라를 대적하여 일어나겠고 곳곳에 큰 지진과 기근과 전염병이 있겠고 또 무서운 일과 하늘로부터 큰 징조들이 있으리라

환난의 징조로 나라와 나라가 민족이 민족끼리 서로 전쟁하며 지진과 기근과 전염병으로 힘들어하는 시대에 살고 있습니다. 성경에서 말하고 있는 환난의 징조가 온 지구상에서 이루어지는 이때도 여전히 세상에서는 하나님의 법이 아니라 세상의 법이 판을 치며 외식하는 바리새인과 제사장과 서기관들이 예수님을 또다시 십자가에 달리게 하는 일에 매진하는 것은 아닌지 성령의 빛안에서 보기를 원합니다.

기도 예수님의 영광을 가리고 예수님의 이름으로 망령되게 행하는 모든 것들을 성령의 빛 안에서 보게 하시고 깨닫게 도와주셔서 주님 앞에 회개하여 모든 환란에서 구하여 주실 것을 기도합니다.

●● 마음에 와닿은 말씀(며느리)

눅22:61-62 주께서 돌이켜 베드로를 보시니 베드로가 주의 말씀 곧 오늘 닭 울기 전에 네가 세 번 나를 부인하리라 하심이 생각나서 밖에 나가서 심히 통곡하니라

예수님을 절대 부인하지 아니하리라 맹세했으나 예수님의 말씀대로 세 번을 부인하고 자신을 바라보는 예수님을 보며 자신의 연약함을 인정하고 진정으로 통곡하며 회개의 눈물을 흘립니다. 그리고 다시금 예수께로 나아가는 힘을 얻습니다. 베드로의 통곡함과 같이 나약한 우리의 삶 가운데 심령이 통곡하여 정결한 마음으로 하나님께 나아가길 소망합니다.

기도 나의 연약함과 죄를 깨닫고 통곡하는 자에게 은혜를 주시는 하나님의 사랑이 우리를 살리심에 감사하며 연약한 마음을 붙잡아주시어 온전히 주께 의지하길 기도합니다.

요2:20 유대인들이 이르되 이 성전은 사십육 년 동안에 지었거늘 네가 삼 일 동안에 일으키겠느냐 하더라

말씀이 육신이 되어 세상에 오셨습니다. 빛으로 오셔서 우리 안에 거하시며 우리 몸으로 거룩한 영적 예배를 드리는 성전 삼으셨습니다. 은혜와 진리로 하나님의 마음에 합한 예배와 삶으로 영광을 드려야 하는데도 여전히 우리의 몸이 성전이 아닌 삶을 살고 있지 않은지요. 사람이 사십육년 동안에 지은 성전을 사흘 동안에 어찌 일으키겠느냐고 반문하던 제사장과 서기관 바리새인들이 예수님을 정죄하며 십자가에 달리게 하시지만 사흘 만에 부활하시고 성령을 우리에게 주시고 우리의 몸이 성전이 되어 세상을 이기게 하신 하나님의 사랑을 깨닫고 우리의 몸이 온전한 성전이 되기를 소망합니다.

기도 우리의 몸이 성령이 거하시는 온전한 성전이 되어 하늘의 뜻이 이 땅 위에서 이루어지는 일에 쓰임 받는 복 있는 우리와 자손들이 되기를 기도합니다.

●● 마음에 와닿은 말씀(며느리)

요3:3 예수께서 대답하여 이르시되 진실로 진실로 네게 이르노니 사람이 거듭나지 아니하면 하나님의 나라를 볼 수 없느니라

하나님의 나라를 향하는 자로서 죄를 범하는 나의 과거의 모습을 십자가 앞에 다 내어 버리길 원합니다. 그리고 성령 충만함으로 새사람의 모습으로 거듭나길 소망합니다. 오직 하나님의 은혜를 통해 선행과 의를 향해 나아가는 자로서, 변화되고 거듭난 삶을 살아 주님께 영광 돌리는 거룩한 믿음의 길로 나아가게 하소서.

기도 말씀을 통해 거듭남의 은혜를 누리게 하소서.
이로써 온전히 하나님의 나라를 바라보며 진정한 하나님의 백성이 되길 기도합니다.

●● 마음에 와닿은 말씀(시어머니)

요8:29 나를 보내신 이가 나와 함께 하시도다 나는 항상 그가 기뻐하시는 일을 행하므로 나를 혼자 두지 아니하셨느니라

예수님을 이 땅에 보내신 이가 항상 예수님과 함께하시므로 나는 그가 기뻐하시는 일을 행하므로 나를 혼자 두시지 않는다고 합니다. 우리 또한 예수님께서 기뻐하시는 일을 행하여서 우리를 혼자 두시지 아니하고 항상 함께하며 주님께서 이루어야 하시는 일을 땅에서 이루는데 온전히 쓰임 받는 복된 우리와 자손들이 되기를 소망합니다.

기도 주님 안에 내가 내 안에 주님이 계시므로 하나님의 기쁨이 되는 우리와 자손들이 되기를 기도합니다.

●● 마음에 와닿은 말씀(며느리)

요10:9 내가 문이니 누구든지 나로 말미암아 들어가면 구원을 받고 또는 들어가며 나오며 꼴을 얻으리라

우리를 위해 자신을 희생하신 선한 목자가 되신 주님을 통해 그 은혜를 누리게 하심에 감사합니다. 하나님의 음성을 바로 듣고 깨달아 우리의 선한 목자 되시는 주님, 생명을 얻게 하시고 풍성하게 하시니 오직 주님을 따르며 죄악을 분별하는 삶을 살아가게 하시길 소망합니다.

기도 죄악을 깨닫지 못하는 어두운 삶이 아닌 우리의 참 목자 되시는 하나님을 온전히 의지하며 주의 음성에 의지하며 믿음으로 나아가는 생명의 삶을 살아가게 하시길 기도합니다.

●● 마음에 와닿은 말씀(시어머니) **345**

요15:16-17 너희가 나를 택한 것이 아니요 내가 너희를 택하여 세웠나니 이는 너희로 가서 열매를 맺게 하고 또 너희 열매가 항상 있게 하여 내 이름으로 아버지께 무엇을 구하든지 다 받게 하려 함이라 내가 이것을 너희에게 명함은 너희로 서로 사랑하게 하려 함이라

너희가 나를 택한 것이 아니라 주님께서 우리를 택하여 세우셔서 우리로 열매를 맺게 하시며 무엇이든지 구하면 다 받게 하기 위함이라 말씀하십니다. 하나님을 사랑하고 네 이웃을 네 몸같이 사랑하는 것이 온 율법의 완성이라 말씀하신 대로 순종하며 살기를 소원합니다.

기도 말씀대로 믿음대로 산다고 말하면서도 외식하는 바리새인들의 행위를 본받지 말고 하나님을 사랑하고 그 말씀대로 서로 사랑하며 순종하여 구하는 것마다 응답받아 좋은 열매들로 풍성한 삶을 사는 우리와 자손들의 삶이 되기를 기도합니다.

●● 마음에 와닿은 말씀(며느리)

요21:5-6 예수께서 이르시되 얘들아 너희에게 고기가 있느냐 대답하되 없나이다 이르시되 그물을 배 오른편에 던지라 그리하면 잡으리라 하시니 이에 던졌더니 물고기가 많아 그물을 들 수 없더라

밤새도록 아무것도 잡지 못하고 있었으나 예수님께서 그들과 함께하사 말씀대로 행동하니 텅 빈 그물에 물고기가 가득하게 됨을 바라봅니다. 우리가 하고자 하는 일, 우리가 나아가는 길의 중심에 주님을 섬기는 자로서, 바로 설 때 우리를 축복하시는 주님께 감사하며 텅 빈 그물에 주님의 축복이 가득한 삶이 되길 소망합니다. 예수님을 보고 물속에 뛰어들어 그를 향해 헤엄쳐 나아가던 베드로와 같이 진정 주님을 향해 나아가는 삶이 되게 하소서.

기도 예수께로 나아가는 것이 나의 기쁨, 나의 복이 되는 삶이 될지니 하나님을 나의 소망으로 삼아 말씀에 순종하며 나아가는 삶이 되게 하시길 기도합니다.

●● 마음에 와닿은 말씀(시어머니)

행2:8-11 우리가 우리 각 사람이 난 곳 방언으로 듣게 되는 것이 어찌 됨이냐 우리는 바대인과 메대인과 엘람인과 또 메소보다미아, 유대와 갑바도기아, 본도와 아시아, 브루기아와 밤빌리아, 애굽과 및 구레네에 가까운 리비야 여러 지방에 사는 사람들과 로마로부터 온 나그네 곧 유대인과 유대교에 들어온 사람들과 그레데인과 아라비아인들이라 우리가 다 우리의 각 언어로 하나님의 큰 일을 말함을 듣는도다 하고

각 사람이 난 곳 방언으로 우리가 다 각 나라의 언어로 하나님의 큰일을 말함을 듣게 되는 것이 어찌 됨이냐고 천하 각국으로부터 와서 예루살렘에 머물러 있던 경건한 유대인들이 성령으로 각국의 언어로 말하는 사람들은 갈릴리 사람들이 아니냐고 반문하며 성령의 충만함으로 말하는 그들이 주님을 증거 하였다고 합니다. 성령 충만함으로 주님을 증거 하며 살 수 있기를 소망합니다.

기도 성령이 우리에게 임하시면 너희가 권능을 받고 주님의 증인이 되어 많은 사람을 구원하는데 쓰임 받는 우리와 자손들이 되기를 기도합니다.

●● 마음에 와닿은 말씀(며느리)

행3:6 베드로가 이르되 은과 금은 내게 없거니와 내게 있는 이것을 네게 주노니 나사렛 예수 그리스도의 이름으로 일어나 걸으라 하고

내가 가진 것이 나의 능력이 아닌 하나님이 나의 능력이 될지니 주님을 온전히 섬기는 자로서 진정으로 축복을 나누는 삶이 되길 소망합니다.
은금이 아닌 오직 예수만이 우리를 구원하시리니 삶의 중요한 가치를 깨닫고 나누는 삶이 되게 하소서.

기도 오직 예수만이 나의 능력이 되심을 고백하며 우리에게 주어진 은사를 통해 하나님을 증거하고 축복을 나누는 삶이 되게 하시길 기도합니다.

●● 마음에 와닿은 말씀(시어머니)

347

행7:5 그러나 여기서 발 붙일 만한 땅도 유업으로 주지 아니하시고 다만 이 땅을 아직 자식도 없는 그와 그의 후손에게 소유로 주신다고 약속하셨으며

발붙일 땅도 없고 후손도 없는 아브라함에게 그의 후손들에게 소유로 주신다는 약속의 말씀을 믿고 삶의 터전을 두고 떠나는 아브라함의 후손이 가나안에 들어가기까지의 모든 여정 속에서 함께 하셨던 그 하나님을 기억합니다. 하나님의 계획은 거스를 수 없듯이 피조물인 우리가 할 일은 하루하루 말씀에 순종하며 우리를 인도 하시는 주님께 우리의 행사를 맡기고 참 평안을 누리며 살아가는 것입니다.

기도 나보다 나를 더 잘 아시는 주님께서 인도하시는 대로 살 수 있도록 성령께서 함께하시기를 기도합니다.

●● 마음에 와닿은 말씀(며느리)

행10:34-35 베드로가 입을 열어 말하되 내가 참으로 하나님은 사람의 외모를 보지 아니하시고 각 나라 중 하나님을 경외하며 의를 행하는 사람은 다 받으시는 줄 깨달았도다

신분, 혈통, 외적인 기준이 아닌 마음을 보시는 하나님이십니다. 경건한 마음으로 하나님을 경외하며 백성을 구제하고 항상 기도하는 고넬료는 복음을 접하는 은혜를 누리게 됩니다. 우리의 중심을 보시며 차별 없이 품으시는 하나님을 향하여 정결한 속사람의 모습으로 나아가게 하소서. 또한 다른 이들을 겉모습으로 판단하지 아니하며 함께 하나님을 경외하는 삶으로 더불어 나아가길 소망합니다.

기도 우리의 내면을 바로 보시는 하나님을 온전히 경외하며 나아감이 축복의 길이 될지니 진정으로 하나님을 섬기는 자로서 의를 행하는 삶이 되게 하시길 기도합니다.

●● 마음에 와닿은 말씀(시어머니)

행17:24-25 우주와 그 가운데 있는 만물을 지으신 하나님께서는 천지의 주재시니 손으로 지은 전에 계시지 아니하시고 또 무엇이 부족한 것처럼 사람의 손으로 섬김을 받으시는 것이 아니니 이는 만민에게 생명과 호흡과 만물을 친히 주시는 이심이라

만물을 지으시고 천지의 주재자이신 하나님을 우리는 우리와 동격으로 대하고 있는 것은 아닌지, 마치 무엇이 부족한 것처럼 사람들이 좋아하는 호화로운 성전과 물질로 섬김을 받는 것을 좋아하는 분으로 착각하는 것은 아닌지, 우리는 그분의 말씀에 순종하여 생명과 호흡과 만물을 우리에게 주신 하나님을 경외하며 이 땅에서 주신 복을 누리며 서로 사랑하며 살라는 뜻대로 살아가야 한다는 것을 기억해야 할 것입니다.

기도 사람의 뜻이 아니라 하나님의 기쁜 뜻이 무엇인지 바로 깨닫고 날마다 말씀 안에서 복된 삶을 사는 우리와 자손들이 되기를 기도합니다.

●● 마음에 와닿은 말씀(며느리)

살전5:13-14 그들의 역사로 말미암아 사랑 안에서 가장 귀히 여기며 너희끼리 화목하라 또 형제들아 너희를 권면하노니 게으른 자들을 권계하며 마음이 약한 자들을 격려하고 힘이 없는 자들을 붙들어 주며 모든 사람에게 오래 참으라

하나님의 사랑을 바로 알고 행할 때 화목의 기쁨을 온전히 누리게 됨을 다시금 새기게 하시어 인내함으로 서로 관계하고 격려하며 붙들고 나아가 함께 승리하는 삶이 되게 하시길 소망합니다. 끊임없이 범죄 하는 우리를 포기하지 않으시고 회개하고 회복하게 하시는 하나님의 마음을 닮아 진실로 위하는 마음으로 인내하며 사랑을 행하여 그리스도의 은혜가 늘 함께하게 하소서.

기도 주님, 예수님을 대하듯 사람을 대함이 사랑인 것을 기억합니다.
사람과의 관계 속에서 예수님을 찾아보며 서로를 귀히 여기는 삶 가운데 사랑으로 화목함을 누리게 하시길 기도합니다.

갈4:28 형제들아 너희는 이삭과 같이 약속의 자녀라

아브라함에게는 이삭과 이스마엘 두 아들이 있었지만, 육체로 난 여종의 자녀 이스마엘과 이삭과 같이 약속의 자녀로 선택받은 자녀가 되는 것을 봅니다. 택함을 받는다는 것은 내가 잘해서가 아니라 만세 전에 우리를 택하여 주셔서 약속의 자녀가 되기 때문입니다. 믿음으로 이 땅에 오신 주님을 믿게 하시고 성령을 받아 그리스도 예수 안에서 사랑으로 역사하는 믿음으로 약속의 자녀가 되는 것, 주안에서 항상 보호하시고 인도하심으로 이 땅에서 참 평안과 기쁨으로 살게 하심을 감사드리며 주님께 기쁨이 되기를 소망합니다.

기도 우리와 자손들이 약속의 자녀로서 효자 효녀들이 되어 아버지를 기쁘시게 하며 아버지께 영광 돌리며 살기를 기도합니다.

●● 마음에 와닿은 말씀(며느리)

갈6:8-9 자기의 육체를 위하여 심는 자는 육체로부터 썩어질 것을 거두고 성령을 위하여 심는 자는 성령으로부터 영생을 거두리라 우리가 선을 행하되 낙심하지 말지니 포기하지 아니하면 때가 이르매 거두리라

우리를 위하여 자신을 버리신 하나님의 아들을 믿는 믿음으로 하나님께 온전히 의지하며 성령으로 살아가는 자가 되게 하소서. 이로써 낙심하지 아니하며 선행과 의를 행하여 그리스도의 사랑의 법을 실천하는 거룩한 삶이 되길 소망합니다.

기도 심은 대로 거두리라 하시는 하나님의 뜻을 새기어 믿음을 통한 사랑을 온전히 실천하여 선을 행하는 삶이 되게 하시길 기도합니다.

●● 마음에 와닿은 말씀(시어머니)

고전3:16 너희는 너희가 하나님의 성전인 것과 하나님의 성령이 너희 안에 계시는 것을 알지 못하느냐

우리 몸이 성전이 되고 그 성전 안에 그리스도의 성령이 함께함에도 불구하고 시기와 분쟁으로 사는 자는 육신에 속하여 사람을 따라 행하는 자라고 합니다. 하나님의 나라는 말에 있지 아니하고 오직 능력으로 다른 사람을 판단하거나 시기하거나 분쟁으로 싸우는 자가 아니라는 것입니다.
오직 주님의 사랑으로 하나님의 뜻을 따라 서로 사랑하며 사는 우리와 자손들이 되기를 소망합니다.

기도 말을 잘하는 자가 아니라 그리스도의 능력으로 세상의 온갖 분쟁과 욕심을 버리고 서로 사랑하며 사는 능력 있는 하나님의 자녀로 살 수 있도록 도와주시기를 기도합니다.

●● 마음에 와닿은 말씀(며느리)

고후7:9 내가 지금 기뻐함은 너희로 근심하게 한 까닭이 아니요 도리어 너희가 근심함으로 회개함에 이른 까닭이라 너희가 하나님의 뜻대로 근심하게 된 것은 우리에게서 아무 해도 받지 않게 하려 함이라

세상 근심으로 파멸에 이르는 삶이 아닌 하나님의 뜻대로 하는 근심을 바로 보아 회개의 눈물을 통해 다시 사는 은혜를 누리게 하심을 깨닫습니다. 진정한 회개로 어리석고 연약한 이전의 나의 모습을 버리고 말씀대로 행동하는 자로 거듭나는 삶이 되게 하시길 소망합니다.

기도 근심 가운데 낙심하지 아니하며 하나님께서 주시는 말씀과 뜻을 먼저 보게 하소서.
근심으로 회개하는 은혜의 시간을 통해 늘 거듭나는 삶이 되게 하시길 기도합니다.

●● 마음에 와닿은 말씀(시어머니)

351

고전14:18-19 내가 너희 모든 사람보다 방언을 더 말하므로 하나님께 감사하노라 그러나 교회에서 내가 남을 가르치기 위하여 깨달은 마음으로 다섯 마디 말을 하는 것이 일만 마디 방언으로 말하는 것보다 나으니라

바울은 모든 사람보다 방언을 말하므로 하나님께 감사하다고 말합니다. 방언은 하나님께서 주신 하나의 선물이지 그것이 남에게 유익을 주는 것이 아니기에 통역하는 자가 없으면 교회에서는 잠잠하고 자기와 하나님께만 말하라고 합니다. 사람의 방언과 천사의 말을 할지라도 사랑이 없으면 소리 나는 구리와 울리는 꽹과리가 되고 아무 유익이 되지 못한다고 합니다.

기도 주님, 다른 것은 없다 하더라도 주님께서 주신 사랑으로 우리 마음이 충만할 수 있도록 기도드립니다.

●● 마음에 와닿은 말씀(며느리)

고전10:23-24,31 모든 것이 가하나 모든 것이 유익한 것은 아니요 모든 것이 가하나 모든 것이 덕을 세우는 것은 아니니 누구든지 자기의 유익을 구하지 말고 남의 유익을 구하라, 그런즉 너희가 먹든지 마시든지 무엇을 하든지 다 하나님의 영광을 위하여 하라

무엇을 향하여 나아가는지 나의 길을 돌아보게 하소서. 나의 욕심만을 채우는 삶이 아닌 타인을 위하여 유익하고 덕을 세우는 삶을 통해 하나님의 영광을 드러내는 자가 되게 하시길 소망합니다.
하나님의 영광을 위한 삶을 목적으로 삼아 나의 행동을 경계하며 선행과 의를 행하는 거룩한 삶이 되게 하소서.

기도 하나님의 영광을 위하여 사는 삶을 통해 자신만의 유익이 아닌 많은 사람의 유익을 구하여 함께 구원의 은혜를 통해 기쁨을 누릴 수 있게 하시길 기도합니다.

●● 마음에 와닿은 말씀(시어머니) 352

고후13:5 너희는 믿음 안에 있는가 너희 자신을 시험하고 너희 자신을 확증하라 예수 그리스도께서 너희 안에 계신 줄을 너희가 스스로 알지 못하느냐 그렇지 않으면 너희는 버림 받은 자니라

우리가 지금 믿음 안에 있는지 예수 그리스도께서 우리 안에 지금 계신지 자신을 시험하고 확증하라 하시며 만약에 그렇지 않으면 우리는 버림 받은 자라고 하십니다. 우리 안에 성령께서 도와주시지 않으면 세상 유혹을 이길 수도 견딜 수도 없을 것 같습니다.

성령의 빛 안에서 분별하며 세상을 이길 힘을 주실 것을 믿으며 날마다 주안에서 자신을 돌아보고 회개하여 주님께서 내 안에, 내 안에 주님께서 함께하시기를 소원합니다.

기도 내 안에 계신 성령께서 항상 함께하시므로 주님께서 확증하여 주실 것을 믿으며 기도합니다.

●● 마음에 와닿은 말씀(며느리)

고후2:14-15 항상 우리를 그리스도 안에서 이기게 하시고 우리로 말미암아 각처에서 그리스도를 아는 냄새를 나타내시는 하나님께 감사하노라 우리는 구원 받는 자들에게나 망하는 자들에게나 하나님 앞에서 그리스도의 향기니

하나님의 뜻을 온전히 깨닫고 말씀을 실천하며 곤고한 자를 구원의 삶으로 인도하는 축복의 통로가 되길 소망합니다. 말하지 않아도 드러나는 좋은 향기처럼 그리스도의 향기를 품은 자로서 선한 영향력을 펼치는 귀한 삶이 되게 하소서.

기도 하나님을 증거 하는 삶, 그로 인해 구원의 길로 함께 나아갈 수 있는 삶, 그리스도의 향기를 품은 자로서 이루게 하시길 기도합니다.

●● 마음에 와닿은 말씀(시어머니) 353

롬1:20 창세로부터 그의 보이지 아니하는 것들 곧 그의 영원하신 능력과 신성이 그가 만드신 만물에 분명히 보여 알려졌나니 그러므로 그들이 핑계하지 못할지니라

창세 이후 하나님께서 만드신 보이는 모든 만물 안에서 보이지 않는 것들 그의 영원하신 능력과 신성이 만물에 분명히 보여 주셨기에 핑계하지 못한다고 합니다. 우리의 의식주와 모든 자연과 우리에게 땅에서 사는 동안 필요한 만물 중에 어느 것 하나 피조물이 스스로 만든 것이 하나 없이 하나님께서 만드신 모든 만물 안에서 살고 있습니다. 그런데도 여전히 모든 것들이, 자신들이 주인인 양 착각하며 살아가고 있는 것은 아닌지 만물 안에서 하나님의 크신 사랑을 깨닫고 살기를 소망합니다.

기도 우리의 모든 것 주님께서 허락하시고 살게 하셨습니다.
범사에 모든 일에 감사하며 주님의 말씀에 순종하기를 기도합니다.

●● 마음에 와닿은 말씀(며느리)

롬5:3-4 다만 이뿐 아니라 우리가 환난 중에도 즐거워하나니 이는 환난은 인내를, 인내는 연단을, 연단은 소망을 이루는 줄 앎이로다

고난 가운데 하나님을 바라보게 하시는 은혜를 주심에 감사합니다.
고난 가운데 우리에게 주시는 뜻을 깨달아 인내하며 말씀대로 살아감을 통해 연단 된 새사람이 되어 희망을 품고 살아가게 하실 줄 믿습니다. 고난 가운데 깨치고 나아가는 힘을 주시는 하나님을 찬양하며 묵묵히 담대히 나아가게 하소서.

기도 모든 것을 계획하시고 인도하시는 하나님의 뜻을 마음에 품고 주어진 상황에서 선하신 의미를 찾고 거듭나는 자가 되게 하시길 기도합니다.

●● 마음에 와닿은 말씀(시어머니)

롬10:2-3 내가 증언하노니 그들이 하나님께 열심이 있으나 올바른 지식을 따른 것이 아니니라 하나님의 의를 모르고 자기 의를 세우려고 힘써 하나님의 의에 복종하지 아니하였느니라

하나님께 열심은 있으나 하나님을 바로 아는 올바른 지식이 아닌 자신의 의를 세우려고 하나님의 의에 복종하지 않는 유대인과 바리새인들을 향하여 듣기는 들어도 깨닫지 못하고 보기는 보아도 알지 못한다고 합니다. 우리의 열심이 하나님의 의를 따르고 있는지 아니면 자신의 의를 세우려고 하는 행위인지 성령 안에서 올바로 깨닫고 분별할 수 있도록 도와주시기를 소망합니다.

기도 주님을 믿지 않는 이방인들과 싸우는 것이 아니라 지금도 열심히 믿는다는 신앙인들끼리 서로 비방하고 비난하며 싸우는 모습으로 주님의 영광을 가리고 있는 일들이 비일비재합니다. 주님께서 성령의 빛 안에서 깨닫게 하시기를 기도합니다.

●● 마음에 와닿은 말씀(며느리)

롬12:9-11 사랑에는 거짓이 없나니 악을 미워하고 선에 속하라 형제를 사랑하여 서로 우애하고 존경하기를 서로 먼저 하며 부지런하여 게으르지 말고 열심을 품고 주를 섬기라

악을 멀리하고 사랑을 행하는 선을 실천하며 형제를 사랑하고 존경하며 나태함을 버리고 열심으로 부지런히 하나님을 섬기는 삶이 되길 소망합니다. 그리스도인으로서 하나님의 뜻을 분별하는 삶을 통해 하나님과 진정한 교제를 나누는 삶이 되게 하소서.

기도 하나님의 뜻을 분별하는 자로서 나태함을 버리고 부지런히 하나님의 뜻을 좇아 매일 삶 가운데서 주님을 온전히 만나는 귀한 시간을 허락하시길 기도합니다.

●● 마음에 와닿은 말씀(시어머니) **355**

행23:2-3 대제사장 아나니아가 바울 곁에 서 있는 사람들에게 그 입을 치라 명하니 바울이 이르되 회칠한 담이여 하나님이 너를 치시리로다 네가 나를 율법대로 심판한다고 앉아서 율법을 어기고 나를 치라 하느냐 하니

조상들의 율법의 엄한 교육을 받고 하나님께 열심이 남달라 믿는자들을 박해하여 죽이고 옥에 넘기는 일을 하던 바울은 다메섹으로 가는 도중에 주님을 만납니다. 회심하여 생명걸고 복음을 증거하는 사도로 쓰임 받는 것을 보며 우리는 자신의 의로 열심만 있는 대제사장 같은 믿음으로 지금 살아가고 있는 것은 아닌지 진정 주님을 만나고 주님 뜻대로 살고 있는지 성령께서 보게 하시고 깨닫게 도와주시기를 소망합니다.

기도 무엇이 잘못인지도 모르고 사는 것 같습니다.
성령의 빛 안에서 바로 보고 깨닫고 사는 우리와 자손들이 되기를 기도합니다.

━━━━━

●● 마음에 와닿은 말씀(며느리)

행23:11 그 날 밤에 주께서 바울 곁에 서서 이르시되 담대하라 네가 예루살렘에서 나의 일을 증언한 것 같이 로마에서도 증언하여야 하리라 하시니라

로마 시민권을 가진 바울이 위기를 벗어나 로마로 가게 되어 하나님을 증언하게 되는 모든 과정 가운데 하나님이 함께하심으로 담대하게 나아갑니다. 담대하라 이르시는 하나님의 음성을 바로 듣고 용기를 내어 나의 갈 길을 하나님의 뜻대로 나아가길 소망합니다.

기도 나아갈 힘과 용기를 주시는 하나님께 감사하며 담대함으로 나아가는 은혜를 주시길 기도합니다.

●●○ 마음에 와닿은 말씀(시어머니)

356

몬1:7 형제여 성도들의 마음이 너로 말미암아 평안함을 얻었으니 내가 너의 사랑으로 많은 기쁨과 위로를 받았노라

가족들이, 형제들이, 이웃들이 나로 인하여 평안함을 얻을 수 있도록 항상 배려하며 주의 사랑으로 사랑하는 마음이 충만하여 서로에게 기쁨과 위로가 되는 삶이 되기를 소망합니다.

기도 믿음 소망 사랑 그중에 제일은 사랑이라고 하셨습니다.
하나님을 경외하며 이웃을 사랑하라는 주님의 말씀에 순종하며 주님의 기쁨이 되기를 기도합니다.

●●○ 마음에 와닿은 말씀(며느리)

골3:15 그리스도의 평강이 너희 마음을 주장하게 하라 너희는 평강을 위하여 한 몸으로 부르심을 받았나니 너희는 또한 감사하는 자가 되라

우리에게 가르쳐주신 사랑, 겸손, 온유, 용서를 실천할 때 그리스도의 평강이 우리에게 거할 줄 믿습니다. 말씀대로 실천하는 믿음을 통해 하나님을 향한 감사와 기쁨이 넘쳐나는 삶이 되길 소망하며 말씀이 나의 속에 풍성히 거하여 나를 부르시며 나를 지으신 하나님께로 이끌어 주시기를 간절히 원합니다.

기도 하나님께 늘 감사하는 마음으로 살아가며 평강을 누리는 삶이 되게 하시길 기도합니다.

●● **마음에 와닿은 말씀(시어머니)**

빌4:6-7 아무 것도 염려하지 말고 다만 모든 일에 기도와 간구로, 너희 구할 것을 감사함으로 하나님께 아뢰라 그리하면 모든 지각에 뛰어난 하나님의 평강이 그리스도 예수 안에서 너희 마음과 생각을 지키시리라

나보다 나를 더 잘 아시는 주님께 나의 모든 것을 맡기고 염려되는 것을 기도와 간구로 구하면 모든 지각에 뛰어난 하나님의 평강이 우리 마음과 생각을 지키신다고 하십니다. 세상의 욕심으로 내 생각과 마음이 가는대로 행하는 우매한 길로 행하지 않기를 원합니다.

기도 나보다 나를 더 잘 아는 모든 지각이 뛰어난 주님께서 인도하시는 대로 살아 우리의 평생을 감사로 사는 주님께 기쁨이 되는 우리와 자손들의 삶이 되기를 기도합니다.

●● **마음에 와닿은 말씀(며느리)**

엡4:26-27 분을 내어도 죄를 짓지 말며 해가 지도록 분을 품지 말고 마귀에게 틈을 주지 말라

사랑이 없는 미움, 분노, 원망, 질투로 마음이 완악하여질 때 또 다른 악을 낳고 분열과 파멸의 길로 나아가게 될지니 분함으로 인해 또 다른 죄를 범하지 않게 하시길 소망합니다. 우리를 용서하신 하나님의 마음으로 악을 버리고 선을 향하여 나아가는 삶을 통해 서로를 살리고 각 지체가 건강하게 화합할 수 있도록 성령님의 인도하심을 소원합니다.

기도 모든 악의를 멀리하며, 분함을 버리며 나의 마음을 정결하게 하사 악에게 틈을 내어주지 않도록 늘 하나님을 향하여 나아가는 삶이 되게 하시길 기도합니다.

●● 마음에 와닿은 말씀(시어머니)

358

딤후3:16-17 모든 성경은 하나님의 감동으로 된 것으로 교훈과 책망과 바르게 함과 의로 교육하기에 유익하니 이는 하나님의 사람으로 온전하게 하며 모든 선한 일을 행할 능력을 갖추게 하려 함이라

주님의 기쁨이 되고 하늘의 뜻이 이 땅 위에 이루어지는 일에 쓰임 받기 위해서는 말씀이신 하나님을 아는 성경 지식이 풍성해야 함을 깨닫습니다. 하나님의 말씀에 순종하여 많은 사람을 빛으로 인도하여 이 세상에서도 천국을 누리는 거룩한 삶을 살아가게 하시길 소망합니다.

기도 빛이 없으면 진리의 말씀을 볼 수도 찾을 수도 없이 방황하며 살 수밖에 없습니다. 성령의 빛 안에서 우리에게 주신 성경 말씀을 바르게 깨닫고 분별할 수 있도록 도와주셔서 주님의 뜻이 이 땅 위에서 이루어지는 데 쓰임 받는 우리와 자손들이 되기를 기도합니다.

●● 마음에 와닿은 말씀(며느리)

딤전1:16 그러나 내가 긍휼을 입은 까닭은 예수 그리스도께서 내게 먼저 일체 오래 참으심을 보이사 후에 주를 믿어 영생 얻는 자들에게 본이 되게 하려 하심이라

죄인 중에서 괴수와 같은 자신에게 오래 참음으로 은혜를 베푸시어 주를 온전히 믿는 믿음을 주신 하나님을 고백하는 바울을 기억합니다. 자신의 삶이 믿음의 본보기가 됨을 전하는 바울의 편지 가운데 범죄함으로 살아가는 우리에게 인내하사 깨닫게 하시고 회복하게 하시는 하나님의 은혜를 생각하며 감사 드립니다. 우리에게 주시는 사랑에 감사하며 영생을 얻는 자들에게 본이 되길 소망합니다.

기도 우리의 죄를 사하시고 다시금 사랑의 손길을 내미시는 하나님의 지극하신 사랑과 긍휼함에 감사하며 믿음의 길을 향하여 나아가길 기도합니다.

●● 마음에 와닿은 말씀(시어머니) **359**

약1:14-15 오직 각 사람이 시험을 받는 것은 자기 욕심에 끌려 미혹됨이니 욕심이 잉태한즉 죄를 낳고 죄가 장성한즉 사망을 낳느니라

우리가 살면서 어려움을 겪을 때가 있는데 지나간 후 가만히 생각해보면 모든 것이 욕심으로 인하여 걱정하며 근심할 때가 많았던 것 같습니다. 욕심이 잉태한즉 죄를 낳고 죄가 장성한즉 사망을 낳는다는 말씀이 실제 우리 인생살이인 것 같습니다. 자식에 대한 욕심, 재물에 대한 욕심, 명예 권력 모든 세상 것들에 대한 욕심 때문에 형제간에 싸우고 나라는 나라대로 서로 전쟁하며 죽고 죽이는 일들이 결국은 모든 것이 욕심으로 인하여 일어나는 것을 보며 하나님께서 우리에게 주신 분복으로 날마다 감사하며 살기를 소망합니다.

기도 모든 것을 주님께 다 맡기고 우리에게 주신 분복으로 범사에 감사하며 평안과 기쁨으로 살기를 기도합니다.

●● 마음에 와닿은 말씀(며느리)

약2:22 네가 보거니와 믿음이 그의 행함과 함께 일하고 행함으로 믿음이 온전하게 되었느니라

우리의 믿음이 온전하게 되는 삶, 하나님의 은혜가 가득한 삶을 위해 말씀대로 실천하는 결단과 실천으로 나아가는 삶이 되길 소망합니다.
행하는 믿음을 통해 살아있는 믿음으로 의로운 자로 거듭나게 하소서.

기도 입으로만 고백하고 머리로만 생각하는 믿음이 아닌 마음의 울림으로 말보다 실천하는 믿음으로 거룩한 삶을 살아가게 하시길 기도합니다.

●● 마음에 와닿은 말씀(시어머니)

360

벧전2:19-20 부당하게 고난을 받아도 하나님을 생각함으로 슬픔을 참으면 이는 아름다우나 죄가 있어 매를 맞고 참으면 무슨 칭찬이 있으리요 그러나 선을 행함으로 고난을 받고 참으면 이는 하나님 앞에 아름다우니라

잘못이 있어도 자신의 잘못은 모르고 남 탓을 하며 사는 사람이 있고 선을 행하고도 오히려 억울하게 고난을 받는 사람이 있어 불공평한 세상 같지만 살아계시고 우리의 모든 행사를 보시는 주님께서 다 들으시고 보고 계신다는 것입니다. 우리의 기도에 응답하시는 주님께서 악을 악으로 욕을 욕으로 갚지 말고 도리어 복을 빌어주면 복을 빌어 준 사람에게 복이 온다고 합니다. 하나님 앞에 선한 사람이 되어 주신 복을 받고 누리며 사는 우리와 자손들이 되기를 소망합니다.

기도 주님을 바로 알고 주님을 바로 믿고 바로 행하며 사는 지혜로운 우리와 자손들이 되기를 기도합니다.

●● 마음에 와닿은 말씀(며느리)

벧전1:23 너희가 거듭난 것은 썩어질 씨로 된 것이 아니요 썩지 아니할 씨로 된 것이니 살아 있고 항상 있는 하나님의 말씀으로 되었느니라

하나님의 말씀이 죄악 가운데 우리를 변화시키는 능력이 있음을 깨닫게 하시고 진정으로 회개하는 삶을 주심에 감사합니다. 세상의 물질이 아닌 하나님의 영원한 말씀을 사모하여 그 말씀을 통해 거듭나는 자로서 말씀대로 실천하는 은혜의 삶이 되길 소망합니다.

기도 육체의 소욕이 아닌 매일의 말씀이 은혜임을 깨닫고 그 말씀에 집중하여 행하는 삶 가운데 하나님의 뜻대로 거듭나는 자가 되게 하시길 기도합니다.

●● 마음에 와닿은 말씀(시어머니)

361

히6:14-15 이르시되 내가 반드시 너에게 복 주고 복 주며 너를 번성하게 하고 번성하게 하리라 하셨더니 그가 이같이 오래 참아 약속을 받았느니라

"내가 반드시 복 주고, 복 주며 너를 번성하게 하고 번성하게 하리라"는 약속의 말씀만 보고 뿌리지도 심지도 가꾸지도 않고 또 순종하지도 못하면서 열매만 기다리는 것은 아닌지 생각해 봅니다.
성경에 나오는 아브라함과 이삭 야곱의 자손들, 요셉과 그 후손들이 수많은 고난과 시련들을 통해 믿음의 사람들로 인정받았는데 우리는 기도만 하면서 조건없이 받기를 바라고 있는 것은 아닌지 성령님이 깨닫게 도와주시길 원합니다.

기도 주님을 바로 알고, 바로 믿고, 바로 순종하는 우리와 자손들이 되어 주님께서 주시는 복을 받을 수 있도록 성령께서 인도하시기를 기도합니다.

●● 마음에 와닿은 말씀(며느리)

히6:11-12 우리가 간절히 원하는 것은 너희 각 사람이 동일한 부지런함을 나타내어 끝까지 소망의 풍성함에 이르러 게으르지 아니하고 믿음과 오래 참음으로 말미암아 약속들을 기업으로 받는 자들을 본받는 자 되게 하려는 것이니라

하나님께 나아가는 소망의 길 가운데 나태함을 버리고 부지런함으로 나아가 믿음과 오래 참음으로 하나님의 선을 이루고 의를 이루고 구원의 은혜를 누리는 자들의 삶을 본받는 자가 되길 소망합니다. 진정으로 믿음의 길로 나가는 자로서 하나님의 능력이 내 안에 거하사 은혜의 삶을 살아가게 하시길 소망합니다.

기도 하나님의 뜻을 깨달아 믿음과 오래참음으로 하나님의 약속이 우리를 통해 이뤄지는 은혜를 누리게 하시길 기도합니다.

●● 마음에 와닿은 말씀(시어머니)

362

히10:36 너희에게 인내가 필요함은 너희가 하나님의 뜻을 행한 후에 약속하신 것을 받기 위함이라

하나님의 약속하신 것을 받기 위해서는 하나님이 우리에게 주신 뜻을 행하며 오래 참고 인내하면 반드시 우리에게 주신다는 약속을 지키신다는 확신으로 믿음은 바라는 것들의 실상으로 우리 간증의 스토리가 되기를 소망합니다.

기도 하나님의 뜻을 행하기 위하여 이 땅에 오신 주님께서 주신 성령이 내 안에 계시므로 하나님의 뜻이 이 땅 위에서 우리를 통하여 이루어지기를 기도합니다.

●● 마음에 와닿은 말씀(며느리)

히13:15-16 그러므로 우리는 예수로 말미암아 항상 찬송의 제사를 하나님께 드리자 이는 그 이름을 증언하는 입술의 열매니라 오직 선을 행함과 서로 나누어 주기를 잊지 말라 하나님은 이같은 제사를 기뻐하시느니라

하나님께서 기뻐하시는 삶이 무엇인지 늘 생각하며 선을 행함과 나눔을 이어가는 삶이 되길 소망합니다. 사랑의 하나님, 긍휼의 하나님을 찬송하며 하나님과 같은 마음으로 사랑을 실천하며 하나님을 증거하는 삶을 통해 열매 맺는 삶이 되게 하소서.

기도 하나님의 말씀에 순종하며 그 뜻을 깨닫고 행하여 하나님이 기뻐하시는 귀한 삶이 되게 하시길 기도합니다.

●● 마음에 와닿은 말씀(시어머니)

363

요일3:21-22 사랑하는 자들아 만일 우리 마음이 우리를 책망할 것이 없으면 하나님 앞에서 담대함을 얻고 무엇이든지 구하는 바를 그에게서 받나니 이는 우리가 그의 계명을 지키고 그 앞에서 기뻐하시는 것을 행함이라

우리의 마음이 책망받을 것이 없으면 하나님 앞에서 담대함을 얻고 무엇이든지 구하는 바를 받는다고 합니다. 구하여도 받지 못함은 우리의 마음과 생각과 행실이 하나님 앞에 책망받는 일들이 있다는 것이기도 합니다. 아무리 구한다고 할지라도 받지 못하는 것과 같이 우리의 마음과 생각과 행실이 주님께서 기뻐하시는 일인지 아닌지를 분별하여 주님 마음에 합한 일들로 충만하여 구하는 것마다 응답받는 복된 우리와 자손들이 되기를 소망합니다.

기도 주님께서 주신 말씀을 지키고 순종하여 주님의 기쁨이 되기를 기도합니다.

●● 마음에 와닿은 말씀(며느리)

요일4:12-13 어느 때나 하나님을 본 사람이 없으되 만일 우리가 서로 사랑하면 하나님이 우리 안에 거하시고 그의 사랑이 우리 안에 온전히 이루어지느니라 그의 성령을 우리에게 주시므로 우리가 그 안에 거하고 그가 우리 안에 거하시는 줄을 아느니라

하나님의 계명을 지키는 자로서 주 안에 거하며 주는 우리 안에 거하시니 하나님의 뜻을 행하는 사랑으로 늘 성령 충만하길 소망합니다. 형제를 사랑함이 하나님을 사랑하는 것이니 우리가 서로 사랑하며 살아가길 바라시는 하나님의 뜻을 행하며 하나님과 동행하는 삶이 되게 하소서.

기도 하나님은 사랑이시니 우리를 먼저 사랑하신 하나님과 같이 서로 사랑하는 삶 가운데 주님의 역사하심이 이루어지길 기도합니다.

●●○ 마음에 와닿은 말씀(시어머니)

364

계3:6-7 귀 있는 자는 성령이 교회들에게 하시는 말씀을 들을지어다 빌라델비아 교회의 사자에게 편지하라 거룩하고 진실하사 다윗의 열쇠를 가지신 이 곧 열면 닫을 사람이 없고 닫으면 열 사람이 없는 그가 이르시되

현재 상황이 아무리 어려울지라도 다윗의 열쇠를 가지시고 열면 닫을 사람이 없고 닫으면 열 사람이 없는 주님께서 우리의 바라는 것들이 실상으로 나타날 때까지 반드시 역사하시고 응답하심을 믿어야겠습니다. 모든 것이, 합력하여 선을 이루기까지 의심하지 말고 맡길 수 있는 믿음을 주실 줄 믿고 소망합니다.

기도 원통한 일이나 억울한 일을 당하여도 누구도 해결해 줄 수 없음을 고백하여 나보다 나의 형편을 잘 아시는 주님께서 다 아시고 계획하심을 믿고 반드시 바라는 것들의 실상이 되기를 기도합니다.

●●○ 마음에 와닿은 말씀(며느리)

계3:20-21 볼지어다 내가 문 밖에 서서 두드리노니 누구든지 내 음성을 듣고 문을 열면 내가 그에게로 들어가 그와 더불어 먹고 그는 나와 더불어 먹으리라 이기는 그에게는 내가 내 보좌에 함께 앉게 하여 주기를 내가 이기고 아버지 보좌에 함께 앉은 것과 같이 하리라

하나님께서 함께하시어 우리의 마음의 문을 두드리시니 성령 충만함으로 하나님의 음성을 듣고 깨달아 하나님과 더불어 나아가는 복을 누리길 소망합니다. 깨닫지 못하고 행하지 아니하는 어두운 마음의 닫힌 문을 열어 작은 능력으로도 말씀을 지키는 삶을 살아 열린 문을 통해 하나님의 빛이 늘 함께하는 은혜가 가득하게 하소서.

기도 늘 우리를 찾아오사 마음의 문을 두드리시는 하나님의 사랑에 감사하며 열심으로 하나님을 섬기며 열린 문을 통해 주시는 말씀으로 회개하고 회복하는 삶이 되길 기도합니다.

●● 마음에 와닿은 말씀(시어머니)

계20:12 또 내가 보니 죽은 자들이 큰 자나 작은 자나 그 보좌 앞에 서 있는데 책들이 펴 있고 또 다른 책이 펴졌으니 곧 생명책이라 죽은 자들이 자기 행위를 따라 책들에 기록된 대로 심판을 받으니

세상에서는 권력의 차이나 신분의 차이, 많이 배운 자와 못 배운 자로 큰 자와 작은 자의 차이가 있지만, 하나님 앞에 설 때는 신분의 차이가 아니라 오직 생명책에 자기의 행위가 기록된 대로 심판을 받는다고 합니다. 주님을 믿지 못하고 죽은 자들은 생명책에 아예 기록되지도 못하고, 불 못에 던져진다고 합니다. 우리의 이름이 생명책에 기록되고 주님 마음에 합한 기록들로 쓰여질 수 있도록 성령께서 우리를 인도 하시기를 소망합니다.

기도 성령의 도우심으로 생명책에 우리의 이름과 선한 삶의 열매들이 잘 기록되기를 기도합니다.

●● 마음에 와닿은 말씀(며느리)

계22:7,14 보라 내가 속히 오리니 이 두루마리의 예언의 말씀을 지키는 자는 복이 있으리라 하더라. 자기 두루마기를 빠는 자들은 복이 있으니 이는 그들이 생명나무에 나아가며 문들을 통하여 성에 들어갈 권세를 받으려 함이로다

하나님의 말씀을 지키며, 자신의 죄악을 고백하고 회개하며 나아가는 삶이 복된 삶임을 깨닫고 나아갈 때 하나님의 생명수와 생명 나무 열매의 은혜를 누릴 줄 믿습니다. 주시는 말씀에 감사하며 깨닫고 행하는 믿음을 통해 승리하는 삶이 되게 하시길 소망합니다.

기도 하나님이 함께하시는 삶, 우리에게 주시는 말씀대로 따르는 삶, 그것이 행복이요 축복임을 깨닫고 하나님의 나라를 소망하며 기도하며 나아가는 거룩한 삶을 살아가게 하시길 기도합니다.

여기까지 인도하신 에벤에셀 하나님을 찬양하며
사랑하는 믿음의 딸이요 며느리인
김경중 자매를 아끼고 사랑합니다.

어머니의 믿음을 따라
말씀을 읽고 묵상하면서
주님을 인격적으로 만나고
그분의 자녀로 말씀 안에서
어머니와 함께 매일을 살아가게 됨을
감사드리며
믿음의 어머니요
육신의 시어머니인 임은혜 집사님을
사랑하고 존경합니다.

시어머니와 며느리가

함께하는 말씀 365

초 판 1쇄 인쇄 2023년 12월 20일
초 판 1쇄 발행 2023년 12월 26일

지은이 임은혜(시어머니) · 김경중(며느리)
펴낸이 송정금 · 이요섭
펴낸곳 엎드림출판사
편 집 이신숙

주 소 17557 경기도 안성시 공도읍 심교길 24-5
H . P 010-6220-4331
E-mail lyosep@hanmail.net

출판등록번호 제 2021-000013호
출판등록일 2021. 12. 16.

값 12,000원
ISBN 979-11-982828-5-9 03230

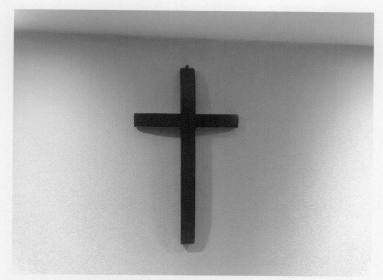

십자가 : 어머니께서 자녀들을 위하여 날마다 기도하셨던
50여년 전의 십자가(지금은 손자 며느리에게 전해짐)

성경책 : 어머니께서 불신자인 저에게 선물하신 성경책과
나 또한 불신자인 며느리에게 선물한 성경책

평화의 기도

나를 당신의 도구로 써 주소서 미움이 있는 곳에 사랑을 다툼이 있는 곳에 용서를 분열이 있는 곳에 일치를 의혹이 있는 곳에 신앙을 그릇됨이 있는 곳에 진리를 절망이 있는 곳에 희망을 어둠에 빛을 슬픔이 있는 곳에 기쁨을 가져 오는 자 되게 하소서 위로 받기 보다는 위로 하고 이해 받기 보다는 이해하며 사랑 받기 보다는 사랑하게 하여 주소서 우리는 줌으로써 받고 용서 함으로써 용서 받으며 자기를 버리고 죽음으로써 영생을 얻기 때문이다

천구백팔십사년 새해아침 씀

오정 김인철

아버님께서 1984년 새해 아침에 쓰신 평화의 기도문

아들과 딸(1987)

팔복 만복 축복이 손자들(2023)

손자들

아들과 딸(1987)

칠순기념

손자들과 함께(2023년)